美国饭店业协会教育学院系列教材

○ 酒店资产管理原理与实务
Hotel Management Principles and Practice, Second Edition

○ 当代俱乐部管理
Contemporary Club Management, Second Edition

○ 当今饭店业，中文第二版
Hospitality Today: An Introduction, Sixth Edition

○ 饭店业人力资源管理，中文第二版
Managing Hospitality Human Resources, Fourth Edition

○ 饭店业督导，中文第二版
Supervision in the Hospitality Industry, Fourth Edition

○ 餐饮经营管理，中文第二版
Management of Food and Beverage Operations, Fifth Edition

○ 收益管理：饭店运营收入最大化
Revenue Management: Maximizing Revenue in Hospitality Operations

○ 饭店设施的管理和设计，中文第二版
Hospitality Facilities Management and Design, Third Edition

● **饭店业管理会计，中文第二版**
Accounting for Hospitality Managers, Fifth Edition

○ 饭店客房经营管理
Managing Housekeeping Operations, Third Edition

○ 前厅部的运转与管理，中文第二版
Managing Front Office Operation, Ninth Edition

○ 会展管理与服务，中文第二版
Convention Management and Service, Eighth Edition

○ 国际饭店的开发与管理
International Hotels: Development and Management, Second Edition

○ 饭店业市场营销
Marketing in the Hospitality Industry, Fifth Edition

饭店业管理会计
（中文第二版）

*

Accounting for Hospitality Managers,
Fifth Edition

Raymond Cote 著　徐虹 译

中国旅游出版社

关于作者

大雷蒙德·科特（Raymond Cote） 教育家，美国知名大学饭店管理专业教授，拥有成功的职业生涯。在18年的从教经历中，科特教授为本科生和研究生讲授饭店业管理会计、饭店业财务管理、税收管理、高级财务会计等课程。他的教学经验包括在美国和其他国家的国际饭店管理学院开设饭店业管理会计课程。

在饭店行业，科特先生曾任知名饭店的副总裁、主计长、信息管理部门总监、总会计师等职务。作为企业家，他曾是一些由餐饮企业、零售和服务公司，以及咨询/注册会计师事务所共同组成的企业集团的总裁。

科特教授本科毕业于萨福克（Suffolk）大学，研究生毕业于伯德特（Burdett）大学，两所大学都位于马萨诸塞州的波士顿市。科特教授所获职业资格认证包括注册会计师、计算机职业认证、注册税务师（可以代表纳税人处理与美国国税局发生的涉税事宜）、美国会计委员会的会计师认证。科特教授的社会职务是商会主席和佛罗里达州会计师协会副主席兼教育专员。

科特教授为饭店业协会教育学院撰写了4部与饭店管理会计相关的教科书和辅助阅读材料，分别是《饭店和餐馆基础会计》《饭店业管理会计》，以及这两本书的较早版本（《理解饭店会计Ⅰ》《理解饭店会计Ⅱ》）。之前的著作还包括《大学商业数学》和许多行业培训与程序手册。

主译简介

徐虹 南开大学国际商学院旅游学系副主任、副教授、旅游管理硕士、战略管理在读博士。主要从事饭店财务管理及旅游经济学等方面的教学工作。主要研究领域有旅游企业财务管理、企业战略管理及旅游经济问题研究。现为南开区文化旅游建设开发顾问、全国经济（旅游）专业技术资格考试命题组成员、天津市旅游学会理事。

再版前言

由美国饭店业协会教育学院编写的饭店从业人员职业教育培训系列丛书于 2001 年第一次被引进中国，距今已经过去 13 年之久。回首这套丛书初次被引进中国的时节，正是中国饭店业走向一个新阶段的起点。彼时，国际竞争国内化、国内竞争国际化是国内饭店业对行业发展趋势的共识，而面对这种趋势的国内饭店管理教育在培养职业人才的系统性方面仍然存在着明显的短板，其中教材方面的缺失尤其严重。鉴于此，中国旅游出版社在考虑中国饭店业的现实情况，经过细致的比较之后，认可了美国饭店业协会教育学院的职业教育教材体系和职业培训体系，引进了这套在国际上颇有影响力的饭店管理教材。可以说，这套教材的引进，相当及时地补充了国内饭店管理教育在国际化经营方面的不足。

今天，中国饭店业的经营环境及运营管理等已然发生了巨大的变化，曾经认为的趋势已成为现实，但是又出现了一些无法预想的变化。在 21 世纪之初，饭店行业已经预见到了国内国外饭店企业集团的同场竞技，如今则早已习惯了共同存在和竞争。曾经，中国饭店行业看到了自身未来的繁荣，而如今，中国饭店业经过十几个春秋的洗礼，已经形成了国内市场、国际市场和出境市场三分天下的格局，业态进一步细分完善。与此同时，饭店企业经营的科学性和创新性不断提升，在吸收国际饭店管理经验的基础上，进一步开展本土化创新实践，本土集团成长非常迅速，其中许多已经进入世界饭店集团 10 强。中国本土饭店集团的发展将改变世界饭店企业的格局，同时将带来国际饭店企业运营与管理的话语基础。

任何对未来的预测都不会是全面的。在21世纪之初，中国饭店业已经看到了很多，但是没有看到和无法看到的更多。在十几年中，大众旅游蓬勃发展，经济型连锁酒店趁势而起，把控了大众市场的半壁江山，中端酒店蓄力而发，在中产阶级成长的东风下开始风生水起，而高端酒店却遭遇了意外的困境。中国饭店行业一直梦想着走向世界，而如今我们看到了一个接一个的海外并购，其势不敢称大，但是根苗已生，令人产生星星之火可燎原的期待。在饭店业之外，先是互联网技术运用的风靡，其后又是移动互联网的夺人眼球，这些技术风潮席卷各行各业，而作为和流行"亲密接触"的饭店业自然不可能置身于外，于是，互联网思维和智慧酒店大行其道，这是饭店业对技术风潮的回应。

比起13年前，现今的中国饭店业可以说是令人眼花缭乱。一群非传统饭店行业人士进入，以他们的外部眼光突破着饭店行业经营的传统思维和惯例，而传统的饭店行业人士也在借鉴着他山之石，思考现代科技在饭店业运用的可能，进行着自我突破。在信息爆炸的今天，我们每天接触海量的大数据，但是如何分辨信息的价值，为创新提供有效的指导，这已经成为必修课。当我们意识到这一点的时候，仔细审视，会发现自身知识结构的完整才是支撑这一切的基础。实际上，比起13年前，如今的饭店业管理更加需要完整的知识结构和良好的思辨能力，因为环境不确定性进一步加强，外部干扰更多了，内部系统更为复杂，如果无所凭借、无所支撑，必然难以驾驭更加复杂的环境。

著名科学家钱学森曾反复地问："为什么我们的学校总是培养不

出杰出人才？”而饭店行业的教育者和从业者也在问："怎样培养一流的饭店管理人才？"曾经如此疑问，如今更加急切。不积跬步，无以至千里。系统而深入、兼具理论和实践的饭店管理教育仍然是饭店业人才培养的基础。秉承这样的理念，回顾过往，我们发现了这套书籍的闪光点。

一部书籍是否能被称为经典，而不是昙花一现的时髦，是要靠时间来检验的。只有当书中的观点和逻辑，在时间的浪潮中被反复地印证、扩展和应用的时候，被相关的从业人员和研究人员在实践中认可的时候，这才有了被奉为经典的资格。这套出自"名门"的饭店业管理教材背后是整个美国饭店业的职业教育体系的支撑。美国饭店业的管理水平毋庸置疑代表目前国际的标杆，我国诸多饭店企业在发展过程中亦是多有借鉴。本套书将理论和实践进行了较好的结合，既有理论的深入，又有实践上的指导，能够使读者通过编写者的切身体会看到真实的饭店工作，帮助读者提升饭店行业的思考和实践能力，同时其系统性和全面性也是诸多其他教材无法比肩的，涵盖了国际饭店的开发与管理、饭店业督导、饭店业管理会计、饭店客房经营管理、饭店前厅部的运营与管理、饭店业人力资源管理、餐饮经营管理、饭店设施的管理与设计、会展管理与服务、收益管理、饭店业市场营销，以及当今饭店企业多个经营的环节。读者借助这套教材既能建立对饭店的全面认识，又能各取所需，有针对性地进行深入的学习。本套丛书的译者均为本行业研究和实践的专家，确保了翻译的准确性和专业性。

本套丛书在出版之后就广受赞誉，但是编者仍然以一颗谦谨之心，根据饭店业管理的新变化对书籍不断地进行修改和补充，加入很多新

再版前言

材料、新理念和新的实践方法，为的是尽力缩小教材的滞后性，为饭店业的从业人员和学习者提供一个了解饭店业，建立起自身完整知识结构的最佳途径。

本套丛书的出版和再版多有赖于中国旅游出版社的远见和坚持，同时也是中外饭店教育及出版机构通力合作的结果，谨对他们付出的努力表示诚挚的感谢。

谷慧敏

2014 年 8 月

AHLA

前　言

大多数饭店企业期望聘用那些掌握财务管理原则，并能够将其应用在实践中，以及参加过诸如采购、菜单制定等专业培训的管理人员。饭店的总经理或首席执行官应该是经营结果导向型人才，并具有卓越的财务决策技能。《饭店业管理会计》一书为想要成为饭店业中成功管理者的学生和从业者提供了相应的信息和工具。

教师们需要能够提供相关补充材料的最新权威教材。学生们需要能够在行业中使用的、有意义的、可读性强的书籍。作为《饭店业管理会计》一书的作者，我不仅将大学教师和学生视为本书的读者，同时读者群还包括了在专业领域中扮演重要角色的饭店业从业人员。作为作者，我有义务为求职者提供一本学术书籍，能够帮助他们培养令饭店就业市场满意的技能。《饭店业管理会计》是一本符合行业需要的、非常实用的、专门介绍饭店管理会计知识的书籍。

本版与上一版相比有重大差别，增加了 3 个重要章节，完成许多创新。例如：

- 大部分章都是以与本章内容密切相关的案例作为结尾；
- 每章都有可以作为参考资料来源的网站，有助于学生们更进一步钻研，另外，教师们可以依据网站内容布置课题研究；
- 第 5 章前所未有地全面涵盖了有关内容，本章更新后，附录中包括本人就《雇主劳动法》《雇主青少年劳动法》、加班规定、小费管理所完成的研究报告；
- 许多修订来源于重要顾客和饭店管理者的建议和评论。

其他修订和更新的部分包括：

- 每间可供出租客房收入（RevPAR）在第 8 章得到充分分析；
- 《萨班斯－奥克利法案》、证券交易委员会、10－K 报告在第 12 章得到详细介绍；

• 为了反映现今技术，完成了众多图表的更新；

• 修正前厅的基本会计流程，使其与计算机化处理相关联。

本版的新章节阐述了现金管理和计划编制、可行性研究、费用分配、公允价值会计、单一现金流和年金的复利现值及复利终值计算。现金管理和计划编制这一章节不仅涉及现金管理流程，还包括现金浮动、邮箱收取汇款系统、零余额账户、扣除息税及折旧摊销前的利润、自由现金流。

《饭店业管理会计》（中文第二版）依然致力于满足饭店行业和学生学习要求。本书采用组织有序的结构，便于读者理解，并全面提供了足够多的专业术语和财务信息来帮助读者取得成功。

作者的网站信息：

本书作者的网站地址是：www.raymondcote.com。每个学期，这一网站都会不断更新，提供最新的饭店业消息和作者完成的饭店业研究报告。作者网址的另一个域名是：www.raymondcote.us。

致 谢

《饭店业管理会计》一书拥有来自全世界的读者，非常感谢你们。

我非常诚挚地感谢美国饭店业协会教育学院的编辑和工作人员，他们为本书的出版做出巨大贡献。我特别感谢出版社的资深总监蒂姆·伊顿先生，无论多么繁忙，他总是在艰巨的出版过程中慷慨地分享他的时间和建议。

我非常感谢马里贝伦特学术计划的副主席和工作人员，他们熟练、专业、有效地解决了我的许多服务请求。

怀着荣耀和感激的心情，我将此书献给我的母亲和父亲——爱丽丝和雷蒙德。

目　录

1. 饭店收入会计 2

收入中心 3

　　收入中心的分类 · 收入中心和财务报告 · 次要收入中心

有关收入的基本概念 5

　　收入账户 · 净收入 · 毛利

商业折扣 8

　　现金折扣 · ROG · EOM · 运输费

发票和折扣的记账 11

　　总额法　· 净额法

餐饮销售的内部控制 14

　　客人账单——人工系统 · 客人账单——自动系统 · 借记卡和信用卡 · 客

　　人签单 · 小费会计

会计人员和前厅功能 20

　　应收账款员 · 收银员 · 夜间稽核人员 · 前厅会计概述

现金和数据收集 26

尾注，主要术语，复习题，网址，练习题，案例分析

2. 饭店费用会计 40

业务细分 41

财务报告中心 47

责任会计 49

　　费用 · 部门费用会计

饭店费用账户的例子 52

　　销售成本 · 工资及相关费用 · 客房部费用 · 餐饮部费用 · 行政管理

　　部门费用 · 营销部费用 · 特许经营费 · 资产运营和维护部费用 · 公

　　用事业成本 · 固定费用 · 所得税

员工餐会计 61

信用卡费用会计 62

　　银行信用卡费用 · 非银行信用卡费用

坏账 63

　　直接注销法 · 备抵法

尾注，主要术语，复习题，网址，练习题，案例分析

3. 资产和设备会计 74

资产和设备的购置成本 76

　　待拆迁的土地 · 可转让的土地 · 需要特殊安装的设备 · 土地改良 · 建
　　筑物维修与改良 · 瓷器、玻璃器皿、银器、工装和布草

经营性租赁和融资性租赁 79

资产和设备的折旧 80

　　直线折旧法 · 余额递减法 · 年限总和法 · 时间因子法的比较 · 不满
　　一整期的折旧 · 产量折旧法 · 瓷器、玻璃器皿和银器的折旧

租赁和租赁改良的摊销 90

　　租赁 · 租赁改良

资产和设备的出售或报废处置 91

资产和设备的折价交易 92

　　同类资产交易 · 不同类资产交易 · 交易资产的税务会计 · 折旧和所
　　得税 · 改良加速成本回收系统

主要术语，复习题，网址，练习题，案例分析，附录

4. 其他非流动资产会计 107

无形资产 109

　　开办费 · 商誉 · 特许经营权 · 商标及商号 · 专利 · 著作权 · 开办准备费 · 酒
　　水执照

现金价值的无形资产 115

　　保证金 · 人寿保险的现金退保值

主要术语，复习题，网址，练习题，案例分析

5. 饭店工资会计 121

《公平劳动标准法案》 123
计算工作时间 · 记录工作时间

劳资关系 126

工资和薪金 126
总工资和净工资 · 基本工资和加班工资 · 计算加班工资

工资扣款 130
政府扣款 · 自愿扣款 · 《联邦保险捐税法》· 联邦所得税 · 州和市
所得税 · 州暂时性伤残抚恤金法律

雇主的工资税 133
雇主的强制联邦社会保险税 · 国税局 941 表格 · 失业税 · 国税局 940
表格 · 工资储存税

工资系统 135
员工所得记录 · 工资登记表 · 工资日记账分录 · 工资银行账户 · 工
资的计算机应用程序

小费制员工的工资会计 139
服务费 · 员工小费报告 · 《公平劳动标准法案》规定的最低工资 · 《公
平劳动标准法案》规定的小费信贷 · 小费制员工的净工资 · 州工资
和小费信贷条款 · 小费制员工的加班工资

8% 的小费规则 142
8% 小费规则对企业的影响

小费缺额分配方法 144
总收入法 · 工作时间法

尾注，主要术语，复习题，网址，练习题，案例分析，附录

6. 饭店部门报表 160

饭店财务信息系统 161

    饭店部门的分类

统一的会计制度 164

收入和支持中心的基本报表格式 164

工资费用的呈现 165

饭店部门报表的样例 165

    部门报表的识别和引用·客房部利润表·餐饮部利润表·通信部利润表·其

    他运营部门利润表·租金和其他收入附表·行政管理部报表·营销部

    报表·资产运营和维护部报表·公用事业成本附表·固定费用附表

利润表 175

《住宿业统一会计制度》第 10 版 177

尾注，主要术语，复习题，网址，练习题，案例分析，附录

7. 饭店利润表 194

要素和惯例 195

饭店利润表格式 196

    净利润不是现金流

DORO 饭店利润表 198

    内部格式·外部格式·百分比利润表·比较利润表

留存收益表 210

    DORO 饭店的留存收益表·DORO 饭店的利润表和留存收益表

《住宿业统一会计制度》第 10 版 212

主要术语，复习题，网址，练习题，案例分析

8. 利润表的比率分析 224

利润表的比率分析 226

    前期比率 · 行业和相关比率 · 预算比率

常用的利润表比率 227

　　赢利能力比率·活动性比率·营运性比率·占用率·股票估值率

客房部比率 229

　　边际利润率·劳动力成本率·平均房价·出租率·平均每间可供出

　　租客房收入

餐饮部比率 233

　　边际利润率·劳动力成本率·食品成本率·主要成本率·酒水成本率·平

　　均食品消费额·平均酒水消费额·平均总消费额·存货周转率·现

　　货周转天数

饭店比率 241

　　饭店边际利润率·公司边际利润率·劳动力成本率·股东权益回报

　　率·每股收益率·市盈率

其他利润表比率 246

　　已获利息倍数比率·资产回报率

比率公式参考列表 247

主要术语，复习题，网址，练习题，案例分析

9. 资产负债表 260

要素和惯例 261

资产 262

　　流动资产·非流动资产

负债 264

　　流动负债·长期负债

股东权益 265

饭店资产负债表格式 266

DORO 饭店的资产负债表 269

　　百分比资产负债表·比较资产负债表

留存收益报表 276

尾注，主要术语，复习题，网址，练习题，案例分析

10. 资产负债表比率分析 287

资产负债表的比率分析 288

流动性 · 资产管理 · 债务管理

DORO 饭店资产负债表的比率分析 289

流动比率 292

银行标准 · 组成

速动比率 293

银行标准

应收账款周转率 294

平均收账期 295

存货周转率 295

固定资产周转率 296

负债权益比率 297

资产负债率 298

营运资本 299

营运资本的计算 · 营运资本的组成 · 足够的营运资本的重要性 · 营运
资本不足的原因 · 营运资本过量的原因 · 影响营运资本要求的因素 · 比
率公式参考表

主要术语，复习题，网址，练习题，案例分析

11. 现金流量表 308

现金流量表的目的 310

现金和现金等价物 310

现金流量表的格式 311

来自经营活动的利润 312

有价证券

来自经营活动的现金流量 313

直接法 · 间接法

投资活动 317

融资活动 322

脚注和信息披露 323

　　所得税和应付利息·关于现金的会计政策·非现金投资和融资交易

现金流量表示例 324

　　编制经营活动部分·编制投资活动部分·编制融资活动部分·计算

　　期末现金余额·编制脚注和信息披露部分

主要术语，复习题，网址，练习题，案例分析，附录

12. 中期报告和年度报告 344

独立注册会计师的角色 346

审计服务 346

　　审计目的·审计范围·审计报告

审阅服务 348

　　审阅目的·审阅范围·审阅报告

代编服务 350

　　代编目的·代编范围·代编报告

合并财务报表 351

　　少数股权·合并财务报表的作用·公司间交易·对子公司投资账户·合

　　并工作表

上市公司报告的政府监管 355

　　证券交易委员会·《萨班斯－奥克利法案2002》·10-K 报告

提供给股东的年度报告 358

　　致股东的信·财务报表·财务报表的附注·管理层对内部控制的评估·独

　　立注册会计师报告·公司高管对财务报告的认证·如何阅读年度报

　　告·年度报告中的财务报表·年度报告的结论·投资者关系部门

参考资料，主要术语，复习题，网址，练习题，案例分析

13. 费用预算 369

责任会计 370

费用的作用方式 371

变动费用 371

变动费用预算的策略

固定费用 373

半可变费用 374

高低点法 · 回归分析

保本点 378

边际贡献 380

目标利润 380

销量增加和价格上涨的影响 381

主要术语, 复习题, 网址, 练习题, 案例分析, 附录

14. 销售预测 392

收入组成 394

销售预测法

移动平均法 396

百分比法 397

统计模型 398

客房销售额统计模型 · 食品销售额统计模型 · 酒水销售额统计模型 · 平

均房价 · 边际贡献 · 销售组合

本量利分析 405

预测销售额 · 预测销售量 · 所得税问题 · 没有财务报表的预测

主要术语, 复习题, 网址, 练习题, 案例分析

15. 预算报告和分析 422

预算计划及其编制 424

固定成本预算

预算报告...426

预算差异

总预算和弹性预算...427

差异分析...431

经理的预算工作表·分析差异并确定原因

资本预算概要...437

主要术语，复习题，网址，练习题，案例分析

16. 财务决策...447

淡季分析...449

数量分析·质量因素

收购企业...452

质量因素·竞业禁止协议·使用出售者的财务报表·出售企业的法
定组织形式·卖主的薪酬与买主的需求·家族运营式企业·融资对
利润和现金流的影响·选择一个企业来购买

购买特许经营权...460

租赁..461

租赁房地产·租赁汽车

资本预算...466

平均回报率·回收期法

主要术语，复习题，网址，练习题，案例分析

17. 现金管理和计划编制.......................................478

现金，现金流和利润...480

现金管理...482

获取现金管理数据·现金预算示例

现金管理工具...490

现金浮动·邮箱收取汇款系统·管理富余资金

误导性的现金流计算 492

EBITDA·自由现金流

主要术语，复习题，网址，练习题，案例分析

18. 存货会计 502

存货计价的重要性 504

毛利法 506

存货计价方法 508

存货计价法中的个别计价法 509

永续盘存个别计价法·周期盘存个别计价法

存货计价法中的先入先出法 512

永续盘存先入先出法·周期盘存先入先出法

存货计价法中的后入先出法 513

永续盘存后入先出法·周期盘存后入先出法

存货计价法中的加权平均法 516

永续盘存加权平均法·周期盘存加权平均法

成本分配方法的比较 518

后入先出法分析 519

主要术语，复习题，网址，练习题，案例分析

19. 综合议题 525

可行性研究 526

可行性研究格式

分配服务部门费用和固定费用 529

分配的依据

公允价值会计 531

公允价值计量·折算调整·公允价值会计的局限性

复利终值...534

复利现值...535

年金的复利终值和复利现值.......................538

参考资料，主要术语，复习题，练习题

译后记...545

第1章

概　要

收入中心

收入中心的分类

收入中心和财务报告

次要收入中心

有关收入的基本概念

收入账户

净收入

毛利

商业折扣

现金折扣

ROG

EOM

运输费

发票和折扣的记账

总额法

净额法

餐饮销售的内部控制

客人账单——人工系统

客人账单——自动系统

借记卡和信用卡

客人签单

小费会计

会计人员和前厅功能

应收账款员

收银员

夜间稽核人员

前厅会计概述

现金和数据收集

学习目标

1. 描述收入中心的特征并识别饭店企业中的收入中心，解释其在财务报告中所扮演的角色。

2. 描述收入账户的特征并识别饭店企业中的收入账户，解释净收入和毛利的概念。

3. 识别现金折扣与商业折扣的内涵并解释它们与饭店企业的相关性。

4. 描述两种用于登记包含折扣发票的方法，并列出用于登记现金折扣的两项程序。

5. 解释在餐饮销售时常见的内部控制表单与步骤。

6. 描述客账与客户往来账的区别。

7. 识别向会计部门报告的 3 类前厅部工作人员，描述他们在提供饭店会计信息中所扮演的角色。

8. 描述饭店业用于现金和数据收集的系统。

1

饭店收入会计

在会计学中，一个很重要的概念区分就是关于"收入"与"收益"这两个术语。收入是由商品、服务的销售以及利息、股息的产生所表现的一种交易过程，它源于商业交易，即为获得现金或应收账款（消费者承诺支付）而进行商品、资产或者服务的交易。

在一家饭店[①]中，收入的主要来源为客房部收入和餐饮部收入，其余收入来自其他营业部门，利息来自存款及货币市场账户，股息源于投资、特许权转让费用和佣金，折扣则是因为及时支付供应商货款而获取。由于最大的收入来自于销售，所以会计人员经常同义使用"收入"和"销售收入"这两个术语。

收益是由于收入大于饭店所有费用之和而产生的，收益可以被表示为：

收入（销售收入）—— 费用之和 = 收益

一家饭店所产生的收入需要很好地控制程序以登记和计算涉及现金、信用卡和应收账款的交易，与收入账户有关的单据既为经营者也为员工提供了内部控制的便利。所有的员工受益于良好的内部控制程序，这样的程序能够使员工证明他们在高效廉洁地完成自己的职责。

在讨论收入会计和控制这一话题过程中，本章将回答以下问题：

1. 自主经营部门的收入会计是如何不同于租赁承包经营部门收入会计的？

2. 净收入和毛利之间的关系是什么？

3. 如何在会计记录中处理购买折扣？

4. 什么样的前厅活动是由会计部门员工完成的？

5. 如何在现代资产管理系统中使用计算机？

此处所用到的"饭店"一词，是一个涵盖所有住宿经营类型的广义术语，包括豪华饭店、汽车旅馆和小旅馆。

本章将展示多种收入中心及饭店资产管理所用的收入账户。美国饭店业协会财务管理委员会所提出的建议形成此处收入账户讨论的基础，自主经营与租赁承包经营部门将依据它们在财务报表上显示的经营结果进行讨论。

本章通过对总额法和净额法的解释来全面理解购买折扣，同时对处理折扣的收入和非收入程序予以讨论。

在会计系统中对收入内部控制表单的作用是通过讨论和举例来进行解释说明的，此外本章也对前厅部与会计部的关系进行了探讨。

最后，鉴于饭店从许多旁枝末节的活动与部门中产生现金和收入，因此中心部门的现金和数据搜集的基础也是讨论的重点议题。

收入中心

为了财务报告和数据收集的需要，部门被分为收入中心与支持中心。简单来讲，收入中心通过将商品和服务销售给顾客而产生收入，收入中心也被认为是自主经营部门。支持中心向收入中心提供服务。为便于讨论，我们允许"中心"和"部门"这两个术语替代使用。

收入中心的分类

收入中心可进一步划分为主要收入中心和次要收入中心，饭店 3 大主要收入中心为:

- 客房;
- 食品;
- 酒水。

从属收入中心的范围大小取决于饭店提供服务的种类，如果饭店拥有并经营以下服务，则以下也是饭店的收入中心:

- 电信;
- 车库和停车;
- 高尔夫课程;
- 高尔夫专卖店;
- 住客洗衣;

- 健康中心;
- 游泳池;
- 网球;
- 网球专卖店;
- 其他自主经营部门。

部门声明: 其他自主经营部门联合了一些其销售为次要收入并且单独出具报告并不实际的收入中心, 例如以上任一数量的从属收入中心将会被合并到其他收入中心。

收入中心和财务报告

财务信息系统的设计将决定一个特定的机构中单独报告领域的数量, 大部分自主经营部门会发布被称为 "附表或部门利润表" 的财务报告。例如, 一个独立的部门利润表是为客房部、餐饮部及电信部而编制的, 一些自主经营部门被认为是非主要营运部门, 因为其销售量和交易费用并不显著, 这些部门可能汇总形成一个被称作 "其他自主经营部门" 的财务报告类别。

每一收入中心都需贷记其销售额而不管该项销售完成的地点, 例如在客房中销售给顾客的所有食品或酒水将被餐饮部, 而不是客房部记入报告。

一家饭店可能会用到多个食品销售账户以区分不同部门对于食品销售的贡献, 例如食品销售账户可能由以下各领域组成:

- 餐厅;
- 咖啡厅;
- 宴会厅;
- 客房服务 (送餐);
- 酒廊 (食品销售)。

同样地, 以下各领域也可分别建立账户以记录饮料 (酒水) 销售额:

- 酒吧;
- 餐厅;
- 宴会厅;
- 客房服务 (酒水销售)。

次要收入中心

次要收入中心发挥的作用对于一家饭店的运营来说至关重要, 任何一家饭店运营的次要收入中心都需要在饭店会计报表中占据一个特定部分以详细地记录销售额、销售成本、工资额以及其他相应的营业费用。

与一些次要收入中心有关的功能不是由饭店自主经营，而是租赁承包给某位受让人，这种情况常见于饭店内理发、美容、洗衣以及代客泊车服务，单独的利润表也不会在饭店特许权转让的部门出现，因为特许权转让的部门不属于饭店自主经营部门。由于出租店铺或外包服务而形成的收入将出现在饭店租金及其他收入附表中，所以这个表所承担的责任范围被认为是另外一个收入中心。

电信部 电信部负责为饭店和客人提供电信服务，如果未安装电子通信网络，客人使用电话的计费就必须输入日志或凭证中，这些费用也必须及时转发给前厅负责应收账款的职员（实际上，任一客人需要挂到房账上的服务都需要一个能够及时将账单转到负责应收账款职员处的沟通系统）。

洗衣房 为客人提供的洗衣服务可能由饭店经营也可能是由饭店外的洗衣房经营，如果这项工作是由外面的洗衣房担任，饭店通常会基于其向客人收取的费用提取佣金，从佣金中获得的收入将会记录在饭店租金及其他收入附表中。

其他次要收入部门 洗熨烫服务包括熨烫、清洗及修复客人的衣物，也包括擦鞋服务。这项服务可能由饭店自主经营也可能是交由当地的一家小贩经营。

同样地，一家饭店的理发店、美容院、报刊亭可能是饭店自主经营，也可能交由受让人经营，这种类型的店铺通常只收取现金进行交易，这种交易也不会对客人账户有任何的要求。

康乐部门监管一些休闲设施的使用如游泳池、健身房、高尔夫课程以及网球场，这些设施可能对住店客人是免费开放的，也可能额外收费。这些设施可能是属于饭店自主经营也可能承包给受让人经营。

有关收入的基本概念

如前所述，商业交易被定义为为获得现金或者应收账款而对商品、资产或者服务进行交换，而收入来自于为获得现金或应收账款而将商品、服务销售给客人获得的结果。销售金额不包括任何的消费税和小费。

收入实现原则表明，只有当服务或产品被移交并被接受后，销售额才予以承认。无论客人支付方式如何，此点均被称为销售点。无论客人支付方式如何，该销售额都应予以确认。

在未来提供的服务或产品，即存货，不构成销售额，例如，收到客人 500 美元的预订宴会设施的预付款不能记账为销售额，因为服务和产品还没有被交付，这种情形下收取的现金作为一种负债归为预收收入。

定金收入会形成现金账户的借方（增加）并抵消另一个账户的贷方。预收款账户取决于饭店的会计制度。它可能是应收账款、宴会保证金或其他适当的账户。一般来说，这种类型的账户汇总并显示为资产负债表中的负债。它们可能会显示为预收收入或者保证金和贷方余额。

收入账户

饭店用到的收入账户取决于它开展业务活动的类型、规模及财务报告系统中管理所需的信息详细程度。

以下有关收入账户的定义与美国饭店业协会财务管理委员会的建议相一致。

客房销售额 指客房和公寓的租金贷记账目，还应包括单独收费的做床或布草服务。如果餐费已包含在房费中，则应做出妥善区分并分别记入客房收入账户和食品收入账户。

客房折让 这是客房销售额被最初记录之后折扣与退款的收入抵消账户，为与客人维持良好的客户关系，饭店业时常给予客人这些和其他类型的折让。大多数折让涉及有争议的费用、价格调整、修正超收及调整不满意的服务。

食品销售额 指在膳食服务中销售的食品和非酒精饮料贷记本科目，可能会根据设施（例如餐厅，客房送餐服务，酒廊及宴会）来划分出几种食品收入账户。

员工餐费和行政人员签单不应包含在食品收入账户中。行政人员签单是由饭店行政人员签署客账单来代替对食品和酒水的支付。

油脂、骨头和其他厨房副产品的销售额均应贷记进销售成本账户，而不是收入账户。

食品折让 这是食品销售额被最初记录之后折扣与退款的收入抵消账户。

酒水收入 饮料销售额可以划分为葡萄酒、白酒、啤酒或任何其他有助于收入分析与存货控制的类别。酒水收入也可根据收入来源，如餐厅、客房送餐服务、宴会和休息室等进一步分类。行政人员签单不应包含在该账户中。

酒水折让 这是酒水销售额被最初记录之后折扣与退款的收入抵消账户。

餐饮部其他收入 餐饮部其他收入账户用于记录与提供食品酒水服务不相关的商品销售额，登记到该账户的销售额不是从自动售货机出售的商品。例如，餐厅所出售的口香糖、雪茄、香烟、糖果和新奇物品，酒廊所出售的花生、爆米花等休闲食品。包装费和最低运费也应该记录到这个账户中。

这些不包含在食品和酒水收入中的杂项部门收入在毛利分析（也就是说食品和酒水销售收入与它们各自成本的比较）中被允许考虑在内。

电信销售额　向客人收取使用电信服务的收入和客人使用付费电话而获得的任何佣金都包含在这个账户中。该项销售收入可归类为本地电话、长途电话、服务费和佣金。

电信折让　这是电信销售额被最初记录之后折扣与退款的收入抵消账户。

饭店其他收入账户　这是一个由许多不同的收入账户组成的总收入类别，与此分类相关的收入不记入任何特定的部门。为便于财务报告的分析，一个饭店的其他收入被视为一个单独的收入中心。

适合该类别的项目将出现在饭店租金和其他收入附表中，这些项目包括：

- 利息收入；
- 股息收入；
- 租金收入（商店、办公室和俱乐部）；
- 特许经营收入；
- 佣金收入；
- 自动售货机收入（减去商品销售成本）；
- 已获现金折扣（采购折扣）；
- 残值收入。

出售固定资产形成的少许的所得或亏损也可能出现在饭店租金及其他收入账户中，如果所得总额或亏损总额巨大，那么它应该单独显示在饭店的简明利润表中。

净收入

净收入不是一个收入簿记账户，它是销售收入减去折让的一个术语。净收入反映了一个便利的计费活动。例如，假设客房销售收入为 100000 美元，客房折让总计 1500 美元，客房部实现的净收入则为 98500 美元。鉴于财务报表的目的，其显示在客房部利润表中则为：

收入

客房销售额	100000 美元
客房折让	1500

净收入　　　　　　98500 美元

术语"净收入"有时被称为净销售额，由于它是用来作为计算各种商品销售额比例关系的公约数，因此净销售额在财务报表分析中是非常重要的。

毛利

与净收入一样，毛利也不是一个簿记账户，相反它是财务报表中的一行项目。它是表示销售净收入减去销售成本的一个术语。毛利是反映在扣除与经营设施相关的任何费用前的销售利润。

毛利的计算部分地取决于所在部门的类型，有些部门可能被描述为推销部门，而推销部门出售商品或产品是具有销售成本的。

客房部不是一个推销部门，因此其净收入及毛利是相同的。如果客房部实现75000 美元的净收入，其毛利也等于 75000 美元。

相比之下，餐饮部是一个推销部门。假设其食品销售收入为 80450 美元，食品折让 450 美元，食品销售成本 25000 美元。则部门利润表中食品销售后毛利情况如下：

收入

食品销售额	80450 美元
食品折让	450
净收入	80000 美元
食品销售成本	25000
毛利	55000 美元

一个部门的毛利必须足以支付工资及其他经营费用并产生部门利润。所有部门所创造的收益利润总额必须足够大到支付未分摊费用以及固定费用，这样才能使该饭店获得净利润。

商业折扣

商业折扣是指降低供应商价目表上标明的价格。有时供应商会图方便不会打印新的价目表，而使用商业折扣来进行价格变动。

商业折扣是不会被统计在收入账户内的，支付的金额输入不表明它是一个商业折扣，商业折扣不取决于在给定的时间内的付款。

供应商的发票通常显示销售总额、商业折扣及营业净额，因此一般不要求对商业折扣进行计算。例如，标价为 5000 美元的厨房设备按 40% 的商业折扣购买，那么将按 3000 美元净发票价格收费，该资产的购买记录为 3000 美元。在 3000 美元净价格的基础上再计算适用的现金折扣。

现金折扣

现金折扣是某些供应商为在到期日之前提前支付发票所提供的折扣，顾客提前付款给供应商带来一个明显的好处：更好的现金流来支付开支或进行投资。为鼓励顾客及时支付，供应商可能会提供所谓的现金折扣奖励，也被称为购买折扣。

不同于商业折扣的是，现金折扣取决于在特定时间内的支付。现金折扣术语缩写形式通常显示如 2/10，N/30。这种格式如图 1-1 所示。

图 1-1 折扣术语的解释

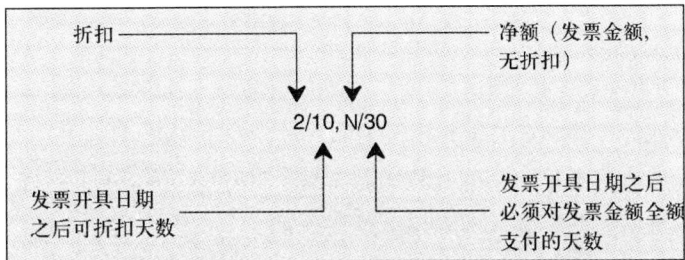

例如，现金折扣条件为 2/10，N/30 的 100 美元的发票日期为 10 月 16 日，若要获得 2% 的折扣优势，那么必须在 10 月 16 日和 10 月 26 日之间进行支付，如果付款是在折扣期限以内，那么使用支票支付该发票的金额就为 98 美元，计算方法如下：

发票金额	100 美元
2% 的现金折扣	－ 2
支票数额	98 美元

本例使用的付款条件称为普通日期。普通日期的付款条件付款期始于发票的日期。现金折扣也以其他的付款条件给出。一些厂商通过添加一个后缀，例如收到货物（ROG）或月底（EOM），来修改折扣条件。这个后缀改变了折扣期限的日期，并以扩展日期形式出现。

ROG

术语"ROG"（收货）是指现金折扣期的计算是从收到货物日期，而不是发票日期开始计算。当发票开具较长一段时间后货物才能交付时，供应商才使用该日期形式。假设发票日期是 3 月 5 日并注明 2/10，N/30 ROG 条件的话，如果货物于 3 月 10 日收到，则折扣期的计算是从 3 月 10 日至 3 月 20 日。

为进一步解释这个概念，请看下面的例子。假设货物交付日期为 8 月 15 日，购买商品的发票金额为 700 元，发票日期是 8 月 2 日，并注明折扣术语为 1/10，N/30 ROG，付款日期为 8 月 24 日，直到 8 月 25 日都会有 1% 的现金折扣。则计算如下：

发票金额（购买金额）	700 美元
1% 折扣	－ 7
支票金额	693 美元

EOM

术语"EOM"（月底）指该现金折扣期限从发票日期的月底后开始计算。如果发票的日期标注为 6 月 8 日，折扣术语为 2/10，N/30 EOM，那么折扣期就在 7 月 10 日结束。该方法非常简单：在这个例子中发票注明的月份为 6 月，接下来的月份为 7 月，因此折扣日期会在 7 月 10 日结束。

再举一个例子，发票的日期是 5 月 25 日，其折扣条款为 4/15，N/30 EOM，购买商品的发票金额为 600 美元。由于发票的开具月份为 5 月，则现金折扣期延长至 6 月 15 日。如果是在 6 月 15 日或之前付款的话，则它的计算方法如下：

发票金额	600 美元
4% 折扣	－ 24
支票金额	576 美元

根据商业惯例，如果是使用 EOM 条款的发票日期是某月 26 日或之后，则现金折扣期延伸到发票上注明月份的第二个月。从本质上讲，发票的标注日期被视为从下月初开始计算。因此，标注月底 5 月 26 日及之后的任何发票将被视为它们是 6 月 1 日开始计算的账单。因此，折扣期将延续到 7 月。

例如，假设一张发票的日期是 5 月 26 日，发票金额为 600 美元的信贷条件为

4/15，n/30 EOM，发票开具月份是 5 月，但日期是 5 月 26 日。在这种情况下，发票被视为 6 月 1 日的票据，现金折扣期延长至 7 月 15 日（15 天是到下个月的账单周期）。如果是在 7 月 15 日之前的任何时间付款，则计算方法如下：

发票金额	600 美元
4% 折扣	－ 24
支票金额	576 美元

有时出现缩写 Prox. 用于提供扩展的日期条件。Prox. 是单词 Proximo 的缩写，意思是"下个月"。用于计算附 Prox. 信用条款的折扣计算程序与 EOM 是相同的。

运输费

一般都不允许对运输费进行折扣，现金折扣应在不包括任何运输费的发票金额基础上进行计算。例如，假设日期为 10 月 17 日，金额为 271.95 美元的发票包括商品费用 250.00 美元和运输费 21.95 美元，折扣条款标注为 2/10， N/30，如果是在打折期间付款，则计算方法如下：

发票金额	271.95 美元
现金折扣（2% × 250 美元）	－ 5.00
支票金额	266.95 美元

发票和折扣的记账

规模较小的饭店通常只对他们支付了的发票记账，如果财务报表有需要的话，则会计师会准备一个调整账户来记录所有未付发票额以遵守会计匹配的原则。这种程序对于规模较小的企业是可以使用的，但由于其在内部控制方面的缺陷，对于大规模的饭店企业就不是一个很好的管理措施。

在一家规模较小的饭店中，是由老板或经理进行订购、验收、并授权付款等事宜的。实际上，他可能开具支票。而在一个大型饭店或餐饮企业运营中，所有这些功能是由不同的个人完成的。

规模较大的饭店会通过应付账款制度或者付款凭证制度处理所有收到的发票，不管这项发票何时被支付。付款凭证制度是用来控制应付账款和具有现金保障支付的制度。使用应付账款或付款凭证制度时，无论是现在还是在将来的某个日期内支付，发票都是在货物被交付时立即开具。该账户始终是借记购买某项产品，贷记应付账款。

有些发票涉及折扣，会计上有两种方法来记录这些发票：

- 总额法；
- 净额法。

总额法是指将交易总金额记录到应付账款账户，折扣只有当该票据被支付时才予以记账。净额法将提前扣除折扣，当票据一旦被支付时立即在应付账款账户记录折扣后的净额。净额法只能适用于拥有充裕的现金流并能够在折扣条款要求的折扣期间进行支付的饭店企业。

除了选择票据记账的方法，管理者还必须决定如何处理折扣以实现财务报告的目的，如何处理折扣对企业来说是一个重要的决定。举一个例子，假设为运营饭店的餐厅而采购食品，那么折扣是应该算作食品的成本减少呢还是应该作为饭店的其他收入呢？

要回答这个问题，让我们首先来分析供应商为什么提供折扣。供应商提供折扣是作为在一定期限以内及时付款的一种激励。但是，这种激励的成本已经内置到销售价格中，折扣被认为是做业务经营的成本。因此，打折后所付出的价格才反映了实际的真实价格，很有可能供应商没有提供折扣的售价更低。

会计中有两种方法记录现金折扣：

- 收入法；
- 非收入法。

收入法将折扣作为一种收入记录到饭店现金折扣账户内，现金折扣被列入饭店租金及其他收入账户内。收入法的支持者认为，现金折扣是因拥有充裕的现金、妥善管理现金流以及适时的支付应付账款才能获得的一种收入，《住宿业统一会计制度》也认可收入法。

非收入法将折扣视为最初购买成本的减少，非收入法支持者认为，一个部门只应该记录购买的净成本，因为它代表了真正的成本。

无论使用何种方法处理折扣，对饭店来说折扣的处理都会产生同样的净收入；两种方法之间唯一区别是在哪个部门贷记折扣。

记录折扣的方法选择不依赖于发票记账的总额法或净额法，这两种方法都有可能用到收入法或非收入法。总额法和净额法与记录应收账款的数额有关，而记录折扣的方法与在哪个账户贷记现金折扣有关。

总额法

总额法（也被称为总额记录法）是饭店业中比较流行的记录票据的方法，票据以其购买的总价格进行记录，折扣先不予以考虑；只有当票据被支付并且折扣真正发生时才被记录，支持该方法的一项原则是饭店并不总是知晓是否拥有足够的现金用于实现所有的折扣。

发票收入的记录 假设刚刚收到购买工装的发票金额为 500 美元，发票开具日期是 3 月 1 日，折扣条款为 2/10，N/30 。使用总额法，记录发票的日记账分录为：

工装	500
应付账款	500

折扣将在发票被支付时予以入账，需要牢记的是，折扣既可以看作是一种收入也可以视为非收入。

折扣视为收入 采用以上的例子，假设购货方为获取 2% 的折扣而及时支付了货款，折扣额为 10 美元（2%×500 美元），那么金额为 500 美元的发票则可以 490 美元的现金支付，在收入法下，会计科目分录为：

应付账款	500
现金	490
已获现金折扣	10

折扣视为非收入。同样还是利用上面的例子，假设购货方为获得 2% 现金折扣而及时支付了发票额，以非收入法处理折扣，会计科目分录为：

应付账款	500
现金	490
工装	10

净额法

总额法最主要的弊端是因为糟糕的现金流或扣费业务管理欠佳而不能揭示损失了的折扣额，对于总额法的另外一个批评是对于饭店业来讲应付账款可能会发生通货膨胀，因为饭店业在其正常的应付账款循环系统中能够持续利用大部分或全部的现金折扣。

净额法则对于想要评估折扣损失及通常留有资金来获得现金折扣的饭店业更为适用（净额法通常也指进货净额记账法），使用净额法就需要预见到现金折扣问题；

也就是说，饭店企业假设当支付货款发票时，就可以获得现金折扣，因此在收到货款发票时，入账的数额为发票金额减去任何可能取得的折扣。在支付时，会恢复任何折扣损失并记录到一个称作折扣损失的费用账户中。

发票收入的记录 为说明净额法，我们仍然使用购买工装发票金额为 500 美元、开具日期为 3 月 1 日、折扣术语为 2/10，N/30 的例子。在净额法下，首先预计在发票被支付时 10 美元的折扣必然会取得，并且在支付发票时折扣为净额，记录发票日记账如下：

工装	490
应付账款	490

如果发票在折扣期间被及时支付的话，则付款的会计科目分录为：

应付账款	490
现金	490

如果发票在折扣发生期间并未及时支付，付款的会计分录为：

应付账款	490
折扣损失	10
现金	500

餐饮销售的内部控制

通过妥善处理现金折扣的成本控制是获利重要的关键因素之一，销售控制与赢利能力同样重要。销售控制涉及一系列控制及其形式，目的在于使管理层能够监督业务收入的实现，销售控制使所有的销售都以合适的价格被记录。

饭店销售的审计是通过审查客人支票、服务器的签名簿、收银员的文件以及现金出纳机读完成的。出于内部控制的目的，实际审计程序如何则取决于企业规模、作业程序、格式设计以及自动化设备使用的程度。

折让应在折让券如图 1-2 所示的示例表单中输入，在这些凭证被处理之前，出现在上面的数额必须由管理层指定的人员签字核准。

对于具体控制程序的探讨最好见特定的课程，比如前厅部与餐饮部控制，但是在学习饭店业会计概念时，应该拥有与以下内容有关的程序的基本知识：

• 客人账单—人工系统；

图 1-2 折让券样式

464856		折让				
				部门		
				日期	20	
姓名				房号或业务号		
	日期	标识	总额			
不要写在上面空格内						
解释						
美国饭店注册公司账本, IL60062-7798						
AHW 4211				签字		

资料来源:美国饭店注册公司。

- 客人账单—自动化系统;
- 储蓄卡和信用卡;
- 客人费用;
- 前厅部运营;
- 每日客房报告;
- 管家部报告。

客人账单——人工系统

客人账单(图 1-3)起到双重作用:它启动了客人对餐饮部的预订,并最终显示为呈现给客人的发票。通常要对客人账单进行预先编号并着以不同颜色,以防任何涂改,客人账单也被称为服务员账单。

会计学中有各种各样的与客人账单内部控制相关的程序,有一个程序是将客人账单按照编号顺序锁定储存,并当服务员报告任务时发给他们。在这种系统中,每个服务员收到一定量的、特定连续编号的账单,由于账单已经开具,服务员的识别编号或者姓名已经在服务员的签名簿(图 1-4)上显示,签名簿同时记录着已开具账单的第一张编号和最后一张的编号,然后服务员在这个册子中签名并且在最后交接班时一定要对账单进行核算。

当服务员下班时，没有用完的账单将交回，服务员最后开具的账单编号将会被记录下来，未使用账单将按照编号顺序进行存档，将来或者发给服务员，或者取出不再循环。任何未兑现支票都应采用内部控制程序进行核算，非常情况下被批准作废的支票也必须提交并证实其有效性，有关遗失支票的管理政策随着业务的不同而有所变化，并可能取决于国家有关薪金的法律。

收入审计员对服务员的签名簿和回到出纳员那里的账单进行比较。使用该种方法，收入审计员要确保签名簿中所列的所有的账单都已登记为销售额。

服务员账单可能是一式两份，以在预订发生时得以控制。在一个双重系统中，客人的预订被记录在一个特殊的账单上，已被预先编号的副本由厨房保存，之后与出纳员手中的客人账单进行比较，以确认是否所有的销售都已入账并且已被支付。

同样还有其他类型的控制系统，但任何控制系统必须适合操作的特殊需求。一个良好的控制系统应能实现延误最小和顾客服务干扰最小的目标。

餐厅现金控制　当客人就餐结束后，服务员必须给出价格并且汇总客人账单，除非该功能已被零售终端的设备自动执行。服务员收到客人的付款并将客人账单和付款交给收

图 1-3　客人账单样例

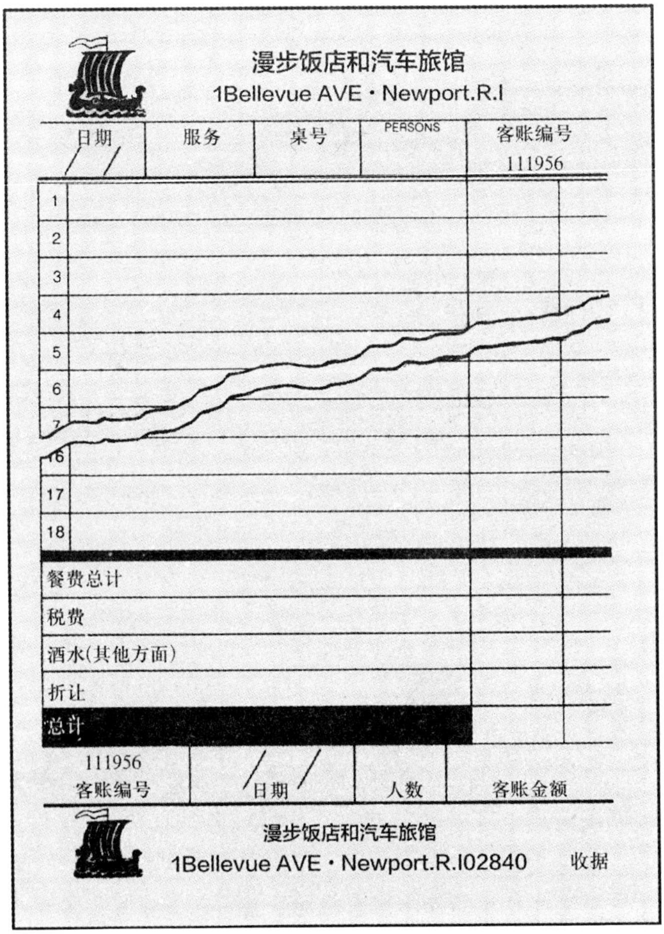
漫步饭店和汽车旅馆
1Bellevue AVE · Newport.R.I

日期	服务	桌号	PERSONS	客账编号 111956

1
2
3
4
5
6
7
16
17
18

餐费总计
税费
酒水(其他方面)
折让
总计

111956 客账编号	日期	人数	客账金额

漫步饭店和汽车旅馆
1Bellevue AVE · Newport.R.I02840　收据

资料来源：感谢 Viking 饭店和 Motor 旅馆。

图1-4 服务员签名簿样例

服务员签单		所用的签单			所用的最后一张签单	退回的签单			日期 _____ 20 ____	
服务员编号	签名	始	末	用量总计		未使用	空的	每个出纳	总计	丢失

银员。

收银员将账单上的每一项录入到账簿中，该账簿记录每一消费项目并且在服务员确认的账单总额处盖章，收银员也要将账单记录到房账上，客人的这些账单要被传送到前台，录入客人账户中。

在交接班时，收银员的收银抽屉以及佐证文件将被一一核算，收银机读数将被取出并加总，现金、信用卡消费凭证、房费以及任何各种各样的付款方式凭证将会使用一个每日收银员报告来与收款机读数进行核对①。

酒廊现金控制 相比餐厅销售内部控制而言，对于酒水销售的内部控制挑战更大。可能是因为由同样一个人（一个酒吧服务员）接受客人的预订、准备并且端上饮料、收取现金并记账，尽管没有对酒水销售内部控制通用系统的描述，但是在饭店业中还是存在常用的控制程序和规则。

一个常见的程序是要求酒水销售员在销售时打铃，由于酒水销售员还充当收银员，对于防止已被支付账单的重新使用而采取一定的保障措施是必要的。例如，一项措施即是要求酒水销售员将每一张支付了的账单放进一个上了锁的箱子里。

对于现金和收银功能的控制对于销售控制来说非常重要，收银程序需要收银机的抽屉不能敞开，即使很短的一段时间也不允许。在酒廊中，一项包括鸡尾酒服务的操作就不允许服务员首先向酒水销售员使用现金支付，然后再向客人收取现金，这个过程可能会诱使服务员向客人多收费。

在酒廊中控制客人账单的操作类似于餐厅，如果由于某种原因，使用客人账单完全不切实际的话，收款机也应该给客人提供一个相当于客人账单的收据磁条。

酒水销售员不应被允许获得收款机读数，或者在交接班时使用自己的现金进行调节，需要特别的程序来防止可能挪用公款的"无效"和"未销售"现象的出现，酒水销售的核对需要提前准备，形式可能类似于每日收银员报告，但这个报告可能是为某项业务而专门设计的。

一个自动酒水配送系统为酒水销售控制提供了一个新的视角，但是由于这些系统是昂贵的，因此并不是对所有企业都适用。

客人账单——自动系统

自动零售终端系统（简称 POS 机系统）代表了新一代的订单输入、计费和内部控制系统。简单地说，POS 机系统对收银机和人工客人账单来说是一个自动化的替代物。该系统的计算机界面优化了餐厅和厨房之间的高速订单输入与沟通。给客人结账的方式可以定制，客人可以用现金、信用卡、借记卡、支票进行支付。POS 机系统记录并跟踪客人的订单、账单核算和存货管理。一般情况下，POS 终端机使用工作人员可以访问的计算机，该计算机包含数据库中的应用程序并存储所有菜单选项。POS 机系统配备可准确、快速下订单的触摸屏菜单，定价错误和人工客人账单几乎被完全消除。（图1-5 显示了一个 POS 机系统生成的自动化客人账单。）

图1-5 Pos 机系统下的客人账单样例

```
            欢迎
5/12/2006              0.48
=============================
支票: 2112710.00
服务员: 利亚
终端: 237.00
=============================
   4  苏打吧            7.00
      @1.75
      柠檬水
      冰茶
   1  WB Feiji Large    6.00
   3  鸡肉三明治        48.00
      @16.00
       小计    61.00
       小费     9.06
       服务费    2.26
       总计    72.32

   小费

   总计

   房号

打印名称

签名
```

借记卡和信用卡

借记卡或 ATM 卡有一个使之区别于信用卡的显著特征，借记卡的使用会导致持卡人银行账户内的现金余额瞬间下降，顾客的账款会立即转入到饭店的账户内。因此，借记卡交易就像对现金及类似付款方式的处理一样。

相比较而言，信用卡的使用不会立即影响到持卡人的银行账户。首先由信用卡公司先将款项支付给零售商，然后持卡人在收到月结账单时再支付给信用卡公司。使用较多的信用卡是万事达卡、维萨信用卡、美国运通、全权委托及达来卡，饭店通常根据该卡是否划分为银行卡而进行区别对待。

图 1–6　美国运通汇票样例

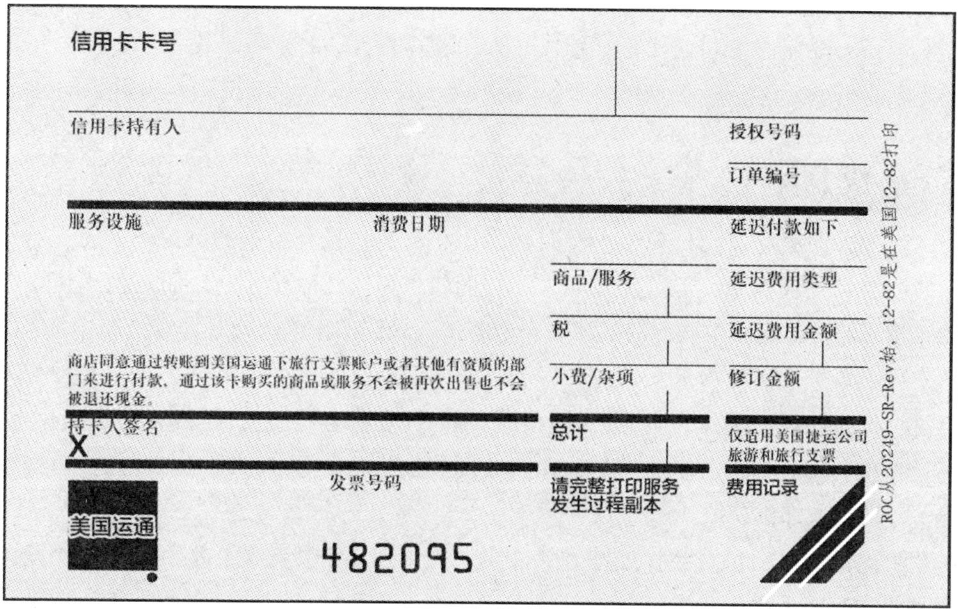
信用卡卡号
信用卡持有人
授权号码
订单编号
服务设施
消费日期
延迟付款如下
商品/服务
延迟费用类型
税
延迟费用金额
商店同意通过转账到美国运通下旅行支票账户或者其他有资质的部门来进行付款，通过该卡购买的商品或服务不会被再次出售也不会被退还现金。
小费/杂项
修订金额
持卡人签名
X
总计
仅适用美国捷运公司旅游和旅行支票
发票号码
请完整打印服务发生过程副本
费用记录
美国运通
482095
ROC从20249-SR-Rev始，12-82是在美国12-82打印

资料来源：美国运通公司。

由于与现金和个人支票一样，企业可以直接将信用卡汇票转入其支票账户，因此万事达卡和维萨卡也被称为银行卡。这些卡在饭店业中很受欢迎，因为对企业而言有瞬间的资金流入，且没有等待期。因此，客户使用银行卡达成的交易被作为现金交易来记录。

一个企业可能会将 Discover 信用卡汇票直接存入其银行账户，然而，与银行卡的使用程序不同，银行只有等 Discover 公司批准后才能允许其使用这项资金，这项批准程序可能很快在 24 小时以内获取。无论哪种情况，如果银行不将信用卡存款视为现金，那么其就不能以现金形式记录。因此，在该项批准是必需的情况下，信用卡的销售记录应为应收账款。

美国运通、全权委托和达来卡代表非银行信用卡。客人使用一张非银行信用卡

或 "house" 信用卡所做的交易都被视为应收账款交易。在非银行信用卡的情况下，企业必须事先转寄信用卡汇票副本，并等待偿还。 "House" 信用卡要求企业在资金获取之前直接对顾客开具账单，图 1-6 是美国运通汇票示例。

客人签单

有些客人可能拥有商家允许的支付特权（如开户），他们可能会在购买服务或产品时仅需签署一张客人账单或发票，这些交易被记录为应收账款交易，企业然后向客人递交账单或者需要的付款凭证，开户特权可能包括延长信用期，据此饭店将月底结账单递交给客人。

小费会计

当客人向服务员支付现金小费时，由于小费是直接交给服务员的，因此不需要小费的会计处理程序。但是客人如果不是向服务员支付现金小费，而是使用信用卡或者签单的方式支付小费的话，那么小费将被记录到信用卡汇票或者客人账单中。

当小费进入到信用卡汇票或者客人账单中时，交易就变得复杂了。从某种意义上讲，该账户现在是作为服务员的收款代理人；在服务员被支付以前，收取的小费都是一项负债。最终，企业将从信用卡公司收取小费的部分，或者在客人支付的情况下，从客人那里获取。

为提供一贯的小费会计处理方式，企业应该建立小费政策。举例来说，小费政策可能会声明适用于小费部分的信用卡费用不应该从服务员的小费中扣除，根据一家企业的小费政策，服务员可能立即收到签单的小费也有可能在下班时才能收到。

会计人员和前厅功能

饭店中最明显的区域是前厅，它是客人与饭店工作人员首次接触的地点，是用于处理客人预订、安排客人住宿、提供信息、为客人办理退房以及维护客人分类总账的活动中心。

客人分类总账包括每个饭店登记的每个客人的个人记录，在客人住宿期间，前厅部负责加总客人所有的商品及服务费用，并记录客人的付款情况。这些加总会在客人记录账上进行计算，也就是分类账簿中的一页，它们共同构成了客人分类账。

图1-7给出了一个客人分类账簿某一页的示例。

客人分类账会计也被称为前厅会计，包括汇总客人消费、信用额度和付款。有两种应收账款明细分类账户记录顾客交易活动：客人分类账和客人往来账。客人分类账是为那些仍然在饭店中注册登记的客人而设立的应收账款明细账，在前厅它是由房间号记录并维护的。

相比之下，客人往来账是为那些未注册登记的客人设立的应收账款明细账，已经退房的客人账单以及签单账单将从客人分类账中转移到客人往来账户中，往来账户按照字母顺序保留在会计部门。

会计部门负责记录前厅活动的结果、维护客人往来账、负责信用卡应收账款、向供应商付款、处理工资单、编制财务报表、编制预算以及行使其他的会计功能。

主计长作为会计部的领导和行政委员会的成员，负责及时地沟通财务信息、参与决策、调查提案、短期预测以及长期预算。会计师的其他职责可能包括控制和监督收入、提供管理咨询服务、与各部门进行沟通并组织财务控制系统运行。

应收账款员、收银员以及会计部门的夜间稽核人员需要向会计部门报告，这三类前线办公人员在提供饭店业会计信息方面发挥着重要作用。

应收账款员

应收账款员将客人的食品、酒水以及其他杂项费用由签单账过户到客人

图1-7 客人日记账样例

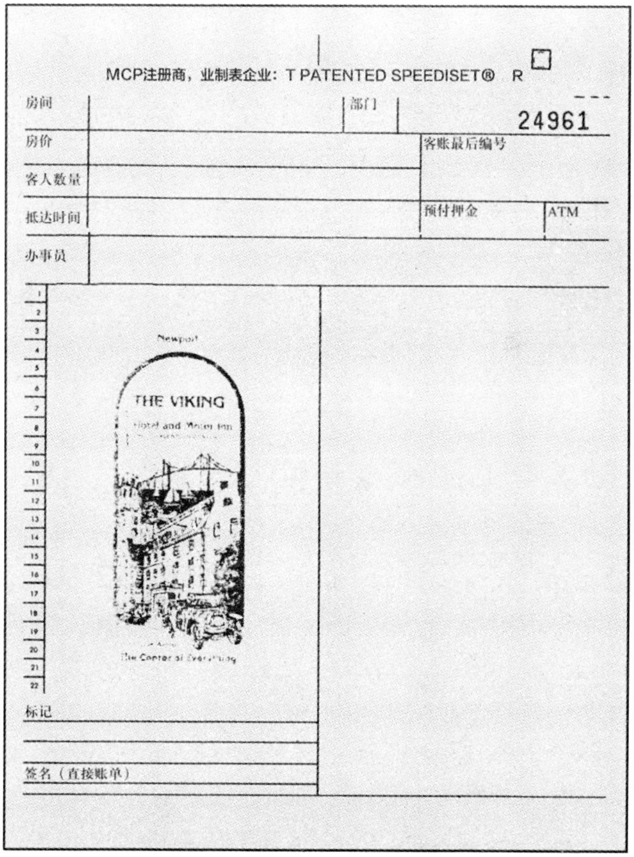

MCP注册商，业制表企业：T PATENTED SPEEDISET® R

24961

房间　部门
房价　客账最后编号
客人数量
抵达时间　预付押金　ATM
办事员

Newport
THE VIKING
Hotel and Motor Inn

标记

签名（直接账单）

账户，这些客人签单账显示在签单凭证上，而且由于内部控制的需要进行了事先编号。即使不知道客人结账离开的准确时间，对客人的签单凭证进行过账仍然很重要。图 1-8 展示了一张签单凭证的样例，签单费可能是因使用电话、洗衣及熨烫服务以及客人账簿上的杂费签单而形成。

图 1-8　收费凭证样例

```
097261                          杂项费用

                              部门 _____
                              日期 _____ 20 ____

姓名 _____           房间或交易编号 _____

        日期        代码        金额

        ▮

                  不要填写在以上空白区域

备注 _____

美国饭店注册公司.诺斯布鲁克,IL60062-7789
AHW 4208                          签名 _____
```

资料来源：美国饭店注册公司。

　　电算化系统的使用正在迅速改变许多签单凭证的形式。例如，最近通信部门自动化的进步已经可以使客人的费用直接进入客人账簿，这是由客人签单日志或者一张自动的凭证来支持的，如图 1-9 所示。

图 1-9　自动通信费用凭证样例

日期	时间	房间号	电话号码	房态	时值	费用
10/27	10:46	0101	15175551276	MI	5.3	03.27
10/27	11:12	0028	5553600	RI	10.7	01.32
10/27	11:14	0072	13135554829	MI	7.4	04.25
10/27	11:25	0129	16145553882	OH	22.5	13.47
10/27	11:26	0053	5554731	RI	12.4	01.92

收银员

收银员收到客人的付款，如果允许的话，收银员也可代客人先行支付戏剧票、货到付款物品的费用以及其他杂费，收银员也可能被允许为方便客人之需而兑现客人的个人支票，饭店为收银员提供称为银行的一笔固定的现金，现金的数量通常根据定额备用金制度进行确定。在定额备用金制度下，收银员在下班时，会对收据以及款项进行核算，并且该银行将恢复到原来的固定金额上。

夜间稽核人员

夜间稽核人员最初主要负责处理所有房费及确保所有的付款凭证已被核算并已经过账到客人的日记账簿中，制定房价的一种方法是检查当前房态图，当前房态图可能包含一个卡片索引系统，这个系统会随时更新以反映已出租客房与空房状态，当客人登记时，便准备一个由多部分组成的表格，从房态图中可编制登记客人占用的客房列表，该表格其中的一部分是房卡显示房间号、房价以及入住客人数量，该房卡然后被放入房态图中。

在夜晚，房态图中只包含那些仍然支付当晚房费的已登记客人的表格；从房态图中可编制登记客人占用的客房列表，该列表被称作每日饭店房间报表（图1-10）。为方便起见，每间客房的价格可预先打印在每日房间报表上。

每日房间报表与客房行政管家部报告相比，（图1-11）客房行政管

图 1-10 房间每日报告的样例

房间每日报告

日期：5月2日　20×2
楼层：　　　1

编号	比率S/D	客人数量	标识	房费
101	60/80	2		80.00
102	60/80		V	
103	55	1	S	40.00
104	60/80	2		80.00
105	75/95	2		95.00
106	75/95	2		95.00
107	60/80		OOO	
108	70		V	
109	60/80	2	C	---
110	55	1	E	55.00
111	55	1	H	—

C:免单房　　　E:免税房
H:员工房　　　OOO:故障房
S:特价房　　　V:空房

图 1-11　客房管家部报告

客房管家部报告				房态标识		日期：10月14日　20×2	
LCO:退房延迟						OOO:故障房	
V:空房						X:使用房	
房号	房态	房号	房态	房号	房态	房号	房态
101	V	201	X	301	X	401	X
102	V	202	X	302	X	402	X
103	X	203	X	303	X	403	V
104	X	204	X	304	X	404	X
105	X	205	X	305	V	405	X
106	X	206	X	306	X	406	X
107	OOO	207	V	307	V	407	V
108	V	208	V	308	X	408	V
109	X	209	V	309	X	409	X
110	X	210	X	310	X	410	X
111	X	211		311	X	411	X

　　家部的报告是根据客房部行政管家提供的资料编制的，此过程可确认逃单者以及沉睡房。逃单者是指没有到前厅结账而离开饭店的客人，沉睡房是指房态图上显示为住客房实际上是空房的房间，这种情况通常在客人已经结账离开而前厅人员未能及时更新饭店房态时发生的。客房行政管家部报告的一个主要目的就是检测客房销售中的错误或故意的遗漏，该报告需要直接提供给收入稽核员而不是前厅。

　　夜间稽核人员的另一个职责就是核实客人的餐饮和住宿的签单消费额，这是通过比较餐厅和酒廊总的转入和转出账款而完成的，其他部门的签单凭证也是以类似的方式进行验证的。

　　客人账单中的过度签单及错误需要通过使用折让凭证来加以改正，折让凭证会过账到一个单独的折让日记账中，该日记账取决于客人的身份，并可能会影响客人分类账或往来账。

前厅会计概述

　　当前厅人员将交易过账到客人分类账上时，它们构成了会计过程的一部分。无论该程序是人工的、半自动的还是电算化的，前厅用到的日记账的设计和形式取决于会计系统以及饭店的规模。

当前厅收取客人现金时，可记为收银库的借方，当前台人员付出现金时，则记为收银库的贷方，这些交易可能会影响客人账单或往来账，图 1-12 展示了一张前厅的现金收支日记账，前厅人员将现金收支交易记录在现金收支日记账中，该日记账由夜间稽核人员核算并转发给总出纳。

图 1-12 前厅部现金收支日记账样例

名称	房间号	现金收据			现金支付				
		银行dr	客人cr	城市cr	客人cr	城市cr	其他		银行cr
							数额(dr)	账户	
前厅部现金收支日记账 日期：_____									

每天晚上在一个设定的时间，夜间稽核人员运行一个已输入住客房每日房费、折让以及其他凭证费用的电脑程序，夜间稽核人员通过分析计算机生成的每日记录报告来核查这一过程的结果，该报告汇总所有活动并过账到客人分类账上（图 1-13）。

图 1-13 每日记录报告样例

房间号	之前余额	计入客人日记账费用						计入客人日记账账户			最终余额
		房价	税	饭店	酒廊	电话	其他	付款	折让	转入客人往来账	
房间每日记录报告 日期_____											

现金和数据收集

每个经营部门都会形成其每日收银员报告以作为内部控制程序来调整收入和收据以使它们一致，这些每日收银员报告（每个经营部门）需要在一个中心点进行总结以控制并核查销售收入、应收账款和银行存款。

所有收银员（包括前厅、餐厅、酒吧，以及其他经营部门的收银员）必须计算其净收入，将现金收入及收银员存款凭证（图1-14）一起放进信封中并将信封转交给总出纳（有时存款表单是直接打印在信封上的）。

总出纳当着各部门收银员的面确认收银员信封中的内容，确认完成后，总出纳编制一份总出纳存款汇总表（图1-15），该汇总表应该分别列出每个部门的经营状况。

注意总出纳存款汇总表中标有"欠费"的那一列，在下班时，收银机一般会通过收

图1-14 出纳存款单样例

维护记录				
日期				
出纳				
部门				
时间	A.M P.M	To	A.M P.M	
			金额	✓
纸币				
50或更多				
20美元				
10美元				
5美元				
1或2美元				
硬币				
1美元				
0.5美元				
25美分				
10美分				
5美分				
1美分				
小额现金凭单				
附上现金总额				
日常支票				
旅行支票				
总存款				
净收入				

（续）

维护记录			
日期			
出纳			
部门			
时间	A.M P.M	To	A.M P.M
差额			
总出纳			
现金或支票总额			
减去小费			
净收入或差额			

银机预付款进行弥补差额。差额也被称为差异，是由于前厅支付的现金要多于其收取的现金。例如，事先批准，前厅可为客人兑现支票或做出现金透支。请记住涉及信用卡或者支票的收入不需要加到收款机现金（实际货币）中。

使用类似于图1-15所示的一种形式，总出纳被允许从当日全部收款中提取现金，在将现金存入业务支票账户中时，弥补差额。一些饭店的主计长倾向于将每天全部收款存入业务支票账户中，收银员签署一张欠费汇票。

图1-15 总出纳存款汇总表样例

所在部门	从信封中进行分列					差额	现金存款至活期存款
	现金	支票	维萨卡	总计			
前厅							
上午							
下午							
晚上							
小计							
客人住来账							
总计							
餐厅							
酒吧							
商店							
康乐							
车库							
总计							

日期 _____ 20 ___

收入稽核员核实每一个部门报告的收入以及现金，稽核结束后，收入稽核员需要在收入日报表中汇总所有的收入以及其他的相关数据，这些汇总后的数据形成收入日记账每日分录的基础，收入日报告的形式和内容将取决于管理层每天需要的信息量，图 1-16 给出了收入日报告的一部分。

图 1-16　每日收入报告样例

第一部分：收入	交易编号	今天		今天允许额度	今天净额	计入该月净额	过去	预测计入该月额度	去年计入该月额度
房间—暂时预订	009 001 000								
流动—团队	009 003 000								
长久	009 004 000								
额外收入	009 005 000								
航空	009 006 000								
客房销售总收入									
食品—咖啡	030 019 000								
客房送餐	030 011 000								
特级房	030 020 000								
酒吧	030 021 000								
红酒吧	030 022 000								
小冰箱	030 023 000								
餐厅	030 024 000								
销售额总计									
饭店内客人宴会	030 029 001								
团队客人宴会	030 029 002								
S&W 税杂项	030 199 001								
无税	030 199 002								
INC 税杂项	030 199 003								
无税	030 199 004								
食品销售收入总计	030 199 005								
酒水—咖啡	050 019 000								
客房送餐	050 011 000								
特级房	050 020 000								
酒吧	050 021 000								
红酒吧	050 022 000								

（续）

第一部分：收入	交易编号	今天		今天允许额度	今天净额	计入该月净额	过去	预测计入该月额度	去年计入该月额度
小冰箱	050 023 000								
餐厅	050 024 000								
销售额总计									
饭店内客人宴会	050 029 001								
团队客人宴会	050 029 002								
当场付现金的吧	050 030 000								
S&W 税杂项	050 019 001								
无税	050 019 003								
INC 税杂项	050 019 003								
无税	050 019 004								
酒水销售收入总计									
主要营业部门									
电讯费用—本地	061 081 001								
—长途	061 081 002								
电讯费总计									
客人洗衣服务	061 082 000								
客人熨衣服务	061 083 002								
停车	061 084 000								
门店销售额	061 088 000								
主要营业部门销售收入									
租金及企业收入									
收入总计									

  未展示在表中的该报告的其他条目包括以下内容：借项总金额、客人分类账和客人往来账、租金及其他收入、应付账款、房态统计、食品统计以及其他的诸如行政管理人员签单和员工餐等其他信息。

  日收入报告中的信息可被用于编制部门的收入报告和汇总的收入及现金收入日记账。部门收入报告基本上是一个销售日志，它是专门为每个部门编制的但是不能用于总账的输入，部门收入报告的主要目的是汇总供管理使用的数据，图1-17 给出

图 1-17　部门收入报告样式

主要餐厅								
日期	天	早餐	午餐	晚餐	食品总计	白酒	其他	收入总计

了一家主要餐厅部门日收入报告的示例。月底，汇总每个部门日收入报告中的该列数值，据此编制出各式销售分析报告和统计。

来自日收入报告、日副本报告、总出纳的存款附表以及其他公文的信息被用于编制汇总的收入和现金收入日记账（图 1-18），而该账是一个录入到总分类账的一个日记账。月底，将各列加总并过账到总分类账中，图 1-19 展示出之前说过的流程形式的可能路径。

图 1-18　汇总的收入及现金收入日记账样式

	汇总的收入及现金收入日记簿						月份 _____		
日期	支票账户	客人分类账	客人往来账	客房销售额	食品销售额	通信收入	销售税费	其他	
	dr	dr	dr	cr	cr	cr	cr	金额	账户
								cr	

图 1-19　流程图报告样例

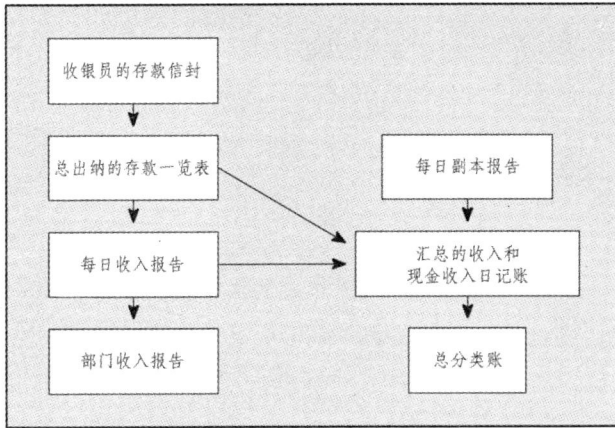

图 1-18 展示的汇总收入及现金收入日记账是为一家小型饭店设计的，在这个例子中，经营部门不可以从收银机中取出现金来支付给供应商，所有的零用现金须经由前厅支付。一个较大型的饭店需要更大范围的日记账以在财务报表上为管理者提供更有用的信息，销售额账户可能被扩展到以下范围：

食品销售额	酒水销售额	通信销售额
餐厅	酒廊	本地话费
酒廊	餐	长途话费
宴会	宴会	服务费
咖啡厅		

例如，图 1-20 显示的是一个允许任何对客房进行凭证调整的折让日记账，需要注意到的是纵列都是以相反的方式分配到汇总收入和现金收入日记账的借方和贷方，使用这种形式的饭店会要求任何现金退款都要通过垫付款程序进行处理。

图 1-20　折让日记账样例

折让日记账									月份 _____	
日期	名称	收据 编号	房间 编号	客人 往来账 cr	客人 分类账 cr	房间销 售折让 dr	食品销 售折让 dr	通信费 用折让 dr	销售 税费 dr	其他
										金额 dr	账户

尾注:

①欲获取关于日现金报告的更多信息，请参考雷蒙·科特，《饭店与餐厅基础会计》（第6版）（东兰辛，密歇根州：美国饭店与住宿业协会教育学院，2006年），第9章。

<h2 align="center">主 要 术 语</h2>

折让（allowances）：是指在开具账单之后为销售折让如折扣或价格调整而设立的收入抵消账户，在利润表中，该账户需要从毛销售额（毛收入）中减去以获得净销售额（净收入）。

现金折扣（cash discount）：又称购货折扣，是表示卖家为敦促顾客尽早付清货款而在一定时期为一定发票额提供价格优惠的账户。

特许权受让人（concessionaire）：是指饭店将在饭店内经营某项特殊销售活动的权利转让给的企业或个人。

每日客房报告（daily room report）：是指已登记客人入住的房间清单，也被称作房态图。

每日副本（daily transcript）：是指客人分类账活动的一个记录，是一项重要的对账和审计工具。

毛利（gross profit）：除去劳动力成本及其他运营费用所取得的销售材料或商品的利润，计算方式：净销售额减去销售成本。

客人账单（guest check）：用于记录客人预订、消费来自厨房或酒吧的商品以及充当客人账单的一种文档。

客人文档（guest folio）：记录客人在饭店内消费且永久显示余额状况的客人账户报表。

管家报告（housekeeper's report）：每天早晨基于每间客房服务员提供的信息而编制的一份报告，该报告的一个主要目的是防止来自客房销售额的某种遗漏，每一间客房的房态（住客房、待修房、行李房等）将会以不同的标志显示在管家报告中。

净收入（net revenue）：是指销售额减去任何折让后的余额，也指净销售额。

其他收入—餐饮（other income—food and beverage）：指除食品和酒水之外的销

售收入账户，该账户是餐饮部用来记录糖果、爆米花、明信片及其他非食品或非酒水项目的销售收入的。

租金及其他收入（rentals and other income）：该报告显示的收入不与任何一个特定的部门有关，出现在该报告中的收入账户例如：利息收入、股利收入、出租商店或办公室的租金、特许权转让费收入、佣金收入、现金折扣、残值收入及其他类似的收入项目。

收入（revenue）：来自于商品或服务的销售，且由顾客或客人账单来衡量，该收入也包括比如利息、股利和佣金等项目。

收入中心（revenue center）：是指产生收入的饭店运营区域或者向客人出售产品和服务的设施，它也是一个列示各种收入的数据收集报告。

销售额和现金收入日记账（sales and cash receipts journal）：是指用来记录每日销售活动（现金或赊账）以及现金收入的特定日记账。

逃单者（skipper）：是指未结账或者未办理离店手续而离开饭店的客人。

沉睡房（sleeper）：是指显示为住客房实际为空房的房间，通常在客人已经结账离店而前厅人员未及时更新房态时发生的情况。

商业折扣（trade discount）：是对供应商列示的价目单的一种降低，该折扣方式不取决于付款的日期。

复习题

1. 哪一项簿记账户用于记录以下交易活动？

　　a. 咖啡、茶及牛奶的销售

　　b. 酒精饮料的销售

　　c. 客房的出租

　　d. 由于客人投诉而对食品标价进行价格调整

　　e. 为客人提供的免费房

　　f. 客房服务：食品销售

2. 以下交易活动将记入哪个簿记账户的贷方（假设是借记现金）

　　a. 餐厅口香糖和其他小物件的销售

b. 利息收入

c. 厨房中油脂和骨头的销售

d. 客房服务或布草服务的单独收费

e. 特许权转让费

3. 记录发票和处理现金折扣的两大主要方法是什么？

4. 哪个内部控制文档用于记录以下活动？

a. 发给服务员的客人入住登记单

b. 价格调整

c. 来自于客房销售的错误以及故意遗漏的检查

d. 厨房发给服务员的食物

5. 以下交易活动将记入哪个簿记账户的借方？（假设贷方记入销售收入账户）

a. 个人支票付款

b. 银行卡付款

c. 非银行信用卡付款

d. 使用开户特权的客人签单

6. 哪个应收账款明细分类账户将受以下情形的影响？并指定应过户到借方还是贷方。

a. 将客房销售给将要住几天的已登记入住客人

b. 已入住客人付款

c. 使用美国运通卡结账离店的客人

d. 一家企业以记账方式租用一间会议室

7. 前厅是由哪位员工来负责以下工作的？

a. 将客人的食品和酒水费用过账到客人分类账上

b. 将房费过账到客人分类账上

8. 哪个部门负责持有以下分类账？持有分类账的顺序是什么？

a. 客人往来账

b. 客人分类账

网址：

若想获得更多信息，可访问下列网址。网址变更恕不通知。若你所访问的网址不存在，可使用搜索引擎查找新网址。

1. 收入的解释：http://beginnersinvest. about. com/cs/investinglessons/1/blrevenue. htm

2. 收入账户示例：www.accountinginfo.com/study/fs/revenue-101.htm

3. 现金及商业折扣：www.ucop.edu/ucophome/policies/acctman/d-371-23.pdf

4. 不同类型的贷记卡和借记卡：www.polo.com/article.cfm/objectID/6A15A5E8-C7D8-47A5-B981ADB8C35CACFA/213/208/230/ART/

5. 贷记卡和借记卡的比较：www.kiplinger.com/personalfinance/columns/fitness/archive/2001/ff20010808.htm?

http://search.about.com/fullsearch.htm?TopNode=%2F&terms=credit+vs.+debit+cards

6. 饭店前厅工作详细介绍：http://jobguide.thegoodguides. com. au/text/jobdetails. cfm?jobid=869

练习题

习题 1

请判断以下描述正确（T）还是错误（F）。

□ 1. 客房部、餐饮部以及营销部属于收入中心。

□ 2. 在客房送餐服务情形下销售的食品收入应贷记客房收入。

□ 3. 食品部和租赁及其他收入表中的其他收入是同一项目。

□ 4. 如果食品销售收入是 2000 美元，食品折让额是 25 美元，那么食品净销售额是 1975 美元。

□ 5. 如果食品销售额是 2000 美元，食品折让额为 25 美元，食品的销售成本为 600 美元，那么毛利是 1375 美元。

□ 6. 总额法是指记录折扣的一种方法。

□ 7. 非收入法是指记录发票的程序。

□ 8. 客人使用信用卡比如维萨卡结账而获得的销售额应记录为应收账款。

习题 2

以下的销售额将发生在哪张报表上:

	酒水	食品	租金及其他收入
(1) 从自动售货机公司获得的佣金	____	____	____
(2) 获得的现金折扣	____	____	____
(3) 咖啡、茶、牛奶	____	____	____

习题 3

收到库房食品供应商开具的标价为 200 美元的发票,付款条件为 2/10,N/30。发票在折扣期间予以支付,请写出现金折扣的金额。

习题 4

一家饭店企业购买了标价为 12000 美元的新桌椅,商业折扣为 25%,那么应将多少金额记入到家具和设备账户?

习题 5

请给出以下发票折扣获取的最晚日期:

(1) 日期为 4 月 27 日,折扣条件为 3/15,N/30 EOM

（2）日期为 4 月 20 日，折扣条件为 2/10，N/30 ROG，在 5 月 31 日收到货物

（3）日期为 9 月 26 日，折扣条件为 5/10，N/11 Prox。

习题 6

计算以下每一张发票免除的支付金额

（1）日期为 6 月 7 日，折扣条件为 2/10，N/30，发票金额为 200 美元，付款日期是在 6 月 17 日。

（2）日期为 6 月 8 日，折扣条件为 1/10，N/30，发票金额为 200 美元，付款日期是在 6 月 20 日。

（3）日期为 7 月 14 日，折扣条件为 2/10，N/30，发票金额为 500 美元，付款日期是在 8 月 4 日。

（4）日期为 8 月 26 日，折扣条件为 2/10，N/30，发票金额为 60 美元，付款日期是在 9 月 10 日。

（5）日期为 9 月 5 日，折扣条件为 5/10，N/60，发票金额为 150 美元，付款日期是在 9 月 14 日。

（6）日期为 7 月 14 日，折扣条件为 3/10，N/30Prox，发票金额为 400 美元，付款日期是在 8 月 4 日。

习题 7

对于一个给定的时期，一家饭店的账户记录如下：食品销售额 50000 美元、食品折扣为 400 美元、销售成本为 15000 美元、厨师以及厨房工作人员为 4000 美元、服务员薪金为 3200 美元以及其他运营费用为 18000 美元，请计算食品净销售额以及食品毛利润。

习题 8

假设一家饭店使用总额法来记录发票并将折扣视为收入项目，该饭店使用定期盘存制，收到库房食品储备总额为 700 美元的发票，信用证条款为 2/10，N/30。

（1）登记该发票金额

（2）如果超出折扣期限付款，登记该发票付款额

（3）如果在折扣期间付款，登记该发票付款额

习题 9

假设一家饭店使用总额法记录发票并将折扣视为非收入项目，该饭店使用定期盘存制，收到库房食品储备总额为 700 美元的发票，信用证条款为 2/10，N30。

（1）登记该发票金额

（2）如果超出折扣期限付款，登记该发票付款额

（3）如果在折扣期间付款，登记该发票付款额

案例分析

比萨餐厅的销售额报告及内部控制

比萨餐厅属于现金密集性行业，并且在某些情况下，员工可以在收入记账前从登记簿中删除现金，在许多更小、家庭所有的比萨餐厅，收入和支出文档记录可能是缺失的。

Pizza Villa 是一家提供外卖也可为光顾顾客打包带走的比萨餐厅，但是这家餐厅没有客人在店内用餐的设施，接受现金和信用卡付款，90% 的交易是通过现金完成支付的。

Pizza Villa 每周营业 7 天，从上午 11 点到凌晨 2 点。该企业为私人所有制，因此全天候监视该店的运营是不可能的。该餐厅工作人员包括店主的亲戚、朋友以及其他的员工，Pizza Villa 在当地非常的受欢迎，并且具有很好的营利性。

销售收入通过收银机进行收取，并且每天的销售额都会显示在该收银机上面，每天当上面显示的销售额与收取的现金数额一致时，现金会提存。不会以现金的方式支付给员工工资，所有的员工工资都是通过支票支付，向供应商的支付也采用支票形式。因杂费而持有一些零用的现金，供应商必须支持这种方式。

要 求

1.请识别出容易吸引窃贼并且可能发生偷窃的环节。

2.描述一下现金会被怎样窃取。

3.解释一下该店主是否应该以及为什么应该担心他的朋友、亲人可能会偷取他的现金。

4.识别出一些基本的内部控制现金的需要。

5.解释店主可以用来检查销售有效性所用到的一些程序。

第 2 章

概 要

业务细分

财务报告中心

责任会计

　费用

　部门费用会计

饭店费用账户的例子

　销售成本

　工资及相关费用

　客房部费用

　餐饮部费用

　行政管理部门费用

　营销部费用

　特许经营费

　资产运营和维护部费用

　公用事业成本

　固定费用

　所得税

员工餐会计

信用卡费用会计

　银行信用卡费用

　非银行信用卡费用

坏账

　直接注销法

　备抵法

学习目标

1. 定义业务细分，并描述其与旗下拥有多家饭店的饭店集团的关联性。

2. 定义术语"财务报告中心"，并给出财务报告中心主要分类的例子。

3. 解释责任会计的含义，识别4大类费用的范围，并描述直接费用和间接费用之间的差别。

4. 描述费用账户中的销售成本，并确定它所适用的部门。

5. 描述费用账户中的工资及相关费用，并确定它所适用的部门。

6. 识别用于记录饭店各部门费用的典型簿记账户。

7. 描述与信用卡收费会计有关的特殊问题，区分银行卡和非银行卡收费的区别。

8. 描述坏账核算的两种主要方法。

2

饭店费用会计

尽管整体来看企业层次的费用会计可以适用于餐饮会计，但却不适用于饭店会计。饭店会计要求费用的核算要建立在具体的责任领域基础上，这些责任领域常常是饭店的某些部门。饭店管理层要决定如何将一个饭店的各个部门分配到这些责任领域中去。饭店会计系统反映了账户体系中责任领域的组织状况，而该账户体系划分了各部门负责的费用类别。

费用的正确识别和部门化可以使饭店将营业报表分别细分到各个部门报告和附表中，这些报告使管理层能够衡量每个责任区域的效率，然后经理和主管可以对其被指定的责任区域的运营结果进行核算。

本章从饭店的角度考虑费用会计并提出如下问题：

1. 出于费用会计的目的如何对饭店运营进行部门化？

2. 饭店各部门的职能是什么以及这些部门是如何配备人员的？

3. 信用卡费用会计如何不同于其依赖的信用卡类型？

4. 饭店为什么要对潜在的无法收回的应收账款进行评估？

5. 用什么方法来记录无法收回的应收账款？

本章对饭店费用会计进行了深入的分析[①]，通过讨论业务细分、直接与间接费用以及部门职能和人员来介绍责任会计这一主题。

特定的主题包括信用卡费用的会计程序及呆账。本章介绍了估算坏账的两种方法：备抵法以及直接注销法。

业 务 细 分

业务细分是指把工作划分为专门的责任领域。各种会计报告反映了每个特定责任领域的效率或效益。

业务细分开始于某个公司的高层并向下延伸至其最为具体的运作层面。例如，假定一个叫索姆努斯的饭店公司包括 5 家饭店（图 2-1）。索姆努斯公司的第一级会计报告将其旗下 5 家饭店的经营业绩合并，一级会计报告显示该公司作为一个整体的经营结果。

图 2-1　索姆努斯公司的细分

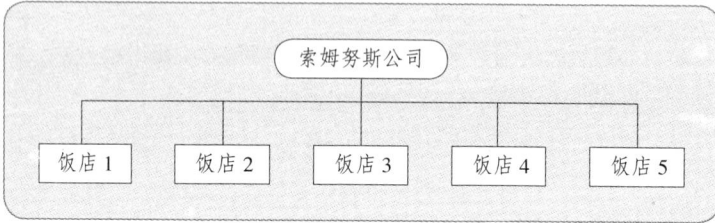

这种形式的会计报告对于衡量构成该公司的个别饭店的绩效用处不大，为实现第二层次的财务报告，必须将公司运营细分到各单一的饭店。例如，索姆努斯公司的高管为每一家饭店指定行政经理或总经理，每家饭店对各自的运营负责，并通过独立的财务报表以衡量每家饭店总经理的绩效。

接下来，一家饭店的总经理需要财务信息来衡量饭店内各个责任领域的效率，为实现第三级财务报告的目的，要把这些责任领域确定为部门或其他财务报告中心。鉴于我们的目的，财务报告中心被定义为收集和报告各自成本信息的责任领域。通常当高管指定了某人为某项业务领域的经理时，这些部门就被认为是财务报告中心。

管理层决定将各饭店功能划分为各种财务报告中心的详细程度。规模较大的饭店可按以下财务中心组织自己的业务：

- 客房；
- 食品；
- 酒水；
- 通信；
- 行政管理；
- 营销；
- 资产运营及维护；
- 信息系统；
- 人力资源；
- 交通运输；

- 公用事业成本;
- 固定费用。

以下各部分将讨论这些部门及其他饭店设立的典型的财务报告中心，并确认所有这些责任领域的职位。

客房 许多客房部工作人员都会与客人直接接触，客房部工作人员为客人登记入住、维护和清洁客房、提供信息 、处理客人投诉并在客人入住期间提供其他服务。饭店客房部可能包括以下职位:

- 管理职位: 负责客房部整体运营的监督管理人员;
- 前厅职位: 前厅部经理、客房文员、信息文员和邮件管理员;
- 管家职位: 客房保洁员、清洁工、管家、布草管理员、客房服务员;
- 服务职位: 礼宾员、门童、行李员;
- 保安职位: 保安人员、巡逻人员和安保人员。

图 2-2 给出了一家大型饭店客房部组织结构图的例子，根据一家企业的业务规模、为客人提供的服务以及其他因素，还可能存在其他种类的组织结构。在小型饭店经营中，前厅、通信、客人信息、预订职能等可能由 1 ~ 2 人就能完成。

图 2-2 大饭店客房部组织结构图

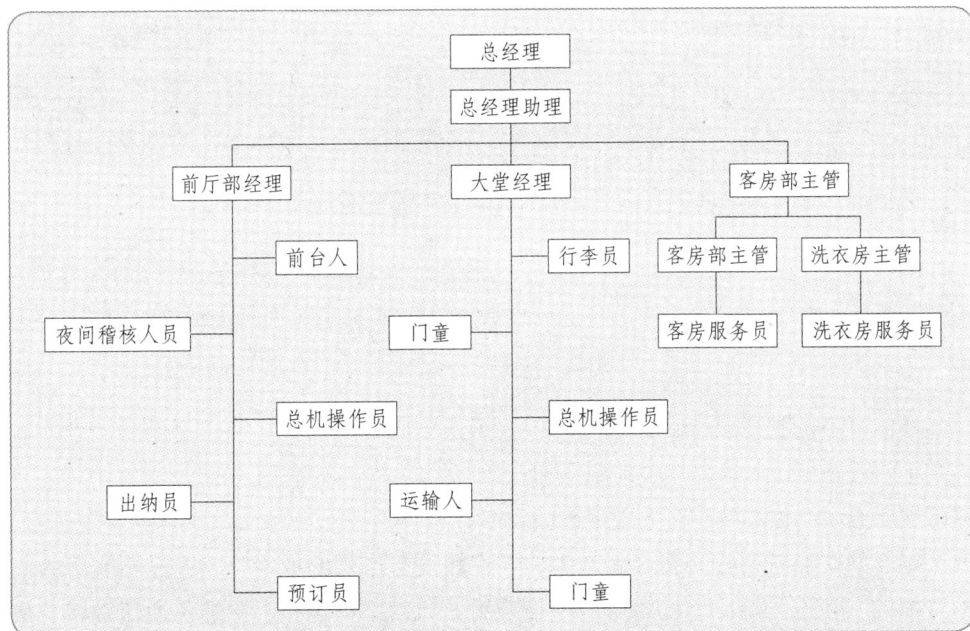

资料来源: Michael L·Kasavana 和 Richard M·Brooks 所著的《前台运营管理》第 7 版。（密歇根州兰辛：美国饭店业协会教育学院,2005 年），第 53 页。

餐饮服务 餐饮部通常被称为 F & B（Food and Beverage），这些部门的工作人员与食品及酒水的准备和服务有关，这些部门可能包括以下职位：

- 管理职位：负责餐饮部整体运营的监督管理人员；
- 厨房职位：厨师及厨师助理、粗细加工人员、跑菜员、洗碗工及打杂人员；
- 服务职位：男性或女性迎宾员、领班、服务生、客房送餐人员及与客房送餐服务、宴会服务及酒水服务相关的服务人员；
- 其他职位：收银员、管家、餐饮成本控制员、干事、餐饮采购员及接待经理。

图 2-3 列出了一家中型饭店餐饮部组织结构图的例子，但是一家饭店特定的组织结构还是取决于其所提供的服务和拥有的设施状况。例如，一些大型饭店将餐饮部划分为几个具有各自经理或主管的收入中心。由于涉及许多运营部门共同分摊的成本（共享的员工以及总费用），小型饭店可能不会采用这种组织结构。

图 2-3 中型饭店餐饮部组织结构图

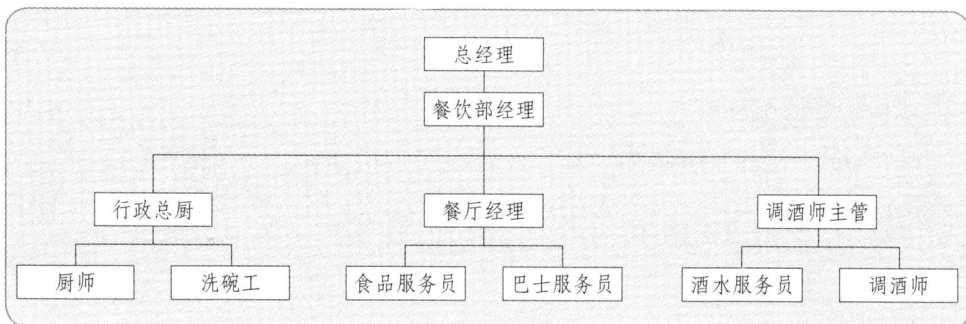

通信部。通信部处理饭店内线、本地和长途电话，通信部可能包含以下工作职位：

- 运营主管；
- 领班；
- 程序员；
- 信息员。

通信设备的技术进步已经极大地影响了通信服务的核算，使用了最为先进的通信系统的设备可以将客人产生的成本和业务产生的成本分割开。通过使用这种系统，因某项业务而产生的成本可向使用部门收取。

对于某些设备而言，将客人产生的成本和业务产生的成本分割开是不实际的或不可能的，在这种情况下，所有的通信费用由通信部门承担。除非将通信费用分成客人用费用和业务用费用，否则通信部就可能产生损失，而该损失代表了饭店净通信成本。

行政管理部。行政管理部一般称为 A & G（Administration and General）。在大型饭店中它可以被分成几个独立的财务报告中心，包括饭店行政人员及经理在内的高管以及涉及行政及财务事务的其他人员。该部门可能包括以下职位：

- 经理办职位：常务董事、总经理、总经理助理、行政人员或第一副经理（不是基层职务）、秘书、职员、接待员；
- 会计办职位：主计长及助理、总出纳、薪金出纳员、会计师、收入审计员、薪金办事员、档案管理员及秘书；
- 信贷办职位—信贷经理及助理；
- 前厅部会计职位—前厅记账员、应收账款员、收银员，凭证文员和档案管理员；
- 夜间稽核人员；
- 收货员；
- 信息系统工作人员；
- 人力资源工作人员。

如果信息系统和人力资源职能的成本非常显著的话，那么行政管理部门就不包括这些职能，而是将其确立为单独的部门，人力资源部门也可以称为人事部门。

营销部。营销部是一家饭店的销售和公关中心，它的目标是开发潜在销售市场、规划团队和会议销售活动，并维持与旅行社的关系网络。该部门也致力于设计"打包销售"来吸引周末或淡季的业务，该部门积极向婚宴、商务会议及专业组织的聚会推介饭店的设施。这个部门可能包括以下职位：

- 营销总监；
- 销售经理；
- 会议服务经理；
- 销售代表。

图 2-4 展示了一家大型饭店营销部门组织结构图的例子，正像任何其他部门一样，具体责任和权威性的大小取决于饭店的特殊需要。有些饭店在该部门也包括客户接待功能。然而如果客户招待费用是巨大的，建立单独的财务报告中心监测这些费用可能会更好。

资产运营和维护部。该部门简称 POM（Property Operation and Maintenance），是指涉及建筑物的外观和物理环境条件下，维修和维护设备及清除垃圾，在此部门

图 2-4 一家大型饭店营销部门组织结构图

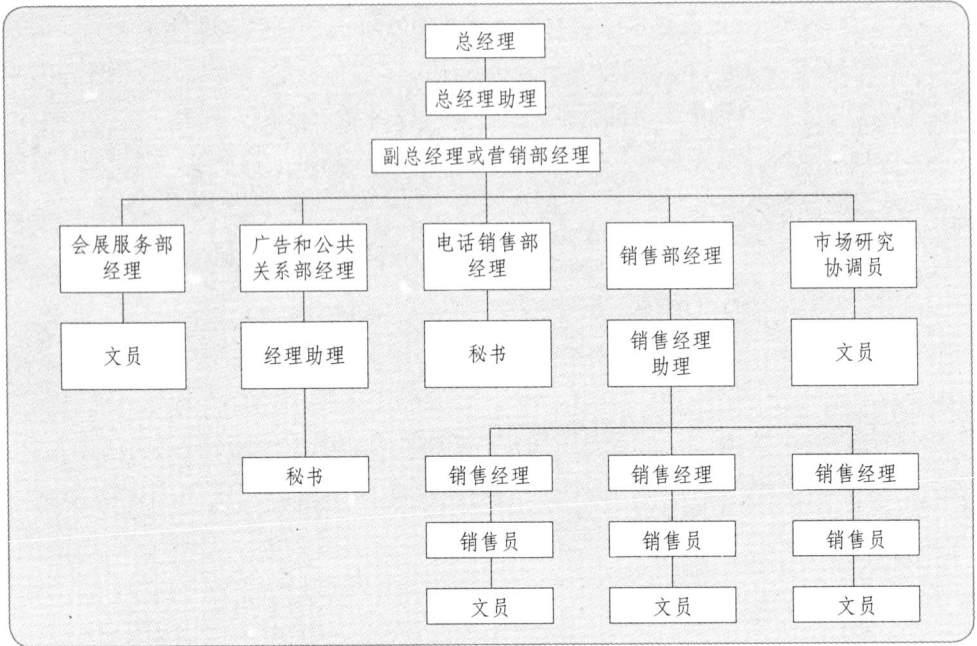

的人员可能包括：

- 管理职位：总工程师和第一助理工程师；
- 工程师职位：仪表工程师，锅炉房工程师，油工，电梯工程师和空调控制人员；
- 园林职位：园丁、工人和其他绿化人员；
- 办公室和库房职位：工程仓库保管员、办公室的秘书及职员，清洁工，园林工人以及焚烧炉工人；
- 其他职位：电工、机械师、管道工、油漆工、装潢以及各种抢修人员。

信息系统。在计算机设备及人员方面进行重大投资可能需要设立一个单独的部门来报告费用，该信息系统部门可能包括以下职位：

- 信息系统经理；
- 监督及系统分析员；
- 系统人员和程序员；
- 运营员和数据录入员。

如果信息系统设施的成本并不大的话，那么如前所示，人员费、物资费和其他项目的费用就可以纳入行政管理部的费用中。

人力资源部。人力资源部可以单独设一个部门来报告员工住房、员工关系、招聘及培训这些重大费用，人力资源部可以包括以下职位：

- 人力资源部总监；
- 人力资源部经理；
- 培训助理；
- 秘书和文员。

如果人力资源职能的成本并不大的话，那么如前所示，人员费、物资费和其他项目的费用就可以纳入行政管理部的费用中。

交通运输部。当客人交通所产生的费用很大时，就很有必要成立一个单独的部门来报告这些费用，该部门可以包括以下职位：

- 交通运输部经理；
- 司机；
- 机械师；
- 秘书和文员。

如果提供该客户服务的成本并不大的话，那么与它相关联的费用可以记录在客房部一个被称作"客人交通"的账户中。

财务报告中心

财务报告中心是必须独立收集成本信息并将这些信息编制成财务报告的责任区。财务报告中心可归类为收入中心、支持中心以及其他财务报告中心。财务报告中心的数量和类型会因饭店不同而不同。每一个部门报告都会产生编制费用并需要占用繁忙管理中的分析时间。

因为人员、成本和空间的共享，食品部和酒水部发行独立的财务报告是不实际或不可能的。规模较小的饭店可能会把食品和酒水组合成一个报告中心。例如，一家饭店可以有以下几个收入中心：

- 客房；
- 食品和酒水；
- 通信；
- 礼品店；

- 车库和停车;

- 其他运营部门;

- 租金及其他收入。

支持中心是指那些很少接触客人不产生销售收入的部门。支持中心会向那些向客人提供商品和服务的部门提供服务。以下是饭店业典型的支持中心:

- 行政管理部;

- 营销部;

- 资产运营和维护部;

- 信息系统部;

- 人力资源部。

不管某些部门的物理位置如何,由于它们的规模不够大,不足以构成一个单独的责任区,因此常将它们合并到其他部门去。例如,信息系统部和人力资源部的功能可与其他饭店功能相结合,形成行政管理部的财务报告中心。

其他财务报告中心包括公共摊销成本和固定费用,可以为公共摊销成本创建单独的中心来把所有公共摊销成本汇集到一个单一的报告中心里。一个或多个固定费用的独立支持中心可以合并用于固定开支如租金、财产税、保险、利息、折旧及摊销。

为便于收集各种责任区域的财务信息,每个财务报告中心都有一个识别号。一家饭店可能会选择它能找到的任何有意义的识别号。例如,可以设计下面的编号系统:

财务报告中心	识别号
客房	11
食品和酒水	15
通信	17
行政管理	31
营销	36
资产运营和维护	38
公用事业成本	41
固定费用	51

在这个例子中,高序号(最左边的)数字表示财务报告中心的类型。高序号1代表收入中心,高序号3代表支持中心,高序号4代表公共摊销成本以及高序号5代表固定费用。

责任会计

责任会计的目的是提供财务信息用以评估管理人员和部门负责人的工作效率，根据经理直接控制的收入与支出对其进行判断。正是由于该原因，只有直接费用才记入到特定部门中。任何不与特定部门相关的成本，都作为饭店整体的费用来记录。

费川

费用包括每日业务运营的成本、通过折旧及摊销产生的资产折旧费用以及注销预付项目的费用。为了便于编制财务报告，费用可分为 4 大类：销售成本、营业费用、固定费用和所得税。销售成本及营业费用被归类为直接费用，固定费用可以被归类为间接费用。所得税是一个单独的费用。

直接费用 直接费用是指仅某一特定部门为其利益所产生的成本。一个部门只对被划分到与该部门直接相关的费用负责，这些费用是该部门经理或领导应该负责或者控制的。

直接营业费用包括以下几种类型：

• 销售成本；

• 薪金；

• 薪金相关费用；

• 营业用品；

• 瓷器、玻璃器皿、银器和布草；

• 洗衣及干洗。

间接费用 间接费用是当饭店作为整体受益而产生的费用，该费用并不能确定属于哪一特定部门，这些费用也不能由任一部门主管或经理负责，而是由更高一级管理者负责。

一些间接费用是固定费用（也称为固定成本或固定费用），固定费用是指无论饭店营业与否都会发生并且独立于销售量的费用。固定费用的例子如下：

• 保险；

• 利息费；

• 财产税；

• 租金；

• 折旧及摊销。

折旧指有形并长期使用的资产在其使用年限内分摊的成本，摊销类似于折旧的过程，只是它涉及的是租赁、租赁权益改良以及其他长期使用的无形资产。

为了便于编制财务报告，固定费用被视为一个财务报告中心并呈报在一个单独的报表中，该报表中的信息被归入到饭店概括利润表中。

所得税 所得税费用既不是固定费用也不是间接费用，所得税是出现在饭店概括利润表中一个单独的项目。

部门费用会计

饭店财务报表上费用的呈现和支持性附表都应该是有规定顺序的，就目前来说，费用账户的顺序作用还没有被认识到。

出现在会计账户表中的费用账户取决于饭店的规模、饭店财务报告中心的数目及管理层对财务报告要求的详细程度。为了收集对部门报告有用的信息，管理层需要建立不同类型收入及费用的分部账户。例如，一个薪金账户不足以满足各部门报告的要求，部门报告需要建立每个责任区独立的薪金账户。

图 2-5 列出了一家饭店常见的一些费用，需要注意的是这个名单不是一个会计账户表，因此可能不会与实际的簿记账户名称有关，只是呈现了部门负责的这些费用的内容。确定负责各类费用的部门是哪些，要取决于饭店的规模、经营的类型和会计制度。

有些费用会临时一次性全部记录在非特定部门的费用账户中，然后再摊销到具

图 2-5　按责任范围而划分的典型费用

账户名称	客房	餐饮	通信	行政管理	营销	资产运营和维护	公用事业	固定费用
食品销售成本		×						
酒水销售成本		×						
通话成本			×					
薪金	×	×	×	×	×	×		
工资税	×	×	×	×	×	×		
员工餐	×	×	×	×	×	×		
员工保险费	×	×	×	×	×	×		
员工团队计划	×	×	×	×	×	×		
佣金	×							
预订费用	×							
合同清洁	×	×						

（续）

账户名称	客房	餐饮	通信	行政管理	营销	资产运营和维护	公用事业	固定费用
洗衣及干洗	×	×						
客人交通	×							
布草	×							
客人用品	×	×						
清洁用品	×	×				×		
印刷及文具	×	×	×	×	×			
工装	×	×				×		
瓷器、玻璃器皿、银器和布草		×						
厨房燃料		×						
许可证		×						
音响及娱乐		×						
纸质用品		×						
酒吧用品		×						
菜单		×						
餐具		×						
信用卡佣金					×			
现金短溢					×			
会费和订阅费					×	×		
捐赠					×			
人力资源					×			
邮电					×	×		
专家费用					×			
坏账					×			
旅行和娱乐					×			
直接邮寄广告						×		
户外广告						×		
平面广告						×		
广播电视广告						×		
室内装潢						×		
卖场终端						×		
销售广告						×		
广告代理费						×		
特许经营费						×		
其他费用及佣金						×		
旅行和娱乐					×	×		
维修及保养							×	
垃圾清理							×	
电力								×
燃料								×

（续）

账户名称	客房	餐饮	通信	行政管理	营销	资产运营和维护	公用事业	固定费用
蒸汽							×	
水							×	
租金								×
财产税								×
保险								×
利息费用								×
折旧费用								×
摊销费								×

体部门。薪金税、工人保险抚恤金及其他雇员福利，向具体部门的摊销是通过依据不同标准进行分析得出的分配公式实现的。例如，薪金税是基于饭店薪金总额而支付的，一个部门薪金税支出份额可通过分析其与饭店薪金总额之间的关系来确定。

饭店费用账户的例子

某一部门或财务报告中心所使用簿记账户的数量和种类依赖于一家企业的规模和管理信息系统的设计，即将讨论的会计账户是大部分饭店常使用的账户。

销售成本

饭店中每个采购中心都需要建立销售成本账户，销售成本账户应该与收入账户有相同的分类以便于开展各采购机构的毛利分析。

食品销售成本 此账户指食品成本，是那些发生在收入过程中供客人享用的食品的成本。食品销售成本也被称为食品出售成本，员工餐费不包括在食品销售成本之中。

食品成本包括送货费，任何商业折扣或任何食品原料的销售都减少了食品成本。根据收入程序（住宿业统一会计制度[或 USALI]所主张的），食品成本不会因现金折扣而减少，因为这些折扣应该被记录到饭店租金及其他收入附表中的已获现金折扣账户中。

由于食品成本被用于菜单设计以及衡量食品操作的效率，因此食品成本是非常重要的一个指标，毛利衡量的就是在销售过程中消耗食品所产生的利润。计算如下：

食品销售额（净额）	XXX
减去已售食品成本	XXX

毛利　　　　　　　　　　　　XXX

如果一家饭店使用的是永续盘存制，那么已售食品成本将是即时的。永续盘存制需要记录每一项存货项目的收据以及发出记录。尽管永续盘存制是最好的库存管理制度，但因为要提供每天的日结表，因此也产生了人员和计算机处理的费用。

某些食品的经营可能会选择使用定期盘存制，因为它不产生人员或计算机处理的费用。定期盘存制不提供任一库存余额，另外簿记系统也没有记录已售食品成本账户。

因为在使用定期盘存制时，没有记录已售食品成本的簿记账户，因此有必要计算已售食品成本。计算已售食品直接成本的步骤如下：

期初食品库存
+　该期食品采购
=　可用食品成本
－　期末存货
=　已耗用食品成本
－　员工餐
=　已售食品成本（也称为食品销售成本或净食品成本）

用于计算酒水销售成本的方法与计算食品销售成本的方法是相似的，餐饮部食品销售成本和酒水销售成本在部门利润表里是单独计算的。

酒水销售成本　该会计账户呈现了葡萄酒、白酒、啤酒以及矿泉水、果露、糖、苦味酒和配制混合酒水时使用的其他原料的成本。成本包括发票金额（减去任何商业折扣），加上运输、储存及送货费用。

根据处理收入的程序规定，现金折扣不会减少酒水成本，而是记入一个被称为"现金折扣"的饭店其他收入账户。

通信成本　该通信部门账户包含本地和长途电话的总成本，需分别建立账户以记录本地通话的通信成本和长途通话的通信成本。

工资及相关费用

任何雇有一个或多个员工的部门都需要簿记账户来记录支出的工资和相关费用，饭店运营部门（如客房部、餐饮部、行政管理部，营销部、资产运营和维护部）必须设立工资及相关账户。

工资及相关费用不会出现在租赁费用和其他收入或固定费用的报表上，这些财务报告中心仅仅是数据的来源，并没有实体或人员存在。

薪金　此账户也可以被称为工资费用。它包括薪金、加班费以及任何员工的奖金和佣金。如果节假日工资被视为员工福利的话，那么应单独建立账户予以记录。

工资税　此账户包括社会保障税（雇主部分），与联邦及州失业税。

员工餐　此账户包括用人单位给员工提供食品的成本。

员工保险　此账户包括用于员工保险赔偿的费用。

员工团队计划　此账户包括寿险、健康险及其他形式的员工团体计划的附带福利。如果该部分成本是分别确立的话，那么必须单独建立账户以记录团体健康险、团体寿险、团体退休金以及其他单独分类的福利。

客房部费用

客房部的管家服务人员、礼宾员、门童和其他的客房操作人员的人工成本和工资是非常高的，饭店客房部费用还包括客房用品及与客房运营相关的其他费用。由于客房租金并不是商品交易，因此饭店中并没有设立客房销售成本账户。除了工资和相关费用外，客房部还有以下费用账户。

佣金　这个账户是用来记录支付给饭店客房销售授权代理商的费用，包括给旅行社的佣金。佣金还包括支付给涉及长包房的租赁代理商的费用。在租赁的情况下，租赁期内所支付的一些费用需设立在该账户下。

预订费用　此账户包括预约服务的成本如电话、传真、计算机预订和可以直接与客房部联系的任何通信支出。

合同清洁　此账户包括公司对客房部区域清洁所产生的任何合同以外的费用，如擦窗、消灭害虫和消毒等。

洗衣和干洗　此账户包括客房部外包洗衣及干洗的费用，对于洗衣公司完成的工作，所有费用都归于一个单独的财务报告中心（洗衣房）并分配给使用部门。

客人交通费用　此账户包括迎接客人来到饭店或从饭店离开的费用。如果这些成本较高，则可以建立一个单独的财务报告中心来予以记录。

布草　此账户包括饭店拥有或租用的布草成本（包括毛巾、面巾、毛毯、床单和类似的项目）。

客人用品　此账户包括免费为客人提供的用品和设施的费用，以下是客人用品和设施的部分清单：

　　报纸　　　　　客用文具　　　　　擦鞋布

咖啡	书写用品	梳洗用品
花卉	衣架	火柴
冰块	糖果	其他

清洁用品　此账户包括客房部清洁用品的费用，以下是记入该账户的部分清单：

扫帚	肥皂和抛光剂	清洁布
拖把	洗涤剂	掸子
刷子	杀虫剂	簸箕
水桶	消毒剂	清洁配件

印刷品及文具　该账户所记录的费用包括用于印刷品、办公用品、服务手册以及为客房部员工使用的类似物品的费用。例如：

胶水	楼层平面图	铅笔和钢笔
代金券	架卡	报告
便笺	信封	

工装　此账户包括为客房部员工修理、租赁或清洗工装的费用，如果工装是购买的，成本通常被记录到一个资产账户，然后根据工装预计可使用年限或其他标准定期分配给工装账户。

餐饮部费用

食品和酒水部门是销售中心，因此必须建立食品销售成本和酒水销售成本账户。除了销售成本和部门工资费用账户外，餐饮部还有以下费用账户。

瓷器、玻璃器皿、银器和布草　该费用账户不应该与和其名字相似的资产账户相混淆，资产账户用于记录新持有库存的原始购买价，费用账户包含因损坏、遗失、老化以及根据寿命、条件和预计使用年限而进行的折旧摊销及其调整费用。

合同清洁　此账户包括公司对餐饮部区域清洁所产生的任何合同以外的费用，如擦窗、消灭害虫和消毒等。

厨房燃料　用于烹饪的燃料应记入该账户中，而不是记入水电煤气费中。如果是使用电力烹饪，建议单独计量。否则，需要一个分配账户以便从电力费用中把厨房燃料费用分离出来。如果只是偶尔用电力烹饪，更符合实际的做法是放弃任何对烹调所用电力的监控尝试。

洗衣和干洗　此账户包括分配到餐饮部的外包的洗衣及干洗费用，对于洗衣公司完成的工作，所有费用都分配给一个单独的财务报告中心（洗衣房）并分配给使用部门。

许可证 所有联邦、州和市政牌照、发放的特别许可证以及检查费用都列入本账户。

音乐和娱乐 此账户包括乐团、音乐家、艺人、音乐服务、钢琴租赁、电影、唱片、乐谱的成本，特许权使用费，预订代理费以及招待艺人的餐费。

客人用品 此账户包括由餐饮部免费提供给客人的物品的费用。例如：

礼花	纪念品	报纸
胸花	火柴	其他

清洁用品 此账户包括用来保持餐饮部区域和设备清洁和卫生的费用，之前所列的客房部清洁用品科目也包含在本账户中。

纸制品供应 此账户包括餐饮部门使用的纸张耗材的费用，比如以下内容：

蜡纸	餐巾纸	包装纸
糕点袋纸	纸盘	纸绳
滤纸	舒芙蕾蛋糕的纸杯	吸管杯

酒吧用品 该账户包括以下费用：

开瓶器	调酒棒	刀
调酒器	牙签	勺
过滤器	调酒装饰品	

菜单 此账户包括菜单设计和印刷的费用。

餐具 本账户包括食品准备过程中所需更换的所有工具费用。餐具包括厨房用具、锅、平底锅、壶、搅拌碗、搅拌器、开罐器和其他小器具。

印刷品及文具 本账户包括用于印刷制品、办公用品、服务手册以及餐饮部员工所用类似项目的费用，例如：

服务员的书	优惠券	台垫
磁带机	客账单	订书机和订书针
铅笔和钢笔	橡皮筋	其他办公用品

工装 该账户包括修理、租赁或清洗工装的费用。如果工装是购买的，成本通常被记录到一个资产账户，然后根据工装预计可使用年限或其他标准定期分配给工装账户。

行政管理部门费用

不同于客房部或餐饮部, 行政管理部门是一个支持中心。除了工资及相关费用外, 该部门还有以下费用账户。

信用卡佣金 所有的信用卡费用将记入行政管理部门账户。

现金短溢 现金短溢将记入行政管理部门账户。

预付订金 此账户包括业务组织的代表性成本和订阅员工期刊的成本, 以及与营销部门相关的预付订金也记入营销部预付订金账户。

捐赠 慈善捐助记入该账户。

人力资源 此账户包括招聘、安置以及培训员工的费用, 如果人力资源支出数额较大, 则相关人员和营运开支应从行政管理部门中移出。在这种情况下, 可以建立一个独立的能识别各种支出的拥有单独费用账户的人力资源部门。

邮费 此账户包括邮资费用, 但不包括营销部门的邮资费用。

专家费用 此账户包括律师、会计师和专业顾问的费用。

呆账准备 此账户指应收账款被判定无法收回时所提费用, 也被称为呆账费用和坏账费用。

旅行 此账户包括饭店员工 (除营销部员工) 商务旅行的成本和可报销费用。

印刷制品及文具 本账户费用包括用于印刷报表、办公用品、服务手册和行政管理部门员工使用的类似项目的费用。

营销部费用

营销部是一个支持中心, 除了工资及相关费用外, 该部门还有以下费用账户。

直邮广告 此账户包括邮寄信函、邮寄信封或卡片、邮资以及由外部公司从事相关工作的费用。

户外广告 这里包括海报、广告牌以及其他推销饭店设施的其他标志的费用。

平面广告 此账户包括报纸、杂志以及广告名录的费用。

广播和电视广告 此账户包括在电台和电视台的广告费用以及相关的生产成本。

室内设计 此账户包括目录、标牌、小册子以及其他用于商品服务的饭店项目。

零售终端材料 此账户包括特殊帐篷卡、菜单传单和其他促进销售的展示费用。

销售辅助品 此账户包括销售辅助工具, 如售货员套件, 地图, 平面图, 以及用来描述饭店产品和服务的类似材料。

广告代理费 此账户包括支付给广告或公关公司的费用。

其他费用及佣金 此账户包括额外的营销费用以及其他簿记账户没有提供的佣金。

印刷及文具 此账户包括用于打印报表、办公用品、服务手册和营销部员工使用的类似项目的费用。

会费和订阅费用 此账户包括会费和为营销部员工订阅报纸、杂志和书籍的费用。

邮费 此账户包括营销部门所产生的邮资费用。

旅行 此账户包括实现营销职能而产生的相关商旅及报销费用。

特许经营费

此账户包括由特许权拥有人收取的例如特许权使用费用及广告费的所有费用。住宿业统一会计制度规定特许经营费不再作为营销部的一部分被包括在内，相反，它被列为饭店利润表中一个独立的会计科目，这个特许经营费排列科目紧跟着营销部的排列科目。

资产运营和维护部费用

资产运营和维护部门是一个支持中心，除了客房部和餐饮部对外承包的合同清洁工作以外，该部门负责与所有维修、保养有关的服务和合同成本。除了工资及相关费用外，该部门还有下列费用账户：

维修及保养 根据住宿业统一会计制度规定，维修及保养费用应被分配给以下账户而不是记录到所有维修及保养的单个账户中。

建筑材料。是记录与包括内部和外部建筑物维修和保养有关的材料和合同成本的账户。

机电设备。是记录与设备修理相关的材料和合同成本的账户。术语"设备"包括通风系统、空调系统、厨房设备、水管及供热系统、电梯、制冷系统、通用电力和机械设备。

工程材料。是用于记录资产维修材料的账户，这些材料如小工具、水处理化学品、油脂和油、溶剂、保险丝和灯泡的账户。

家具、固定装置、设备和装饰 是记录与窗帘、地毯、家具以及绘画和重新装饰有关的材料和合同成本的账户。

广场和园林绿化。是记录与地面保养相关的材料和合同费用的账户。

游泳池。是记录与游泳池相关的所有维修费用的账户。

废物清理 是记录饭店清除和焚化垃圾费用的账户。

工装 此账户包括为资产运营和维护部门员工修理、租赁或清洗工装的费用，如果工装是购买的，成本通常被记录到一个资产账户，然后根据工装预计可使用年限或其他标准定期分配给工装账户。

公用事业成本

"公用事业成本"这一财务报告项目并不实际存在，它只是为了整合饭店的公用事业成本使之能在单独的报表中被报告的一种称谓。除了用于烹饪的电力以外，所有公用事业成本都记录到该费用账户中。

电费 此账户记录饭店所有的电费，除非用于烹饪的电力耗费非常少，否则该费用应剔除用于烹饪的电费部分。如果用于烹饪的电力耗费是一个非常高的成本，那么应该记录到餐饮部费用账户中。

燃料 此账户用于记录饭店燃料的总费用，该费用不包括用于烹饪的燃料费用，除非这种费用被认为是杂费。如果用于烹饪的燃料成本非常高的话，那么应将其记入餐饮部。

蒸汽 从外部生产者购进的蒸汽成本应计入该账户。

水 此账户用于记录从其他公司购买水的成本和污水处理的成本。此账户应包括水，特别是用于循环冰水系统或购买饮用水的费用。

固定费用

固定费用这一财务报告中心并不是实际存在的，本财务报告中心的目的是记录固定资产运营与否所产生的全部费用，这些费用与销售额无关。一个部门的负责人无法控制这些费用，这些费用由高层管理人员负责，并以饭店作为一个整体来承担。以下账户被归类为固定费用，这些费用可以记录在单独的目录中，但住宿业统一会计制度将其放到了 3 个目录中：租金、财产税和保险；利息费用；折旧和摊销费用。

租金—土地及建筑 此账户用于记录与租赁土地或建筑物相关的费用。

租金—信息系统设备 此账户用于记录租赁或经营性租赁计算机设备的费用，融资租赁的任何项目都应记录到资产账户中。

租金—通信设备 此账户用于记录租赁或经营性租赁通信设备的费用，融资租赁的任何项目都应记录到资产账户中。

租金—其他资产及设备 其他租赁账户包括租赁任何其他主要项目的成本，这些项目不是被租而是被买来作为固定资产的。

为特定功能（如宴会）而租赁的杂项设备（复印机、投影仪和音响设备），就不应该记入该账户中，这些费用应记入特定的使用部门。

融资租赁的任何项目都应记录到资产账户中。

财产税 此账户可用于记录所得税和工资税以外的其他税费。

房产税 是负责记录不动产税的账户，公共改良的评估不记入该费用账户，它们被记录为固定资产。

个人财产税 是记录个人财产税的账户。

公用事业税 是记录排污税及其他公共设施税的账户。

工商税或职业税 是记录开始营业和从业的税费。这种税是客房销售或酒水销售的毛收入税，不能转嫁给消费者。

财产保险 此账户是记录建筑物投保成本的账户，投保内容涉及由于火灾、气候灾害以及其他不可抗力而导致的经济损失。

综合险 此账户包含责任险、失窃保险和忠诚契约险所发生的费用，此账户不包括职工商业保险或对建筑物及建筑物内财产的火灾保险。记入该账户的保险类有：

入室盗窃	诈骗	邮政包裹
业务中断	持枪抢劫	产品责任
电梯责任	公众责任	忠诚契约
伪造文件	丢失/损坏货物	抢劫

利息费用 此账户包含所有的抵押贷款、本票以及其他形式债务所产生的利息费用，如果利息费用较多，应建立独立账户并注明产生利息的主要债务来源。例如，可能使用的账户如下：

- 利息费用：抵押贷款；
- 利息费用：应付票据；
- 利息费用：融资租赁。

折旧费用 此账户记录定期分配固定资产折旧的成本，应使用独立的账户来识别折旧费用的主要来源。例如，可使用以下账户：

- 折旧：建筑物及改造；
- 折旧：家具和设备；
- 折旧：融资租赁。

摊销费用 此账户记录定期分配租赁、租赁改良及其他购入无形资产的成本。例如，可使用以下账户：

- 摊销：租赁和改良；
- 摊销：开办准备费；
- 摊销：商誉。

所得税

所得税费用类别包括对由联邦、州以及在某些情况下由市政当局对业务利润征收的税款，应为每种类型的所得税建立一个独立账户。

员工餐会计

销售成本账户只应该反映用于创造收入的交易，为了满足这一要求，员工餐费必须从所使用的食品的净成本（销售成本）中扣除。否则，员工餐费会放大销售成本这一账户。

员工餐可通过一个员工餐日记账进行登记，每个员工的餐费应记入他所来自的部门。有些饭店记录员工餐的实际成本，但一家小的企业可能不具备需要登记的所有信息或工作人员不能随时保持这样详细的记录。在这样的情况下，可以计算一个平均水平上的员工餐费，得到每一种餐饮类型（早餐、午餐和晚餐）的标准成本。

使用永续盘存制时，用于从已售食品成本中减去员工餐费的方法表现为借记（增加）各部门员工餐费用账户以及贷记（减少）食品销售成本账户。这种方法可通过下面的日记账予以说明：

员工餐费—（餐饮部门）	60	
员工餐费—（客房部）	80	
员工餐费—（行政管理部）	50	
食品销售成本		190

行政人员签单费用应该从销售成本中扣除，并酌情记入到员工餐或娱乐账户中。使用定期盘存制时，记录员工餐及行政人员签单费用则需要一个完全不同于永续盘存制的程序。

信用卡费用会计

信用卡公司通常会为他们的服务收取一笔费用，此费用被认为是交易费用，并且记入到行政管理部门内一个叫作信用卡佣金的账户中。直到财务记录提供了信用卡费用，它代表了一家饭店的隐性费用。

两个公认的会计原则可能会影响公司如何对待信用卡费用的决定，配比原则指出所有费用必须在与它们产生收入相同的期间予以记账。但是，重要性原则则规定记录任何事件可能依赖于它的大小和周围情况，以及财务报表的遗漏是否会对一个合理使用这些财务报表的人员决策过程产生影响。

从实际的角度来看，信用卡费用产生时的估算可能会导致耗时且烦琐的记账程序，由于信贷卡费用通常在很短的时间周期内被处理并报告，当月未被记录的费用可能是非常少的。除非饭店信用卡业务非常庞大，否则，在接到信用卡公司通知之后记录信用卡费用还是比较简单的。

饭店是从信用卡公司计费时还是从销售发生时记录信用卡费用，取决于企业的会计政策。为便于讨论，信用卡费用将在信用卡公司通知时予以记账，这种程序在规模比较小的饭店以及那些在月底信用卡费用不显著的饭店中是比较常见的。

信用卡费用的记录还取决于费用是涉及银行信用卡还是非银行信用卡。

银行信用卡费用

在每一天结束时，饭店汇总银行卡汇票，并将它们和饭店的现金项目存进饭店支票账户。假设该饭店的信用卡汇票共计1000美元，存款时会计科目记录为：

现金—支票账户	1000
销售额	1000

银行通常直接从支票账户中扣除信用卡费用并且在饭店的银行月结单中报告，许多银行会在信用卡费用扣除的那一天通过邮寄费用备忘录来通知企业这一行动。假设在1000美元基础上，信用卡公司收取4%的费用总计40美元（ 4 ％ × 1000美元）。在收到银行费用备忘录或银行对账单时，记录信用卡费用的会计科目为：

信用卡佣金	40
现金—支票账户	40

一旦记录入账，该会计科目便增加了信用卡佣金的费用账户并降低了现金资产

账户。

非银行信用卡费用

当销售终端从客户那里收到非银行信用卡汇票时，便对它们进行汇总并记录为应收账款。假设非银行信用卡汇票总额为 1000 美元，会计科目是：

应收账款	1000
销售额	1000

这些汇票然后提交给信用卡公司，信用卡公司不会汇出全部金额汇票的支票，它会扣除其信用卡费用并汇出净余额支票。

假设信用卡公司在这种情况下收取 4% 的费用，经处理后，信用卡公司会给饭店汇款 960 美元的支票，在收到支票收据和存款时，会计科目如下：

现金—支票账户	960
信用卡佣金	40
应收账款	1000

虽然只收到 960 美元的现金，应收账款科目仍是贷记 1000 美元。960 美元的收据代表信用卡 1000 美元的全额付款，40 美元的差额是由信用卡公司扣除费用所引起的。

坏　账

无论企业信贷部如何有效地评估其顾客与客户，只要企业以赊销的方式向其客人出售商品或服务，通常都会引致坏账。坏账也被称为呆账或无法收取的应收账款，坏账会影响到总分类账、应收账款，以及明细分类账（往来账或者客人日记账）。

当应收账款无法收回时便产生坏账，应收账款起源于通过记账的方式与顾客完成交易，与对收到最终支付款项存在疑问的顾客是无法达成交易的，但是，由于以下原因，100% 的收回应收账款也是不可能发生的：

- 客人破产;
- 客人死亡;
- 与客人意见不一致;
- 信用调查出现失误;
- 客人欺诈。

有两种方法来记录坏账:

- 直接注销法;
- 备抵法。

在使用直接注销法时,当坏账实际发生时,直接记录坏账损失。在使用备抵法时,在某个客人账款无法收回之前,要对潜在的坏账损失进行估算。

直接注销法

直接注销法只能用于具有小额应收账款的公司,因此,任何坏账损失的可能性都是不明显的。直接注销法也被称为直接核销法,是一个当坏账发生时登记其损失的方法,坏账发生时的会计分录为:

坏账准备　　　　　XXX
应收账款　　　　　XXX

在该分录中借记为费用账户坏账准备,贷记为总分类账账户应收账款。该分录将会从账簿中注销坏账。此外,坏账也将从明细分类账(往来账与日记账)中注销。

具有大量应收账款的企业会更清楚地意识到其显著的坏账损失,因此这些企业就不能使用直接注销法,而必须使用备抵法。

备抵法

如果某家企业具有大量的应收账款,鉴于以下原因,公认会计原则要求企业估算其可能发生的坏账:

- 稳健性原则要求不能夸大资产;
- 配比原则要求费用需在发生期间予以入账。

尽管交易达成时,并不是十分确定谁将不会支付其记账金额,但可根据公司经验,来估算坏账损失的金额。对前几年的经验回顾通常会显示出坏账与销售额或者赊账账龄的关系。

记录预估的坏账　备抵法在坏账发生之前就对其可能的损失进行预估,当预估完成时,估计的坏账将"费用化",也就是说,坏账将记在费用账户坏账准备中。

在未来可能发生的潜在坏账估算金额将在一个叫作坏账备抵账户中进行记录。

当做出最初预估时,会计分录为:

坏账准备　　　　　XXX
坏账备抵　　　　　XXX

请记住：实际坏账并未发生，这是一个包含在坏账备抵账户中的预计额，由于其是一项资产抵消账户，因此增加了该备抵账户的贷项。

记录实际的坏账 坏账实际发生时，其不能再贷记到费用账户，因为坏账损失在预估时已经算作费用，记住坏账准备包含估算额，因此，实际坏账应该从该估算额中注销。

当坏账实际发生时，会计分录为：

坏账准备	XXX
应收账款	XXX

贷记应收账款以注销无法收回的账款，借记坏账准备，这样可减少未来潜在的坏账。

资产负债表上的表现 资产负债表中流动资产的部分显示出如下应收账款及相关潜在坏账的状态：

现金	77000 美元	
应收账款	90000 美元	
减：坏账准备	5700	84300

计算预估金额的方法 使用备抵法时，有两种不同的方法用来预估坏账金额：

• 销售额百分比法

• 应收账款百分比法

销售额百分比法 销售额百分比法也被称为利润表法，该方法基于净销售额来计算潜在的坏账，净销售额是由总销售额减去因价格调整形成的折让计算得出，净销售额计算公式为：

$$销售额 - 折让 = 净销售额$$

此时，单词"折让"的使用可能会令人迷惑，当"折让"与销售额一起使用时，它是指价格调整的意思，当"折让"与应收账款一起使用时，它是指坏账准备金。

通过对以往销售额和坏账损失的研究，可以找出坏账与销售额之间的比例关系，该比例就可以在以后持续性地被用到，直到其被证明不可靠才需要对该比例进行改变。以下的例子可以进一步解释销售额百分比法：

1. 一家公司在其备抵账户中有以下余额：

坏账准备金

余额	2200

2. 根据经验，净销售额的百分之一为预估的坏账。

3. 该期净销售额为 350000 美元

4. 预估坏账计算如下：

$$350000 美元（净销售额）\times 1\% = 3500 美元（潜在的坏账增加）$$

5. 会计分录如下：

坏账准备	3500
坏账备抵	3500

要点：使用销售额百分比法时，所计算的预估金额将用于增加坏账备抵账户的余额。

6. 备抵账户现在为如下所示：

坏账备抵

余额	2200
坏账准备分录	3500
余额	5700

应收账款百分比法。应收账款百分比法也被称作资产负债表法，该方法也需对过去销售额和坏账损失进行研究。但是，该方法是建立在账龄与任一坏账损失的关系上的。

应收账款是具有"年龄"的，并且按照 1 ~ 30 天到期未付、31 ~ 60 天到期未付进行分类，进行账龄分析需要对发票开具日期以及付款条款术语进行分析，如果付款条款术语为按提单日期 10 天付款，一个 40 天的账户在 30 内过期未付，它便不属于 31 ~ 60 天期间的账龄。

然后分析账龄的类别以决定实际成为坏账的百分比，例如，假设调查显示在过去三年，有 20000 美元的过期 31 ~ 60 天的账户未付导致的坏账损失为 2000 美元。

未收账款比例与应收账款的关系计算如下：

$$\frac{实际坏账损失}{应收账款} = \frac{2000}{20000} = 10\%$$

10% 这一比例将用于当前过期 31 ~ 60 天的账户以预估该账龄分类下的潜在的坏账，其他未收账款比例将用于计算其他过期账龄的潜在坏账，然后相加形成总的预估坏账。

以下例子可解释应收账款百分比法。

1. 一家公司在其备抵账户中有以下余额:

坏账备抵

余额	2200

2. 根据以往经验, 基于账龄分析预估坏账如下:

账龄分类	估计坏账比例
未支付	1%
过期 1 ~ 30 天未付	5%
过期 31 ~ 60 天未付	10%
过期 61 ~ 90 天未付	35%
过期 90 天以上未付	60%

3. 在该期期末应收账款余额为 90000 美元。

4. 图 2-6 显示出对预估坏账的计算, 在该期期末有 90000 美元的应收账款过期, 过期账龄类别下的每项数额都乘以估计坏账的比例, 乘法的结果是每一账龄类别下的预估坏账, 所有类别下预估坏账相加形成总逾期坏账共 3500 美元。

图 2-6　通过应收账款账龄评估坏账

账龄分类	应收账款	预计未回收百分比	预计未回收金额
未支付	60000 美元	1%	600 美元
过期 1 ~ 30 天未付	22000	5%	1100
过期 31 ~ 60 天未付	5000	10%	500
过期 61 ~ 90 天未付	2000	35%	700
过期 90 天以上未付	1000	60%	600
总额	90000		3500 美元

5. 会计分录如下:

坏账准备	1300
坏账备抵	1300

要点:在使用应收账款百分比法时,所计算的预估坏账成为坏账备抵账户新的余额。

6. 备抵账户如下

坏账备抵

余额	2200
坏账准备分录	1200
余额	3500

坏账收回 有时，一些被注销为坏账的账款后来又被收回来了，在这种情况下，注销该账户最初的会计分录需要反过来恢复应收账款，并且收款需要按常规进行记录。

记住用于注销坏账的分录需要像以下那样使用备抵法：

坏账备抵	XXX
应收账款	XXX

然后，如果顾客是部分或全部偿还款项的话，则偿还数额需通过以下分录进行记账

（1）

应收账款	XXX
坏账备抵	XXX
要恢复之前应收账款	
注销坏账	

（2）

现金	XXX
应收账款	XXX
要记账收回应收账款	

尾注：

①根据美国饭店业协会财务管理委员会意见定义。

主要术语

坏账准备（Allowance for Doubtful Accounts）：是指为可能发生的全部坏账而设置的资产备抵账户，在资产负债表中，从应收账款中减去该款项，以显示未来能够收回来的金额，该账户也被称为坏账备抵账户。

备抵法（allowance method）：是指在坏账实际发生之前对其进行预估和记录的一种方法，该预估值将被记录到坏账准备金以及坏账费用账户中，如果使用的是利润表法，那么该估算金额将会增加坏账准备金的余额，如果使用的是资产负债表法，该估算金额将成为坏账准备金新的余额。

坏账（bad debts）：指因为不能收回的应收账款而发生的费用。

直接费用（direct expenses）：是指直接与部门承担费用相关的费用，例如销售成本、工资及相关费用和容易确定与某个特定部门相关的其他费用。

直接注销法（direct write-off method）：一种处理坏账的会计方法，是指只有某项款项已被认定为坏账并且将从应收款项中转销以后，才对坏账损失进行登记。该方法也被称为直接核销法。

费用（expenses）：是指在获取收入过程中或者由于时间到期所耗费的成本。例如，销售成本、薪金、税金、日常用品、广告、公用事业、维修、租赁、折旧以及其他的运营和固定支出。

固定费用（fixed charges）：是指不随饭店销售量变化而变化的费用，例如，租金、财产保险、利息、折旧以及摊销费用。固定费用也被称为占用成本。

食品成本（food cost）：用于生产菜单中某项菜品的食品成本，食品成本将在收入产生过程中转移给客人。

间接费用（indirect expenses）：是指不能直接划分到某个特定部门的费用，通常，间接费用使得饭店整体受益。

营业费用（operating expenses）：是指每天业务运营所产生的费用（除销售成本外）。

定期盘存法（periodic inventory accounting system）：是指存货会计的一种制度，并且在该制度下必须对商品的销售成本进行核算。由于没有永续盘存记录，因此需要对仓库进行数量盘点以确定当前库存量。

永续盘存法（perpetual inventory accounting system）：是指存货会计的一种制度，在该制度下，需要记录收入与支出，并且提供记录存货数量与购买成本的连续记录。

复习题

1. 权责会计的概念是什么？

2. 业务细分是什么？

3. 支持中心是什么？饭店中建立了哪些支持中心？

4. "直接费用"与"间接费用"是如何定义的？

5. "固定费用"是如何定义的？什么样的费用可以划分为固定费用？

6. 食品销售成本账户包括什么？这些账户是减少还是增加已售食品成本？

7. 什么类型的账户会被认为是工资及相关费用？

8. 什么账户一般会用于登记维修及维护费用？

9. 登记坏账时备抵法与直接注销法的主要区别是什么？

10. 在使用备抵法时，销售额百分比法与应收账款百分比法在登记坏账预估值时最为主要的区别是什么？

网址：

若想获得更多信息，可访问下列网址。网址变更恕不通知。若你所访问的网址不存在，可使用搜索引擎查找新网址。

1. 业务细分：http://marketing. about. com/cs/sbmarketing/a/smbizmrktseg.htm

www.projectalevel.co.uk/business/segmentation.htm

2. 责权会计：www.accountancy.com.pk/articles_ students.asp?offset=80&id=55

3. 费用账户示例：www.accountinginfo.com/study/fs/expense-101.htm

4. 已售食品成本阐释：http://beginnersinvest. about. com/cs/investinglessons/1/blcogs.htm

5. 营业费用阐释：http://beginnersinvest. about. com/cs/investinglessons/1/blopexpenses.htm

坏账会计：www.toolkit.cch.com/text/P06_ 2900.asp

练习题

第 1 题

请判断以下描述是正确（T）还是错误（F）。

□ 1. 根据饭店地理位置而划分不同的报告领域是业务细分的一种形式。

□ 2. 将一家特定的饭店根据部门划分为不同的报告领域是业务细分的一种形式。

□ 3. 客房服务员的工资记录到客房部。

□ 4. 总经理的工资记录到行政管理部门。

□ 5. 夜间稽核人员以及前厅簿记人员的工资费用记录到行政管理部门。

□ 6. 对餐厅烤箱的修理费用记录到餐饮部。

□ 7. 已售食品成本包括员工餐费用。

□ 8. 餐厅清洁工作承包给外面的物业公司所形成的费用记录到餐饮部。

□ 9. 已入住客人的水费应记入客房部。

□ 10. 销售额百分比法与应收账款百分比法都被划分为备抵法。

习题 2

饭店收到一张关于银行卡费用的银行备忘录，备忘录中写明：银行已从业务支票账户中收取费用 175 美元，该费用用于处理之前存入该账户的银行卡凭单。写出在收到银行备忘录时的会计记账科目。

习题 3

标注为 4000 美元的非银行信用卡凭单汇到一家私人信用卡公司，当时会计分录为借记应收账款 4000 美元，贷记销售收入 4000 美元，从该信用卡公司收到 3800 美元的支票，并标明付款金额为这些凭单全额减去 200 美元的信用卡费用，请在收到该支票时写出会计分录。

习题 4

假设一家饭店使用直接注销法，请写出用于登记 210 美元坏账的会计分录。

习题 5

假设一家饭店使用备抵法，请写出用于登记 210 美元坏账的会计分录。

习题 6

　　假设一家饭店使用备抵法，备抵资产账户坏账准备有 2100 美元的贷方余额，基于应收账款明细分类账的账龄，估计坏账为 1800 美元，请使用应收账款百分比法写出会计分录以调整坏账准备。

习题 7

　　假设一家饭店使用备抵法，备抵资产账户坏账准备有 1200 美元的贷方余额，基于对销售日期的分析，估计坏账为 1800 美元，请使用销售额百分比法写出会计分录以调整坏账准备。

习题 8

　　请根据以下信息计算 3 月份的食品销售成本，2 月 28 日食品库存为 1500 美元，3 月 31 日食品库存实际盘存数额总计为 1200 美元，3 月购买食品花费为 1000 美元，员工餐费用总计 20 美元。

习题 9

　　根据以下信息计算毛利：

销售收入	$90000
销售折让	1000
销售成本	24000
其他费用	60000

案例分析

调查库存火灾损失

天堂湾是一家规模较大的豪华级餐厅，其菜单是由品质上好的排骨、菲力牛排、龙虾以及其他高档主菜组成。餐厅装潢非常豪华精致，餐厅服务人员也着晚礼服风格的衣服，客人着装也很讲究，天堂湾以高质量的菜品、服务以及就餐环境而著称，尽管其价格不菲，但客人对于在该餐厅的就餐经历还是非常愉悦的，该餐厅也拥有大量的回头客。

6 月 11 日早上的一场火灾烧毁了该餐厅的厨房以及储藏室，天堂湾餐厅有一个全面性的火灾保险政策，包括对库房损失的赔偿，以下是能够获得的会计数据：

5 月 31 日库房盘存余费用额：　　35000 美元

6 月 1 ~ 10 日采购：　　　　　　65000 美元

6 月 1 ~ 10 日销售收入：　　　200000 美元

1 月 1 日 ~ 5 月 31 日选取的财务报表信息

销售收入	1500000 美元
销售成本	420000 美元
毛利	1080000 美元

要　求

请计算火灾损失的存货成本。

第3章

概　要

资产和设备的购置成本

待拆迁的土地

可转让的土地

需要特殊安装的设备

土地改良

建筑物维修与改良

瓷器、玻璃器皿、银器、工装和布草

经营性租赁和融资性租赁

资产和设备的折旧

直线折旧法

余额递减法

年限总和法

时间因子法的比较

不满一整期的折旧

产量折旧法

瓷器、玻璃器皿和银器的折旧

租赁和租赁改良的摊销

租赁

租赁改良

资产和设备的出售或报废处置

资产和设备的折价交易

同类资产交易

不同类资产交易

交易资产的税务会计

折旧和所得税

改良加速成本回收系统

附录　改良加速资产资本回收制度
（MACRS 折旧原则）

学习目标

1. 对资产与设备术语进行解释。

2. 描述分类资产和设备购置成本的确定方式。

3. 总结建筑物维修会计与建筑物改良会计之间的差别。

4. 描述经营性租赁与融资性租赁之间的区别，并解释区分经营性租赁与融资性租赁的 4 项标准。

5. 解释折旧、受影响的账户、资产价值的不同类型的目的以及纳税申报的编制如何影响折旧。

6. 解释时间因子折旧法与效用因子折旧法之间的区别。

7. 描述直线折旧法、余额递减折旧法、年限总和法。

8. 识别加速折旧法。

9. 解释计算不满一整期折旧方法的选择。

10. 描述产量折旧法。

11. 解释在对瓷器、玻璃器皿和银器折旧时应予以哪些特殊考虑。

12. 解释摊销概念以及租赁和租赁改良的摊销。

13. 解释在涉及资产和设备出售、报废处置或者以旧换新时会计方面的考虑。

3

资产和设备会计

术语"资产"和"设备"指的是服务于生产经营过程、不用于向顾客转售的正常经营中的长期性资产。土地、建筑物、家具及固定装备、汽车、办公设备和厨房设备等项目是典型的资产和设备。这些资产也被称作有形资产,因为它们具有实物形态。无形资产包括如著作权、商标权、专利权及购买的商誉等项目。

本章重点介绍适用于长期有形资产购置、折旧、报废处理的会计处理方法。本章要回答的问题包括:

1. 如何确定固定资产的购置成本?

2. 融资租赁和经营租赁的区别是什么?

3. 什么是折旧,如何计算折旧?

4. 什么是摊销,如何计算摊销?

5. 用来记录资产报废处理或交换的会计方法是什么?

本章首先介绍不同类型资产和设备的购置成本是如何确定的。计算有形资产的购置成本是非常重要的,因为它是资产账户资本化和计算折旧的基础。

折旧是指在资产预计可使用年限内来分割其成本,预计可使用年限是指一项资产被估计的经济使用年限。本章介绍并比较了用于财务会计的几种折旧方法,对于瓷器、玻璃器皿和银器的特殊会计折旧程序也进行了说明。

此外,本章还介绍了租赁和租赁改良的摊销,像折旧一样,摊销也涉及在资产预计使用年限内资产成本的注销问题。

本章最后部分介绍了用于记录有形资产报废处理的会计方法。强调了与财务和税收会计原则有关的同类资产交易会计和不同类资产交易会计。

资产和设备的购置成本

购买资产或设备时，它们通常被记录在其购置成本上。购置成本包括购买、安装以及准备使用在内的所有必要的支出，例如，除了购买价格（包括任何销售税），购置成本还可能包括运费、保险费、律师费或经纪人佣金、安装费以及使得资产投入使用的任何需要的成本。

如果某项资产及设备是采取分期付款或抵押贷款方式购买的话，则利率不是购置成本的一部分。当一家公司正在建造一项供自己使用的资产或设备时就不符合该项规定，在这种情况下，美国财务会计准则委员会（简称FASB）第34号声明显示，在建设时期利息成本被认为是购置成本的一部分。图3-1说明了购买地上建筑物将被拆除的土地的购置成本的计算方法。所有这些支出都被记录在土地账户中。

图3-1 土地购置成本的计算

购买价格	200000 美元
经纪人佣金	12000
律师费、产权保护费及登记费	2000
拆除现有建筑为建设新建筑做准备	20000
减 拆除建筑的残值	-8000
场地平整	5000
总购置成本	231000 美元

待拆迁的土地

当购买待拆迁土地的时候，购买可能涉及经纪人佣金、登记费、托管费和契约费，其他费用可能涉及该项资产的测量、排水，定级和清理等费用。所有这些支出都可能是购置成本的一部分。另外，任何由买方支付的拖欠税款也是购置成本的一部分。

可转让的土地

饭店公司购买带有建筑的土地并将其在业务中使用一般来说是常见的。一般来说，销售价格指的是土地和土地上建筑被打包起来一次性支付的价格。土地是不可折旧的资产，因为在饭店公司正常业务过程中，它的寿命是无限的。另一方面，建筑物是一种折旧资产。当土地和建筑一起购买时，购置成本必须在两个资产账户中进行分配，一个名为土地，一个名为建筑，这种分配通常是在地产评估或税务估值的基础上进行计算的。

假设一个附有建筑的土地是以 350000 美元购买的，但房地产税评估共计 300000 美元（90000 美元的土地，210000 美元的建筑）。确定分配土地和建筑物 350000 美元购买成本到土地和建筑账户的第一步是在评估值的基础上计算分配率。计算方法是用土地评估价值和建筑物评估价值分别除以总评估价值，所得分配情况如下：

土地	90000 美元	30%
建筑物	210000 美元	70%
总估价	300000 美元	100%

土地成本的分配比例是 30%(90000 美元除以 300000 美元)，建筑物成本的分配比例是 70%(210000 除以 300000 美元)。

下一步是将单个分配百分比配置到总的 35 万美元购置成本上，土地和建筑物的各自分配额或成本基础都记录在总分类账户上，如下：

土地（350000 美元 × 30%)	105000 美元
建筑物（350000 美元 × 70%)	245000
总购置成本	350000 美元

需要特殊安装的设备

某些设备（如烤箱、洗碗机和空调系统）可能需要特殊的台面或电线来使其投入使用，这些特殊的安装成本被认为是资产购置成本的一部分。

假设一家饭店购买需要特殊接线的设备，设备的购置成本计算如下：

发票价格	2000 美元
运费	100
营业税	120
安装费	350
特殊接线	200
总购置成本	2770 美元

土地改良

土地改良（如车道、停车场和栅栏）费用不应该记入土地账户，土地是自有还是租赁获得是影响这些改良费用如何登记的决定性因素。

如果土地归饭店公司所有，改良费用可能会被登记到名为"土地改良"的账户中并且在该改良预计使用年限内对其进行折旧。

如果土地是租赁的，改良费用会记入名为"租赁改良"的账户，并根据改良后的使用年限或租赁年限中更短的那个年限为准进行摊销。如果续约的可能性很高，那更有可能对租赁进行改良。多数租赁协议指出，由承租人（租客）对租赁物进行的任何改良在租赁期界满后将成为出租人（业主）的财产。

建筑物维修与改良

当建筑物投入使用之后，常规的维修和保养费用会登记在相应的费用账户中。为保持资产运作状态良好，有必要将常规维修及保养的费用定义为经常性开支。这些费用包括与日常维修和保养相关的支出，如修复破损的窗户和门、清洁、润滑、喷绘。这些支出不会增加资产未来服务的潜力。但是，这些使得公司能够获得在资产预计使用期限内的预期收益。因此，常规维修及保养费用均被列为费用支出。

对建筑物的改良（有时称为改良费）应予以资本化。改良是改进或增强资产未来服务潜力的支出。例如，用具有更高效的加热系统更换旧的加热系统而发生的支出将被认为是一种改良，而不是维修。当购买了一座老建筑物，在它投入使用之前需要做大量的维修和保养，与这些相关的支出会被资本化并记入建筑物资产账户。被视为改良而不是维修的另一种支出主要是超出所估计的资产使用寿命的修复和翻新支出。所谓"增补"指建筑物扩展修缮以增强建筑物的服务潜力。

改良和维修并不总是那么容易区分，然而区分它们又是非常重要的，因为它们的会计处理方法是不同的，维修是费用性支出，改良是资本性支出。

作为资本记入到固定资产账户中的金额取决于建筑物是自有的还是租赁的，租赁建筑物的资本性支出应记入名为租赁改良账户并进行摊销。自有建筑物的资本性支出应记入建筑物账户并计提折旧。

瓷器、玻璃器皿、银器、工装和布草

对瓷器、玻璃器皿和银器的购置成本有几种记账方法，美国注册会计师协会（AICPA）推荐的3种常见方法是：

第一，资本化/折旧/费用：

- 购置成本资本化；
- 购置成本计提折旧；

　　• 置换成本计入费用账户。

第二，资本化 / 折旧 / 费用 / 调整

　　• 购置成本资本化；

　　• 购置成本计提折旧；

　　• 置换成本计入费用账户；

　　• 每年调整资产账户使之与库存盘点相对应。

第三，资本化 / 折旧 / 资本化 / 调整

　　• 购置成本资本化

　　• 购置成本计提折旧

　　• 置换成本资本化并且相应地调整成本基准

　　• 每年调整资产账户使之与库存盘点相对应

　　当详细讨论折旧时，本章后半部分还会详细介绍瓷器、玻璃器皿和银器会计的折旧方法。

　　租赁工装或使用布草服务的饭店会在这些支出发生时登记这些费用并将这些费用记入到名为"工装费用及布草和洗衣费用"账户中。如果饭店购买并使用自有的工装和布草，这些支出应予以资本化并计提折旧。

经营性租赁和融资性租赁

　　饭店可以购买固定资产，也可以租赁固定资产，饭店可通过租赁公司租赁土地、建筑物、办公设备、汽车或任何其他固定资产。

　　租赁是一种合同，出租人（业主或租赁公司）给予承租人（租客或用户）在一段时间内使用资产的权利，以换取租金。出租人是资产的所有者，承租人或承租公司获得使用和控制资产的权利。

　　房地产租赁合同一般不会带来任何会计问题，因为它们是真正的租赁协议。然而，车辆及其他设备的租赁可能是简单的租赁协议或者实际上是长期的融资协议。

　　经营租赁是一种租赁协议，经营租赁涉及的通常是在一个相对较短的时间内被承租人使用的资产。在租赁期结束时，资产仍具有较长的使用期限，出租人保留所有权。经营租赁不提供廉价购置的选择。廉价购置选择是指承租人有权在租期结束时以正常的金额或大大低于资产的公平市场价值的金额购买资产。与经营租赁不同

的是，一些融资租赁提供了这样的选择。

融资租赁不是简单的租赁协议：它们实际上是长期的融资协议，在租赁期结束时有效地将租赁资产的所有权由出租人转向承租人。尽管在租赁期结束之前权利不得转让，但是融资租赁基本上被看做是由出租人向承租人出售资产。在某些情况下，融资租赁的期限可能很长，以至于在租期结束时资产的经济寿命（期间的资产价值）为零。即使出租人在租赁期结束时保留所有权，这些类型的租赁也被列为融资租赁。

FASB 准则第 13 条提供了区分融资租赁和经营租赁会计目的的标准。根据 FASB 准则，如果满足下列 4 个条件中的任何一个，承租人必须区分并将租赁视为融资租赁：

- 在租赁期结束时转让资产所有权给承租人；
- 租赁合同包含一个廉价购置的选择；
- 租赁期限等于或多于租赁资产预计经济寿命的 75%；
- 最低租赁付款额的现值至少是租赁资产公平市场价值的 90%。

基于 FASB 准则第 13 条，只有那些不符合这些标准的租赁才能记入经营租赁。在经营租赁的会计中，承租人把租赁付款登记为租赁费用。

当设备是通过融资租赁获得时，承租人应将成本资本化并登记在名为"租赁设备"的资产账户中。在同一日记账分录中，未来租赁付款额的现值贷记名为"租赁付款负债"账户中。日记账分录如下：

租赁设备	XXX
租赁负债	XXX

资产账户租赁设备是在资产预计使用年限内而不是租赁的年限内计提折旧。在租赁付款时，会计分录如下：

租赁负债	XXX
利息费用	XXX
现金	XXX

资产和设备的折旧

折旧是指在固定资产使用寿命内，按照确定的方法对其成本进行系统分摊。除土地外，资产和设备可以在其提供服务期间计提折旧以使资产的成本逐渐转化为费用，但不含瓷器、玻璃器皿、银器、工装和布草，折旧会计分录如下：

折旧费用　　　　XXX

累计折旧　　　　XXX

折旧费用是一个只包含当前年度折旧费用的费用账户，单独的折旧费用账户可以用于每种类型的可折旧资产。由于折旧是基于估计而算的，为避免过于精确，折旧费用可能会四舍五入到最接近的金额。

累计折旧是包含从购买之日起（或自该资产投入使用的日期）到现在的折旧费用的资产备抵账户，这些费用是指资产的已耗成本。购买某些资产的意图就是在购买之后使用这一资产，由于折旧是资产在其预计使用寿命的成本分摊，因此只有当资产开始投入使用时才开始计提折旧费用。单独的累计折旧账户可用于建筑、家具、设备和其他可折旧资产。

需要强调的是对资产进行折旧并不是试图建立该资产的市场价值，市场价值是资产如果在公开市场上被卖出可能带来的价值。折旧并不代表市场价值的下降。资产成本减去其累计折旧的金额等于资产净值，一般也称为资产的"账面价值"。

使用年限可以根据时间也可以根据单位产量进行估计。这些概念将在本章后面进行讨论。当估算资产的使用寿命时，必须考虑下列因素：

- 同类资产的以往经验；
- 该资产取得时的已使用年限；
- 公司的维修、保养和置换政策；
- 目前技术的发展趋势；
- 使用频率；
- 当地的条件例如天气。

残值，有时也被称为剩余价值，是指在资产使用期限结束时，该项资产报废处置收入减去该项资产所有的拆除以及销售成本后的余额。由于残值需要估计，因此残值通常是一个主观的数字。微不足道的残值可以忽略不计，并视为零残值。一种处理方法是当估计残值相当于资产的原始成本 10% 或更少时，则视资产的残值为零。实际上一座建筑物残值可以为零，因为建筑物在其使用寿命结束时的拆除费用可能近似于废旧物资的销售价值。

当资产账面价值等于资产的预计残值时，资产已完全计提折旧，无须再对该资产计提折旧。只要资产仍在使用，其原始成本和全部累计折旧费用仍登记在册。当资产被报废处置时，需要做从资产账户中删除原始成本并从累计折旧账户中删除与其相关的累计折旧的会计分录。

有几种方法可以用来计算折旧，不同的折旧方法可以应用于不同的资产。例如，一种方法可用于分摊建筑物的成本，而另一种方法可用于分摊车辆的成本。另外，计算折旧的一种方法也可以用于分摊特定车辆的成本，而另一种方法则用于分配其他车辆的成本。此外，用于财务报告目的的折旧方法可能不同于那些用于纳税申报目的的折旧方法。

虽然公司对不同资产可能会使用不同的折旧方法，但公认会计原则的一致性要求，一旦选择一个特定的资产折旧方法，它就应该在该资产整个预计可使用年限内一直使用。但是，一家公司可能会为特定的资产合理改变折旧方法，但任何更改都必须按照所要求的披露原则在财务报表的注释中予以披露。

折旧方法可以分为时间因子法与效用因子法。时间因子法估计使用寿命时间，效用因子法估计使用寿命内的单位输出。本部分将介绍用于财务会计目的的 3 个时间因子方法：直线法、余额递减法、年限总和法。相同的示例将用于这 3 个时间因子方法，然后将对这 3 种时间因子方法进行比较，并解决不满一年期限折旧的处理问题。最后将对效用因子方法的产量法进行探讨。

直线折旧法

直线折旧法是用于财务报告目的的计算折旧最简单、最为普遍的时间因子法。根据直线法，固定资产价值减去预计资产残值后被平均分配到每个周期。这使得折旧费用均匀地摊销在整个资产的预计使用寿命内。

年度直线折旧法的计算是在成本的基础上减去残值后的余额除以预计使用年限。直线折旧法的计算可由以下公式表示：

$$年度折旧费 = \frac{成本 - 残值}{使用年限}$$

假设一家饭店企业在年初用 3500 美元购买设备，设备残值估计为 500 美元并且其预计使用年限为 5 年。直线法计算年折旧费用如下：

$$年度折旧费 = \frac{成本 - 残值}{使用年限}$$

$$年度折旧费 = \frac{\$3500 - \$500}{5\ 年} = \$600$$

另一种直线折旧计算方法是计算每年折旧百分比，用 100% 除以资产预计使用寿命：

$$年度折旧 \% = \frac{100\%}{可使用寿命}$$

通过资产成本乘以每年折旧率以确定每年折旧费用，采用与前一个示例相同的信息，每年的折旧比例是 20%(100% 除以 5 年)，计算每年的折旧费用为 600 美元(20% 乘以 3000 美元)。

图 3-2 给出了前面示例中购买设备的折旧表，该表说明了直线折旧法在资产使用年限内的结果。

图 3-2　折旧表：直线法

年份	计算	折旧费用	累计折旧	成本	账面价值
	在购置成本基础上	—	—	3500 美元	3500 美元
1	1/5 × 3000 美元	600 美元	600 美元	3500	2900
2	1/5 × 3000 美元	600	1200	3500	2300
3	1/5 × 3000 美元	600	1800	3500	1700
4	1/5 × 3000 美元	600	2400	3500	1100
5	1/5 × 3000 美元	600	3000	3500	500
		3000 美元			

配比原则要求在会计期间内产生的所有费用登记在该会计期间。由于财务报表一般是每月发行，折旧费用必须每月都被记录下来。如果购置设备的每年折旧费用是 600 美元，那么每月折旧费用将是 50 美元（600 美元除以 12 个月）。记录每月折旧的会计分录如下：

　　　　折旧费用　　　50
　　　　累计折旧　　　　　50

余额递减法

余额递减法是基于百分比率。尽管可以使用任何百分比率，但最常见的比率是直线折旧率的两倍。这种与双倍折旧率相关的方法被称为双倍余额递减法。双倍递减率的计算公式如下：

$$双倍递减率 = \frac{100\%}{可使用寿命} \times 2$$

例如，再次假设一家饭店企业在年初购买设备成本为 3500 美元，估计设备残值为 500 美元，并且其预计使用年限为 5 年。双倍递减率计算如下：

$$双倍递减率 = \frac{100\%}{5} \times 2 = 40\%$$

余额递减法计算资产预期使用年限第一年的折旧费用为年折旧率乘以该资产的成本，接下来每一年折旧费用由以下公式确定：该资产的账面价值乘以该年折旧率。用余额递减法计算折旧，残值并不从资产成本中减去；然而账面价值永远不低于残值。如果折旧计算的年底账面价值结果小于资产残值，那么在该年年初使用账面价值减去残值来计算折旧费用。

图 3-3 给出的折旧表表明了余额递减折旧法在资产使用年限内的结果，第一年折旧费用计算为 1400 美元（双倍递减率 40%×3500 美元的成本）。在第二年的年初资产的账面价值为 2100 美元（3500 美元的成本减去 1400 美元的累计折旧），因此，第二年的折旧费用是 840 美元（40%×2100 美元）。在第四年年初，该资产的账面价值为 756 美元。用这一数额乘以 40% 的年折旧率，所得的折旧费用为 302 美元。然而，这个数不能使用，因为第四年年底产生的账面价值将是 454 美元（3500 美元成本减去 3046 美元累计折旧），小于资产残值的 500 美元。因此允许第四年折旧费用是 256 美元，这是由在这一年年初账面价值（756 美元）减去残值（500 美元）计算。在第四年结束时的账面价值等于资产的残值（3500 美元的成本减去 3000 美元的累计折旧）。第五年的折旧费用为零，因为，在第四年年底，该资产的账面价值等于其残值。

图 3-3 折旧表：双倍余额递减法

年份	计算	折旧费用	累计折旧	成本	账面价值
	在购置成本基础上	—	—	3500 美元	3500 美元
1	40%×3500 美元	1400 美元	1400 美元	3500	2100
2	40%×2100 美元	840	2240	3500	1260
3	40%×1260 美元	504	2744	3500	756
4	见备注	256	3000	3500	500
5	不再适用	0	3000	3500	500
		3000 美元			

备注：所得 256 美元折旧费用是通过计算之前账面价值 756 美元和残值价值 500 美元之差决定的。

年限总和法

年限总和法在计算折旧费用时使用一个分数，分数的分子是资产剩余的预计使用年限，这个数字根据折旧计算而变化。分数的分母是该资产预计可使用年数的数字之和。这个数字与每年折旧费计算保持一致。每年折旧费用是由该资产的成本扣除其残值乘以这个分数来确定的。

再次假设一家饭店企业在年初购买设备成本为 3500 美元，设备残值估计为 500 美元，其预期使用年限为 5 年。

该分数的分子用于计算每年折旧费用的变化以匹配资产剩余的预计使用年限。在资产预计可使用年限 5 年的第一年，分子是 5，在第二年，分子为 4，依次类推。一个简单的来确定计算每年折旧费用合适的分子的方法是简单地列出资产的估计使用年限，然后将其颠倒：

可使用年数	颠倒的年数
1	5
2	4
3	3
4	2
5	1

用于计算折旧费用的分数的分母保持不变，是资产的预计可使用年数的数字之和。由于资产的预计可使用年限是 5 年，分数的分母是 15（1+ 2+ 3+ 4+ 5）。如果一项资产的预计使用年限跨度短，那年数的总和是很容易计算的。然而，涉及更长的时间跨度时，可能更容易通过使用以下步骤来计算年数的总和：

- 资产的预计可使用年限的平方；
- 将资产的使用年限加上使用年限的平方；
- 将所得数字除以 2。

我们以预计可使用年限 5 年为例，步骤如下：

$$5 \times 5 = 25$$
$$25 + 5 = 30$$
$$30 \div 2 = 15（分母）$$

因此，在此例子中用于计算折旧费用的分式如下：

第 1 年：　5/15

第 2 年：4/15

第 3 年：3/15

第 4 年：2/15

第 5 年：1/15

对于任何特定年份，折旧费用是用下列公式计算的：

$$折旧费用 = \frac{剩余可使用年限}{年数总和} \times （成本 - 残值）$$

图 3-4 折旧表：年限总和法

年份	年数倒置	计算	折旧费用	累计折旧	成本	账面价值
		在购置成本基础上	—	—	3500 美元	3500 美元
1	5	5/15 × 3000 美元	1000 美元	1000 美元	3500	2500
2	4	4/15 × 3000 美元	800	1800	3500	1700
3	3	3/15 × 3000 美元	600	2400	3500	1100
4	2	2/15 × 3000 美元	400	2800	3500	700
5	1	1/15 × 3000 美元	200	3000	3500	500
	15		3000 美元			

图 3-4 给出了一个折旧表，说明了年限折旧法对资产使用寿命的影响。

前面的计算是假设该资产于今年年初购买。在整个一年拟购买资产是常见的。如果使用年限总和法，对于不是在今年年初购买的任何资产来说，补充的计算是必要的。

假设设备在 5 月 1 日购入，这意味着资产在第一个会计期间，只使用 8 个月，因此，第一年折旧费的计算只有全年的 8 / 12。在第二个会计年度，第一年计算剩下的 4/12 被添加到第二年的 8/12 中一起计算。在资产的使用寿命内每一会计年度使用一个类似的模式。图 3-5

图 3-5 年限总和法—补充的计算

年份	分摊	结余	准予折旧额
20 × 1	8/12 × 1000 美元		667 美元
	4/12 × 1000 美元	333 美元	
	20 × 1 折旧费用		
20 × 2	4/12 结余		667 美元
	8/12 × 800 美元		333 美元
	4/12 × 800 美元	267 美元	533
	20 × 2 折旧费用		
20 × 3	4/12 结余		866 美元
	8/12 × 600		267 美元
	4/12 × 600	200 美元	400
	20 × 3 折旧费用		
20 × 4	4/12 结余		667 美元
	8/12 × 400		200 美元
	4/12 × 400	133 美元	267 美元
	20 × 4 折旧费用		
20 × 5	4/12 结余		467 美元
	8/12 × 200		133 美元
	4/12 × 200	67 美元	133
	20 × 5 折旧费用		266 美元
20 × 6	4/12 结余		67 美元
资产使用期限内全部折旧			3000 美元

说明了此过程。

时间因子法的比较

直线法，双倍余额递减法和年限总和法是为了财务会计目的用来计算折旧费用的。图 3-6 比较了这 3 个时间因子法来计算每年折旧费用的结果。比较是基于前文的例子（年初以 3500 美元购买设备的折旧，500 美元的估计残值，可使用年限预计为 5 年）。请注意，无论其使用哪种折旧方法，总的折旧费用额 3000 美元，而该资产的账面价值从来没有低于该资产的预计残值。然而方法不同，每年计算的折旧金额也不同。

直线法会使资产在估计使用年限内每年的折旧费用相等。余额递减法和年限总和法被称为加速折旧的方法。因为它们导致第一年的折旧费用最高，然后折旧费用连年降低。这些加速的方法会分配最大部分的折旧成本给资产的预计使用寿命的初期。如图 3-6 所示，双倍余额递减法是通常导致资产估计使用寿命早期的折旧费用最高的方法。

图 3-6 折旧方法的比较

	直线法	双倍余额递减法	年限总和法
购置成本	3500 美元	3500 美元	3500 美元
折旧年限			
1	600 美元	1400 美元	1000 美元
2	600	840	800
3	600	504	600
4	600	256	400
5	600	0	200
总计	3000 美元	3000 美元	3000 美元
账面价值	500 美元	500 美元	500 美元

不满一整期的折旧

时间因子法假定的是资产在这个月的第一天购买。当然，资产交易可能发生在一个月内的任意一天。当这些交易发生时，没有必要精确到具体某日或某月进行折旧，因为折旧毕竟不是一门精确的科学。残值和折旧中使用的使用寿命计算并不是实际测量值，只是估计而已。

当购买了资产并用时间因子法来计算折旧时，公司政策可能会说明不满一整期的折旧要如何来确定。下面的讨论中介绍了涉及不满一整期计算折旧的可能选项。

对最接近 1 个月折旧的认识 使用此选项，从本月第 1 天到第 15 天期间购买的资产被当作当月第一天购买来计提折旧。从 16 日起到月末购买的任何资产将被视为下一个月的 1 日购买的资产。

相反，任何从本月第 1 天到第 15 天期间售出的资产在当月不计提折旧。从 16 日起到月末售出的任何资产在当月计提折旧。

对最接近 1 年折旧的认识　使用此选项，在会计年度的前 6 个月获得的资产会被视为整年持有的资产。在会计年度后 6 个月获得的资产不计提折旧。

相反，在会计年度的前 6 个月售出的资产在当年不计提折旧。在后 6 个月售出的任何资产在当年全年计提折旧。

其他选项　对于涉及不满一整期的折旧的其他选项如下：

• 所有年内获得的资产或售出的资产进行一个半年度的折旧；

• 年内获得的任何资产没有折旧，年内出售的任何资产进行全年折旧；

• 年内获得的任何资产进行全年折旧，年内出售的任何资产没有折旧。

产量折旧法

使用因子法是在预计资产使用的产出量基础上分配资产折旧成本的。当购买资产时，估计其产出量。根据下列公式表示，资产的成本减去预计残值除以预计使用的产出量等于单位产量折旧额（单位折旧额）：

$$单位折旧额 = \frac{成本 - 预计残值}{预计产出量}$$

折旧费用是由单位折旧额乘以折旧期间资产的实际产出量决定的。这种情况一直持续到累计折旧额与资产的折旧基准额是一样时为止（成本减去残值）。

饭店企业可能使用产量法来计算车辆的折旧费用。例如，假设购买一辆车用了 25000 美元。车辆的预计产出量为 16 万英里，它的残值估计为 5000 美元。该单位折旧系数的计算方法如下：

$$单位折旧额 = \frac{成本 - 预计残值}{预计产出量}$$

$$单位折旧额 = \frac{\$25000 - \$5000}{160000 \text{ 英里}}$$

$$单位折旧额 = 2.5 \text{ 美分} / \text{英里}$$

假设在当前月车辆已行驶了 1500 英里，则这个月折旧费用将是 300 美元（1500 英里乘以 20 美分）。

瓷器、玻璃器皿和银器的折旧

瓷器、玻璃器皿和银器可以使用任何之前提出的折旧方法计提折旧。然而，没有折旧费用账户或累计折旧账户用于记录这些资产已分配的购置成本。计算折旧时，瓷器、玻璃器皿和银器资产账户额直接伴随着折旧额的计算而减少，折旧费被记录到瓷器、玻璃器皿和银器的费用账户。记录折旧的分录如下：

瓷器、玻璃器皿和银器（费用账户）　　　XXX

瓷器、玻璃器皿和银器（资产账户）　　　XXX

住宿业统一会计制度建议对瓷器，玻璃器皿和银器（还有工装和布草）的初始购买成本予以资本化，然后在很短的时间内计提折旧。此外，该制度还规定：所有更换的采购应记为费用。

例如，假设一家新餐馆在4月1日购买新瓷器、玻璃器皿和银器，成本为9000美元，使用寿命估计5年，残值估计为3600美元。进一步假设已选择直线折旧法对购置成本进行折旧。

记录购买活动日记账分录如下：

瓷器，玻璃器皿和银器（资产账户）　　　9000

现金（或应付账款）　　　9000

每月折旧费用计算方法如下：

$$月折旧费用 = \frac{成本 - 残值收入}{可使用寿命月数}$$

$$月折旧费用 = \frac{\$9000 - \$3600}{60 \text{个月}} = \$90$$

4月30日，记录当月折旧费用的调整会计分录如下：

瓷器、玻璃器皿和银器（费用账户）　　　90

瓷器、玻璃器皿和银器（资产账户）　　　90

虽然餐馆已选择将更换物品费用化，但这些更换不影响这一资产寿命期内的折旧计算。例如，购买更换品的会计分录如下：

瓷器、玻璃器皿和银器（费用账户）　　　XXX

现金（或应付账款）　　　XXX

出于说明的目的，将瓷器，玻璃器皿和银器的折旧结合起来。由于这些资产可能有不同的残值和折旧期，因此它们可能需要单独计算。

租赁和租赁改良的摊销

摊销是指把某些无形资产的成本分配到那些使用无形资产受益的时期内。无形资产是有助于经营的长期资产，但没有物质实体。财务会计准则要求：某些无形资产要在其可使用年限内摊销，最大摊销期为40年。有些无形资产的使用寿命可能会受到法律、竞争及合同的限制，在这种情况下，摊销期可能少于会计原则普遍接受的40年期限。

不同于折旧，摊销并不需要一个费用的累计账户。摊销的会计分录通常是借记摊销费用和贷记资产账户。一些会计师会贷记累计摊销账户而不是减少资产的价值，但这种做法并不普遍。

资产摊销的例子有租赁、租赁改良和某些类型的无形资产。根据住宿业统一会计制度规定，租赁和租赁改良在资产负债表上分列为资产和设备。

租赁

将被授予的权利租赁给承租人（承租人或用户）被称为租赁。除了定期支付费用外，一些长期租赁活动要求承租人在租赁开始日支付一大笔钱。这笔首付款（如果它不是租赁押金）记录到称为租赁的非流动资产账户。支付款在不超过40年的租赁期限内被摊销。

假设在6月1日饭店租赁一项20年期的资产，并交首期付款120000美元，这120000美元不被认为是租赁或抵押押金。这种付款的会计分录如下：

租赁	120000	
现金		120000

非流动资产账户租赁是按每年6000美元（120000美元除以20年计算）的比率分20年摊销。因此，每月摊销费用为500美元（6000美元除以12个月）。6月30日，月末的会计分录如下：

摊销费用	500	
租赁		500

有时，一个租赁协议，要求预先支付每月的租金。如果预付款支付期限为1年或1年以下，它们是预付租金，并被分配给适当的会计期间。

保证金不被视为租赁，这些存款被记录到可称为押金或保证金的非流动资产内。

这些存款保持在账面上，直到退回为止。

租赁改良

对租赁物的任何改良，通常在租约的终止时归还给店主（出租人）。因此，租户（承租人）应把这些改良记录在租赁改良账户内。租赁改良的例子是租赁建筑物的扩建、永久的隔墙，或安装将成为建筑物永久一部分的任何有形的固定设施。

租赁改良，应在其估计可使用年限或租约的剩余期限内摊销（包括很可能采用的更新选择），以较短者为准。但是，摊销期限不应超过 40 年。

资产和设备的出售或报废处置

一个企业可能会出售其资产，并从交易中获得现金，或者可能处置某类资产而没有什么价值回收。与该种交易相关的收入或亏损计算在账面价值上。如前所述，资产的账面价值为资产的成本减去累计折旧。一个完全折旧的无残值的资产的账面价值将为零，因为它的累计折旧就等于其成本。以下各节说明如何计算售卖资产的收益或亏损。

第一，以高于账面价值的价格出售。假设设备的售价为 2000 美元。其原始成本为 10000 美元，在出售当日的累计折旧为 8500 美元。出售所得的计算如下：

销售价格	2000 美元
账面价值（10000 美元—8500 美元）	1500
处置资产所得	500 美元

记录处理设备的会计分录如下：

现金	2000
累计折旧——设备	8500
设备	100000
处置设备所得	500

累计折旧是带有贷方余额的资产抵消账户，它贷记每期的折旧。当资产被出售的时候，就必须移除所有与资产借方分录相关的累计折旧。在同一个分录中，资产账户设备应贷记到该账户中已出售资产的原始成本中。

第二，以低于账面价值的价格出售。如果同一资产以 1200 美元被出售，该损失可以计算如下：

出售价格	1200 美元
账面价值（10000 美元—8500 美元）	1500
处置资产的损失	300 美元

记录处置资产的会计分录如下：

现金	1200
累计折旧——设备	8500
处置设备的损失	300
设备	10000

第三，以等于账面价值的价格出售。如果同样的资产以 1500 美元被出售，既没有所得也没有亏损：

出售价格	1500 美元
账面价值（10000 美元 – 8500 美元）	1500
差额	0 美元

记录处置该资产的会计分录如下：

现金	1500
累计折旧——设备	8500
设备	10000

资产和设备的折价交易

可能会使用旧资产折价来获得新资产，运输设备折价交易在饭店业很普遍。折价会计取决于对参与交易的资产的公平市场价值估算。出于该目的，评价资产和设备在交易中所得或亏损的基础将是新购置资产的公平市场价值。

虽然不常见，但是有些饭店企业为了获得现金而在交易中折价也是有可能的，当资产折价中公平市场价值超过资产购置成本时折价就会发生。每当涉及现金时，就有必要采用特殊程序来计算所得或损失。

这些程序超出了本书的讨论范围，感兴趣的读者可以参考会计中级篇中具体的解释。

折价会涉及相似资产的交易或不相似资产之间的交易。同类资产之间交易的例子如一辆汽车与另外一辆汽车间的折价交易。不同类资产之间交易的例子如一辆汽车与一台计算机间的折价交易，以下各段讨论的是这些类型交易的所得或亏损的会计方式。

同类资产交易

某些种类的可折旧资产，如汽车、计算机、复印机和其他设备，通常采用折价方式交易同类新资产（相似）。例如，一辆车与另一辆车的交易被认为是同类资产的交易。根据会计准则，当账面所得来自于同类资产交易时，所得不通过涉及总分类收入账的项目予以确认。相反，新购置资产的购置成本会随账面所得金额而减少。但是，当账面损失来自于相似资产的交易时，（折让本质上低于资产的账面价值），账面损失必须被确认。以下各段更详细地解释这些会计规则和程序。

账面所得的非确认性　账面所得来自于同类资产的交易而不被确认的原因有两个：

- 客观衡量现实的账面所得是很难的，因为被购置资产的定价可能被人为抬高，用来让经销商给予一个更高的折价折让；
- 同类资产的置换不应该是创收的手段。

由于以上原因，当折旧资产折价交易另一个同类资产时没有账面所得。任何计算的所得皆被用于减少新购置资产的成本。例如，假定原始成本为10000美元，累计折旧为8500美元的旧设备与同类设备进行折价交换，新设备的标价为14000美元且和经销商给予老设备一个2000美元的折价折让。12000美元的余额以现金支付。非确认的所得的计算方法如下：

旧设备折价交易	2000 美元
旧设备的账面价值（10000 美元 – 8500 美元）	1500
非确认所得（减少新设备的成本）	500 美元

新设备成本的计算方法如下：

新设备的定价	14000 美元
减：旧设备折价的非确认所得	500
新设备的记录成本	13500 美元

日记账分录来记录这次交易情况如下：

设备（新）	13500
累计折旧——设备（旧）	8500
设备（旧）	10000

现金	12000

确定获得资产成本的另一种方法可能是以所得的非确认性获得的相似资产交换的结果，使用这种方法，获得资产的成本可以计算如下：

新资产成本 = 资产交易的账面价值 + 已支付的现金

此替代方法将生成与前面的方法相同的结果和日记账分录。使用前面示例中的信息，新设备的成本将被计算如下：

旧设备的账面价值（10000 美元 − 8500 美元）	1500 美元
加：为新设备支付的现金	12000
新设备的成本	13500 美元

账面损失的确认　财务会计中，必须承认来自于折价折让的物质损失大大低于账面价值。例如，假定原始成本为 10000 美元，累计折旧为 8500 美元的旧设备与相似设备折价交易，新设备的标价为 14000 元，经销商给予老设备一个 1200 美元的折价折让，有 1500 美元的账面价值，12800 美元的余额以现金支付。已确认的损失计算如下：

旧设备的折价折让	1200 美元
旧设备的账面价值（10000 美元 − 8500 美元）	1500 美元
已确认的损失	300 美元

用日记账分录来记录这次交易情况如下：

设备（新）	14000	
累计折旧——设备（旧）	8500	
处置设备的损失	300	
设备（旧）		10000
现金		12800

小小的损失(依管理者所定义)可以在税收规则下以资产交易的相似方式来计算，这一点将在本章后面讨论。

不同类资产交易

不同资产交易的例子如设备与车辆的交易或库存与设备的交易。当不同类资产进行交易时，任何所得或亏损都会即时被确认。

假设原始成本为 10000 美元，累计折旧 8500 美元的旧设备与用品库存进行交换。库存的标价是 14000 美元，经销商给旧设备折价折让为 2000 美元。剩下的 12000 美元是现金支付。已确认的收益计算如下：

旧设备的折价交易折让	2000 美元
旧设备的账面价值（10000 美元 − 8500 美元）	1500
已确认的所得	500 美元

用品库存的成本基础只是标价 14000 美元，假设这是公平的市场价值。则记录该交易的日记账分录如下：

存货	14000	
累计折旧——设备	8500	
设备		10000
现金		12000
处置设备的所得		500

有时会存在不同类资产的交易。这种交易提出了一个问题：哪种资产代表了公平市场价值更可靠的指标呢？假设购置资产提供了一个更可靠的指标，那么这个资产就以公平的市场价值来记录（市场的现有条件下，现有替代成本是公平和合理的价值），新资产的公平市场价值与旧资产账面价值的差额被确认为所得或亏损。

举例来说，假设原始成本为 25000 美元，累计折旧为 13000 美元的设备与一个公平市场价值为 12500 美元的车辆交换。对已确认所得的计算方法如下：

交易设备的原始成本	25000 美元
减：累计折旧	13000
交易设备的账面价值	12000 美元
接收车辆的公平市场价值	12500
被确认的所得	500 美元

记录这次交易情况的日记账分录如下：

汽车和卡车	12500	
累计折旧——设备	13000	
设备		25000
处置设备的所得		500

交易资产的税务会计

财务会计记录被用来编制所得税申报表。然而，某些项目对税务的申报需要特殊处理。因为税务会计不同而产生的差异不被记录在财务会计上，它们要么被记在所得税申报表上，要么被记在补充报表上。

税务会计与财务会计的差异影响到折旧的处理。一个企业可能在编制财务报表时使用一种折旧方法，而在编制所得税报表时又使用另外一种方法。这可能导致一项资产具有不同的账面价值，并在资产出售或交易时影响到其所得或损失。

对于不同类资产的交易来说，所得税的规则类似于财务会计规则。然而，对于同类资产的交易来说，所得税规则不允许任何所得的确认。不被承认的所得在两种规则下是类似的处理方法，但财务会计规则要求即时确认任何重大亏损。税务会计要求任何同类资产交易产生的亏损需要用来调整新获得资产的成本基础。

假定原始成本为 10000 美元，累计折旧为 8500 美元的旧设备与同类的设备进行交换，新设备的标价为 14000 美元，经销商给旧设备折价交易折让为 1200 美元。剩下的 12800 美元用现金支付。非确认的损失计算如下：

旧设备的折价交易补贴	1200 美元
旧设备的账面价值（10000 美元－8500 美元）	1500
未被承认的损失	300 美元

就所得税而言，亏损不能抵扣，但可用于增加该资产的成本基础。这个被调整的成本将是折旧的基础，其计算方法如下：

旧设备的账面价值（10000 美元－8500 美元）	1500 美元
加：新设备现金支付	12800
新设备的成本基础	14300 美元

对税务会计而言，另一种计算新设备成本基础的方法是将未被确认的亏损（300 美元）加到新设备的标价上（14000 美元）。就所得税而言，折旧是在 14300 美元的成本基础上计算的。因此，300 美元的亏损将通过较高的折旧费用按比例分配在设备的使用寿命中。

实践中，很多企业不愿进行将导致亏损的同类资产的交易。相反，他们会先出售旧的资产，然后再购买新的资产。这样一来，出于税收的目的，亏损将可以被抵偿。另一方面，如果同类资产交易涉及所得的话，公司会进行这笔交易，以便于所得不被确认或不用纳税。

图 3-7 的上半部分是基于会计准则委员会第 29 条总结出的同类资产和不同类资产交易产生的所得和亏损的确认问题。在这方面，所得税规则与财务会计规则略有不同。图 3-7 的下半部分总结了与同类资产和不同类型资产交换的所得和亏损被确认相关的所得税规则。

图 3-7　同类和不同类资产交易规则汇总

财务会计		
	同类资产交易	不同类资产交易
交换的所得	不被确认用于减少新资产的成本基础	被确认
交换的亏损	被确认	被确认
税务会计		
	同类资产交易	不同类资产交易
交换的所得	不被确认用于增加新资产的成本基础	被确认
交换的亏损	不被确认用于减少新资产的成本基础	被确认

折旧和所得税

目前所讨论的折旧方法得到了一般公认会计原则的支持。它们也被饭店业接受，并得到了财务会计准则委员会的批准。然而，财务会计准则委员会制定的会计规则可能不同于国内税务局制定的规则。在编制财务报表时，饭店企业必须符合公认的会计准则，但是，在编制纳税报表时，它们必须符合税收法规和规章。

税法是复杂的，且经常改变。在过去的10年中税收折旧方法已经发生了几次变化。国税局出版物534提供了有关税收折旧方法的详细信息。

改良加速成本回收系统

在联邦所得税申报表的编制中，国内税收代码（IRC）要求企业采用直线折旧法或一个特殊的加速折旧的方法称为改良加速成本回收系统（MACRS）。除了残值没有被考虑以外，该系统类似余额递减法。这意味着资产的账面价值是完全折旧到零。本章后面的附录对 MACRS 系统进行了更详细的解释。

主要术语

加速折旧法 (accelerated depreciation method)：是指在固定资产使用初期计提折旧较多而在后期计提折旧较少，从而相对加速折旧的方法，但是在固定资产使用寿命的终期，总折旧费用不超过直线折旧法所计算的费用。双倍余额递减法和年限总和法都是加速折旧的方法。

累计折旧 (accumulated depreciation)：属于资产的备抵调整账户，表示固定资产自购买或第一次投入使用一直到其报废或被卖掉期间的折旧费用。

资本性支出 (capital expenditure)：是指记录在资产账户而不是直接记录到费用账户的支出。

融资租赁 (capital lease)：是指一项长期融资协议，承租人可取得其租赁物目前或未来的所有权。

折旧（depreciation）：是指将有形的固定资产成本系统性地转化为费用，资产成本一般不会减少，但会通过累计折旧账户抵销，该账户表示从该固定资产获得时起入账的折旧费用，折旧通常与划分为固定资产的资产和设备有关，但不包括土地。

双倍余额递减法（double declining balance method）：参考加速折旧法。

固定资产 (fixed assets)：参考资产与设备。

租赁 (lease)：是指出租人将某项资产或设备的使用权交由承租人的一项合约。

租赁权 (leasehold)：是指使用租赁资产或设备的权利。

租赁改良 (leasehold improvements)：出租人增加资本性支出以改良租赁资产，用于改良出租资产的这些成本会登记在该账户中，因为改良成为出租资产的一部分，因此在租赁终止时，这项改良回归到出租人这里。

承租人 (lessee)：是指在租赁术语下使用租赁资产或设备的个人或企业。

出租人 (lessor)：是指将资产或设备出租给承租人的个人或企业。

改良加速成本回收系统（Modified Accelerated Cost Recovery System，MACRS）：是指资产账面价值完全折旧为零的加速折旧法。

经营租赁 (operating lease)：不具有将当前或将来的租赁资产所有权转移给承租人的类似于租约的租赁。

资产和设备 (property and equipment)：包括具有永久性质并且有形的非流动资产（如土地、建筑物和设备），被用于企业经营以创造销售额，这一类资产可指厂房或固定资产。

直线折旧法（straight-line method）：固定资产的使用年限平均计提折旧的一种方法。

年限总和法 (sum-of-the-years-digits method)：参考加速折旧法。

有形资产 (tangible assets): 是指具有实物形态的企业资产，比如土地、建筑及设备。土地是唯一不用计提折旧的有形资产，因为土地不因正常的商业活动而磨损。

使用寿命 (useful life): 是指某项资产能够用于为企业创造收入的预计时间，一项资产的使用寿命可能要短于其实际的经济价值或效用价值的寿命预期。

复习题

1. 下列术语如何界定?

　　(1) 资本性支出　　(2) 收入性支出　　(3) 购置成本

　　(4) 有形资产　　　(5) 无形资产

2. 融资租赁和经营租赁的主要区别是什么?

3. 折旧账户和累计折旧账户的主要区别是什么?

4. 3 种常见的时间因素折旧方法是什么?

5. 可以用来核算瓷器、玻璃器皿和银器的购置和更换的 3 种常见方法是什么?

6. 以下同类资产交易的所得（或亏损）是否被确认?

　　(1) 出于财务报告的目的: 交易中的巨大亏损

　　(2) 出于税务申报的目的: 交易中的亏损

　　(3) 出于财务报告的目的: 交易中的所得

　　(4) 出于税务申报的目的: 交易中的所得

7. 以下不同类资产交易的所得（或亏损）是否被确认?

　　(1) 出于财务报告的目的: 交易中的巨大亏损

　　(2) 出于税务申报的目的: 交换中的亏损

　　(3) 出于财务报告的目的: 交换中的所得

　　(4) 出于税务申报的目的: 交换中的所得

网址:

若想获得更多信息，可访问下列网址。网址变更恕不通知。若你所访问的网址不存在，可使用搜索引擎查找新网址。

1. 经营性租赁: www.investorwords.com/3461/operating_lease.html

2. 经营性租赁 VS 融资性租赁: http://pages.stern.nyu.edu/~adamodar/New_ Home _Page/AccPrimer/lease.htm

3. 折旧含义是什么?: www.bizhelp24. com/accounting/depreciation---what-does-it-mean.html

4. IRS 出版物 946: 资产如何折旧? : www.irs.gov/publications/p946/index.html

5. FASB 报表 142: 商誉及其他无形资产的摊销: www.fasb.org/st/summary/stsum142.shtml

6. IRS 报表 544: 资产的出售及其他处置方式: www.irs.gov/publications/p544/index.htm

练习题

习题 1

根据下面的信息来计算土地购置成本:

购买价格: 150000 美元

律师费: 1500 美元

经纪费: 15000 美元

场地平整费: 28000 美元

由买方支付的拖欠税款: 7000 美元

现有建筑物拆除: 12000 美元

从现有的建筑废料中获得的残值收入: 2000 美元

习题 2

土地和房屋购买总价为 500000 美元。根据县税务记录,房地产被评估如下: 土地, 99000 美元; 建筑物, 341000 美元。土地和建筑物总分类账录入的成本基础是什么?

习题 3

一项资产的成本为 10000 美元；其残值估计为 2000 美元，而且它的使用寿命估计为 4 年。使用下列各折旧方法，计算每项资产预计使用寿命内每年折旧、累计折旧及账面价值。

（1）直线折旧　　　（2）双倍余额递减法　　　（3）年限总和法

习题 4

假设本案例中饭店企业的折旧政策是折旧到最近的整整一个月。计算以下资产的第一个月和第二个月的直线折旧额：

购置	日期	成本	残值	使用年限
资产 A	3/15	11100 美元	1500 美元	8
资产 B	5/18	11100 美元	1500 美元	8

习题 5

请写出以下交易的会计分录:

（1）建筑物的折旧是 1300 美元。

（2）瓷器和玻璃器皿折旧是 275 美元。

（3）租赁摊销的 300 美元。

习题 6

一辆卡车公开售价为 4500 美元，财务记录显示，其成本为 12500 美元，截止到销售日期累计折旧为 6000 美元。记录处置该资产的会计分录，卡车被记录在一个名为交通运输设备的资产账户上。

习题 7

以习题 6 为参考, 请写出截止到销售日期卡车的累计折旧为 9200 美元的会计分录。

习题 8

以习题 6 为参考, 请写出截止到销售日期卡车的期累计折旧为 8000 美元的会计分录。

习题 9

原始成本为 17000 美元, 累计折旧为 15000 美元的一台计算机与一个标价为 25000 元新的计算机进行交易, 经销商给予旧计算机一个 4800 美元的贸易折价。剩下的 20200 美元中 2200 美元用现金支付, 其余用支票支付。按照一般公认会计原则分录此次交易。计算机被记录在称为计算机设备的资产账户上。

习题 10

以习题 9 为参考, 请写出当计算机的累计折旧为 10000 美元时的会计分录。

习题 11

原始成本为 17000 美元, 累计折旧为 15000 美元的一台计算机与一辆标价为 25000 美元新面包车进行交易, 经销商给予旧计算机一个 4800 美元的贸易折价。剩下的 20200 美元中 2200 美元用现金支付, 其余用支票支付。按照一般公认会计原则分录此次交易。计算机被记录在计算机设备的账户上，面包车被记录在交通运输设备账户上。

习题 12

请写出问题 11 中，如果计算机的累积折旧是 10000 美元的会计分录。

案例分析

租赁的原理以及经营租赁和融资租赁的影响

Hotel Opulent 是一家大型的拥有 40 多家饭店的连锁饭店公司。该公司拥有每一家店的所有权，没有一家饭店是特许经营的。这个发展繁荣的公司成功的一部分原因在于精致的家具和设备。定期更换家具，使饭店的客人从来没有使用旧的或破旧家具的感觉。

Hotel Opulent 的新任首席执行官已经重新审查了各种资产的情况，包括购买日期及审计师对质量的意见。企业高管的会议已经计划好，饭店管理者、销售人员和财务人员将出席会议。财务副总裁将以顾问身份主持会议。Hotel Opulent 从未租出任何家具、车辆或设备。

在所有 40 家饭店内到期需要更换的资产有房内电视机、大堂家具和豪华轿车，包含的饭店有 200 ~ 500 间客房。每家饭店都有 3 ~ 6 辆豪华轿车，以提供一个高层次的客户服务。

财务副总裁正在准备关于购买与租赁的演讲展示。该展示将对参会者进行教育，以便他们可以将经营质量、客户服务、财务报告的最佳利益带给股东。

要 求

1. 用一句话总结租赁的定义。
2. 用一句话识别和定义租赁的组成。
3. 解释一下经营性租赁和融资性租赁的基本区别。
4. 解释经营性租赁及融资性租赁的会计处理方式，解释各种租赁对财务报表的影响结果。
5. 解释经营性租赁而不是购买资产的经济原理（运营和财务）。
6. 找出在资产负债表中隐藏的经营租赁。

附　录

改良加速资产资本回收制度（MACRS 折旧原则）

MACRS 折旧原则

MACRS 折旧原则通常适用于在 1986 年后投入使用的有形资产。不能使用 MACRS 折旧原则折旧的资产包括：

- 无形资产；
- 电影胶片或录像带；
- 录音；
- 1987 年以前投入使用的资产；
- 纳税人选择不使用 MACRS 折旧原则的资产，因为它的折旧方法不是以年为基础的。

资产分类和回收期

在 MACRS 折旧原则下，资产是几个财产类别中的一个，财产类别指明了折旧资产的可使用年限（回收期）。以下是财产类别的几个例子：

- 3 年的资产：小型工具、拖拉机；
- 5 年的资产：汽车、计算机、办公设备如打印机、计算机、复印机；
- 7 年的财产：办公桌、文件柜、办公家具；
- 10 年的财产：船舶、驳船、拖船；
- 15 年的财产：灌木、围墙、道路、桥梁；
- 31.5 年的财产：在 1993 年 5 月 13 日之前投入使用的非住宅房地产；
- 39 年的财产：在 1993 年 5 月 12 日之后投入使用的非住宅房地产。

惯例

资产可能在一年内的任意时候采购，所以，计算折旧通常不能按一整年算，除非资产是在一个纳税年度开始的时候购买的。术语"惯例"描述了公司年内购买资产折旧的标准做法。

最常见的惯例是半年惯例，半年惯例就是将所有在纳税年限期间投入使用或处置的资产都视作是在纳税年中投入使用或处置的资产来看待。这意味着，在购买的那一年，计提半年的折旧费用；当资产被处置时，则计算另外半年的折旧费用。

例如，2 月 10 日购买的资产在购买年份时发生半年的折旧费用，在随后的几年，将提取一整年的折旧费用。在处置的那年，无论在哪个月予以处置都只允许提取半年的折旧费用。

对于在 12 月购买的资产也是同样的（假设它是一个纳税年度的最后一个月）。在购买的那年，将计提半年的折旧费用。在随后的几年计提全年的折旧费用。如果资产是在下一年的一月被出售，可在那一年计提半年的折旧费用。

MACRS 折旧原则的计算

折旧费用是在基于有形资产税收（通常就是成本）的基础上计算的。直线法可用于任何资产类别。在 MACRS 折旧原则下，适合特定资产类别的其他折旧方法有：

- 200% 余额递减法；
- 150% 余额递减法。

残值在 MACRS 折旧原则计算中可以被忽略。在资产回收期末一个可折旧资产被折旧到零。

MACRS 折旧原则表

美国国税局（IRS）提供 MACRS 折旧原则百分比表，企业可以利用它进行折旧计算。这些表是根据财产的回收期和惯例（半年，季度中期，月中旬）来划分的。国税局出版物 534 提供了一套完整的 MACRS 折旧原则表。

例如，3 年的回收期，半年惯例表，将提供以下的折旧百分比：

年份	百分比
1	33.33%
2	44.45%
3	14.81%

4	7.41%	

请注意，所有的回收期的百分比总计达100%，因此资产完全计提折旧，不留残值。这4年该资产使用的是半年惯例折旧。3年的回收期，百分比使用的是双倍余额递减法。

用下面的例子来说明MACRS折旧原则的实用和效用。

假设今年3月新饭店的维修部购买各种小工具总计花了1000美元。

小工具被认定为是3年回收期财产。这个饭店的所有可折旧资产使用的是半年惯例。

使用3年回收期，半年惯例表，该资产在其使用寿命内的折旧费用计算如下：

年份	计算	折旧费用
1（购置年份）	（33.33% × 1000 美元）	333 美元
2	（44.45% × 1000 美元）	445 美元
3	（14.81% × 1000 美元）	148 美元
4	（7.41% × 1000 美元）	74 美元
总计		1000 美元

第 **4** 章

概　要

无形资产

开办费

商誉

特许经营权

商标及商号

专利

著作权

开办准备费

酒水执照

现金价值的无形资产

保证金

人寿保险的现金退保值

学习目标

1. 定义无形资产并列举本章讨论的常见无形资产。

2. 定义开办费并描述如何对它们进行摊销。

3. 解释会计术语"商誉"并描述如何对它们进行摊销。

4. 解释特许经营协议并描述如何对它们进行摊销。

5. 定义商标及商号并描述如何对它们进行摊销。

6. 比较专利和著作权并描述如何对它们进行摊销。

7. 定义开办准备费，并与开办费相比较。

8. 描述酒水执照的续期与购买并解释它们的成本如何被摊销。

9. 以定义保证金作为例子定义现金价值的无形资产。

10. 描述两种基本的人寿保险并指出它们的异同点。

4

其他非流动资产会计

没有实物形态的非货币性长期资产称为无形资产，一些常见的无形资产有特许经营权、商标、商号、商誉、著作权和专利权。这些无形资产可以为企业带来显著的经济利益，也是企业成功的主要原因。

某项无形资产的购置成本要在其整个使用寿命期内分摊。与有形资产，如固定资产及设备，所产生的利益相比，从无形资产中所获得的经济利益不是很容易确定及定义，无形资产的实际价值取决于饭店公司的赢利能力。

无形资产如特许经营权、著作权和专利有一定的法律寿命期限，通常情况下，无形资产的经济寿命比它的法律寿命更短。在这种情况下，应使用较短寿命期限来计算摊销费用。

有些无形资产不具有有限的法律寿命期限。比如，购买的商誉其寿命期限可能超越了经济预测的范围。一般公认会计原则规定，无形资产收购成本的摊销时间一般不超过 40 年，具有较短经济或法律寿命期限的无形资产摊销时间可以更短。

有时，在无形资产的法律或使用寿命结束前，该无形资产已不再有任何经济价值。在这种情况下，当该资产很明显已经变得一文不值时，无形资产的成本就应予以注销。同样，一些无形资产在其法律或经济寿命期限达到以后仍然可以具有很长的使用价值。通常，管理层决定当无形资产账面价值达到 1 美元时，将会停止摊销过程。在这种情况下，该无形资产在资产负债表上的账面价值显示为 1 美元，作为一项很重要但资产价值被低估了的无形资产仍然存在的标示。

本章将针对其他非流动资产的会计处理回答以下问题：

1. 各种无形资产是如何定义的？
2. 无形资产的收购成本是如何确定的？
3. 无形资产如何进行摊销？
4. 什么是"竞业禁止协议"？

本章目的是介绍无形资产的收购和摊销。本章首先确定常见的无形资产并解释它们是如何记录在资产负债表内的。接下来，逐一定义这些无形资产，并介绍它们采购及摊销的方法。本章的最后一部分将讨论非摊销无形资产，如保证金、公用事业保证金以及人寿保险的现金退保值。

无形资产

无形资产指能够为企业带来经济效益但没有实物形态的长期性资产。所有无形资产都会在长期内产生经济利益，有些无形资产凭借其所有权产生法律和经济权利，无形资产的例子有：

- 开办费；
- 商誉；
- 特许经营；
- 商标及商号；
- 专利；
- 著作权；
- 开办准备费；
- 酒水执照。

成本是记录无形资产的基础，成本指该资产的收购成本。有些公司可能具有一个有价值的商号或商标，但这些并不在财务记录中显示，因为它是口碑或广告的结果而不是购买交易的结果。虽然商号和商标可能是著名并且有价值的，但除非涉及收购成本，否则这些无形资产都不能在财务记录中或在资产负债表上显示。

摊销是将无形资产成本分配到使用它们获利的那个时期的一种手段。尽管摊销与折旧的目的是相似的，但资产的残值通常在摊销计算时被忽略。另外，一般不采用一个累计摊销账户。摊销金额一般为借记摊销费用和直接贷记资产账户。例如，购买商誉的摊销会计分录如下：

摊销费用	XXX
商誉	XXX

财务会计规则规定，无形资产按其可使用年限进行摊销，最长摊销期限 40 年。有些无形资产的使用寿命可能会受到法律的限制（如著作权的情况下）、竞争的限

制（如专利权的情况下）或者合同的限制（如特许经营权的情况下），若受法律、竞争或合同限制的使用寿命期限小于公认会计原则所允许的 40 年，便将它作为摊销期限；然而，一些无形资产（如商誉，商号和商标）使用寿命可能是不确定的，在这种情况下，摊销年限也不得超过 40 年。

长期资产不能划分为资产、设备或显示在资产负债表中一个叫作"其他资产"的投资部分，该资产负债表部分包括无形资产。有时，无形资产被归类为资产负债表中的递延费用而不是其他资产。递延费用是将会在长期内产生经济利益并在其使用期限内摊销的一项支出。递延费用可能包括改建支出、迁移费用以及债券发行成本。

本章并不区分其他资产和递延费用，因为这两个资产负债表分类都代表成本将会长期产生经济利益并且按照一般公认会计原则摊销费用的非流动资产。

开办费

成立一家公司时必定会产生一定成本，这些成本包括国家注册费用、律师费、印刷股票凭证的成本以及与公司实体相关的其他费用。

所涉及的这些成本都记入到名为"开办费"的非流动资产账户中，并且在不超过 40 年的期限内进行摊销。所得税规则要求最低摊销期为 5 年，许多公司都会选择在这 5 年期内摊销开办费。

例如，假设一家新成立的公司总开办费为 6000 美元，记录该项费用的日记账分录如下：

开办费	6000	
现金		6000

开办费的每月摊销金额可通过成本（6000 美元）除以 60 个月（5 年 × 12 个月）计算。因此，在第一个会计月底，摊销会计分录如下：

摊销费用	100	
开办费		100

商誉

术语商誉对普通大众和对会计来说意味着完全不同的含义，普通大众通常认为商誉是企业与其顾客之间一项良好的声誉。对于会计而言，商誉是指企业能够比所处行业同类企业赚取超额收益的潜力。商誉是一家成功企业不断发展的企业竞争优势、顾客认知、有利位置、出色的管理、优秀的员工关系和其他因素的结果。

商誉只有当其被购买时才予以会计记录，一个公司享有的基于知名度、产品质量或其他因素的任何商誉都不会以会计目的在财务报表中登记。有许多知名的企业并不在它们的财务报表中显示商誉，是因为它们的商誉并不是通过商业交易购买来的。

当一个企业被收购，收购价格应规定支付购买资产包括商誉、竞业禁止协议的金额部分。竞业禁止协议是一项由卖方规定的买方不得在规定时间内在某一限定地理区域内经营类似业务的协议。

住宿业统一会计制度建议商誉在其损益期间进行摊销，财务会计标准规定，任何无形资产摊销期限都不应该超过40年。

购买商誉的会计分录如下：

商誉	XXX
现金（或应付票据）	XXX

在其使用年限中每月摊销商誉费用的会计分录如下：

摊销费用	XXX
商誉	XXX

特许经营权

特许经营权是由特许专营授权公司授予的能够允许加盟商在指定地理区域内销售某些服务或产品的专有权利或特权。特许经营协议一般规定特许经营权的时限并且规定其权利可能被吊销的条件。特许经营权的例子包括华美达饭店、喜来登饭店、麦当劳、温迪快餐、必胜客和唐恩都乐。

特许经营权成本包括购买价款、法律费用以及与获取特许经营权相关的其他费用，这些成本可能是巨大的。摊销期限是根据特许经营合同的寿命，但不能超过40年。

购买特许经营权的会计分录如下：

特许经营权	XXX
现金（应付票据）	XXX

在特许经营权使用年限内每月其摊销费用会计分录如下：

摊销费用	XXX
特许经营权费用	XXX

特许经营权可以通过首付加上根据销量或其他标准确立的分期付款的方式来购买，在这种情况下，首付金额将被资本化并摊销，分期付款会被记入到被称作"特许经营费用"的账户中。

商标及商号

如果商标及商号名称在美国专利局注册过，那么联邦政府将为其提供法律保护。一旦商标或商品名被注册，只要它是在连续使用，公司便保留对它的权利。独特的商标及商号名称可以出售。

商标或商号的成本包括设计它的必要费用以及申请和注册费用，如果这项成本并不是很多，则可以将其记录在一个费用账户中。购买的商标或商号以其购买价格进行记账。

对于获取商标或商号相关的大宗成本进行资本化以记录到一个名为"商标及商号"的非流动资产账户中。即使商标或商号拥有不确定的使用寿命，其成本必须在预计使用年限内摊销，但摊销期限不得超过40年。购买的商标或商号的会计分录如下：

商标及商号	XXX
现金（或应付票据）	XXX

在商标及商号的使用年限内每月其摊销费用的会计分录如下：

摊销费用	XXX
商标及商号	XXX

专利

专利是由联邦政府授予的独家使用、制造、销售或租赁某项产品或设计的权利，这项权利被批准后有效期为 17 年。专利的拥有者可能在获得专利权后将其出售，如果购买专利的成本是巨大的，所购买的专利应资本化并记录到名为"专利的非流动资产"账户（如果这项成本不太大，则应记入费用账户）。专利成本摊销年限的选择可以是 17 年的法定寿命，也可以是法定寿命剩余年限，还可以是预计可使用年限。无论是哪一个年限，购买专利的会计分录均为如下形式：

专利	XXXX
现金（或应付票据）	XXX

在专利的使用年限内每月其摊销费用的会计分录如下：

摊销费用	XXX
专利	XXX

成功为专利权进行了法律辩护的费用可予以资本化，并且在专利剩余使用期限内进行摊销，一项不成功的专利辩护可能使得专利不再具有价值，这表明法律成本

及未摊销专利成本应列作开支。

著作权

著作权是联邦政府授予的独家生产和销售音乐、文学或艺术品的权利，这项权利的期限为该作者寿命加上 50 年。

著作权的所有者可以出售其获得的权利，如果成本是巨大的，则购买后应予以资本化并登记到名为著作权的非流动资产账户中（如果成本并不太高，则应记入费用账户）。著作权的成本在其使用寿命期限内摊销，但这一期限不得超过 40 年。购买著作权的会计分录如下：

著作权	XXX
现金（或应付票据）	XXX

在著作权使用年限内每月其摊销费用的会计分录如下：

摊销费用	XXX
著作权	XXX

成功为著作权进行了法律辩护的费用可予以资本化，并且在著作权剩余使用期限内进行摊销，一项不成功的著作权辩护可能使得著作权不再具有价值，这表明法律成本及未摊销著作权成本应列作开支。

开办准备费

开办准备费是与公司开业之前发生的与某种业务活动相关的成本，它们有时被称为启动成本。以下是开办准备费的例子：

- 市场可行性研究费用；
- 争取供应商和客户的商旅费用；
- 咨询费；
- 员工培训成本；
- 高管薪金；
- 专业服务；
- 盛大开幕的广告；
- 与筹备盛大开幕相关的劳动力成本。

认识开办费和开办准备费之间的差别是很重要的，开办费是在企业合法存在之前发生的，而开办准备费是企业成立后但还未开始营业这段时间的开支。图 4-1 说明了公司在不同阶段的费用进展。

《住宿业统一会计制度》则建议，开办准备费应在不超过一年的期限内摊销，然而目前公司通常会在更长时期内延续这一过程直到该资产被完全摊销。

图 4-1 业务开支进展

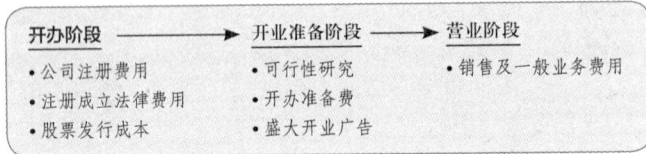

特别值得注意的是，美国以外的公司在若干年内摊销开办准备费也是可以接受的。

开办准备费会计分录如下：

    开办准备费   XXX

    现金（或应付票据）   XXX

每月开办准备费摊销金额的会计分录如下：

    摊销费用   XXX

    开办准备费   XXX

酒水执照

续期酒水执照的费用通常会及时登记到费用账户，大量的年费应当记录在预付资产账户中。在每月底，应对那些已经过期的资产费用部分进行会计分录的调整。

在一些地区中，由于配额限制，酒水执照未必可从当地政府中获得。在这种情况下，企业可能需要从当前持有人那里购买酒水执照。该酒水执照持有人可能目前处于营业状态或者持有可销售的酒水执照。

在某些情况下，酒水执照具有 750000 美元或更高的市场价值，有时公司会以出售为目的购买正在交易的酒水执照并将其转移到其他地区去销售。在这种情况下，酒水执照的成本是购买总价减去后续销售中任意资产或设备的销售额。

如果酒水执照的收购成本是巨大的，它们将被记录到非流动资产账户中，也可能使用一个名为酒水执照的单独账户，酒水执照成本摊销期限不得超过 40 年。购买酒水执照的会计分录如下：

酒水执照	XXX
现金（或应付票据）	XXX

在酒水执照使用年限内每月其摊销费用的会计分录如下：

摊销费用	XXX
酒水执照	XXX

现金价值的无形资产

并不是所有的无形资产都能在其使用期限内进行摊销，有些无形资产代表未来的现金来源。例如，当一家饭店支付保证金以获得特定服务时，该保证金便创造了一项无形资产，常见的代表现金价值的无形资产有保证金、人寿保险的现金退保值。

保证金

在房东允许占用土地、租赁公司允许使用租赁设备或公共服务企业提供服务之前，饭店企业就会被要求支付保证金，这些押金不是土地、设备或服务的预付款。保证金是作为赔偿任何发生损害的财产或设备，或作为交付订金者不支付最终服务时的补偿。许多公共事业单位会在1年后退还保证金，而其他单位可能无限期地保留。

虽然保证金与应收账款具有共同特点，但是它们也不能被同样对待，原因如下：一方面，只要租赁协议或者效用协议有效，它们可能就无法收回；另一方面，它们可能会在选择服务供应商时被退回。因此，保证金登记到非流动资产账户中不予摊销。直到保证金被退还，该账户都是无限期的。

人寿保险的现金退保值

人寿保险的两种基本类型是定期人寿保险和终身人寿保险，两种保险都是只有当被保险人死亡时，才将保费支付给受益人。定期人寿保险不是建立在任何现金价值之上的，并且当保险被取消或者允许在指定的终止日期到来时便是毫无价值的。另一方面，终身寿险（有时也被称为永久性保险）将现金价值与身故给付相结合。支付终身寿险保费的一部分被用来建立一个现金价值。该保单业主可赎回该保单下的现金价值，或当该保单依然有效时抵押该价值。终身寿险的保费要比那些定期寿险要高，定期寿险只是基于死亡保险平均水平。因此，如果死亡保险是首要考虑的，10 万美元的定期寿险保单相比 10 万美元的终身人寿险保单，可能是一个更好的购买选择。

企业或拥有自身的人寿保险政策并成为受益人，或员工享有这一保单并有权指定受益人。当员工享有这张保单时，这项额外福利将成为企业的一项费用。根据所得税缴纳规定，定期寿险（不超过指定金额）不被视为对雇员的赔偿，因此无须对员工征税。然而，作为一项附带福利的终身寿险则视为员工的应纳税所得额。

附加福利是企业的一项支出，例如，为雇员购买的任何寿险（成为这些保单的受益者）都被认为是企业的一项费用而不是资产。

然而，除购买人寿险作为员工附加福利外，对一家企业来说确保高管的生命以及保留其保单所有权才是正常的。对于税收申报，公司受益的保单保费并不是一个免税的支出，而另一方面，任何最终的死亡保险福利或现金赔偿都不是应纳税所得。在财务报表上，保费作为一种开支，而任何保险收益都是作为一项收入。

公司拥有的终身寿险保费分为两部分：

• 代表人身保险的部分为费用；

• 形成现金价值的部分为资产。

大多数终身人寿保险单支付年度现金红利，寿险保单红利不是收入且不应与投资红利混为一谈。寿险保单红利是真正人寿保险费的回报。在财务会计中，该红利应被视为保费的减少。

公司受益的终身人寿险保费可每月、每季、半年或一年支付。任何提前支付的保费会计分录如下：

预付保险费	XXX
现金	XXX

在每月底，将会使用以下调整分录来登记已经到期的资产的费用部分：

保险费用	XXX
预付保险费	XXX

保险单一般包括显示在保单期限不同阶段的现金价值，基于以往经验，红利可能被担保或者被认为是一项预期股息。红利可能会被保险公司留存以积累本金和赚取利息。这种选择也将进一步增加保单的现金价值。

会计中有几种方法来登记保单的现金价值以及红利，这些方法的最终结果是人寿保险的现金价值被登记为一项无形资产。

主要术语

摊销（amotization）：将长期性无形资产部分成本（如购买商誉、特许经营权、商标、商号以及开业准备产生的费用）系统性转移到费用中。通常该资产成本在降低，而剩余的成本在摊销。

著作权（copyright）：由联邦政府授予的独家复制并销售艺术品或出版作品的权利。

特许经营权（franchise）：是指加盟商在与特许专营授权公司授予的方法和程序保持一致时经营某项业务或出售某种产品和服务的协议；特许经营权可能包含允许加盟商在指定地理区域内销售某些服务或产品的专有权利或特权。

商誉（goodwill）：简单来说，如果是以高于其资产和设备的价格购买一家企业，商誉就被登记为一项无形资产，差价（或溢价）是记录商誉的金额。

无形资产（intangible assets）：不具有实物形态的非流动资产，其价值来自于拥有它们的权利或利益。例如商标、专利、著作权、购买的商誉以及购买的特许经营权。

开办费（organization costs）：在公司正式成为法人组织之前所产生的成本，这些成本包括公司注册费、律师费、印刷股票凭证费以及与成立公司相关的其他成本。

专利（patent）：由联邦政府授予的使用、制造、销售或租赁某一项产品或设计的专有权，专利在被批准后 17 年内有效。

开办准备费（preopening expenses）：在一家公司营业之前所产生的与某种商业活动相关的成本，它们有时被称为启动成本。

复习题

1. 以下无形资产如何界定？

    （1）开办准备费用   （2）特许经营费   （3）开办费

    （4）酒水执照费   （5）商誉   （6）竞业禁止协议

2. 根据一般公认会计原则开办费的最大摊销期限是什么？

3. 根据一般公认会计原则，商誉注销处理是什么？

4. 定期寿险和终身寿险的区别是什么？

5. 在登记公司所有的终身寿险保单时，下列哪些费用化，哪些资本化？

（1）代表人身保险的保费部分   （2）形成现金价值的保费部分

（3）保单所赚取的现金红利

网址：

若想获得更多信息，可访问下列网址。网址变更恕不通知。若你所访问的网址不存在，可使用搜索引擎查找新网址。

1. 租赁及租赁权会计中常见的错误: www.pwc.com/extweb/pwcpublications.nsf/DocID/18582BF4FF235E7B85256FA90055E985

2. FASB 准则 142——商誉摊销及其他无形资产: www.fasb.org/st/summary/stsum142.shtml

3. 商誉对财务报表的影响: www.nysscpa.org/cpajournal/2004/1004/essentials/p30.htm

4. 商誉——利益共享或购买: http://beginnersinvest. about. com/cs/investinglessons/1/blles3goodwill.htm

5. 什么是商标: www.uspto.gov/web/offices/pac/doc/general/whatis.htm

6. 美国专利和商标局: www.uspto.gov/

7. 美国著作权局（有关著作权的所有信息）: www.copyright.gov/

练习题

习题 1

请写出下列开支的日记账:

（1）用现金 50000 美元购买商誉

（2）注册费 3000 美元现金

（3）专利经营权 25000 美元现金

（4）开办准备费用 40000 美元

习题 2

7 月 1 日，为购买商誉花费 60000 美元。这笔开支在 20 年内予以摊销。

（1）请写出 7 月 31 日的调整分录

（2）请写出 8 月 31 日的调整分录

习题 3

7 月 1 日，成立了一家新公司，资本化了的开办费用 8100 美元将在 5 年内予以摊销。

（1）请写出 7 月 31 日的调整会计分录

（2）请写出 8 月 31 日的调整会计分录

习题 4

面值为 567 美元的支票用于支付当月员工团体保单，该保单并非公司受益，请写出该项支出的会计分录。

习题 5

公司受益的预付人寿保险账户显示有 2000 美元余额，该余额中，有 300 美元现金溢价和已到期的 800 美元保费。请写出调整会计分录？

习题 6

饭店从寿险公司获得了一张由公司受益、代表每年现金分红的面值为 500 美元的支票，请写出该项交易的会计分录。

案例分析

评估一个商业特许经营权的收购

迈克·布雷迪是一个从饭店管理学院毕业的大学生，并且他在多家大型饭店包括中层管理岗位在内的多种岗位上工作过。迈克一直想要经营一家属于自己的公司，迈克倾向于选择一家知名度高的连锁饭店，因为连锁店拥有更高的质量支持和较高的成功率。名牌的特许经营权是昂贵的，并且迈克没有足够的资源自己来做。

迈克认为，他的业务需要投资者。一般来看，投资者将要求所有者权益作为对他们资本的回报。迈克认为这样的安排合理，并且将投资者锁定为他所相信的同事，迈克正在准备向其潜在投资者进行展示，他的展示应该涵盖特许经营的基本情况，包括它的优缺点。

要 求

1. 简要定义特许经营、特许经营协议、特许经营授权公司、加盟商。

2. 列举一些特许经营授权公司所提供服务的实例。

3. 找出一些特许经营的好处。

4. 列举一些投资者可能会问到的和特许经营有关的问题。

5. 列出一些由特许经营授权公司提供的最初特许经营组合可能包含的要点。

6. 列出任何可能支付给特许经营授权公司的持续费用。

7. 找出任何投资者可能会对特许经营权提出的问题。

第 5 章

概 要

《公平劳动标准法案》

计算工作时间

记录工作时间

劳资关系

工资和薪金

总工资和净工资

基本工资和加班工资

计算加班工资

工资扣款

政府扣款

自愿扣款

《联邦保险捐税法》

联邦所得税

州和市所得税

州暂时性伤残抚恤金法律

雇主的工资税

雇主的强制联邦社会保险税

国税局 941 表格

失业税

国税局 940 表格

工资储存税

工资系统

员工所得记录

工资登记表

工资日记账分录

工资银行账户

工资的计算机应用程序

小费制员工的工资会计

服务费

员工小费报告

《公平劳动标准法案》规定的最低工资

《公平劳动标准法案》规定的小费信贷

小费制员工的净工资

州工资和小费信贷条款

小费制员工的加班工资

8% 的小费规则

8% 小费规则对企业的影响

小费缺额分配方法

总收入法

工作时间法

附录 特殊研究报告

学习目标

1. 描述《公平劳动标准法案》涵盖的领域，包括工作时间如何计算和记录。

2. 定义术语"雇主"和"员工"。

3. 区分以下一组术语：工资和薪金；总收入和净收入；基本工资和加班工资。

4. 描述计算加班工资的两种方法。

5. 解释影响员工工资扣款的主要类型。

6. 描述强制雇主工资税以及相关表格和程序。

7. 解释工资系统的主要功能和执行这个功能的一些格式、记录和程序。

8. 描述小费制员工的工资会计，包括员工的小费报告、最低工资、小费信贷、净工资和加班工资。

9. 解释 8% 小费制的目的以及其与员工小费报告的关系。

10. 识别在小费制员工中小费差额分配的方法。

5

饭店工资会计

工资在一个饭店的支出预算中占很大比重。然而劳动力成本不仅仅包括薪金，还包括工资所得税和员工福利。由于劳动力总成本在饭店业务中是最大的单项成本，因此这也是管理者主要关心的对象和削减成本的首要选择，然而由于饭店业是一个服务密集型的产业，因此削减劳动力成本可能会得不偿失。例如裁员可能会导致糟糕的服务，从而会导致顾客不满意、失去业务以及破坏形象。

任何一个人力资源的负责人和负责发放工资的人都应该了解最新的就业、工资法律法规以及在某些情况下联邦和州的法律法规，因为在某些问题上，联邦和州的工资法规可能是不同的。如果是这种情况，一般来说，雇主在联邦和州法律之间应该使用最有利于员工的标准。而《合同法》中的某些条款，如工会的权利，将这些问题进一步复杂化。如果合同条款更有利于员工，那么合同权利就会战胜联邦和州的法律规定。

保持对当前法律知识的了解是一个永无止境的工作。最低工资、所得税率、社会保险税和就业权利可能都会发生重大改变，这些改变都处于联邦和州政府的规范下。此外，某些城市有所得税扣缴的法律。如果违反《工资法》或劳动法规可能会带来民事和刑事处罚。

本章通过提出如下问题来讨论工资会计：

1. 联邦和州政府的主要工资法律是什么？

2. 如何将周工资和年薪转化为时薪？

3. 如何计算政府扣除和自愿扣除？

4. 如何计算小费制员工和非小费制员工的净工资？

5. 什么是 8% 小费分配规则？

6. 如何在工资期内用总收入法或时工作法分配小费？

在讨论《公平劳动标准法案》（FLSA）后，本章提出了重要的工资会计的概念，之后介绍典型的时间工作法和总收入法的计算程序，以及对联邦和州的工资法的讨论。本章的结尾部分是对小费制员工的工资会计作详细检查，8% 小费规则对企业和员工的影响，以及讨论小费缺额分配的例子。

《公平劳动标准法案》

《公平劳动标准法案》通常被称为联邦工资工时法，其覆盖的领域范围涉及同工同酬、雇用童工、记录要求、最低工资和界定加班工资的条件。该法案适用于大多数饭店企业，但是某些销售量极低的小饭店除外。

《公平劳动标准法案》规定，除了最低工资外，该法案所覆盖的所有饭店和汽车旅馆的员工可以要求雇主在他们每周工作超过 40 小时之外的工作时间按基本工资的 1 ~ 1.5 倍支付。《公平劳动标准法案》对休息期间并没有规定，并且对假期、假日、离职金或病假工资也没有规定。此外，《公平劳动标准法案》对员工在周六或周日工作没有要求额外支付。

例如，如果员工一周的总工作时间没有超过 40 小时，雇主不需要对他在周末或假日工作的时间按基本工资的 1 ~ 1.5 倍支付。同样，如果员工在为期 3 天的工作时间里工作 40 小时，则员工不享有《公平劳动标准法案》中加班工资的规定。但是，如果风俗、工会合同以及许多州自己设定的加班条款更有利于员工，那么《公平劳动标准法案》就会被取代。

某些州也许有与《公平劳动标准法案》规定的标准所对立的法律。假使联邦和州的法律有所不同，那么法律将以更有利于员工的规定为准。例如，如果州设定的最低工资比联邦设定的最低工资要高的话，那么就以较高的最低工资为准。州的法律也有可能会对员工的加班费、食宿、小费、服装费等方面都有规定。

在美国的投资者必须根据《公平劳动标准法案》强制执行。根据该法案，暴力解雇或任何方式歧视员工都将被投诉或被起诉。

根据《公平劳动标准法案》中同工同酬的规定，在同一公司承担相似职位的男性和女性在工资上不能有差别。同等就业机会委员会强制执行这些规定，同时其他成文法规也禁止员工在工作中被歧视。

除了《公平劳动标准法案》之外，雇主也应该关注其他劳动法律。例如，联邦政府规定的任何商业活动都必须要有法律意识，如《培根法案》《沃尔什—希利法案》以及《服务合同法》。

也有其他法律，如《扣发工资法》《员工测谎保护法》《家庭医疗休假法》以及《移民规划法》。

劳动法规的充分展示已超出了本章的范围和目的。

计算工作时间

当员工为雇主工作时，雇主必须支付员工工资，这些工作包括生产性的工作或任何由雇主要求或控制的有利于雇主自身利益的活动。员工前往工作地的往返旅行时间通常不算工作时间，但在工作日中执行有益于雇主工作的旅行除外。

《公平劳动标准法案》的支付规定不包括咖啡休息时间或其他休息时间，但是风俗、工会合同或州法律也许会将这些时间视为工作时间。用餐时间不被包括在工作时间之内，除非员工在用餐时间也被要求执行某些任务，无论任务积极与否，只要有利于雇主就行。为了员工自身的便利更换衣服或清洗餐具都不被视为工作时间，除非此类活动与员工的工作责任有直接的联系。培训被视为工作时间。

根据《公平劳动标准法案》，员工的所有工作时间都要得到支付，包括零碎的工作时间。如果雇主采用一致的、公平的工作时间计算方法，就没必要计算到最后的 1 分钟。例如雇主对工作时间的计算可能采取计算到最近的 5 分钟，最近的 10 分钟或最近的一刻钟。

计算到最近的 6 分钟的方法是基于十进制系统。每个小时被分为 10 个单位，每单位 6 分钟，将 6 分钟记录为 0.1，12 分钟记录为 0.2，60 分钟记录为 1.0 或 1 小时。在应用该十进制系统时，必须采用舍入法。有些公司采用常规的舍入法，而其他公司通常会计算到下一个最高的时间单位。例如，根据公司政策，7 分钟可能会被记录为 0.1（四舍法）或 0.2（五入法）。根据我们的目的，本文采用常规的舍入法。下面的例子说明了如何运用十进制计算工作时间。

假设一个员工工作了 5 小时 20 分钟，工作时间被记录到最近的 10 分钟，该员工的工作时间计算是将 5 小时 20 分钟转换为小数。5 小时转换为 5.0，20 分钟转换为 0.3（20 分钟除以 60 分钟等于 0.3333 小时），该员工的总工作时间用传统舍入法记录为 5.3 小时。

记录工作时间

《公平劳动标准法案》规定雇主要保持对时薪员工的工作时间的记录，时间记录表或计时卡片都可以满足这一要求。记录的形式取决于公司的规模和工资结算期的类型。决定记录格式选择的其他因素是打卡钟和计算机系统。

许多企业使用的是计时卡（图 5-1）。这种表格的条目由制定人员手动控制，或是由电子计时系统机械控制。在使用打卡钟时，早到或等待时间都会产生一个问题。一些打卡钟标记的任何"进"或"出"的时间都与设定转换的时间不同。当计算工作时间时，这些几秒钟或几分钟通常被忽略。因为这些时间与员工设定的工作时间不匹配。

图 5-1　员工计时卡样例

一周结尾＿＿＿＿＿＿＿＿＿＿＿＿＿　20＿＿＿＿＿

表格编号 1212

工号：

名字：

日期	早上进	中午出	中午进	晚上出	额外进	额外出	总计

总时间＿＿＿＿＿＿＿＿＿＿小时

出勤率＿＿＿＿＿＿＿＿＿＿

周工资＿＿＿＿＿＿＿＿＿＿美元

我们通常把一天分成 2 个 12 小时的时间。例如早上 1 点钟是 1A.M.，下午一点钟是 1P.M.。另一个时间系统认为一天是 24 小时连续的一个周期。结束和开始都在午夜，这个系统可称为 24 小时时间系统，也是大陆系统或军用时间。在这个系统下用 4 位数来表述时间。前两个代表时，后两个代表这个小时所过去的分钟。在 24 小时时间系统下表达时间的一个简单的技巧，就是在任何一个上午单数的时间前加一个 0，在任何一个下午时间数前加 12 来转换传统时间。分钟的表达是从 00 ~ 59，将传统时间转换为军事时间如下：

1A.M.　　＝ 01:00 时　　　　1P.M.　　＝ 13:00 时

2A.M.　　＝ 02:00 时　　　　2P.M.　　＝ 14:00 时

5:30A.M. ＝ 05:30 时　　　　5:30P.M. ＝ 17:30 时

中午　　　＝ 12:00 时　　　　午夜　　　＝ 24:00 时

劳资关系

国税局发布了技术性的法规来防止雇主将员工定义为独立承包人从而逃避工资法和相关的雇主税收。国税局发布的《循环E，雇主税收指南》①定义了雇主与员工的关系，这种关系也使得雇主屈从于已有的工资税和相关的雇主税收。雇主被定义为：

> "一般而言……给工人以员工身份提供服务的人或组织，雇主通常提供给员工工作的工具与场所，并且雇主有解雇工人的权利，在工作结束之后，付给工人工资的个人或组织也被视为雇主。"

员工被定义为：

> "执行服务的任何人……如果雇主能够控制做什么以及如何做。这样即使你给予员工行动的自由，你也有合法的权利控制服务的方法和结果。"

《循环E，雇主税收指南》进一步指出，如果雇主与员工的关系存在，那么员工的称谓是什么就没有多大关系。即雇主如果称呼员工的名字而不是"员工"也没有关系。如果雇主与员工关系存在，被称为合作伙伴、代理人或承包商的工人都是员工，雇主也会受已有的"工资法"和相关的雇主税收所支配。

此外《循环E，雇主税收指南》强调在员工中没有等级之分：

> "一个员工可能是主管、经理或监管者。一般来说，一个公司的办公人员是员工，但董事不是。一个工作人员如果没有执行服务或执行微小的服务，既不接受服务也不接收因任何服务形式付给的报酬，则不被认为是一个员工。"

作为雇主的任何个人或组织都必须根据国税局要求的《SS-4表格》填写雇主识别号。

同样地，任何在社会保障覆盖下就业的员工都应该有个社会保障卡，用于记录员工的社会保障号。如果一个雇主招聘了没有社保卡和社保号的员工，根据联邦《社会保险法》，员工必须到最近的地区社会保障管理办公室填写SS-5表格申请社保号。

工资和薪金

"工资"和"薪金"往往交替使用，工资通常是按小时、周或件数来计算的工资，但是，固定按周支付的工资也可以被称作薪金。薪金通常指按月、双月、两周或半年结算的工资。一般来说，合格的主管或在每个工资周期都收到固定工资（不计工作时间）的总经理则被认为是受薪雇员。

一个受薪雇员可能会也可能不会得到加班工资。然而，雇主却不能任意指定一个受薪雇员免除加班工资。联邦和州的法律必须对免除加班工资的雇员进行分类。在联邦和州的法律下，《公平劳动标准法案》提出了免除加班工资规定的 4 种雇员类型：高管、行政人员、技术人员以及外部销售人员。在饭店业，最常被免除的是高管的加班工资（尽管有时特定职位的行政人员也会适用该免除范围），在高管免除加班工资的规定下，雇员的责任和薪金必须符合以下条件：

- 雇员的首要职责必须是管理;
- 雇员必须定期地指导一定数量的员工工作;
- 雇员可以招聘、解雇和建议改变其他员工的职位;
- 雇员可以行使自由裁量权;
- 雇员的工资必须超过法定的数量。

总工资和净工资

总工资包括一个员工在所有工资扣除前的基本工资、加班费、佣金和红利。总工资可以按周、两周、两月、每月、每天或其他时间周期来计算。

免除加班工资的受薪雇员对总工资没有特殊的计算，因为他们得到的固定数量的工资与实际工作时间无关。另一方面，小费制员工要求一种特殊的计算方法，这种方法将会在本章的后面部分详细讲述。

净工资是员工的实际工资，它是从总工资减去政府扣除和自愿扣除的结果。图 5-2 说明了一个典型的净工资的计算。

图 5-2　净工资的计算

总工资		500.00 美元
减去：		
联邦社会保险	38.25 美元	
免交所得税	89.00	
州所得税	22.75	
临时残疾保险	7.90	
工会会费	10.00	
人寿保险	15.00	
总扣除		182.90
净工资		317.10 美元

基本工资和加班工资

基本工资的定义各不相同，因为不同州的法律以及公司的政策和合同都不尽相同。然而，根据《公平劳动标准法案》，基本工资是以每周工作 40 小时为基础的。术语"基本小时工资"指的是用于计算基本工资的每小时工资。

加班工资的定义也各不相同。因为不同州的法律、公司和合同都不尽相同。根据《公平劳动标准法案》，每周工作 40 小时之外的时间才能用于计算加班工资。术语"加班小时工资"指的是用于计算加班工资的每小时工资。根据《公平劳动标准法案》条款规定，加班工资应比基本工资高 1.5 倍。《公平劳动标准法案》规定的这个工资无关加班时间的数量以及是否在周末或法定假日加班工作。

为了计算某些员工的加班工资，首先必须将按周或月结算的工资转化为按小时结算的工资。

周薪转化为小时工资 一些员工是按周结算工资，除了加班工资和缺勤调整外，这些工资通常是固定的。对于这些员工来说，将周薪转化为小时工资是很有必要的。这些计算也许需要四舍五入。实际计算小时工资时小数点的位数视实际的不同情况而定。出于方便会计工作的目的，所有的小时工资都是四舍五入到最近的分位。

每小时基本工资的计算是用每周的工资除以每周 40 小时工作时间。假设一个受雇员工在常规工作时间里每周工资 320 美元，那么这个员工的每小时的基本工资的计算如下：

$$每小时基本工资 = \frac{周工资}{周工作小时数}$$

$$每小时基本工资 = \frac{320 \text{ 美元}}{40 \text{ 小时}} = 8.00 \text{ 美元}$$

一旦员工每小时基本工资已知了，那么就能决定每小时的加班工资了。根据《公平劳动标准法案》，加班工资是基本工资的 1.5 倍，因此，每小时加班工资的计算可简化为 1.5 乘以每小时基本工资，具体计算如下：

$$每小时加班工资 = 每小时基本工资 \times 1.5$$

$$每小时加班工资 = 8 \text{ 美元} \times 1.5 = 12.00 \text{ 美元}$$

月薪转化为小时工资 如前所述，一些受雇员工不能免除加班工资，因此，计算每小时加班工资对于这些员工是很必要的。因为按周支付的数量和按月支付的数量是不同的（工作的小时数也不同）。因此，首先必须将月薪转化为年薪，然后再转化为周薪。一旦确定了周薪的数量，那么每小时基本工资和每小时加班工资就能按照周薪转化小时工资的方式进行计算了。

假设一个员工的月薪是 2000 美元，并且该员工不受免除加班条款的约束。首先，将月薪乘以 12 个月转化为年薪，然后将年收入除以 52 周得出该员工的周薪。这些计算程序归纳如下：

$$年工资额 = 2000.00\ 美元 \times 12 = 24000.00\ 美元$$

$$周工资 = \frac{24000.00\ 美元}{52} = 461.54\ 美元$$

该员工每小时的基本工资和加班工资可以通过周工资转化为小时工资的程序计算出来：

$$每小时基本工资 = \frac{461.54\ 美元}{40\ 小时} = 11.54\ 美元$$

$$每小时加班工资 = 11.54\ 美元 \times 1.5 = 17.31\ 美元$$

计算加班工资

计算加班工资有两种方法，即加班工资法和加班津贴法。这两种方法对总工资来说产生的结果是相同的。其主要的区别就是基本工资和加班工资的分类。根据加班工资法，所有的加班时间都可以按加班工资支付。而根据加班津贴法，加班时间可以分为按基本工资支付和加班津贴支付。

加班工资法 用加班工资法来计算加班工资，可以用加班小时数乘以加班小时工资，根据《公平劳动标准法案》的条款规定，加班时间是一周工作超过 40 个小时的时间。使用加班工资法，基本工资支付的 40 小时是基础，超过 40 小时的时间才能用于计算加班工资。

使用加班工资法，并且假设根据《公平劳动标准法案》的规定，员工的总工资计算如下：第一，计算员工的基本工资；第二，计算员工的加班工资；第三，加总员工的基本工资和加班工资。例如，一个员工的小时工资为 8 美元，并且工作时间为 46 小时，根据加班工资法，基本工资的计算不超过 40 小时，用 40 小时乘以 8 美元，则员工的基本工资等于 320 美元。

员工的加班工资的计算，首先确定员工的加班小时工资，然后用加班小时工资乘以加班时数。在本例中，根据《公平劳动标准法案》，员工每小时的加班工资是 12 美元（1.5 乘以每小时基本工资 8 美元），因为该员工在基本工资支付的 40 小时之外又多工作了 6 小时，所以该员工的加班工资是 72 美元（6 小时加班时间乘以 12 美元的每小时加班工资），员工的总工资可计算如下：

基本工资（40 小时 ×8 美元）	320.00 美元
加班工资（6 小时 ×12 美元）	72.00 美元
总工资	392.00 美元

加班津贴法　加班津贴法与加班工资法在两方面有所不同：第一，加班津贴法通过将总工作时间（基本工作时间和加班时间）乘以员工的小时工资计算出员工的基本工资；第二，加班津贴法中用加班津贴乘以加班时间，加班津贴是每小时基本工资的一半。

例如，采用加班津贴法，并假设根据《公平劳动标准法案》的条款规定，一个员工得到基本小时工资 8 美元，一周工作 46 小时的总工资计算如下：第一，计算员工的基本工资；第二，计算员工的加班津贴；第三，加总员工的基本工资和加班津贴。员工的基本工资计算是用 46 小时乘以 8 美元的小时工资，员工的加班津贴计算是用 6 小时的加班时间乘以每小时基本工资的一半，即 4 美元（0.5 乘以每小时基本工资 8 美元），该员工的总工资可以按如下计算：

基本工资（46 小时 ×8 美元）	368.00 美元
加班工资（6 小时 ×4 美元）	24.00 美元
总工资	392.00 美元

工资扣款

员工的总工资需要被减去工资扣款。工资扣款分为政府扣款和自愿扣款。

政府扣款

政府扣款是员工几乎不能控制的强制性扣款。这些扣款包括联邦所得税，联邦保险捐税法、州所得税以及员工所得的其他州税。这些扣款不是企业的花费，因为企业主只是充当政府税收的代理人。

自愿扣款

自愿扣款包括健康保险费、人寿保险计划基金、退休计划基金、储蓄计划基金、股票购买基金、工会费以及慈善捐款。所有的自愿扣款必须征得员工的同意，员工通过签字授予批准。当处理工资支票时，政府扣款必须是在自愿扣款之前。

《联邦保险捐税法》

《联邦保险捐税法》，通常被称为 FICA，它通常为员工提供退休和医疗福利，也被称作社会保险和医疗保障。该法律要求它是强加给雇主的税收，也是从员工的工资里扣除的强加给员工的税收，联邦捐税法的税收对雇主的影响将在本章的后面部分讨论。

该法案对退休和医疗的福利在《自主创业贡献法》的规定下也被扩展到自主创业人员。自主创业者支付联邦保险捐税法的税收，该税收是从该企业的利润中来计算的，这个计算是以一种特殊的形式来表现，这个形式是个人所得税返还的一部分。

最近的联邦保险捐税法（社保和医保）年复一年都没有改变，每条联邦保险捐税法税收都是被强加在一个单位的费率上，然而，社会保障的应税工资的上限在不断增加，而医保的应税工资也没有上限。

联邦保险捐税法征税如下：

	税率	税收的计算
社保税	6.2%	1 美元上限
医保税	1.45%	没有限制

社保网站（www.socialsecurity.gov）提供当前《联邦保险捐税法》的税率和应纳税的收入。在常见问题下点击主题"税收和社会保障"，这些信息在《循环 E，雇主税收指南》中也可以查得到。同时，这些信息在 www.irs.gov 网站里也可以看到，登录网站后在搜索框里输入"出版物 15"。

如果一个工人在一年里开始一项新工作，新的雇主在计算社保税时不允许包括以前的收入。如果一个员工因为在一年里不止做了一份工作或换了几份工作，从而在一年的末尾支付了过多的社保税，那么多付的款项可以在他的个人所得税申报表返还里作为贷方。

联邦所得税

联邦政府要求雇主从员工的工资或薪金里扣除所得税并且将这些税收直接缴纳给政府，这组成了大部分员工在挣得收入的年份内缴纳所得税的系统中的一部分。对于收入来源主要靠工资的员工来说，由于员工在年底支付很少或几乎没有额外的税收，所以扣留量接近总税收。《循环 E，雇主税收指南》概括了持有所得税的要求，并且包括了附录所显示的被扣留的数量。

新员工在开始工作之前，他们应该完成和签署国税局颁布的 W-4 表格（图 5-3）。这个表格给雇主提供了员工的婚姻状况（出于扣税的目的）、扣缴折让和其他相应资料。雇主保留这份表格信息被转换到未来编制员工工资单的工资记录上。

图 5-3　国税局 W-4 表格

表格 **W-4** 国税局财政部	员工扣缴折让证明 无论你是否有权要求折让或免除扣缴都要受到国税局的审查。你的雇主可能会被要求将该份表格的复印件送到国税局	美国政府管理预算局 NO.1545-0074 **2007**

1 填写你的名字以及中间名的缩写	姓		2. 你的社会保险号
家庭地址（号码和街道）		3.□单身 □已婚 □已婚但保留较高的单一汇率	
市或镇，州以及邮政编码		4.如果你的姓与你的社会保障卡显示的不同 请点击这里，你必须拨打 1-800-772-1213 更换卡	

5. 你要求给予的折让总数（来自于 H 线以上或第二页可用的表格）	5.	
6. 你想从每个工资里保留的增加额，如果有的话	6.	$
7. 2007 年的要求豁免扣缴，并且我保证满足以下豁免的条件： • 去年我有权利获得联邦所得税扣缴退款，因为我没有纳税义务 • 今年我期望得到退还联邦所得税扣缴的权利，因为我期望我没有纳税义务 如果你满足这两项条件，请在这里填写"免除"	7.	

在了解作伪证将受到的惩罚下，我宣称我已经检查了这份证明，并且用我最好的理解力和信仰保证，它是真实、正确并且完整的。 **员工签名** （不签则视为无效） 日期	
8. 雇主的名字和地址（雇主：如果要送到国税局则完成 8 和 10 行）	9.办公室编码（可选）	10. 雇主身份证号

如果一个员工的婚姻状况或扣缴折让发生了变化，那么该员工也可以提交一份新的 W-4 表格。出于缴税的目的，婚姻状况或单身或已婚。一个已婚员工也许会为了从他的支票付款中有较多的扣款而宣称单身，而单身的员工也许会为了更少的扣缴而宣称已婚。

员工可能会声明扣缴折让符合 W-4 表格提供的规则。一般来说一个员工可以要求称为个人折让的折让；对于每个依赖这项折让的员工来说都有权要求他的联邦所得税被返还；亦可要求 W-4 表格所述的其他特殊扣缴折让、税收信用折让。员工不必要求他有权获得的所有折让，但员工可以只要求有效的折让。

用于支付联邦所得税的总收入中扣缴的数额是用所得税扣缴表或所得税扣款比率的方法来计算的。这两种方法在《循环 E，雇主税收指南》中都有解释。由计算机统计工资的程序通常是所得税扣款比率的方法，但是使用人工工资单系统的员工普遍发现使用税收扣缴表更方便。《循环 E》提供了一套完整的表。

税收扣缴表是按照员工婚姻状况和工资工资期的类型进行标示的。工资期通常是由雇主签发工资支票的频率决定的，也许是一周、两周、两月、一个月、每天或是其他指定的时间。

州和山市所得税

大多数州都有州所得税。雇主负责从员工的总工资中代扣这些税收，并且按照法律规定交给州政府。

从员工工资里扣缴州所得税的计算通常与扣缴联邦所得税的计算类似。州的税务部门为雇主提供合适的税务表或扣缴百分比。在有些州，州所得税对于联邦所得税来说就是一个"背负式"税。例如，一个州可能以联邦所得税的 25% 征收所得税。因此，一旦确定了联邦所得税，州所得税可能就按联邦所得税的 25% 来计算。

计算城市所得税扣缴方法与刚才讨论的计算联邦和州所得税扣缴的方法相似。

州暂时性伤残抚恤金法律

一些州已经通过了为因病或受伤而无法就业的员工提供福利的税法。这个税有时被称为临时残疾保险税 (TDI)。它是从员工的总工资里扣除的。此外，某些州可能要求雇主筹建这个基金。

一般来说，临时残疾保险税的计算是以员工的工资总额乘以州指定的百分比，并且会一直从员工的工资单里扣除直到达到迄今的上限为止。

雇主的工资税

前面部分讨论了强加给员工的工资税。在这些情况下，雇主从员工的总工资中扣除了政府税收，并交给适当的联邦或州机构。因为这些工资税是从员工那里征收的，因此不属于雇主的业务费用。

除了强加给员工的工资税以外，也有强加给雇主的工资税。这样的税收就是业务费用。雇主的工资税在这部分的讨论如下：

• 联邦保险捐税法税收；

• 联邦失业税；

• 州失业税。

雇主的强制联邦社会保险税

联邦保险法案 (联邦保险捐税法) 给公司的总应税账单上强加了一个独立的社会保险和医疗税。税率及上限与那些以前对员工的讨论是相同的。雇主联邦社会保险税税收的一部分在数量上与大多数员工是相同的 , 但每月收到低于一定数量小费的员工除外。

工资和代扣税款在《循环 E, 雇主税收指南》中都有呈现，并且可以在 www.irs.gov 网站看到，登录网站在搜索框中输入 "15 版" 即可。

国税局 941 表格

国税局 941 表格是职工季度联邦税申报表，用于报告 :
• 已付的员工工资和薪金;
• 员工收到的小费;
• 从员工那里扣缴的联邦所得税;
• 雇主和员工的联邦社会保险税税收。

最初的返还是在雇主支付工资的第一季度里申请。其后，即使没有税收要报告，也要在每个季度提交。该表格可以电子版的形式提交。表格的样本和说明在 www.irs.gov 网站上可以看到，在搜索框中输入 "941 表格" 就可以找到。

失业税

联邦失业税法案 (FUTA) 在应税工资账单上强加了一项税收，要求雇主缴纳联邦失业税，并且是基于每个员工的工资来缴纳的。与联邦社会保险税一样，失业税是以一个给定的税率和上限来评估。联邦政府将这些收集来的税收移交给州政府来管理州的失业项目。

同样，一个州可能也有失业保险法案 (通常称为 SUTA)。一般来说 , 州失业保险税是基于州失业保险税中每个员工的总工资的应税部分而强加给雇主的。但是，有些州是将这个税同时强加给雇主和员工的。

国税局 940 表格

雇主必须使用国税局 940 表格来报告失业税涵盖下的应税工资。一个重新简化的 940 表格取代了 2006 年以前的 940 表格。在 2006 年前提交《940-EZ 表格》的雇主必须使用重新设计的 940 表格报告失业税税收。该表格样本和说明在 www.irs.gov 网站上可以看到。在搜索框输入 "940 表格" 就可以找到。

940 表格每年提交一次，但根据雇主的税收责任可能需要更频繁进行存款。该表格可以以电子版的形式提交。

工资储存税

及时储存工资税款的规则是既详细又复杂的，并且其适用性取决于应税工资的大小和雇主的税收责任。940 表格的税收保证金要求与 941 表格的税收保证金要求是分开的。适用的税收表格指南提供了税收存款方案的适用说明。用于支付这些税收的表格是国税局颁布的联邦存款息税 8109-B 表格，这些税存放在任何联邦储备银行或授权的储蓄机构。在 www.irs.gov 网站的搜索框里输入 "8109-B 表格" 可以查看到 8109-B 表格。

工 资 系 统

工资系统的主要功能是为计算员工的工资提供必要信息。雇员的收入记录是作为编制他们工资支票的依据。一旦工资支票编制好后，就会被记录在工资表上。根据工资表中的数据，就可以编制记录工资费用和应付工资税的日记分录了。工资表上的净工资代表将被公司的支票账户代替的现金需求。工资系统包括表格、记录和需要执行这些和其他任务的程序。

员工所得记录

对于每一个员工来说，个人所得记录必须历年保持。图 5-4 展示了一个员工所得记录的样例。所得记录显示了工资总额以及保留和扣除的数量。该所得记录是根据它的属性设计的，并且它的格式更符合政府报告要求。同样，出于税收报告的目的，在合适的工资季度里输入收入所得是很重要的；起到决定性的日期是工资支票的日期，而不是工作时间的日期。

图 5-4 员工所得记录样例

员工工资记录

姓名:

地址:

社保号:

工资结算截止期	收入				小时工资	食宿	联邦保险税工资	扣除					净收入
	基本	加班	总收入	小费				联邦保险税	联邦所得税	州所得税	Ret Cont	医疗保险	

在年底，员工的收入所得记录是用来编制国税局报税 W-2 表的，该表会发送给联邦和州政府机构以及员工本人。国税局 W-2 表格的样例如图 5-5 所示。每年都会启用一张新的员工所得记录表。

图 5-5 国税局 W-2 表格

22222 无效 □ A 员工的社保号

仅限于官方使用 ►
管理预算局 NO.1545-0008

B 雇主身份证号码

C 雇主的名字，地址和邮政编码

D 控制号

E 员工的姓和首字母 名 字尾

F 员工的地址和邮政编码

1.工资，小费和其他报酬

2.联邦所得税扣缴

3.社会保险工资

4.社会保险税扣缴

5.医疗保险工资和小费

6.医疗保险税扣缴

7.社会保险费

8.分配的小费

9.教育信息中心的预先支付

10.从属的保健福利

11.不合格的计划

12a.12表格里可见说明

13 法定员工 □ 退休计划 □ 第三方病假工资 □

12b

14 其他

12c

12d

15.州 雇主的州身份证号码

16.州工资，小费等

17.州所得税

18.当地工资、小费等

19.当地所得税

20.地方的名字

表格 **W-2** 工资和税收表 2007 财政部——国内收入署

为社会保障局复印a ——将这份完整的表格与W-3一起交给社会保障局，不接受影印本

隐私法和文书工作扣减法通知参见 复印D的背面

Cat.No. 10134D

工资登记表

另一个工资核算的要求是编制内部报表。管理部门需要各部门或各责任区域提供工资成本信息。会计部门通过工资登记表（图 5-6）来提供这些信息。工资登记表也可以用来协调工资核对账目。

图 5-6　工资登记表样例

工资登记表

截止日期：3/10/XX

时间卡编号	名字	收入			扣除				净收入	
		基本	加班	总收入	FICA税收	联邦所得税	州所得税	团体保险	支票编号	金额
101	黛博拉·斯蒂芬斯	320.00		320.00	24.48	3400	9.00	10.00	386	242.52
103	罗兰·肯伍德	208.00	32.40	231.40	17.70	3000	7.75	15.75	387	160.20
104	托马斯·劳顿	222.30		222.30	17.01	2800	7.25	10.00	388	160.04
105	罗伯特·保罗	188.00	21.15	209.15	16.00	2100	5.50		389	166.65
106	史蒂夫·布伦特伍德	537.50		537.50	41.12	6200	16.00	15.75	390	402.63
	总计	1475.80	44.55	1520.35	116.31	175.00	45.50	51.50		1132.04

工资日记账分录

工资日记账用于记录工资费用，员工的扣缴以及雇主的应付工资税。以图 5-6 的工资登记表为例，记录在工资登记表上的日记账分录如下：

工资费用	1520.35
联邦保险捐税法应纳税额	116.31
应扣缴的联邦所得税	175.00
应扣缴州所得税	45.50
应扣缴的集体保险	51.50
现金——支票账户	1132.04

现金账户的贷方假定工资支票是在编制工资登记表时发放的。如果支票发放的时候晚些，那么贷方将成为应计工资，当支票已发放，则支付行为就借记应计工资和贷记支票账户。

前面的日记账分录记录了工资费用和雇主从员工的工资里扣缴的税收。另一个分录需要记录的是强加给雇主的税收责任。假定雇主承担以下工资税：

雇主的联邦保险捐税法税收	116.31 美元
联邦失业税 (FUTA)	68.42
州失业税 (SUTA)	12.16
强加给雇主的总工资税	196.89 美元

记录这些税的日记账分录如下：

工资税费用	196.89
应计工资税	196.89

一些会计人员更喜欢为每个类型的税使用单独负债账户而不是一个贷记应计工资税。

工资银行账户

用支票支付工资的大多数饭店企业都会为工资建立一个单独的银行账户。编制好付薪水的支票，并且总支出已知后，资金就会从固定银行账户转移到工资账户。由于只有够用的资金来偿付当前所需的工资，支付工资的单独账户受到了更好的控制。此外，建立一个单独的银行表，可以逐项协调记录在工资日记账上的工资开支。

当使用一个电子资金转账系统（EFT）时，员工就不会收到工资支票。但是，他们会得到一张他们总收入额、扣除额和净收入额的一个清单。开户银行收到的是从雇主那里得到的员工登记表。这个登记表显示了每个员工的净工资，银行和银行账号。然后开户银行根据这些信息将每个员工的净工资存入他们的银行账户（对于那些不在开户银行开户的员工，开户银行将相关的汇款信息交给自动票据交换所，自动票据交换所再将信息传递给注册表上显示的每个员工的开户银行）。

工资的计算机应用程序

计算机技术的进步使计算机更加便宜、实用，而且对于大多数饭店的运营来说提高了成本效率。一个缺乏尖端客户会计系统的企业仍然能用计算机来编制工资支票、执行总账会计，并完成包括数值计算和数据累计的其他任务。

然而，一个小型企业可能无法支撑起内部的计算机系统，在这种情况下，银行和计算机服务公司就会提供一个低成本的选择。他们以适度的收费出售计算机服务。

在工资的计算机应用上，员工数量、工资、扣缴情况，以及收入方面的信息不是记录在纸上，而是存储在一个计算机文件里。计算机文件通常保存在可随机存取的磁盘里。在计算机术语中，所有员工的收入记录被称为工资主文件或数据库。

当将劳动时间输入工资主文件时工资单程序便开始运行。然后计算机按照员工文件记录上的信息和计算机程序上的指令处理每个员工的劳动时间。这个过程与以前讨论的人工程序相仿。

计算机化的工资应用程序的输出结果在名称、工资表和工资支票上类似于人工系统。每个员工在主文件中的记录，会在工资程序期间不断更新，以此来保持当前和年初至今的收入信息。

小费制员工的工资会计

编制小费制员工的工资是复杂的事情，因为小费制员工的收入来自两个方面：他们的雇主以及他们服务的客人。小费被客人认为是对饭店员工服务工作的报酬，当员工在填个人所得税申报表时，这些必须包括在员工的总收入里。为了确定小费收入，小费包括现金小费，信用卡小费以及记账小费。如果一个员工的小费是独立的，那么只有获得小费的员工保留的部分可以包括在他的总收入中。一个员工的所有收入，无论是工资还是小费，都应纳税并且遵守联邦和州所得税扣缴规定。

服务费

一些饭店业务，尤其是在度假区内的一些服务项目，可能会在客人的账单中增加服务费。这些服务费是分配给服务人员和其他小费制员工的。服务费不被认为是小费。此类服务费被美国国税局定义为工资并且在税收扣缴上与其他工资待遇一样。

员工小费报告

国税局的出版物"531"提供了关于小费收入报告和雇主责任的信息。它还包含小费报告表格的样例。该出版物在www.irs.gov网站上可见。在搜索框中输入"出版物531"就可以找到它。

员工必须报告从顾客那里收到的现金小费以及由雇主转给员工的小费或信用卡小费。员工向雇主报告小费时可以使用国税局4070表格（图5-7）或类似的报表。日常的报告仅显示员工的名字，收到的现金小费、记账小费和信用卡小费就够了。

一些雇主要求小费制员工在他们的时间卡后面记录他们每天的小费。

图 5-7 国税局 4070 表格

表格 **4070** Rev.2005年8月 国内收入署财政部	员工给雇主的小费报告	管理预算局 NO.1545-0074
雇主的名字和地址（包括机构的名字，如果不同的话）		社保号
		1.收到的现金小费
		2.收到的信用卡小费
		3.记账的小费
在一个月里或更短的期间里收到的小费 从 　　　　，　　　　到		4.小费净额（1+2-3）
签名		日期
为了减少文书工作的通知，参见本表格背面的说明 Cat. No. 41320P		4070表格 (Rev. 8-2005)

《公平劳动标准法案》规定的最低工资

《公平劳动标准法案》规定了最低小时工资以及每周工作超过 40 小时的非免税员工的加班工资的比例必须不低于基本工资的 1.5 倍。

《公平劳动标准法案》规定允许对于某些个别类型的员工的工资可以低于法定的最低工资。这些个人包括实习生和因身体疾病或精神疾病而导致生产能力受损的人，比如因年龄或伤残而无法完成工作。任何用人单位都应该与联邦和州劳动部门核实，以确定针对特定的情况支付最低工资也是合理的。

如果州的就业法律调整的最低工资或加班工资比《公平劳动标准法案》的规定更有利员工的话，那么州劳动法规就会取代《公平劳动标准法案》的规定。

《公平劳动标准法案》规定的小费信贷

《公平劳动标准法案》规定允许雇主为了小费制员工的最低工资申请小费信贷。这小费信贷有效降低了雇主支付的总工资，因为小费可能被视为补充工资。

如果一个员工的小费比《公平劳动标准法案》规定的小费信贷的允许最大值要小的话，那么雇主不得使用《公平劳动标准法案》规定的小费信贷。相反，员工收到的实际小费可以作为小费信贷。这一规定将确保员工通过雇主（以工资的形式）

和顾客（以小费的形式）联合支付，所得收入不会低于最低小时工资。

小费制员工的净工资

小费制员工的总应税收入包括由雇主支付的总工资和员工从客人那里收到的实际小费。

在一个工资周期里，小费制员工的政府扣除和自愿扣除有可能会超过由雇主支付的工资总额。在这种情况下，可用的金额首先应被用于联邦保险捐税法税收的扣除，然后是联邦和州所得税扣除，最后才是自愿扣除。然而，员工的薪水永远不可能小于零，如果由雇主应付工资总额不足以支付员工的政府扣除和自愿扣除的话，则员工要支付不足的部分。如果雇主不能扣留联邦保险捐税法税收，那么这一事实会在员工的 W-2 表格上显示，并且作为税收将在员工的个人所得税申报表上显示。没有必要报告任何扣缴所得税的缺额部分，因为当员工的应税总收入是由他们个人的所得税申报表中来计算时，任何缺口都会被弥补。

州工资和小费信贷条款

很多州已经通过《最低工资法》，如果该法案比《联邦最低工资法》更有利于员工的话，那么州法律就优先于联邦法律。此外，一些雇主会自愿向小费制员工支付高于联邦和州法律规定的最低小时工资的工资。

有些州也会限制用来反对最低工资的小费信贷的最大值。例如，一个州的最低工资条款与联邦的最低工资条款是一致的，但是雇主的最大小费信贷还是低于州或联邦的小费信贷条款。

小费制员工的加班工资

小费制员工的加班工资计算与非小费制员工的加班工资计算是相同的。然而，在计算由雇主支付的总工资时，是由联邦或州小费信贷额乘以员工的总工作时间（基本小时加上加班小时）。

正如前面所强调的那样，因为不同州的法律、公司政策以及合同的不同，从而加班工资的定义也各不相同。联邦法律要求在一个工资周里任何超过 40 小时的工作时间都要支付加班工资。因此，10 小时轮班制的员工，在一个工资周内工作 4 天，是无权享受《公平劳动法案》的加班规定的。一些州规定员工在一天工作时间超过 8 小时的，才有权得到加班费。

8% 的 小 费 规 则

1982 年的《税收公平和财政责任法案》(TEFRA) 建立了关于影响食品和酒水业务的小费报告要求的规定。规定的内容是对所有小费制员工都要报告至少达到酒店总收入 8% 的小费。如果在一个特定的时期,员工报告的小费没有达到 8% 的要求,那么该不足称为小费缺额。这个缺额需要直接按小费制员工的分类分配给员工。

8% 的小费规定对直接小费制员工和间接小费制员工是有区别的。直接小费制员工是那些直接从顾客那里收到小费的人。直接小费制员工如服务员、调酒师和其他员工以及领班。间接小费制员工通常不会直接从顾客那里收取小费。这些员工包括餐馆勤杂工、酒吧服务员和厨师。

当分配缺额时,雇主必须向每个直接小费制员工提供一个信息报表,该表显示了员工报告的小费和应该报告的小费。当报告的小费总额大于那个期间总收入的 8% 时,雇主不必为员工提供小费分配报表。例如,假设一个大型餐饮企业在一个特定的时期记录的收入总额为 100000 美元。如果员工报告的实际小费总额超过 8000 美元 (100000 美元 × 8%),则雇主就不必为员工提供小费分配报表。

员工在日历年内的小费分配与呈现在员工 W-2 表格里的任何工资和报告的小费应分开独立陈述。员工应保持足够的记录来证明包含在收入中的小费总额。如果可能的话,员工应该保持记录他们每天的销售额、现金小费、收取的账单小费以及工作时间。为了方便记录,企业可以为员工提供一种与图 5-8 相似的多用途表格。

图 5-8　员工的日销售额和小费报告样例

员工的日销售额和小费报告							
企业＿＿＿＿＿＿＿＿＿＿＿＿＿＿＿＿					工作结束时间＿＿＿＿／＿＿＿＿／＿＿＿＿		
员工＿＿＿＿＿＿＿＿＿＿＿＿＿＿＿＿						（月／日／年）	
	早上进	中午出	中午进	晚上出	额外进	额外出	总计
一个月的起始日							总计
	周一	周二	周三	周四	周五	周六	周日
销售额 1.老顾客的销售总额 2.赊销额							
小费 1.现金和赊销小费总额 2.赊销小费							
总工作时间							
检查轮换的工作		□白天		□夜晚		□离散的	

8% 小费规则对企业的影响

8% 的小费规则并不适用于每一个餐饮企业。例如，自助餐厅和快餐企业就是可以免除 8% 小费规则的。自助餐企业被定义为餐饮机构，该机构主要是提供自助服务，并且在客户坐下之前由顾客将选择的食品和酒水的总成本支付给出纳员（或显示在客人账单上）。快餐企业被定义为食品和酒水餐饮机构，在这里是由顾客点餐、选择，并在一个柜台或窗口前支付他们的订单，然后在另一个地点消费所点的食品。除了自助餐和快餐业务以外，当总收入中至少 95% 的部分包括了 10% 或更多的服务费时，餐饮企业是免除 8% 的小费规则的。正如前面所指出，服务费不被认为是小费。服务费被美国国税局定义为工资，并且出于扣税的目的，是与其他工资同等对待的。

8% 的小费规则将总收入定义为所有来自提供食物或酒水的收入（包括现金和赊销款）。然而，按照 8% 小费的规则，以下所列通常不被认为是总收入的一部分，因为小费通常不包含这些服务：

- 酒吧提供的免费开胃点心；
- 给常客免费赠送的甜点；
- 放在顾客房间里的免费水果篮；
- 销售的外卖食物；
- 州或地方税收；
- 被增收 10%（或更多）服务费的服务。

赌场是一个例外。在赌场，赠送给顾客的食物或酒水的零售价值被认为是总收入的一部分，因为在这项服务中，给小费是司空见惯的。

由于给出了这些免税额和免责条款，8% 的小费规则适用于餐饮企业，这些企业通常在一个典型的营业日聘用相当于十多位员工，因此被分为大类。这个描述"相当于十多个员工"指的是全职或兼职员工的任意组合，这些员工在一个典型的营业日的总工作时间超过 80 小时。

雇主可以根据以前日历年里最好的和最差的几个月里员工平均工作时间的数量来决定 8% 的小费规则是否适用于他们的机构。举个例子，假设一个雇主编制以下数据：

	总收入	营业天数	员工工作总时数	每天工作时数
最好月：7 月	125578 美元	31	2883	93
最差月：2 月	89162 美元	28	2184	78

在那个日历年员工在一个典型的工作日的工作时数可以通过 7 月和 2 月平均每

天工作时间的平均数来决定。

$$典型营业日 = \frac{(7\,月工作时数 + 2\,月工作时数)}{2}$$

$$典型营业日 = \frac{93 + 87}{2} = \frac{171}{2} = 85.5\,小时/每天$$

因为得出的结果超过每天 80 小时，所以雇主的企业被认为有超过 10 个员工，因此也要遵守 8% 的小费规则。对于一个新的餐饮企业来说（前一年没有经营的企业），用于计算的时间周期可以是任何连续的两个月。

如果雇主在多个地点经营业务，那么每个地点都被认为是一个单独的餐饮机构。如果收入是单独记录的话，那么这一规则也适用于在同一个建筑里分别经营的业务。如果员工在多个地点为同一雇主工作的话，雇主可以对这些员工在每个地点的工作时间数量做出诚信的估计。

如果一个餐饮企业遵守 8% 的小费规则，那么无论小费是否缺额分配都必须填写国税局 8027 表格（图 5-9）。国税局 8027 表格被视为雇主的小费收入和分配小费的年度信息反馈。

小费缺额分配方法

在一个特定的时期，如果直接和间接的小费制员工报告的总小费额达不到企业总收入的 8%，那么雇主就必须做到以下两点：第一，确定短缺的金额（没有达到企业总收入的 8% 的总小费数量）；第二，分配缺额给直接小费制员工。完成这些计算后，小费缺额分配必须报告给每个受影响的员工。

这里有几个可以接受的方法来计算直接小费制员工的缺额分配，其中一个方法是通过《良好信誉协议》。《良好信誉协议》是雇主与员工签订的一个书面的诚信协议。该诚信协议必须得到 2/3 的小费制员工一致同意才能通过。当实际报告的小费与预期总收入的 8% 有差距时，本协议是给员工分配小费的依据。

如果没有诚信协议，则 8% 的小费规则就给出了小费分配的方法。为了给直接的小费制员工分配小费缺额，这些规则允许使用总收入法，或者在某些情况下，也可以使用工作时间法。下面的例子解释和说明了这两种方法。

图 5-9　国税局 8027 表格

表格 **8027** 国内收入署财政部	雇主的小费收入和分配小费的年度信息反馈 ▶ 见单独的说明	管理预算局 No.1545-0714 **2006**

机构名称 号码和街道（见说明）　　　　　　　　雇主的身份证号 市或镇，州以及邮编	机构的类型（仅检查一项） □ 1.仅有晚餐 □ 2.晚餐和其他餐 □ 3.除了晚餐的其他餐 □ 4.酒精饮料

雇主的名字（与941表格里相同） | 机构编码（见说明）

号码和街道（邮政信箱，如果有的话） | 公寓门牌号

市或镇，州以及邮编（如果是国外地址，见说明）

该机构接受信用卡，借记卡或其他费用吗？　□ 是的（必须完成1和2行） 　　　　　　　　　　　　　　　　　　□ 不是	如果检查：修正的申报 □ 　　　　　　最终申报 ▶ □

小费收入项目属性　见收入程序2006-30

1.2006年赊销小费总计	1
2.赊销小费里显示的总收入（见说明）	
3.少于服务费总额的10%作为工资支付给员工	2
4a.间接小费制员工报告的小费总数	
4b.直接小费制员工报告的小费总数	3
注：让小费制员工完成雇主的可选表格在说明的第6页，以此来确定员工潜在的未报告的	4a
小费	4b
4c.报告的总小费（增加4a+4b行 ）	
5.来自于餐饮运营的总收入（不少于第2行——见说明）	4c
6.用第5行乘以8%，（0.08）或由国税局批准的更低的税率	
（附上国税局决定书的复印件）	5
注：如果你使用其他时间而不是日历年来收集小费（半月、两周或季度等），在第6行里标	6
注 "X"，并且根据第7行输入你收集到的小费金额	
7.小费的分配。如果第6行比第4c行要多，在这里输入超过的部分	
▶该数量必须作为消费分配给在该机构里工作的小费制员工，复选框下显示了分配方法。	7
（显示部分，如果有的话，可归于员工W-2表格的第8栏里的每个员工。）	
7a.分配是基于按小时工作的方法（见说明限制）	
注：如果你在第7a行里标记复查框，输入在工资期里员工在每个营业日里的平均工作时间。	
（见说明）	
7b.基于总收入的分配方法	
7c.基于良好信誉协议的分配方法。（附一份协议附件）	
8.输入2006年在该机构里工作的直接小费制员工的数量。　　　　　　　　　　▶	

根据伪证处罚，我宣布，我已经检查这个申报，包括附带的时间表和报表，并用我最好的理解力和信仰保证它是真实的、正确的、完整的。

签名：▶　　　　　　　　　　标题：▶　　　　　　　　　　　日期：▶

隐私法和减少文书工作的通知，见单独说明的第6页。Cat. No. 49989U 8027表格 (2006)

总收入法

总收入法要求总收入（餐饮销售额）和每个直接小费制员工的小费记录都要得到持续记录。总收入是给每个小费制员工分配小费缺额的基础。小费缺额可能在每周、每月、每季度、每年，或者其他一些指定的时间段分配。下面假设的例子演示了计算过程，该计算涉及了总收入法在布鲁诺餐厅的直接小费制员工之间小费缺额分配的使用。

布鲁诺餐厅是一个拥有"相当于"十多个员工的餐饮机构，因此，必须遵守政府8%的小费规则。布鲁诺餐厅在一个特定的时期内餐饮销售额是100000美元。根据政府的8%的小费规定，直接和间接的小费制员工在该期间应该报告的最低小费是8000美元（100000美元 × 8% = 8000美元），这个数量将被称为"总收入的8%"。小费记录显示，在那个时期所有员工报告的小费总额只有6200美元。因此，产生了小费缺额1800美元（8000美元 -6200美元）。

图5-10 呈现了布鲁诺的管理层在这个特殊时期编制的信息，包括总收入（餐饮销售额）和每个直接的小费制员工报告的小费。同时也显示了缺额分配总额是1800美元。此信息将在图5-11和图5-12中用于计算直接小费制员工的小费缺额分配。

图5-10 销售额和小费分析——布鲁诺餐厅

直接小费制员工	该期间的总收入	员工报告的小费	
1	1800 美元	1080 美元	
2	16000	880	
3	23000	1810	
4	17000	800	
5	12000	450	
6	14000	680	
总计	100000 美元	5700	
间接小费制员工		500	
总计		6200 美元	
应报告的小费（100000 美元 × 8%）		=	8000 美元
实际报告的小费		=	6200
要被分配的缺额			1800
应已报告的小费			8000 美元
间接小费制员工报告的小费			500
总收入8%的属于直接小费制员工的部分		=	7500 美元

图 5-11 确定短缺率——布鲁诺餐厅

直接小费制 员工	总收入 8% 的部分		总收入比率		员工在总收入 8% 里的份额		实报小费		员工短缺 分子
1	7500	×	18000/100000	=	1350 美元	-	1080 美元	=	270 美元
2	7500	×	16000/100000	=	1200		880		320
3	7500	×	23000/100000	=	1725		1810		0
4	7500	×	17000/100000	=	1275		800		475
5	7500	×	12000/100000	=	900		450		450
6	7500	×	14000/100000	=	1050		680		370
总计					7500 美元		1885 美元		

短缺分母

图 5-12 小费缺额的分配——布鲁诺餐厅

直接小费制员工	短缺率		被分配的短缺额		小费分配
1	270/1885	×	1800 美元	=	258 美元
2	320/1885	×	1800	=	306
4	475/1885	×	1800	=	453
5	450/1885	×	1800	=	430
6	370/1885	×	1800	=	353
总计					1800 美元

　　然而直接小费制员工需要考虑小费缺额，间接的小费制员工的小费可能算入已报告的小费总额的"总收入的 8%"中。在布鲁诺餐厅中，所有员工报告的总小费应该是 8000 美元；间接小费制员工报告的总小费为 500 美元。因此，直接小费制员工的总收入的 8% 的部分是 7500 美元。

　　图 5-11 使用直接小费制员工的总收入 8% 的部分作为计算缺额分配比率的基础。缺额率将被用于在直接小费制员工之间分配 1800 美元的小费缺额。然而，在小费缺额分配比率用于计算之前，必须使用一种方法来确定每个员工在应该被直接小费制员工报告的 7500 美元中的份额。每个员工的份额将与员工报告的实际小费进行比较，从而确定员工报告的小费是否高于或低于他在总收入 8% 的 7500 美元中的份额。

　　在总收入法下，总收入的比率被用于确定每个员工在 7500 美元中的份额。总收入比率是该时期内总收入中属于每个员工的总收入部分。以 7500 美元（直接小费制员工总收入 8% 的部分）乘以这一比率来确定每个直接小费制员工在该数额中所占的份额。图 5-11 说明了布鲁诺餐厅的这些计算。

　　从总收入 8% 的员工份额中减去每个员工实际报告的小费得到的是员工缺额部

分。对布鲁诺餐厅来说，这个减法的过程除了第 3 类员工以外对于所有员工都是可能的。该员工报告的小费比他应该报告的小费份额要大。因此，第 3 类员工没有小费缺额。这些总缺额 (1800 美元) 必须在剩下的直接小费制员工中被成比率地分配。

图 5-12 展示了 1800 美元在小费制员工中是如何分配的，这些员工报告的小费没有达到或超过他们所估计的 8% 小费的份额。此比例分配是通过使用短缺额比率来完成的。员工缺额总额，或者说 1885 美元，被用作缺额比率的分母。每个员工的缺额分子连同短缺额分母，形成用于计算他们小费缺额份额的比率。

工作时间法

工作时间法的使用，对于在工资周期里拥有少于 25 个全职员工的机构来说是有局限的。在这个方法中的数学程序与在总收入法中解释的那些是相同的。工作时间法与总收入法的唯一区别就是在以前的方法中无论员工总收入用于哪里，员工工作时间都会被代替。

例如，Dot's 餐馆，一个假设的雇用少于 25 个员工的餐馆，根据工作时间法来选择分配小费短缺额。图 5-13 显示了这个餐馆员工的工作时间和员工报告的小费。图 5-14 展示了根据工作时间进行差额分配比率的计算。图 5-15 显示了根据在图 5-14 中形成的比率而进行的小费缺额分配。

图 5-13　销售额和小费分析——Dot's 餐馆

直接小费制员工	该期间员工的工作时间	员工报告的小费
1	40	1080 美元
2	35	880
3	45	1810
4	40	800
5	15	450
6	25	680
总　计	200	5700 美元
间接小费制员工		500
总计		6200 美元
应报小费 ($100000 × 8%)	=	8000 美元
实报小费	=	6200
分配缺额	1800	1800
应报小费	=	8000 美元
间接小费制员工所报小费	=	500
直接小费制员工在总收入的 8% 中所占份额	=	7500 美元

图 5-14 确定短缺额比率——Dot's 餐馆

直接小费制员工	总收入 8% 的部分		总收入比率		员工在总收入 8% 里的份额		实报小费		员工短缺分子
1	7500 美元	×	40/200	=	1500 美元	-	1080 美元	=	420 美元
2	7500	×	35/200	=	1312	-	880	=	430
3	7500	×	45/200	=	!687	-	1810	=	0
4	7500	×	40/200	=	1500	-	800	=	700
5	7500	×	15/200	=	563	-	450	=	113
6	7500	×	25/200	=	938	-	680	=	258
总计					7500 美元		1923 美元		1885 美元
									短缺分母

图 5-15 小费短缺额的分配——Dot's 餐馆

直接小费制员工	短缺率		被分配的短缺额		小费分配
1	420/1923	×	1800 美元	=	393 美元
2	432/1923	×	1800	=	404
4	700/1923	×	1800	=	656
5	113/1923	×	1800	=	106
6	258/1923	×	1800	=	241
总计					1800 美元

尾注:

① 《由美国财政部、国税局出版的《循环 E, 雇主税收指南》第 15 版可以在国税局办公室获得, 或在 www.irs.gov 网站上找到。

主要术语

《公平劳动标准法案》(FLSA): 一项规定了最低工资、加班费、同工同酬条款等的联邦法律。这个联邦法律的条款可以被任何更有利于员工的州或合同条款所取代。也通常被称为《联邦工资工时法》。

联邦保险捐税法（FICA）: 治理国家社会保障体系的联邦法律, 它强制规定了员工和雇主的工资税。

联邦失业税法 (FUTA): 出于为国家和州失业项目融资而强加给雇主一项工资税的一项联邦法律。

总工资 (gross pay)：在任何工资扣除之前支付的总额，也被称为总所得。

净工资 (net pay)：总工资减去所有工资扣除。净工资是工资单上的数额，也被称为净所得。

加班工资 (overtime pay)：对超过《公平劳动标准法案》、州或合同条款所规定的总时间而进行的额外支付。

加班工资法 (overtime pay method)：计算加班工资的方法，在该方法中，加班时间被排除在基本工作时间之外（规定工时）。加班工资是用加班时间乘以基本小时工资的 1.5 倍来计算的。这个加班工资加上基本工资就等于工资总额。这种方法与津贴法得出的总收入的数额相同。

加班津贴法 (overtime premium method)：计算加班工资的方法，在该方法中，加班时间是包括在基本工资（规定工资）的计算中的。将基本工作时间和加班时间的总和乘以基本小时工资等于基本工资，然后只用加班时间乘以基本小时工资的一半就得到了加班津贴。基本工资加上加班津贴就是员工的总工资。这种方法与加班工资法得出的总收入的数额相同。

薪金（salary）：通常用于表示按月、两月、两周或一周结算一次的工资。一般来说，在每个支付周期获得固定金额的主管和高管（不计工时）被认为是受薪雇员。

工资 (wages)：通常表示按小时、周或计件工作来计算的工资。但是固定地按周支付也可以叫工资。

复习题

1. 没有被《公平劳动标准法案》涵盖的工资和薪金的领域是什么？
2. 下列联邦法案或法律的主要条款是什么？
   （1）《公平劳动标准法案》
   （2）《联邦保险捐税法》
   （3）《联邦所得税扣缴法》
   （4）《联邦失业税法》
3. 雇主在面试申请服务工作的求职者时会声明被录用的人通过双方协议将被视为个体经营者。这种协议符合联邦工资条款吗？证明你的答案。
4. 在下列情形中，要求填写哪种联邦表格？

（1）经营新业务和雇用员工

（2）聘用一个新员工

（3）员工请求更改扣缴状态

（4）雇主向员工报告年度工资和税收扣缴情况

5．计算加班工资的两种方法是什么？描述每种方法如何计算加班工资。

6．在一个小费很常见的餐馆里有 15 名员工，这些员工在每个营业日的工作时间累计为 70 小时。那么这些员工是否需要遵守 8% 规则的最低工资条款？解释你的答案。

网址：

若想获得更多信息，可访问下列网址。网址变更恕不通知。若你所访问的网址不存在，可使用搜索引擎查找新网址。

1．《公平劳动标准法案》：www.dol.gov/esa/whd/flsa/

2．美国劳工部对工资和小时的划分：www.dol.gov/esa/minwage/q-a.htm

3．加班法规：www.dol.gov/esa/regs/compliance/whd/fairpay/main.htm

4．国税局小费报告指南，1875 年出版：www.irs.gov/pub/irs-pdf/p1875.pdf

5．小费分配：www.wwwebtax.com/income/allocated_tips.htm

6．国税局 8% 的小费规定，8027 说明表格：www.irs.gov/pub/irs-pdf/i8027.pdf

7．青年劳动法：www.dol.gov/esa/programs/whd/state/nonfarm.htm

www.dol.gov/esa/regs/compliance/whd/whdfs34.htm

8．国税局《循环 E，雇主税收指南》，第 15 版：www.irs.gov/pub/irs-pdf/p15.pdf

9．社会保障局：www.socialsecurity.gov

10．州工资支付要求：www.dol.gov/esa/programs/whd/state/payday.htm

11．州用餐时间要求：www.dol.gov/esa/programs/whd/state/mael.htm

练习题

习题 1

将下列工作时间转换为最近的 6 分钟

（1）7 小时 16 分钟　　（2）4 小时 37 分钟

（3）9 小时 57 分钟　　（4）7 小时 50 分钟

习题 2

将下列传统时间转化为军事时间

（1）3P.M.　　　　　（2）3A.M.

（3）6:45A.M.　　　（4）6:45P.M.

习题 3

将下列周薪转化为小时工资（近似到 3 位数）。一周的工作时间是 37.5 小时。

（1）416 美元　　　（2）295 美元　　（3）325 美元

习题 4

将下列月薪转化为小时工资（近似到 3 位数）。一周的工作时间是 37.5 小时。

（1）1500 美元　　　（2）1200 美元　　（3）2150 美元

习题 5

为在这周工作了 49 小时的员工计算其基本工资、加班工资和总工资。该员工的小时工资是 8.15 美元。州加班条款适用于一周内超过 40 小时的任何工作时间。

（1）使用加班工资法

（2）使用加班津贴法

习题 6

为在这周工作了 45 小时的员工使用加班津贴法计算其基本工资、加班工资和总工资。该员工的时薪是 12 美元。员工的工作时间报告如下：

周日	5
周一	8
周二	12
周三	12
周四	8
周五	0
周六	0
总计	45

（1）假设州法律要求为一天中超过 8 小时的任何工作时间支付加班费

（2）假设州加班条款适用于一周内超过 40 小时的任何工作时间

案例分析 ————————————————

设计一个饭店的计算机工资系统

饭店业有一个自己行业特有的工资需要，即必须在工资单被计算机自动处理之前得到处理和解决。

全球美食连锁休闲餐厅，是一个既可以在餐厅用餐又可以外带的多样化的国际餐饮机构，但是没有送货服务。全球美食餐厅以一家餐厅起家，现在正在迅速扩张。每个员工的总工资历来是人工计算，然后发送到服务中心进行计算机处理。财务执行副总裁已经做出决定，总工资的计算必须由计算机完成。

全球美食餐厅的总裁已经决定购买他们自己的计算机系统，并考虑是否从零售商店或网络供应商购买现成的工资软件？或雇用计算机/软件咨询师来设计编制他们自己规格的软件。

要 求

列举一些构成总工资计算的元素。这些元素如何影响全球美食餐厅在现成的定制设计的软件中的选择？

附　录

特殊研究报告

一个十分清楚的事实是：工资及其相关规定是复杂的且不断变化的，因此需要与联邦和州的工资法律变化保持一致并随时更新。

作者提供定期的专项研究报告给登录他网站的学术社区的顾客和饭店业主，网址为 http://raymondcote.com。这个附录包括重印的与饭店工资和劳动问题相关的研究报告，尤其是与如下问题相关的专门研究报告：

- 针对雇主的劳动法；
- 针对雇主的青少年劳动法；
- 加班规则；
- 小费报告。

针对雇主的劳动法

这篇特别的报告涵盖了以下领域的劳动法：

• 青年劳动力的就业；

• 家庭医疗休假；

• 就业资格；

• 州发薪日的要求；

• 州用餐时间要求。

青年劳动力

• 指 Ray Cote 在 2005 年 2 月 24 日发布的以前的特别报道，题为《根据〈公平劳动标准法案〉（FLSA）在餐厅和快餐服务机构雇用青年劳动力》；

• 州青年规则指向：http://www.dol.gov/esa/programs/whd/state/nonfarm.htm

1993 年的家庭和医疗放假法案

Covered employers: www.dol.gov/dol/allcfr/ESA/Title_29/Part_825/29CFR825.104.htm
 must grant an eligible employee:

www.dol.gov/dol/allcfr/ESA/Title_29/Part_825/29CFR825.110.htm

雇主必须给一个合格的员工在一年里为以下一个或多个原因提供 12 周的无薪休假：

• 员工小孩的出生和照顾；

• 安置员工收养的儿子或女儿；

• 雇员或其近亲属需照顾有严重健康状况的家庭成员（配偶、小孩和父母）；

• 当员工因为严重的健康状况而无法工作时可以休医疗假。

就业资格

美国公民和侨民都有自主就业的资格，但他们必须提供就业资格证明和身份证明，并填写就业资格认证表，参见 http://uscis。gov/graphics/formsee/forms/I-9.thm

就业资格认证被雇主用于他们的基础记录以确定员工在美国就业的资格。表单是由雇主保存和可供美国的移民局、劳工部、相关不公平就业实践移民特别委员会办公室的官员检查。

美国的公民包括出生在波多黎各、关岛、美国的维尔京群岛、北马里亚纳群岛的人。美国的侨民包括出生于美属萨摩亚，包括斯温斯岛的人。

只有实际被雇用的人才会填写就业资格认证表。出于认证表规则的目的，当一个人真正开始为了工资或其他报酬而工作时，他才算是被"雇用"；其酬劳是被员工用劳动或服务换取来的任何有价值的东西，包括食物和住宿。

一个员工如果在就业日期起的 3 个工作日内未能提供所需的文档，或替代文档的收据（在丢失、被盗或被破坏的情况下），可以被解雇。然而，这些实践必须统一适用于所有员工。如果一个员工提供了代替文档的收据，他必须在就业日期起的 90 天内提供实际的文档。

雇主必须检查文档，并且如果文档上呈现的人的信息是真实合理的话，那么你必须接受。否则可能是一种不公平的相关移民就业实践。如果文档呈现的相关人的信息是不合理不真实的，你不必接受它。员工必须提供原始文档。复印件是不能接受的，唯一的例外是一个员工提供出生证明的副本。

如果认证表是正确填写的，并且被发现员工实际上并没有被授权工作的话，那么也不能指控员工违反验证。但是，这样的员工不能继续被雇用。

州发薪日要求：http://www.dol.gov/esa/programs/whd/state/payday.htm

州用餐时间要求：http://www.dol.gov/esa/programs/whd/state/deal.htm

针对雇主的青少年劳动法

所有州都有自己的青年就业规定，并且当州和联邦的规则不同时，雇主需要执行更严格的标准。可以访问青年规则的网站去了解你所在州的规定。

根据《公平劳动标准法案》（FLSA）雇用年轻人在餐厅和快餐服务机构服务有以下要求（2005 年 2 月 14 日生效）

18 岁：不受联邦青年就业条款的规定。

16 ~ 17 岁：可以无限制时间地被雇用，使用那些宣称危险的机器比如危险的电动肉类加工机械（肉切片机，肉锯，帕蒂成型机，绞肉机和砍肉机），商业的搅拌机和某些电动面包机。但是，不允许他们操作、设置、调整、修理或清洁这些机器。

17 岁：为满足特定需求，在限制时间里可以驱动摩托车和卡车车辆的总重量不超过 2700 千克。他们禁止做对时间敏感的送货服务（如递送比萨饼或其他以时间为本的旅程）。并且禁止在晚上开车。参见：www.dol.gov/esa/regs/compliance/whd

whdfs34.htm

14 ～ 15 岁：14 ～ 15 岁可以在有限的时期内和特定情况下在业余时间受雇于餐馆和快餐服务机构从事各种工作。

14 岁以下：不得受雇于食品服务机构。

除了年龄规定之外，也有工作时间和职业责任的规定。

14 ～ 15 岁青少年的工作时间标准

美国联邦法规 570 部分第 329 号关于童工的规定，限制了 14 ～ 15 岁青少年可以工作的时间和工作天数：

- 校外时间；
- 上学期间不超过 3 小时，包括星期五；
- 非上学期间不超过 8 小时；
- 开学期间一周不超过 18 小时；
- 非开学期间一周不超过 40 小时；
- 早 7 点到晚 7 点（除了 7 月 1 日和劳动节之间，晚上可延长到晚 9 点）。

14 ～ 15 岁青少年的工作责任标准

14 ～ 15 岁的青少年可以在餐馆或快餐食品机构工作，但仅限于某类工作。

- 不能在明火上烹饪；
- 不能操作蒸汽机、烤箱、高压锅和煎锅；
- 不要操作和维修动力驱动机器，包括食物切片器、加工器和搅拌器；
- 不要操作动力草坪割草机、不要在肉类冷藏室或冷冻室里工作，不要从卡车或传送带上卸货或上货；
- 不要操作热能可以达到 140℃ 的微波炉；
- 不要进行高温煎炸，除非配备自动调温设备；
- 可以进行结账、餐桌服务或"迎接"，并可以做保洁，包括使用真空吸尘器和拖把；
- 可以准备食品和饮料，包括操作如洗碗机、烤箱、牛奶搅拌器、暖灯箱和咖啡研磨机；
- 可以做限制性的用电或气的烹饪工作（无明火）；
- 可以从咖啡吧或食品台上取食品来分发；
- 可以清洗厨房地板和非动力驱动设备，当油温不超过 100℃ 时可以存放食品油。

加班规定

联邦劳动部的加班规定可以总结如下:

几乎所有一星期挣不到 455 美元（一年 23660 美元）的员工都有资格获得加班费。

不管员工是蓝领还是白领，抑或者是管理者，新规定则皆适用。这条规则对教师、医生和律师例外。他们得不到加班费，不管他们得到多少报酬。

对餐饮业的影响

在餐馆的底层和中层经理如果一年挣不到 23660 美元，那么他们将会成为新的有资格者。然而，雇主可以通过提高他们的工资来避免支付他们加班工资。

州法律 包括威斯康星、新泽西、俄勒冈州和肯塔基州在内的 18 个州都有独立的州法律来保护加班资格。在大多数州，雇主必须使用对员工更有帮助的任何法规。立法行动要求某些州做出改变。伊利诺伊州成为第一个拒绝新加班规定的州。

联邦劳动法规 长达 474 页的规则的改变意味着数百万的低薪员工会得到加班资格而数百万的其他人可能失去加班资格。美国劳工部声明，法律只对受薪雇员有影响；小时工应该继续得到加班费。

联邦劳动法规有很多的困惑。我们来了解一些重要的规则:

• 新标准允许雇主指定某些员工为行政主管、总经理或专业人员并且只要支付他们每周至少 455 美元，或者每年 23660 美元（不包括奖金或佣金），就可以免除加班；

• 每年收入超过 10 万美元一年的任何员工没有资格以任何理由获取加班费；

• 年薪在 23660 美元和 10 万美元之间的人，多数是总经理、专业人员或行政主管等，没有资格获取加班费；但是，这并不适用于销售人员。他们仍然有资格拿加班费；但经常在雇主的营业点外工作的销售人员没有资格获得加班费。

更多信息参考:

美国劳工部——就业标准行政工资以及小时划分：www.dol.gov/esa/regs/compliance/whd/fairpay/main.htm

小费报告

如果一个员工的小费每月少于 20 美元或如果他的工资超过了联邦保险捐税法年度工资基数的话，那么可不要求雇主支付联邦保险捐税法税收（社保和医保）。一个餐馆有责任对应税员工工资和小费支付联邦保险捐税法税收 (7.65%)。要求员工填写《给雇主的员工小费报告表》表格（或雇主定制设计的表格）来报告小费，为了使员工个人所得税、联邦保险捐税法税收适当扣缴，以及雇主的联邦保险捐税法能正确支付，非现金小费，比如支票，雇主是不用报告以及不受联邦保险捐税法税收的规定。

Robert•Ragsdale 教授，注册会计师，在会计杂志发表了一篇文章，该文章是由 Leslie S 在 2000 年 7 月写的，Laffie，JDLLM 是技术编辑、税务顾问。下面是那篇文章的摘要。

在法规部分 31.3111-3 节，雇主必须根据员工报告的小费支付联邦保险捐税法税收。然而，如果员工小费低于报告的水平，那么法规 3121 将会发挥作用。本条例指出，如果美国国税局确定小费已被低报，那么餐厅业主会被通知并要求关于被低报的小费支付联邦保险捐税法征税。

未报告的小费收入由国税局对餐馆和非个别员工进行审核评估。雇主的联邦保险捐税法的部分是基于一个用称为聚合方法未报告的小费的总额。基本上这种方法可以用每小时的销售数字，然后乘以每个服务人员的工作时间来确定年度销售额；该年度销售额乘以平均小费率；信用卡收取的小费和销售费用可以确定本小费率。

联邦巡回上诉法庭支持国税局使用这种间接的方法。一些地方法院站在餐馆的一边。这些支持餐馆的法院基于下面的例子来做出他们的决定：

第一，3121（q）部分允许美国国税局要求联邦保险捐税法征税低报的小费；但不允许总体估计。

第二，合计的方法不考虑 20 美元最低减让规则。

第三，国税局 6053(c)(3) 节声明餐厅业主可以确定员工报告的小费是否可以小于总收入的 8%。没有达到数值报告的小费用，如以下 3 种方法之一，在小费制员工中分配：

- 工作时间法；
- 总收入法；
- 良好的诚信协议。

第6章

概　要

饭店财务信息系统

　饭店部门的分类

统一的会计制度

收入和支持中心的基本报表格式

工资费用的呈现

饭店部门报表的样例

　部门报表的识别和引用

　客房部利润表

　餐饮部利润表

　通信部利润表

　其他运营部门利润表

　租金和其他收入附表

　行政管理部报表

　营销部报表

　资产运营和维护部报表

　公用事业成本附表

　固定费用附表

利润表

《住宿业统一会计制度》第10版

附录《住宿业统一会计制度》经营报表
摘要和部门报表样例

学习目标

1. 总结饭店部门报表的目的和使用者。

2. 区分收入中心和支持中心财务报表的
　一般格式。

3. 列出包括部门工资费用的标准报告在
　内的信息。

4. 识别财务报表相对于其他报表的引用
　和识别方式。

5. 描述饭店部门财务报表的一般格式。

6. 解释如何利用部门报表的信息编制饭
　店利润表。

6

饭店部门报表

在饭店，部门报表（又称内部财务报表）是任何财务信息系统的重要组成部分。高层管理者需要关于整个企业资产的报表；而中层或基层管理者需要关于其责任部门的详细信息。

内部财务报表的目的是为管理者呈报有用信息，以便于监控经营的获利能力和进行更有效的长期规划。内部财务报表包括大量的支持性附表，这些附表提供了有关各部门业务和公司财务的重要细节。本章附录给出了常用的支持性附表的样例。

部门报表仅提供给内部使用者，如高管、部门经理和业务主管。部门报表不提供给外部使用者，例如股东、债权人和潜在投资者。

在讨论饭店部门报表时，本章将解决以下问题：

1. 收入中心报表的基本格式是什么？
2. 支持中心报表的基本格式是什么？
3. 为什么所有部门报表的工资信息都要标准化呈报？
4. 管理层使用的内部财务报表由哪些财务报表组成？
5. 如何利用部门报表的信息编制饭店利润表？

饭店财务信息系统

饭店财务信息系统的基础部分是由提供给管理层的财务报告组成的。饭店是一个独特的商业机构，与其他零售企业不同,饭店的经营环境是由几个不同的收入中心和许多支持中心组成的。饭店管理者需要整个饭店的信息，不仅仅包括典型的资产负债表和利润表，饭店经理需要主要部门的财务报表以评估每个责任区域的收入和支出。

饭店部门的分类

饭店的部门通常可以分类如下：

- 收入中心;
- 支持中心;
- 公用事业成本;
- 固定费用。

图 6-1 显示了饭店部门的分类。小饭店可能没有这么多部门，而大型饭店可能有更多的部门。例如，一个大型饭店可能有多个餐饮设施，例如主餐厅、大堂和自助餐厅。这些方面将单独列示。

图 6-1 饭店财务信息系统

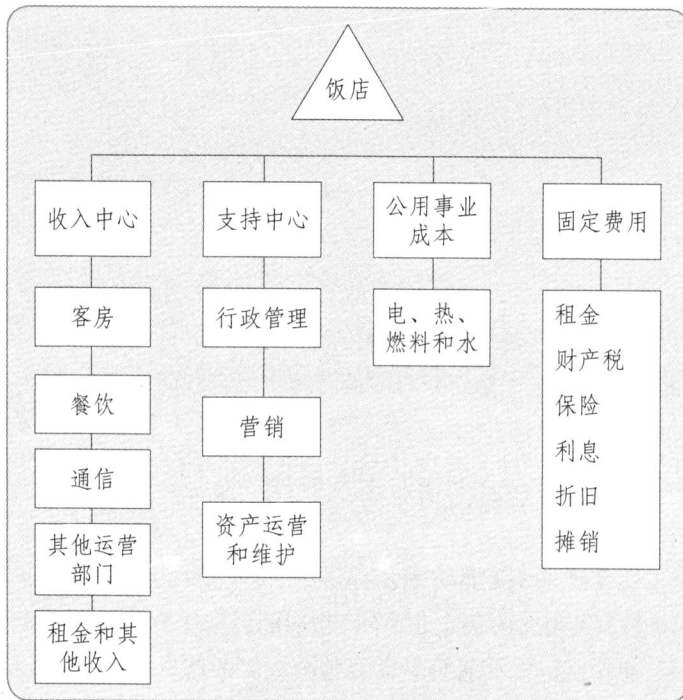

收入中心 收入中心为顾客提供服务并产生销售额，但不一定赚取利润。销售额的产生无论多么小，都要作为一个收入中心。每个分类的收入中心共同生成了部门利润表。

典型的收入中心包括：

• 客房；

• 餐饮：餐厅、咖啡厅、大堂、咖啡店和宴会运营；

• 通信；

• 其他运营部门：礼品店、康乐中心、其他由饭店或受让人经营的部门；

• 租金及其他收入附表：这不是一个实际的有形部门，这个报表用来报告不贡献给其他任何收入中心的收入，这个附表列示了诸如利息收入、股息收入、商店和办公室的租金、特许经营收入、佣金、自动售货机利润(如有)，现金折扣所得和残值收入。

支持中心 支持中心并不直接产生销售额，但它为收入中心的运营提供必不可少的服务。每个支持中心都生成部门报表以显示其费用。一个支持中心的部门报表不能称为利润表，因为利润表要包括销售收入和费用。

许多饭店业的学生错误地认为管家的功能就是支持中心。从营运的角度来看，管家服务于收入中心，但是，它仅致力于客房部门收入中心，而不为其他收入中心提供服务。所有管家费用和工资都融合在客房部的利润表中。

典型的支持中心包括：

• 行政管理部；

• 营销部；

• 资产运营和维护部。

公用事业成本 在大多数饭店，这个部门并没有实体存在。因为公用事业成本巨大，管理者需要获得一个报告，公共用事业成本列示如下：

• 电；

• 供热燃料；

• 水。

固定费用 这个部门没有实体存在。对管理者来说固定费用很重要，因为固定费用的发生与销售量无关；事实上，甚至当一个饭店歇业的时候也会发生固定费用。

典型的固定费用包括：

• 租金；

• 财产税；

• 保险；

• 利息；

• 折旧；

• 摊销。

统一的会计制度

一个统一的会计制度提供了标准化的会计程序、账户名，财务报表格式用来指导对财务报表的编制和阅读。由美国饭店和住宿业协会下属教育学院发布的《住宿业统一会计制度》（USALI）制定了专门的行业标准。统一会计制度是由饭店行业的专业人士提出，并得到高端住宿行业财务总监、公共会计权威、行业标杆企业代表和专家学者的一致通过。接近于外部财务报表的《住宿业统一会计制度》符合公认的会计原则(GAAP)；除了少数情况外，内部财务报表也符合公认会计原则。

标准的财务报表易于理解，并使得住宿行业内的财务业绩具有可比性。对于新进入的企业来说，统一会计制度是作为一个新的住宿业务可以快速适应其特定要求的一揽子会计制度而发挥作用的。

收入和支持中心的基本报表格式

收入中心产生销售额。销售商品的收入中心有销售成本账户。扣除所有费用后，所有收入中心的经营成果要么是利润，要么是亏损。

产生收入的部门财务报表的基本格式为：

$$
\begin{array}{r}
收入 \\
- \ 折让 \\
\hline
净收入 \\
- \ 销售成本 \\
\hline
毛利润 \\
- \ 费用 \\
\hline
部门利润（或亏损）
\end{array}
$$

一个支持中心不产生销售额，因此它没有部门利润表的毛利润。所以，支持中心的部门财务报表只是该期间发生费用的一个清单。

工资费用的呈现

因为工资在所有部门支出中占有重要比重，管理者需要这些重要费用的相关信息。无论是收入中心还是支持中心，工资费用报告的标准如下：

- 工资和薪金；
- 员工福利；
- 工资及相关费用总额。

这三方面或其他类似方面在每个部门报表中都存在，本章附录提供了《住宿业统一会计制度》在这方面的最新格式要求。

饭店部门报表的样例

本章以虚构的 DORO 饭店部门报表作为一个例子予以说明。这些部门报表包括：

- 图 6-2： 客房部利润表；
- 图 6-3： 餐饮部利润表；
- 图 6-4： 通信部利润表；
- 图 6-5： 其他运营部门利润表；
- 图 6-6： 租金和其他收入附表；
- 图 6-7： 行政管理部报表；
- 图 6-8： 营销部报表；
- 图 6-9： 资产运营和维护部报表；
- 图 6-10： 公用事业成本附表；
- 图 6-11： 固定费用附表。

部门报表的识别和引用

每个部门报表的编号标在右上角。例如，客房部利润表的编号（图 6-2）为 A1。这些编号作为饭店利润表的参考。在图 6-12 这个报表的经营部门栏，对"附表"项里 A1 的引用说明了相应的信息来自于附表 A1。

可以看到 DORO 饭店利润表如附表 A 那样识别的，这标志着它是一个汇总表或主报表。每个支持中心报表都有一个编号，并按顺序排列。因为客房部报表是首要的部门报表，并作为整个饭店报表汇总的支撑，如编号 A1 所示。

客房部利润表

图 6-2 介绍了 DORO 饭店客房部利润表，见附表 A1。请注意，客房部门没有销售成本账户，因为它不出售商品（客房里的来自迷你吧的销售额贷记到餐饮部）。因为没有销售成本账户，所以没有必要显示毛利润栏。

图 6-2　DORO 饭店客房部利润表

	DORO 饭店股份有限公司		
	客房部利润表		
	截至 20X2.12.31 末		附表 A1
收入			
住宿		900000 美元	
折让		2500	
净收入			897500 美元
费用			
工资和薪金	120000 美元		
员工福利	23140		
工资和相关费用总额		143140	
其他费用			
佣金	2500		
合同清洁	5285		
顾客交通	10100		
洗衣和干洗	7000		
布草	11000		
营业用品	11125		
预订费用	9950		
工装	2167		
其他运营费用	2972		
其他费用总额		62099	
总费用			205239
部门利润（亏损）			692261 美元

一些饭店经理喜欢将客房部利润表中的客房收入逐条列记其来源，如临时客人、长包房客，或其他客人。DORO 饭店管理者不需要逐条区分这些信息，因为所有的饭店客人都是临时客人。

897500 美元的净收入来源于总收入 900000 美元减去 2500 美元折让的结果。工资和薪金 120000 美元加上员工福利 23140 美元等于工资及相关费用总额 143140 美元。

其他费用总额 62099 美元来自于列示如下的其他费用项目, 如来自于其他营运费用所产生的佣金。205239 美元总费用来自于工资及相关费用总额 143140 美元与其他费用 62099 美元的总和。(因为上面解释的流程对各部门都是类似的, 因此本章对 DORO 饭店其余财务报表分析中将不会重复对它们的分析)。

692261 美元的部门利润来自于净收入 897500 美元减去总费用 205239 美元的结果。692261 美元被视为部门利润, 是因为这笔金额没有包含在括号内。部门利润 (亏损) 栏展示了一种 "会计速记" 标签技术。如果结果是利润的话, 该列内的数字将不显示出任何数学符号, 如果结果是亏损的话, 则该列内的数字将被括号括起来。

餐饮部利润表

图 6-3 呈现了 DORO 饭店餐饮部利润表, 该编号为附表 A2。应注意的是: 销售额是来源于食品、酒水以及 "其他", 而 "其他" 销售额代表的是纪念品、明信片、糖果、玉米以及其他在餐厅和酒廊里的非自动贩卖机的销售额。

图 6-3 DORO 饭店餐饮部利润表

DORO 饭店股份有限公司 餐饮部利润表 截至 20X2.12.31 末			附表 A2
	食品	酒水	总额
收入	360000 美元	160000 美元	520000 美元
折让	1700	130	1830
净收入	358300	159870	518170
餐饮销售成本			
食品酒水销售成本	144000	40510	184910
减去员工餐成本	9200		9200
食品酒水销售成本净额	135200	40510	175710
其他收入			
其他收入			6400
其他销售成本			2600
其他收入净额			3800
毛利润			346260
费用			
工资和薪金	177214		
员工福利	26966		
工资和相关费用总额		204180	
其他费用			
瓷器、玻璃器皿和银器	7779		

（续）

合同清洁	3630	
厨房燃料	2074	
洗衣和干洗	5182	
布草	800	
音乐娱乐	16594	
营业用品	11409	
工装	2568	
其他运营费用	4667	
其他费用总额		54703
费用总额		258883
部门利润（亏损）		87377 美元

DORO 饭店使用定期盘存法来核算销售成本。支持性附表详细列出了食品和酒水库存活动，这些将附加到部门利润表中。例如，食品销售成本支持性附表如下：

Doro 饭店股份有限公司

食品销售成本支持性附表

截至 20X2.12.31 　　　　　附表 A2.1

	期初存货	5800 美元
+	采购	145600
+	可用食品成本	151400
-	期末存货	7000
	已耗用食品成本	144400
-	员工餐	9200
	食品销售成本	135200 美元

可以看出餐饮部利润图 6-3 中来源于 A2.1 食品销售成本的后面三行是重复的：已耗用食品成本 144400 减去员工餐成本 9200 得到销售成本 135200 美元。

其他净收入 3800 美元等于其他收入 6400 美元减去各自的销售成本 2600 美元。

毛利润 346260 美元是食品和酒水的销售净收入 518170 美元减去食品和酒水的销售成本 175710 美元，再加上其他净收入 3800 美元的结果。346260 美元的毛利润减去 258883 美元的总费用得到部门利润 87377 美元。

通信部利润表

图 6-4 介绍了 DORO 饭店通信部利润表，编号为附表 A3。有几种方法核算饭店通信服务的收入和费用。

图 6-4 DORO 饭店通信部利润表

DORO 饭店股份有限公司
通信部门利润表
截至 20X2.12.31 末　　　　　　　　　附表 A3

收入		
市内话费	9740 美元	
长途话费	41011	
服务费	514	
总收入	51265	
折让	125	
净收入		51140 美元
呼叫成本		
市话	8660	
长途	51384	
呼叫成本总额		60044 美元
毛利润（亏损）		(8904)
费用		
工资和薪金	14831	
员工福利	2301	
工资和相关费用总额	17132	
其他运营费用	1587	
费用总额		18719 美元
部门利润（亏损）		(27623) 美元

伴随着复杂会计电算化系统的应用，已实现了对客通信服务与对饭店其他部门通信服务的分开报告制。每个部门为使用通信服务而分别付费并体现在部门报表中。只有针对客人的收入和费用体现在通信部门的报表中。此会计方法的一个优势是它提供了将通信部门作为利润中心来进行评价的一种方法。

DORO 饭店选择了一个不同的方法，将通信部门作为一个收入中心，因为它产生销售额。管理层倾向于在其部门报表上显示所有客人和其他部门使用的通信费用。因此，该报表完全显示了通信系统的成本和饭店的成本。

管理者的哲学是：来自于客人的收入有助于支付饭店的通信服务费用。虽然附表 A3 可能出现亏损，但管理层将结果解释如下：饭店通信服务净成本总额是 27623 美元。

在报表的主体部分，毛利润（亏损）项目显示为亏损 8904 美元，用括号表示。亏损发生的原因是电话费用的成本 60044 美元超过了净收入 51140 美元。记住，对于 DORO 饭店来说，这没有什么不寻常的，因为电话的成本是由客人和饭店的所有部门组成的。

因为是亏损 8904 美元 , 它与费用是等效的, 18719 美元的额外费用使年最终亏损增加到 27623 美元。这个最终的亏损以括号形式被显示在部门利润 (亏损) 行内。

其他运营部门利润表

图 6-5 显示 DORO 饭店其他运营部门利润表, 编号为附表 A4。在这个附表上的格式和项目可能根据卖给客人不同种类的产品和服务而有所变化, 如来自于礼品店、服装店或箱包商店的商品或服务, 还有娱乐、车库和停车场 (如果向客人收费)。各运营部门可以单独列示其专门的部门报表 , 以便单独评价每个部门。

图 6-5　DORO 饭店其他运营部门利润表

DORO 饭店股份有限公司		
其他部门利润表		
截至 20X2.12.31 末		附表 A4
收入		
服务	40005 美元	
售货机销售额	22995	
净收入		63000 美元
售货机销售成本		10347
毛利润		52653
费用		
工资和薪金	30164	
员工福利	3112	
工资和相关费用总额	33276	
其他运营费用	6731	
费用总额		40007
部门利润（亏损）		12646 美元

DORO 饭店是一个小旅馆 , 每个运营部门的销售额较小。管理层决定把所有这些报告合并到一个报表中。直到一个或多个部门有显著的销售量时才单独列报。

租金和其他收入附表

图 6-6 列示了 DORO 饭店租赁和其他收入附表, 编号为附表 A5。这张报表报告的收入并不归因于任何其他收入中心。其来源如下:

• 利息收入;

• 股息收入;

- 办公室和仓库租金;

- 特许经营收入;

- 自动售货机的利润 (如拥有的话);

- 现金折扣所得;

- 残值收入。

图 6-6　DORO 饭店租金和其他收入附表

DORO 饭店股份有限公司		
租金和其他收入附表		
截至 20X2.12.31 末		附表 A5
场地租金		
商店	25474 美元	
办公室	16723	
租金收入总额		42197 美元
特许权收入		9862
佣金		
干洗	1814	
泊车	1017	
自动售货机	1265	
佣金收入总额		4096
获得的现金折扣		3200
利息收入		1928
租金和其他收入总额		61283 美元

处置固定资产的小额所得或损失也可能出现在这个附表中。而 DORO 饭店的管理层更愿意将这种所得或损失作为一个单独项目体现在饭店的利润表中。

行政管理部报表

图 6-7 介绍了 DORO 饭店行政管理部门的报表,编号为附表 A6。任何支持中心的报表都不包括销售额或销售成本的部分,因为支持中心不从商品或服务的销售中产生收入。

DORO 饭店的行政管理部提供的支持服务包括以下几方面:

- 总经办;

- 会计;

- 人力资源;

- 信息系统。

图 6-7   DORO 饭店行政管理部利润表

DORO 饭店股份有限公司		
行政管理部报表		
截至 20X2.12.31 末		附表 A6
工资和薪金	85718 美元	
员工福利	<u>11914</u>	
工资和相关费用总额		97632 美元
其他费用		
信用卡佣金	14389	
数据处理费用	7638	
会费与订阅费	3265	
人力资源费用	10357	
营业用品	9784	
邮资和电报费	4416	
专家费用	4136	
坏账	1921	
旅行和娱乐	4150	
其他营业费用	<u>7023</u>	
其他费用总额		<u>66549</u>
行政管理费用总额		<u>164181 美元</u>

很多饭店更愿意单独就每部分进行报告，尤其是人力资源和数据处理服务。

营销部报表

图 6-8 介绍了 DORO 饭店营销部报表，编号为附表 A7。与广告、公关、研究相关的成本被显示在这张报表中。

图 6-8   DORO 饭店营销部报表

DORO 饭店股份有限公司		
营销部报表		
截至 20X2.12.31 末		附表 A7
工资和薪金	31418 美元	
员工福利	<u>4407</u>	
工资和相关费用总额		35825 美元
广告		
室外	600	
印刷	11560	
广播和电视	2800	
其他	<u>700</u>	
广告费总额		15660

（续）

费用和佣金		
代理费	1500	
佣金	11250	
费用和佣金总额		12750
其他营业费用		3633
营销费用总额		67868 美元

资产运营和维护部报表

图 6-9 显示 DORO 饭店资产运营和维护部的报表，编号为附表 A8。该报表显示所有部门土地和建筑物上所有设备的维护和修缮费用。

图 6-9　DORO 饭店资产运营和维护部报表

DORO 饭店股份有限公司 资产运营和维护部报表 截至 20X2.12.31 末		附表 A8
工资和薪金	32412 美元	
员工福利	4505	
工资和相关费用总额		36917 美元
其他费用		
建筑用品	2816	
电子和机器设备	5013	
工程设备	1612	
家具、固定装置、设备和装饰	4811	
广场和景观美化	3914	
营业用品	1018	
清除废物	2416	
游泳池	1800	
工装	137	
其他营业费用	1100	
其他费用总额		24637
资产运营和维护费用总额		61554 美元

公用事业成本附表

图 6-10 显示了 DORO 饭店的公用事业成本附表，编号为附表 A9。该报表报告了饭店各部门使用的水、电和燃料费用的情况。但是，与食品烹饪相关的公用事业费用是显示在餐饮部利润表中的。

图 6-10　DORO 饭店公用事业成本附表

DORO 饭店股份有限公司 公用事业成本附表 截至 20X2.12.31 末	附表 A9
电	32172 美元
燃料	10509
水	4631
公用事业成本总额	47312 美元

固定费用附表

图 6-11 介绍了 DORO 饭店固定费用附表，编号为附表 A10。这些固定费用非常重要，因为其发生与销售量无关，即使饭店歇业时也照常发生。固定费用的另一个特点是其有助于饭店作为一个整体的运营，而不是针对任何特定部门的运营。注意，固定费用分为 6 大部分：

- 租金；
- 财产税；
- 保险；
- 利息费用；
- 折旧；
- 摊销。

图 6-11　DORO 饭店固定费用附表

DORO 饭店股份有限公司 固定费用附表 截至 20X2.12.31 末		附表 A10
租金		
不动产	12000 美元	
家具、固定装置和设备	7500	
租金费用总额		19500 美元
财产税和其他市政费用		
不动产税	35762	
个人财产税	7312	
公用事业税	750	
工商税和职业税	1500	
财产税和其他市政费用总额		45324
保险		15914
利息费用		192153
折旧		

（续）

建筑物及其改良	87500	
家具、固定装置和设备	56000	
折旧费用总额		143500
摊销		
租赁资产改良投资	1000	
开业筹办费	1500	
摊销费用总额		2500
固定费用总额		418891 美元

利润表

将所有收入中心、支持中心、公用事业费用和固定费用的结果合并成一个报表称为利润表。每个部门的报表信息用来编制这张利润表。该表不向部门经理报送，它向最高管理层和董事会报告。

图 6-12 列示了 DORO 饭店的利润表，编号为附表 A，该编号说明该表为一个主报表。该表列示了利润表的详细格式。

表中营运部门部分包括的信息来自于每个收入中心的报表中所列示的参考说明。部门报表提供的信息如下：

- 净收入；
- 销售成本；
- 工资和有关费用；
- 其他费用总额；
- 部门利润（亏损）。

图 6-12 DORO 饭店利润表

DORO 饭店股份有限公司						
利润表						
截至 20X2.12.31 末					附表 A	
	附表	净收入	销售成本	工资和相关费用	其他费用	利润（亏损）
营业部门						
客房	A1	897500 美元		143140 美元	62099 美元	692261 美元
餐饮	A2	524570	178310 美元	204180	54703	87377
通信	A3	51140	60044	17132	1587	(27623)
其他营业部门	A4	63000	10347	33276	6731	12646
租金和其他收入	A5	61283				61283

（续）

	附表	净收入	销售成本	工资和相关费用	其他费用	利润（亏损）
营业部门总额	1597493	248701	397728	125120	825944	
未分配费用						
行政管理费用	A6			97632	66549	164181
营销	A7			35825	32043	67868
资产运营和维护	A8			36917	24637	61554
公用事业	A9				47312	47312
未分配费用总额				170374	170541	340915
扣除固定费用前利润		1597493 美元	248701 美元	568102 美元	295661 美元	485029 美元
固定费用						
租金	A10					28500
财产税	A10					45324
保险	A10					6914
利息	A10					192153
折旧和摊销	A10					146000
固定费用总额						418891
所得税前利润						66138

每个部门报表将图 6-2 到图 6-11 的信息延伸到主报表上。记住以下要点：

第一，总费用不应列出其他费用栏。当然，本表中费用总额的专栏不包括工资及相关费用。

第二，餐饮部的净收入是用附表 A2 的数据计算的，具体计算如下：

食品净收入	358300 美元
酒水净收入	+ 159870
其他收入	+ 6400
净收入总额	524570 美元

第三，餐饮部的销售成本用附表 A2 明细数据作如下计算：

食品销售成本	135200 美元
酒水销售成本	+ 40510
其他销售成本	+ 2600
销售成本总额	178310 美元

有些未分配运营费用部分不能记到任何收入中心的账上，尤其是支持中心和公用事业成本上。每个部门的费用在利润（亏损）栏里显示，因为从经营收益中扣除费用就是利润了。

从收入中心 825944 美元的经营利润总额中减去 340915 美元的未分配费用总额，

就得到了 485029 美元的扣除固定费用前的利润。

固定费用栏的信息来自于固定费用附表，还需要加上折旧及摊销费用，因为这些费用为"非现金"费用。即当从收入中扣减这些摊销和折旧费用时，它们并不需要任何的现金支付。

66138 美元的所得税前利润是从 485029 美元的扣除固定费用前利润中减去418891 美元的固定费用总额得到的。

图 6-12 不是 DORO 饭店完整的利润表。所得税费用尚未核算在内。同时，出售资产可能会产生所得也可能产生损失。本章强调的重点是每个部门，而不是整个饭店。

《住宿业统一会计制度》第 10 版

《住宿业统一会计制度》定期修订，现在使用的是第 10 版，于 2006 年发布。这个版本较之前的版本作了许多重大改变。该版在格式和详尽水平上有所改进，以满足管理层对财务报表的需求。本格式按照美国会计准则确定，对国际用户而言，可能与他们国家适用的会计准则存在显著差异。

本章附录包含了根据《住宿业统一会计制度》第 10 版颁布的"汇总营业报表"（内部使用者）和"内部部门附表"样例①。

尾注:

① 《住宿业统一会计制度》，第 10 版（Lansing Mich.：美国饭店及住宿业协会教育学院，2006）。了解更多的信息，或需引用参考，可访问教育学院的网站 www.ei-ahla.org。

主要术语

资产负债表（balance sheet）：通过企业某个时日的资产、负债和所有者权益等反映企业财务状况的一张报表。

部门利润（departmental income）：经营部门收入与直接支出之间的差额。

利润表（income statement）：反映某一期间企业的销售收入、销售费用、净利润等经营结果的一张财务报表，也称损益表。

其他营运部门（other operated departments）：用来表示附属运营部门的术语，不包括特许经营的部门。

支持性附表（supporting schedules）：为总分类账或财务报表提供额外细节的报表。例如，一个应付账款附表列出公司在开放账户上欠所有供应商的余额，其总额应该与应付账款总分类账账户相等。

统一会计制度（uniform system of accounts）：定义了各种类型和规模账户的操作手册（通常为一个特定的饭店行业）。统一会计制度通常提供标准化的财务报表格式、各个账户的解释以及簿记文档样例。

复习题

1. 指出下列事项是否出现在饭店运营部门的利润表、未分配费用抑或固定费用中？

    （1）房地产租金费用   （2）行政管理部门   （3）折旧

    （4）租金及其他收入   （5）餐饮部门   （6）抵押贷款利息费用

    （7）通信部门

2. 在部门利润表中如何计算净收入？

3. 在部门利润表中如何计算毛利润？

4. 部门报表中的工资和相关费用总额包含哪些项目？

5. 哪一份报表报告大厅香烟自动售货机的收入？

6. 支持性附表的目的是什么？请列举说明。

网址：

若想获得更多信息，可访问下列网址。网址变更恕不通知。若你所访问的网址不存在，可使用搜索引擎查找新网址。

1. 财务信息系统和 XBRL：www.bcs.org/server.php?show=ConWebDoc.2709

2. Spa 收入中心：www.hotelinteractive.com/index.asp?page_id=5000&article_id=5580

3. 收入的解释：http://beginnersinvest.about.com/cs/investinglessons/l/blrevenue.htm

4. 收入账户的例子：www.accountinginfo.com/study/fs/revenue-1Ol.htm

5. 营业费用的解释：http://beginnersinvest.about.com/cs/investinglessons/l/blopexpenses.htm

6. 费用账户的例子：www.accountinginfo.com/study/fs/expense-101.htm

7. 已售商品成本：http://beginnersinvest.about.com/cs/investinglessons/l/blcogs.htm

练习题

习题 1

本节所有的问题基于虚构的乡村饭店，以下信息包括了乡村饭店截至 20×9 年 12 月 31 日的各个总分类账账户。为该饭店编制部门报表，并保存这些结果用于编制不同格式的饭店利润表。

按照 DORO 饭店财务报表显示的格式编制所有的报表。任何与员工福利相关的账户信息将被合并显示在员工福利标题下。

1. 客房部：

	借方	贷方
客房销售额		1043900
折让	2700	
工资和薪金	159304	
工资税	18716	
员工餐	3450	
其他员工福利	3864	
佣金	4124	
合同清洁	13200	
顾客交通费	12494	
洗衣和干洗费	11706	
布草	7742	
营业用品	12619	
预订费用	7288	
工装	3032	
其他营业费用	6875	

2. 餐饮部:

	借方	贷方
食品销售额		442471
酒水销售额		183929
折让－食物	600	
折让－酒水	63	
其他销售额		1070
已耗用食品成本	177873	
员工餐		12832
酒水销售成本	43407	
其他销售成本	642	
工资和薪金	182214	
工资税	21866	
员工餐	6890	
其他员工福利	7562	
瓷器、玻璃器皿和银器	8766	
合同清洁	4000	
厨房燃料	2505	
洗衣和干洗	6199	
许可费	3130	
音乐娱乐	31308	
营业用品	12523	
工装	3757	
其他营业费用	7271	

3. 通信部:

	借方	贷方
市内话费		4783
长途话费		47228
服务费		389

	借方	
折让	372	
市内话费	4587	
长途话费	41918	
工资和薪金	12307	
工资税	1580	
员工餐	130	
其他员工福利	300	
其他营业费用	6816	

4. 租金和其他收入：

	借方	贷方
佣金：自动售货机		1500
现金折扣所得		2700
利息收益入		800

5. 行政管理部：

	借方	贷方
工资和薪金	96997	
工资税	8719	
员工餐	1259	
其他员工福利	3500	
信用卡佣金	11330	
数据处理费用	6400	
预付定金	1200	
人力资源费用	7817	
营业用品	7805	
邮资和电报	3203	
专业费用	4000	
坏账	1423	
旅行和娱乐	2000	
其他营业费用	3022	

6. 营销部

	借方	贷方
工资	22402	
工资税	2690	
员工餐	769	
其他员工福利	1121	
户外广告	500	
印刷广告	3500	
广播和电视广告	1800	
其他广告	288	
代理费用	1200	
佣金	10500	
其他营业费用	3421	

7. 资产运营及维护部

	借方	贷方
工资和薪金	27790	
工资税	3335	
员工餐	334	
其他员工福利	193	
建筑材料	9251	
电气和机械设备	16243	
工程物资	2311	
家具、固定装置、设备和装饰	14177	
广场和绿化	4414	
营业用品	2749	
垃圾处理	2499	
游泳池	2500	
工装	500	
其他营业费用	2000	

8.公用事业成本：

	借方	贷方
电	29012	
燃料	44638	
水	7770	

9.固定费用：

	借方	贷方
租赁费用账户：		
房地产	100225	
家具、固定装置和设备	17000	
房地产税	44950	
个人房产税	8650	
公用事业税	850	
工商税和职业税	1200	
保险	27986	
利息费用（应付票据）	52148	
折旧账户：		
家具、固定装置和设备	85272	
摊销账户：		
租赁资产的改良	30588	

习题 2

使用习题 1 中的部门报表，编制乡村饭店的初步利润表。提供以下数据便于您检查：饭店的所得税前利润是 140424 美元。

习题 3

乡村饭店管理层要求对员工餐费用进行分析。编制一张支持性附表，列示每个部门的员工餐成本。为方便起见特提供以下数据：这个附表总额必须与在习题 1 中编制的餐饮部利润表上出现的贷记员工餐 12832 美元相符。

习题 4

管理层要求分析乡村饭店的食品销售成本。编制一个支持性附表列示已售食品成本。为方便起见特提供以下数据：附表总额必须与在习题 1 中编制的餐饮部利润报表上出现的食品销售成本 165041 美元相符。

你需要以下来自于工作表中部分的信息，来完成本问题的支持性附表：

	利润表		资产负债表	
	借方	贷方	借方	贷方
食品存货			6825	
收入汇总	5570	6825		
食品采购	179128			
贷记员工餐		12832		

案例分析

会计制度的功能和结构

Domain 饭店共有 100 间客房，已经运营了 3 年。其市场面对价值认知型旅客——他们喜欢舒适的房间和各种各样的免费服务，如热食早点和美味食品。Domain 饭店的其他设施包括在所有客房接入快速互联网、在大厅和会议室可无线上网、大厅 24 小时提供咖啡、市话、房间内部的电影频道。Domain 饭店是家族拥有的饭店。一个亲密的家族朋友，作为饭店的会计在实践并设计了饭店的财务报告制度。这位朋友没有饭店经验或教育背景。

现有制度包含两个部分的报告：收入中心，包括客房、餐厅和礼品店（无白酒销售）；以及一个支持中心，包括营销、行政管理、维护和公用事业成本。来自于自动售货机的收入属于行政管理部门。

从本质上讲，为Domain饭店管理层编制的利润表包括：

- 饭店利润表；
- 一个收入中心；
- 一个支持性中心。

要　求

1. 描述在实践中将所有收入中心放入一个报告中的主要缺陷？

2. 描述将所有支持中心组合放入一个报告中的主要缺陷？

3. 评论关于自动售货机收入的处理。

4. 解释根据《住宿业统一会计制度》的规定，部门应如何构建其报告结构？

5. 用一个报告结构图汇总对第4问的解释。

6. 解释该会计人员是否能被保留？

7. 对不符合住宿业会计制度的其他领域做出评论。

附　录

《住宿业统一会计制度》经营报表摘要和部门报表样例

《住宿业统一会计制度》第9版包括供内部使用的利润表摘要，第10版已经更换为经营报表摘要。名称改变表明，新报表实际上并不是一个完整的利润表，它更关注的是净营业收入和调整后的营业收入，而不是最终的经营净收益。该报表是财务报告包中的一部分，包括部门附表和其他附表，以便向饭店管理层补充提供经营信息。

第10版的经营报表摘要与第9版本的利润表摘要相比有许多差异，最明显的更改如下：

- 某些通常出现在利润表中的费用,如利息、折旧、摊销和所得税,在新版的经营报表摘要中省略了,因为对经营管理者而言这些通常是不可控的;

- 一个减少:更换储备金栏会减少净营业收入;许多管理合同、贷款协议和业主/运营商明确规定了用于未来固定资产更新或资本性改造的累积准备金的用途,显示出的金额可能并不代表实际拨付的货币准备金;

- 对汇总经营报表和每个部门附表做出一个刚性的指定格式:《住宿业统一会计制度》规定:"个人房产可能删除无关的行项目,但第 10 版并不提供增加或减少其他收入或支出项目;当然,房产现在必须开发一个子账户/明细账户来提供有关特定的收入或费用项目更详细的信息,之后《住宿业统一会计制度》提供了以下解释:"这个方法意味着将允许财务报表外部使用者将特定资产的财务状况和经营业绩与住宿业类似资产进行比较分析";

- 经营报表摘要只包含收入的 4 个来源:客房、食品、酒水和其他运营部门;这意味着电信部门汇总到了其他营运部门;食品和酒水经营必须结合在一起纳入汇总的营运报表中;那些需要独立报告的资产可以使用补充附表;

- 营运汇总表中的净经营收入不会链接到实际净收入,因为要消除一定的费用,正如以前的解释那样。《住宿业统一会计制度》提出这个理由:"修订委员会认为这种方法对专注于经营现金流的所有者或管理者更有用";

- 各种账户名称和行的名称已经改变了:任何读者对所有这些变化感兴趣的话,应该参考《住宿业统一会计制度》第 10 版。

基于这些变化,《住宿业统一会计制度》承认,汇总经营报表不符合一般公认会计准则 (GAAP)。内部报表有助于管理者需要,且不需要符合公认会计准则;但是它们必须在数字上精确和遵循《住宿业统一会计制度》。

附录介绍第 10 版中有代表性样例的以下报表:

- 汇总经营报表;
- 客房部利润表;
- 餐饮部利润表;
- 行政管理部报表;
- 租金、房地产和其他税收以及保险的报表。

USALI 汇总经营报表和部门报表样本例汇总经营报表

	本期						年初至今					
	前一年		实际上		预算		前一年		附表		附表	
	$	%	$	%	$	%	$	%	$	%	$	%
收入												
客房												
食品和酒水												
其他营业部门												
租金和其他收入												
收入总额												
部门费用												
客房												
食品和酒水												
其他营业部门												
部门费用总额												
部门利润总额												
未分配的营业费用												
行政管理												
营销												
资产运营和维护												
未分配费用总额												
经营毛利润												
管理费												
固定费用扣除前利润												
固定费用												
租金												
财产和其他税												
保险												
固定费用总额												
净经营利润												
减去：重置储备金												
调整后的净经营利润												

客房部利润表

	当前月						年初至今					
	实际		预测		上一年		实际		预测		上一年	
	$	%	$	%	$	%	$	%	$	%	$	%
收入												
临时客房收入												
团体客房收入												
合同客房收入												

（续）

	当前月						年初至今					
	实际		预测		上一年		实际		预测		上一年	
	$	%	$	%	$	%	$	%	$	%	$	%
其他客房收入												
减去：折让												
客房收入总额												
费用												
工资和相关费用												
薪金、工资和红利												
工资和薪金												
红利和奖金												
薪金、工资和红利总额												
与工资相关的费用												
工资税												
补充工资												
员工福利												
与工资相关的费用总额												
工资和相关费用总额												
其他费用												
有线/卫星电视												
清洁用品												
佣金												
佣金和团体回扣												
赠送的服务和礼品												
合同服务												
有偿的团体办公												
装饰												
会费与订阅费												
设备租金												
顾客再安置												
顾客用品												
顾客交通												
洗衣和干洗												
许可证												
布草												
混杂的物品												
营业用品												
打印												
预订												
专利费												
电话												

（续）

	当前月						年初至今					
	实际		预测		上一年		实际		预测		上一年	
	$	%	$	%	$	%	$	%	$	%	$	%
培训费												
旅行——餐费和娱乐费												
旅行——其他费用												
工装洗涤												
工装												
其他费用总额												
费用总额												
部门利润（亏损）												

餐饮部利润表

	当前月						年初至今					
	实际		预测		上一年		实际		预测		上一年	
	$	%	$	%	$	%	$	%	$	%	$	%
收入												
零售店食品收入												
零售店酒水收入												
客房内用餐食品收入												
客房内用餐酒水收入												
宴会/酒席食品收入												
宴会/酒席酒水收入												
迷你吧食品收入												
迷你吧酒水收入												
其他食品收入												
其他酒水收入												
减去：折让												
食品和酒水收入总计额												
其他收入												
视频材料												
公用房间租金												
座位费												
服务费												
其他杂项收入												
减去：折让												
其他收入总额												
总收入												
食品和酒水销售成本												
食品销售成本												

（续）

	当前月						年初至今					
	实际		预测		上一年		实际		预测		上一年	
	$	%	$	%	$	%	$	%	$	%	$	%
酒水销售成本												
食品和酒水成本总额												
其他收入成本												
视频材料成本												
杂项成本												
其他收入的成本总额												
销售和其他收入的成本总额												
毛利润（亏损）												
费用												
工资和相关费用												
薪金、工资和红利												
薪金和工资												
红利和奖励												
薪金、工资和红利总额												
与工资相关的费用												
工资税												
补充工资												
员工福利												
与工资相关费用总额												
工资和相关费用总额												
其他费用												
宴会费用												
瓷器												
清洁用品												
赠送的服务和礼品												
合同服务												
有偿的公司办公												
装饰												
洗碗用品												
会费和订阅费												
设备租金												
餐具												
玻璃器皿												
冰												
厨房燃料												
洗衣和干洗												
许可证												
布草												

（续）

	当前月						年初至今					
	实际		预测		上一年		实际		预测		上一年	
	$	%	$	%	$	%	$	%	$	%	$	%
管理费												
菜单和酒水单												
杂项费用												
音乐和娱乐												
营业用品												
纸和塑料												
打印												
专利费												
电话												
培训费												
旅行——餐费和娱乐费												
旅行——其他费用												
工装清洗												
工装												
餐具												
其他费用总额												
费用总额												
部门利润（亏损）												

行政管理－部报表

	当前月						年初至今					
	实际		预测		上一年		实际		预测		上一年	
	$	%	$	%	$	%	$	%	$	%	$	%
费用												
工资和相关费用												
薪金、工资和红利												
薪金和工资												
红利和奖励												
工资和红利总额												
与工资相关的费用												
工资税												
补充工资												
员工福利												
与工资相关的费用总额												
其他费用												
审计费												
银行手续费												

（续）

	当前月						年初至今					
	实际		预测		上一年		实际		预测		上一年	
	$	%	$	%	$	%	$	%	$	%	$	%
现金过剩或短缺												
集中的会计费用												
赠送的服务和礼品												
合同服务												
有偿的公司办公												
信贷和收集												
信用卡佣金												
装饰												
捐赠												
会费和订阅费												
设备租金												
人力资源												
信息系统												
洗衣和干洗												
法律服务												
特许经营												
丢失和损害												
杂项费用												
营业用品												
支付程序												
邮费和隔夜交货费用												
打印												
专家费												
坏账准备												
保安												
结算成本												
电话												
培训												
交通												
旅行——餐费和娱乐费												
旅行——其他费用												
工装清洗												
工装												
其他费用总额												
费用总额												

租金、房地产和其他税以及保险的报表

	当前月						年初至今					
	实际		预测		上一年		实际		预测		上一年	
	$	%	$	%	$	%	$	%	$	%	$	%
租金												
土地和建筑												
信息系统设备												
通话设备												
其他资产和设备												
租金总额												
财产和其他税												
不动产税												
个人财产税												
工商税和职业税												
其他税												
财产税和其他税收总额												
保险												
建筑和具体险												
责任险												
保险总额												
租金、财产和其他税收以及保险总额												

第 7 章

概　要

要素和惯例

饭店利润表格式

　净利润不是现金流

DORO 饭店利润表

　内部格式

　外部格式

　百分比利润表

　比较利润表

留存收益表

　DORO 饭店的留存收益表

　DORO 饭店的利润表和留存收益表

《住宿业统一会计制度》第 10 版

学习目标

1. 描述两个使用饭店利润表的团队，以及给他们呈现数据的格式。并解释用以编制利润表的要素和惯例。

2. 解释百分比利润表和比较利润表的编制和目的，并对它们进行分析和解释。

3. 描述留存收益表的目的和表上所报告的信息。

7

饭店利润表

饭店的利润表显示了部门的经营结果以及其他来源的收入状况。尽管所有利润表呈现的都是经营结果，但该信息可能会以各种形式来呈现。本章提供了不同类型利润表的例子，以便读者能够正确分析饭店企业编制发行的任何形式的利润表。

使用各种格式的财务报表的一个原因是为了更好地满足使用报表的两组人的需要：内部使用者和外部使用者。在这两个组里的使用者有着不同的要求，因为他们中的一些人使用百分比、比较数据和比率进行统计分析。

内部财务报表包括详细的细节设计以及众多支持性附表去满足内部使用者如公司的董事会、高管、经理和主管的需要。

外部财务报表是以汇总的格式来显示信息和强调公司的运营结果。它们是供外部使用者如股东、债权人和投资团体的成员使用的。这些报表是由独立的会计师事务所评估或审计的。

为了解释饭店利润表，本章将解决以下问题：

1. 在编制利润表时最基本的元素和惯例是什么？

2. 饭店内部长格式与短格式利润表的区别是什么？

3. 什么是外部利润表？

4. 什么是百分比利润表？

5. 什么是比较利润表？

6. 利润表和留存收益表的股息是什么？

要素和惯例

多年来，利润表也被称为经营表、利润和亏损表、收益表。

利润表是报告在一个特定期间的饭店经营结果。该期间可以短到一个月或一个季度，但不能超过一年。饭店作为一个合法组织的公司在任何连续的 12 个月里的会计循环称为财政年度。在财政年度末，利润表簿记账户（收入和费用）被结清并归零。新的财政年度以与那个会计期间有关的账目开始。

形成利润表编制的基本要素可以用以下公式表示：

$$收入 - 费用 = 净利润$$

收入来自于商品和服务的销售，也包括利息收入、股息收入以及报告在租金和其他收入附表上的其他款项。

费用是在创造收入过程中所耗用的商品和服务的成本。把支出分为资产或费用对于正确测量一个阶段的收入或损失是至关重要的。有些支出在购买时是资产但使用后（例如食品库存）就成了费用。一个一年的火灾保险在购买时是一项资产；随着时间到期，其成本部分也到期，并成为一项费用。

股息不是业务费用。宣布分派股息是留存利润的减少，而留存利润是一个资产负债表项目。股息将在留存收益表的部分做更详细的解释。

一个惯例是：所有收入和费用都是使用权责发生制会计来记录的。利润表里所说的收入是在创造收入的期间里的所有销售额和其他收入，而不是仅当收到现金时才算作收入。同样地，所有的费用都被认为是在它们被支出的时候就算作费用，而不是支付的时候才算作费用。

会计的实现原则规定当销售之后并取得收入时才被记录为收入。配比原则要求在同一会计期间与收入相关的所有费用在帮助产生收入时才被记录。

饭店利润表格式

一个饭店的利润表结合了所有的财务数据，这些数据来自于它的收入中心、支持中心、公用事业成本，固定成本和没有汇报在任何部门报告或附表中的其他项目。例如，所得税的费用就没有分配到任何特定的部门。同时还有来自于资产出售所得和损失，例如，有价证券、投资（子公司）、财产、报告期内可能出售的设备。

利润表上呈现财务数据的格式有很多种。本章描述的格式如下：

- 内部长格式；
- 内部短格式；
- 外部格式。

净利润不是现金流

如前所述，净利润代表了在一段时间内收入减费用的余额，收入来自于现金销售额和赊销销售额。同样，费用也是在该期间支付或应该支付的。但是，净利润并不一定会在企业的现金账户中相应地增加。

虽然净利润是收入减去费用的结果，但并不是所有的费用都需要用现金支付。例如，折旧是一项费用，是一项固定资产在其使用寿命内的成本的注销。虽然折旧费用作为净利润的减少出现在利润表上，但它不涉及任何现金付款。摊销是另一个费用，也不需要任何现金付款，同样作为净利润的减少出现在利润表上。因此，为了正确反映现金流，诸如折旧和摊销等项目必须"被加回"到净利润中，作为现金来源来反映净利润（在利润表上的净利润不受这个过程的影响）。

另一方面，有些需要现金支付的项目不会出现在利润表上。例如，本金偿还债务需要现金支付，但从未出现在利润表上。这些款项必须从净利润中减去，以正确地反映现金流。

净利润与现金流之间的差异可以根据如下给定的一个月期间的商业交易来解释：

	影响	
	利润表	现金余额
现金销售额	+ 100000	+ 100000
赊销销售额	+ 400000	0
总额	+ 500000	+ 100000
赊购费用	− 200000	0
上个月应付账款支出	0	− 270000
总额	+ 300000	− 170000
折旧	− 120000	0
总额	+ 180000	− 170000
新的银行贷款	0	+ 50000
总额	+ 180000	− 120000

DORO 饭店利润表

这里使用虚拟的 DORO 饭店作为例子说明整个饭店的利润表情况。要编制一张利润表，必须包括来自于资产销售的所得与所失，以及其他与收入中心、支持中心、公用事业成本和固定成本等不相关的项目结果。最后，还要包括所得税以算出饭店的净利润。在考虑中的报告期间，DORO 饭店出售资产的所得为 10500 美元，所得税费用（州和联邦的）是 16094 美元。

内部格式

以下部分描述了内部利润表的两种格式：长格式和短格式。

长格式 长格式利润表给读者展示了详细信息。图 7-1 说明了 DORO 饭店完整的内部长格式的利润表。如果没有资产销售收入的话，那么 66138 美元就是税前利润了。由于有了资产销售的所得，因此 66138 美元就作为在扣除所得税和资产销售所得之前的利润了。而 10500 美元的资产销售所得加上之前的 66138 美元就形成了扣除所得税前利润 76638 美元，然后减去 16094 美元的所得税就得到了 60544 美元的净利润。

图 7-1 DORO 饭店内部长格式利润表

	附表	净收入	销售成本	工资和相关费用	其他费用	利润（亏损）
DORO 饭店股份有限公司利润表 截至 20X2.12.31 末						附表 A
营业部门						
客房部	A1	8975000 美元		143140 美元	62099 美元	692261 美元
餐饮部	A2	524570	178310 美元	204180	54703	87377
通信部	A3	51140	60044	17132	1587	(27623)
其他营业部门	A4	63000	10347	33276	6731	12646
租金和其他收入	A5	61283	——			61283
营业部门总额		1597493	248701	397728	125120	825944
未分配费用						
行政管理	A6			97632	66549	164181
营销	A7			35825	32043	67868
资产运营和维护	A8			36917	24637	61554
公用事业成本	A9			——	47312	47312
未分配费用总额				170374	170514	340915
扣除固定费用前利润		1579493 美元	248701 美元	568102 美元	295661 美元	485029 美元
固定费用						
租金	A10					28500

（续）

	附表	净收入	销售成本	工资和相关费用	其他费用	利润（亏损）
财产税	A10					45324
保险	A10					6914
利息	A10					192153
折旧和摊销	A10					146000
固定费用总额						418891
扣除所得税和资产销售所得前的利润						66138
资产销售所得						10500
扣除所得税之前的利润						
						76638
所得税						16094
净利润						60544 美元

短格式 有时一个概括的利润表格式也是必需的。图 7-2 说明了短格式利润表，该表只显示收入和支持中心的概要信息。除了这种差异以外，长格式和短格式具有相同的一般格式，出现在长格式利润表的最右一列的信息，与在短格式的版本中提供的信息是相同的。

图 7-2　DORO 饭店内部短格式利润表

DORO 饭店股份有限公司利润表 截至 20X2.12.31			附表 A
	附表		利润
营业部门			
客房部	A1		692261 美元
餐饮部	A2		87377 美元
通信部	A3		(27623)
其他营业部门	A4		12646
租金和其他收入	A5		61283
营业部门总额			825944
未分配费用			
行政管理部	A6	164181	
营销部	A7	67868	
资产运营和维护	A8	61554	
公用事业成本	A9	47312	
未分配费用总额			340915
扣除固定费用前的利润			485029
固定费用			
租金	A10	28500	
财产税	A10	45324	

（续）

	附表		利润
保险	A10	6914	
利息	A10	192153	
折旧和摊销	A10	146000	
固定费用总额			418891
扣除所得税和资产销售所得前的利润			66138
资产销售所得			10500
扣除所得税之前的利润			76638
所得税			16094
净利润			60544 美元

外部格式

美国证券交易委员会 (SEC) 和《2002 年萨班斯 - 奥克斯利法案》对提供给股东和公众的外部财务报表内容的准确性和可靠性提出了要求。外部利润表并没有单一的标准格式，但所有外部报表必须符合美国注册会计师协会 (AICPA) 和财务会计准则委员会 (FASB) 的声明。

图 7-3 说明了 DORO 饭店的外部利润表的一种类型；这张报表符合公认会计原则。它的财务数据可以追溯到图 7-1。净收入已复制到这个报表里，并且每个部门的成本和费用包含了总销售成本、工资费用以及图 7-1 中显示的其他费用。

图 7-3 DORO 饭店外部利润表

DORO 饭店股份有限公司利润表		
截至 20X2.12.31		附表 A
净收入		
客房部	897500 美元	
餐饮部	524570	
通信部	51140	
其他营业部门	63000	
租金和其他收入	61282	
营业部门总额		1597493 美元
成本和费用		
客房部	205239	
餐饮部	437193	
通信部	78763	
其他营业部门	50354	
行政管理部	164181	
营销部	67868	
资产运营和维护	61554	

（续）

能源成本	47312	
租金、财产税和保险	80738	
利息费用	192153	
折旧和摊销	146000	
成本和费用总额		1531355
扣除资产销售所得前的利润		66138
资产销售所得		10500
扣除所得税之前的利润		76638
所得税		16094
净利润		60544 美元

两种附加的显示财务信息的方式是百分比财务报表和比较财务报表。

百分比利润表

尽管利润表显示了一段时期的经营成果，但管理者需要更多的信息来衡量效率和调查存在的潜在问题。为了适应管理的需要，会计人员设计了一个百分比利润表。

百分比利润表显示了报表上每个项目与共同的基数之间的关系。财务报表上的每个金额都被转换为百分比形式。在百分比利润表上，项目与净销售额之间的关系被表示为百分比格式。

利润表的百分比分析 如下例子可以说明百分比分析的重要性：如果管理层在预算中用净销售额的 1.0% 来作为折让（价格调整），但是这个期间的结果显示的折让是 1.5%，那么可能存在一个质量控制的问题。潜在的问题就会被曝光，因为实际的折让已经超过了预算。

百分比的计算可以由如下公式来表示：

$$\frac{行中列示的数额}{净销售额} = 百分比$$

被除数是利润表中每一项的金额数，除数是总销售额。因为每一个项目都是用净销售额来相除的。所以净销售额指数总是会有一个 100% 的百分比数。

百分比分析法也称为垂直分析法，因为是在利润表上使用相同的除数从上向下来计算的。

百分比数可以四舍五入到整数或保留小数点后任意数量位数。例如，5 除以 3 可以显示为 2（四舍五入到整数），1.7（保留一位小数），或 1.67（保留两位小数）。不管使用的是多少位小数，在百分比计算时都需要舍入。为了说明这一概念，将使用以下数据。

食品销售额	250000 美元	
已售食品成本	－ 84125	
毛利润	165875 美元	

百分比计算并且四舍五入到一位小数如下:

	投入		计算器显示		四舍五入
食品销售额	$\dfrac{250000 \text{ 美元}}{250000 \text{ 美元}}$	=	100.00	=	100.0%
已售食品成本	$\dfrac{84125 \text{ 美元}}{250000 \text{ 美元}}$	=	33.65	=	33.7%
毛利润	$\dfrac{165875 \text{ 美元}}{250000 \text{ 美元}}$	=	66.35	=	66.4%

将这些计算结果输入到适当的表格里得出的结果如下:

食品销售额	250000 美元	100.0%	
已售食品成本	－ 84125	－ 33.7	
毛利润	165875 美元	66.4%	←问题:

100.0 - 33.7 不等于 66.4

由于四舍五入法,有时候技术性地精确计算会让它显得没有逻辑。这个问题由不同的公司政策来解决。

一些公司遵循的政策是必须使用展示逻辑结果的计算。一个策略是迫使最大的数量(销售额或净利润除外)向上或向下,以适应由于四舍五入而产生的问题。这种策略会产生以下结果:

食品销售额	250000 美元	100.0%
已售食品成本	－ 84125	－ 33.7
毛利润	165875 美元	66.3%

其他的公司政策则不管任何数学矛盾而直接计算。这一政策通常用于计算机编制的报表,因为计算机在打印好计算的数额后就不能返回。本章中出现的任何强制性的数字在财务报表上都会用粗体表示。

在揭示潜在问题方面,百分比分析比比例检查更有用。在预算方面对预测销售额和费用也是很有用的。例如,如果供应品费用百分比当前显示为 10% 的话,那么预测供应品费用的一种快速而简单的方法就是用这一比例去预测在一段时间内的收入。也就是说，如果营销部预计销售额在未来的一个时期内是 200000 美元的话，则管理层就可以预测相应的供应品费用为 20000 美元。

百分比分析也为管理层编制有意义的报告或会议提供了有用的数据。一般来说，图片描述产出或预测比文字要更好一些。百分比分析可以很容易地转化成图形，尤其是在当今的计算机和软件的功能中更易实现。图示可以有效地传递信息并用生动形象的方式强调高点，低点与趋势。一个常用的图形就是饼图。

饼图可以快速提供一个易于理解的信息。简单地说，一个饼图就是一个被分成几片的圆（也称为"饼"）。每一片（项）代表的是这个饼的不同的部分。哪个片越大的话，则相对于饼的哪个部分就越大。

为构建一个饼图，必须知道在整个饼中每个部分之间的关系。图 7-4 是饼图的一个例子，它显示了 DORO 饭店的食品和酒水销售额所产生的大约 9 美分的利润（在图 7-5 中展示的餐饮部门的利润表可以在图 7-4 中看到那些包括成本和费用影响的数据是如何用饼图来呈现的）。

图 7-4 饼图——DORO 饭店餐饮部销售额

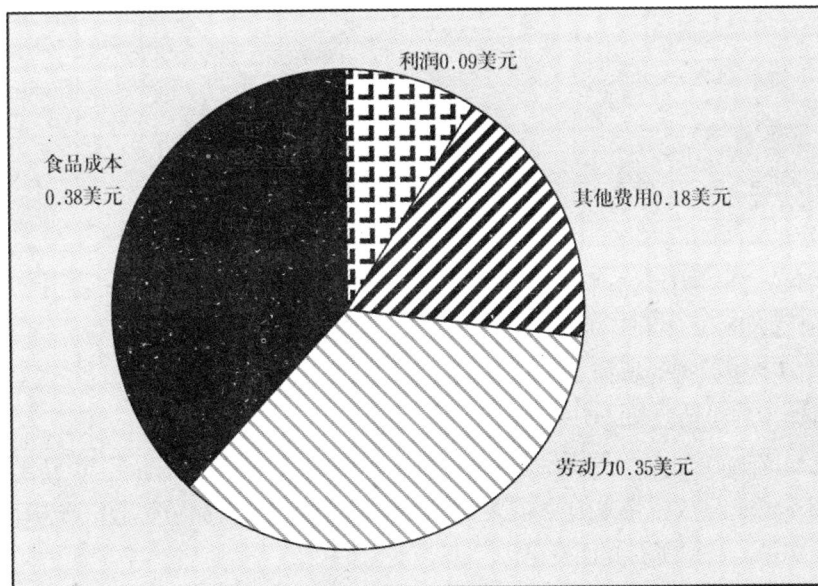

百分比分析可以分析一个饭店的利润表或单独分析任何部门的净销售额，以下各部分将对此进行说明。

百分比分析法 DORO 饭店餐饮部利润表 图 7-5 展示了 DORO 饭店餐饮部利润表的百分比分析。每一美元被 50000 美元的净销售额相除得到百分数。所有的百分数都保留小数点后一位,没有强制向上或向下移动的要求。为每个计算输入技术性答案,并且对每列的结果也做了如下检查:

$$100.7\% - 0.7\% = 100.0\%$$

$$100.0\% - 38.0\% = 62.0\%$$

$$35.4\% + 18.0\% = 53.4\%$$

$$62.0\% - 53.4\% = 8.6\%$$

图 7-5 百分比利润表——DORO 饭店餐饮部

食品销售额	50350 美元	100.7%
折让	350	0.7
食品销售净额	50000	100.0
已售食品成本	19000	38.0
毛利润	31000	62.0
费用		
工资和相关费用	17700	35.4
所有的其他费用	9000	18.0
总费用	26700	53.4
餐饮部利润	4300 美元	8.6%

百分比分析的解释——DORO 饭店餐饮部利润表 在百分比利润表上显示的数据是以其对净销售额的关系来进行解释的。该解释可以通过重述百分比为销售额的组成部分而得到简化 (100% 相当于 1 美元)。

对图 7-5 中数据的解释如下:

• 折让不到净销售额的 1%(0.7%);

• 食品成本为 38%,换句话说就是在食品销售额 (净销售额) 中是 38 美分;

• 38% 的食品成本带来的是 62% 的毛利润,这意味着食品销售额中有 62 美分用于支付工资和所有其他费用;

• 食品销售的总费用为 53.4% 或约 53 美分,这意味着餐饮部的食品销售额中成本和经营费用总计为 91 美分 (38 美分 + 53 美分);

• 8.6% 的净利润表示饭店在每一美元的食品销售额中得到的利润仅为 9 美分。

百分比分析——DORO 饭店的利润表　图 7-6 显示的是 DORO 饭店的百分比利润表。对一个饭店的利润表来说，百分比分析使用的程序与之前解释的相同。同样，净收入是用作共同的除数。报表上的每个数额都除以净销售额得到一个百分比。

内部的和外部的饭店利润表都可以包含百分比。为了给管理层提供进一步的信息，会计人员可以用预算比率和 / 或行业比率来补充内部利润表。

DORO 饭店利润表百分比分析的解释　图 7-6 中的利润表显示了客房部创造了饭店总收入 1597493 美元中 56.3% 的收入。这个部门的费用仅是收入的 12.8%。

饭店总成本和费用是销售额的 95.9% 或是每 1 美元中的 96 美分。资产销售所得增加了大约 1 美分，但是所得税拿走销售额的 1 美分。最终结果是：饭店在每 1 美元的销售额中可以保留的只有大约 4 美分（3.8%）。

图 7-6　百分比利润表——DORO 饭店

DORO 饭店股份有限公司利润表 截至 20×2.12.31		
净收入		
客房部	897500 美元	56.3%
餐饮部	524570	32.8
通信部	51140	3.2
其他营业部门	63000	3.9
租金和其他收入	61283	3.8
部门收入总额	1597493	100.0
成本和费用		
客房部	205239	12.8
餐饮部	437193	27.4
通信部	78763	4.9
其他营业部门	50354	3.2
行政管理	164181	10.3
营销	67868	4.2
资产运营和维护	61554	3.9
公用事业成本	47312	3.0
租金、财产税和保险	80738	5.1
利息支出	192153	12.1
折旧和摊销	146000	9.1
成本和费用总额	1531355	95.9
扣除资产销售所得前的利润	66138	4.1
资产销售所得	10500	0.7

（续）

扣除所得税之前的利润	76638	4.8
所得税	16094	1.0
净利润	60544 美元	3.8%

比较利润表

　　一个比较财务报表呈现了两个或更多时期的财务数据。比较数据可以以美元数额或百分比的形式显示，并且在它的计划管理和控制功能里管理层可以发现有用的信息。由于是在逐项的基础上计算的，所以比较分析也称为水平分析。比较分析不使用一个共同的除数。每一行的除数是上期特定行的数据。

　　一个常用的比较利润表格式如下：

本年度	上年度	变动金额	变动比率

编制比较利润表的方法在如下讨论中列出：

	20X4	20X3	变动金额	变动比率
净销售额	210000 美元	200000 美元		
销售成本	80000	82000		

　　在本年度和上年度的数据如上所示被录入之后，完成比较利润表的步骤是：

　　第一，　　金额变化是通过在计算器中输入本年度的数额然后减去上年度的数额来计算的。计算器可以提供适当的数学符号（正面的或负面的）。

$$\begin{array}{r} 210000 \text{ 美元} \\ -\ 200000 \\ \hline 10000 \text{ 美元} \end{array} \qquad \begin{array}{r} 80000 \text{ 美元} \\ -\ 82000 \\ \hline （2000）\text{ 美元} \end{array}$$

　　第二，百分比变化是通过美元变动数额除以上年度的数额来计算的。百分比变动的数学符号通常与金额变动的符号一样。

$$\frac{10000}{200000} = 50\% \qquad \frac{（2000）}{82000} = （2.4\%）$$

　　一旦计算出金额变动和百分比变动，就可以将它们输入到适当的列里，如下所示。

	20X4	20X3	变动金额	变动比率
净销售额	210000 美元	200000 美元	10000 美元	5.0%
销售成本	80000	82000	（2000）	（2.4）%

前面的示例在最左侧列中显示了本年度的情况。一些公司喜欢将上一年度显示在最左边的列中。下面的例子展示了本年度和上年度数据的不同呈现方式。注意，这种格式对该期间的变动没有影响。

	20X3	20X4	变动金额	变动比率
净销售额	200000 美元	210000 美元	10000 美元	5.0%
销售成本	82000	80000	（2000）	（2.4）%

要查看日期标题以便于发现本年数额低于上一年数额。否则，容易在标示增加或降低上犯错误。

DORO 饭店的比较利润表　图 7-7 展示了 DORO 饭店的一个比较利润表。每一排项目的金额变化（包括任何总数）都是水平地独立计算的。所有部门的 72100 美元也是一个水平计算的结果。通过垂直加总每个部门的美元变化可以验证 72100 美元的准确性（交叉核查所有列的数额，这是制作一个精确报表的标准程序）。

因为变化百分比计算没有共同的除数，所以不可能添加一个列的百分比来验证任何总百分比。例如，所有营业部门 9.6% 的总变化不能通过为每个部门添加单独的百分比变化来验证。因此，为了确保准确，建议重新核对所有百分比计算，如下所示：

- 验证百分比变化的数学符号与美元的变化是一样的；
- 当输入一个百分比变化时，可以使用 10% 的变化作为心里的指导；例如，DORO 饭店的客房部去年的利润为 615114 美元。10% 的变化是 61511 美元（简单去掉最后一个数字，将小数点向左移动一个位置）。实际的美元变化量为 77147 美元，略高于 10%，如果你已经输入了 125% 或 1.3% 的百分比变化，那么就会出现计算错误；
- 对已经应用了前面的程序显示可能存在计算错误的项目的百分比变化进行再次检查。

图 7-7　DORO 饭店比较利润表

DORO 饭店股份有限公司利润表				
截至 20×2 和 20×1.12.31				
	20X2	**20X1**	**变化金额**	**变化百分比**
营业部门收入				
客房部	692261 美元	615114 美元	77147 美元	12.5%

（续）

	20X2	20X1	变化金额	变化百分比
餐饮部	87377	90520	(3143)	(3.5)
通信部	(27263)	(26814)	(809)	(3.0)
其他营业部门	12646	14502	(1856)	(12.8)
租金和其他收入	61283	60522	761	1.3
部门收入总额	825944	752844	72100	9.6
未分配费用				
行政管理	164181	140812	23369	16.6
营销	67868	57647	10221	17.7
资产运营和维护	61554	64482	(2928)	(4.5)
公用事业成本	47312	42114	5198	12.3
未分配费用总额	340915	305055	35860	11.8
固定费用前利润	485029	448789	36240	8.1
固定费用				
租金	28500	28500	0	0
财产税	45324	33421	11903	35.6
保险	6914	4900	2014	41.1
利息	192153	193814	(1661)	(0.9)
折旧和摊销	146000	128000	18000	14.1
固定费用总额	418891	388635	30256	7.8
扣除所得税和资产销售所得前利润	66138	60154	5984	9.9
资产销售所得	10500		10500	
所得税前利润	76683	60154	16484	27.7
所得税	16094	14030	2064	14.7
净利润	60544 美元	46124 美元	14420 美元	31.3%

比较分析的解释 专业词汇是用来讨论比较财务报表上的变化的。如果今年的数据比去年的数据大，这种变化被称为增加或简称为上升或向上；它不能被称为所得，因为所得来自于以一个超过账面价值的价格出售资产的结果。如果今年的数据小于去年的数据，这一变化被称为减少或简称为下降或向下，它不能被称为损失，因为损失源自于以一个低于账面价值的价格出售资产的结果。

如果今年的数据等于去年的数据，这种情况被称为没有变化，将其称为零变化是不合逻辑的。

    有时不能计算百分比变化，因为没有去年的数据，这意味着没有除数。在这种情况下，适当的做法是，在适当的列中输入符号"－"或"n／m"来说明百分比变化是不可衡量的。

    分析变化时，仅集中在百分比变化上是不正确的，因为百分比变化大并不必然代表金额变化大。而比较小的金额变化却可能造成百分比的大变化。例如，在去年20美元的基础上变化了50美元导致的结果是250%的百分比变化。相反，一个小的百分比变化可能代表一个较大的美元变化。例如，如果在去年50000000美元的基础上变化了500000美元，则变化的百分比仅为1%。

    DORO饭店比较利润表的解释 如图7-7所示，DORO饭店的比较利润表用于对20X2(今年)20X1(上一年)的比较得出的经营结果作出如下简要解释。

- 净利润增长的31.3%会产生误导，因为包含了资产销售所得；出售资产不属于饭店正常的商业目的，如果忽略资产出售所得的话，那么饭店的正常业务实际上带来的只有9.9%的税前利润增长；

- 客房部的利润显示了12.5%的增长，但餐饮部门下降了3.5%，这种情况需要进一步研究；

- 通信部门的结果是最难解释的：考虑到要对经营部门的利润进行分析，今年更大的亏损导致了经营利润的减少；809美元的变化使利润减少，因为今年部门亏损的27623美元比去年部门亏损的26814美元要大；

- 乍一看，其他营业部门减少的12.8%的利润是令人担忧的。然而，美元的减少却只有1856美元。在任何情况下，管理层都想要找出今年的趋势向下的原因；

- 租金和其他收入增长了1.3%，似乎有追随客房部利润的趋势，只是价格稍低了些；

- 行政管理费增加了16.6%；这个增加需要管理层的关注，因为它与所有收入中心（经营部门）的收入增加的9.6%相比不成比例；

- 营销费用的增加可能与客房销售额的增加有关。也许更多的钱花在了广告上，以此增加了客房的销售额；在任何情况下，管理者都要调查市场营销费用增加的原因；

- 资产运营和维护数据是一项费用。如果今年的费用比去年的费用要小，那么变化就是减少；

- 租金费用的变化列中的数据被称为没有变化；

- 资产销售所得的变化百分比变化列无法计算，因为没有除数（没有去年的数据），因此插入一个破折号。

留存收益表

留存收益表是为任何作为公司合法组织的饭店业务编制的。这个报表的目的是提供由公司存在期保留的收益的更新信息。这些留存收益代表企业生存期利润没有作为股息分配给股东。

留存收益会因为一段期间的净利润而增加，也会因为任何宣布的股息而减少。股息可能在一个时期里宣布，而在下一个时期里支付；因此，股息的宣布和股息的应付的区别对这个报表来说有重要的影响。

股息由公司董事会第一个宣布。这一宣布会立即减少留存收益并通过以下日记账分录而显示出来：

留存收益（或宣布的股息）　　　XXX

应付股息　　　XXX

当支付股息时，分录会影响现金，并通过如下日记账分录显示出来：

应付股息　　　XXX

现金　　　XXX

留存收益表可能作为一个单独的报表或与利润表结合在一起编制。无论何种情况下，留存收益的结尾会显示在资产负债表的所有权权益部分中。

DORO 饭店的留存收益表

图 7-8 展示了 DORO 饭店的一个单独的留存收益表。由于留存收益表通常是在利润表之后编制的，因此它被称为附表 B。

留存收益表的计算相对简单。留存收益的开始是前几年的积累额，它代表了该公司的生存期利润（净利润）少于该时期初宣布的股息。对于 DORO 饭店来说，年初的留存收益是 278118 美元。该金额加上该期间的净利润 60544 美元，得出总计为338662 美元的结果。减去该年宣布的股息 20000 美元得到这一时期期末 318662 美元的留存收益。这个数字将转入到 DORO 饭店的资产负债表中。

图 7-8 DORO 饭店留存收益表

DORO 饭店股份有限公司留存收益表		
截至 20X2.12.31		附表 B
年初的留存收益		278118 美元
本年的净利润（附表 A）		60554
总额		338662
减去本年宣布的股息		20000
年末的留存收益		318662 美元

DORO 饭店的利润表和留存收益表

图 7-9 展示了与利润表结合的留存收益数据。这是一种普遍的报表格式，因为它容易显示净利润对留存收益的增值作用。 在这个结合在一起的报表——利润和留存收益报表中，净利润没有双画线。相反，它被加到期初留存收益上，然后减去宣布的股息得到最终的留存收益。年末留存收益用双画线以表示报表的结束。

图 7-9 DORO 饭店利润表和留存收益表（外部的）

DORO 饭店股份有限公司利润表和留存收益表		
截至 20X2.12.31		
净收入		
客房部	897500 美元	
餐饮部	524570	
通信部	51140	
其他营业部门	63000	
租金和其他收入	61282	
营业部门总额		1597493 美元
成本和费用		
客房部	205239	
餐饮部	437193	
通信部	78763	
其他营业部门	50354	
行政管理	164181	
营销	67868	
资产运营和维护	61554	
公用事业成本	47312	
租金、财产税和保险	80738	
利息	192153	
折旧和摊销	146000	
成本和费用总额		1531355

（续）

扣除资产销售所得前利润	66138
资产销售所得	<u>10500</u>
扣除所得税之前的利润	76638
所得税	<u>16094</u>
净利润	60544 美元
年初的留存收益	278118
减去该年宣布的股息	20000
年末的留存收益	<u>318662</u> 美元

《住宿业统一会计制度》 第10版

《住宿业统一会计制度》（USALI）第10版声明："在外部利润报表里呈现的细节程度是视情况而定的，收入、费用、利息、折旧和所得税的项目都应被包括在内的，除非数量无关紧要。在某种程度上来说，任何个体的收入或费用项目很重要的话，那么就需要单独披露。"

《住宿业统一会计制度》声明"呈现给外部使用者的（利润）报表通常是相对简短的，只提供运营结果的概括性细节。"

公认会计准则、财务会计准则委员会和美国证券交易委员会（SEC）负责管理报告给投资大众的财务信息和报表。因此，USALI 不能声明任何与这些会计准则、政府的标准和政府机构相冲突的修改。一个注册会计师事务所将会审核饭店公司的记录，并且发布经审计的符合注册会计师职业要求的财务报表。

图7-10和图7-11提供了外部利润表的样例以及由《住宿业统一会计制度》推荐并且符合专业及政府标准和法规的股东权益报表样例。供外部使用者的利润表是依据公认会计原则来制作的。这个特定的格式没有显示权益账户的变化。如果净利润或损失对权益账户来说是唯一的改变的话，那么本章所示的利润表底部的留存收益的变化是容许调整的。

在报告期间，如果在权益账户里有重大活动，那么给外部使用者的股东权益的报表是独立编制的。重大活动允许通过综合报表显示溢价资本、留存收益以及股东权益总额的积累额。

图7-10　外部利润表样例格式

<table>
<tr><td colspan="3" align="center">**利润表**</td></tr>
<tr><td></td><td colspan="2" align="center">__时期__</td></tr>
<tr><td></td><td align="center">本年度</td><td align="center">上年度</td></tr>
<tr><td>**收入**</td><td></td><td></td></tr>
<tr><td>　客房</td><td align="center">美元</td><td align="center">美元</td></tr>
<tr><td>　餐饮</td><td></td><td></td></tr>
<tr><td>　其他经营部门</td><td></td><td></td></tr>
<tr><td>　租金和其他收入</td><td></td><td></td></tr>
<tr><td>　收入总额</td><td></td><td></td></tr>
<tr><td></td><td></td><td></td></tr>
<tr><td>**费用**</td><td></td><td></td></tr>
<tr><td>　客房</td><td></td><td></td></tr>
<tr><td>　餐饮</td><td></td><td></td></tr>
<tr><td>　其他经营部门</td><td></td><td></td></tr>
<tr><td>　行政管理</td><td></td><td></td></tr>
<tr><td>　营销</td><td></td><td></td></tr>
<tr><td>　资产运营和维护</td><td></td><td></td></tr>
<tr><td>　公用事业</td><td></td><td></td></tr>
<tr><td>　管理费</td><td></td><td></td></tr>
<tr><td>　租金、财产税和保险</td><td></td><td></td></tr>
<tr><td>　利息</td><td></td><td></td></tr>
<tr><td>　折旧和摊销</td><td></td><td></td></tr>
<tr><td>　资产配置的损失（或收入所得）</td><td></td><td></td></tr>
<tr><td>　费用总额</td><td></td><td></td></tr>
<tr><td></td><td></td><td></td></tr>
<tr><td>**所得税前利润**</td><td></td><td></td></tr>
<tr><td>**所得税**</td><td></td><td></td></tr>
<tr><td>　现在的</td><td></td><td></td></tr>
<tr><td>　延期的</td><td></td><td></td></tr>
<tr><td>　所得税总额</td><td></td><td></td></tr>
<tr><td></td><td></td><td></td></tr>
<tr><td>**净利润**</td><td align="center">美元</td><td align="center">美元</td></tr>
</table>

资料来源：兰辛，《住宿业统一会计制度》第10版（mich：美国饭店业协会教育学院，2006）第18页。

图 7-11 股东权益报表样例格式

	优先股		普通股				库存股份			
股东权益报表										
	绩优股份数	总额	绩优股份数	总额	溢价资本	留存收益	股份数	总额	累计其他综合利润（亏损），所得税净额	总的股东权益
上一年期初余额	美元		美元		美元	美元		美元	美元	美元
增加（减少）										
净利润										
宣布的股息										
未实现所得（损失）的变化										
股票销售净收入										
获得的库存股										
其他										
上一年期末余额	美元		美元		美元	美元		美元	美元	美元
增加（减少）										
净利润										
宣布的股息										
未实现所得（损失）的变化										
股票销售净收入										
获得的库存股										
其他										
本年末余额	美元		美元		美元	美元		美元	美元	美元

注：累计的外币换算调整也应显示在本报表中

资料来源：兰辛，《住宿业统一会计制度》第 10 版（mich：美国饭店业协会教育学院，2006）第 20 页。

主要术语

权责发生制会计（accrual basis accounting）：一定时期内收入和费用的报告系统，在该时期里收入或费用被认为已经获得或发生，不管收款或支付的实际时间如何。

百分比分析（common-size analysis）：一个分析程序，在该程序中的每个项目金额都被表述为基本金额的百分比。百分比利润表的基本金额是净销售额（净收入），而对百分比的资产负债表来说则是总资产。也称为垂直分析，因为百分比财务报表的比较都是从上到下的。

比较分析（comparative analysis）：在比较报表上的一种分析程序，显示了相对于前期的实际和百分比变化。也称为横向分析，因为比较是从左到右的。

外部财务报表（external financial statements）：旨在告知外部团体运营的结果（根据利润表报告）、并作为一个整体的公司财务地位（根据资产负债表报告），或其他相关信息的报表。这些报表以概括的格式呈现信息，并且强调公司的结果。它们通常都由独立的注册会计师来审计和认证。

外部使用者（external users）：企业以外并需要会计和财务信息的群体；外部使用者包括供应商、银行、股东以及投资者。

财政年度（fiscal year）：经营年，它可能会也可能不会与日历年相同，但总是以 12 个月为一个周期。

水平分析（horizontal analysis）：见比较分析。

内部财务报表（internal financial statements）：供内部使用者使用的财务报表。这些报表呈现了每个责任区域以及作为一个整体的饭店的详细信息。管理使用该信息监控业务的赢利能力和长期规划。

内部使用者（internal users）：饭店企业内部需要会计和财务信息的群体，如董事会、总经理、部门经理和其他员工。

配比原则（matching principle）：一个规定所有费用必须记录在其帮助产生收入的同一会计期间的原则。

净利润（net income）：在一个会计期间，收入超过费用的额外部分。

实现原则（realization principle）：一个规定来源于业务交易的收入仅当取得现金或获得收取现金的权利时才被记录为收入的原则。

留存收益（retained earnings）：由公司创造的净利润的组成部分，该部分不用于分配股息，而留存在公司。

垂直分析（vertical analysis）：见百分比分析。

复习题

1. 利润表的目的是什么？

2. 利润表还有哪些其他名称？

3. 一个饭店的收入构成部分是什么？

4. 一个饭店利润表的财务组成部分是什么？

5. 为什么净利润与现金流不同？

6. 什么是百分比利润表?

7. 什么是比较利润表?

8. 留存收益表的目的是什么?

9. 什么是利润和留存收益表?

网址:

若想获得更多信息,可访问下列网址。网址变更恕不通知。若你所访问的网址不存在,可使用搜索引擎查找新网址。

1. 财务报表的幻灯片: www.business.gsw.edu/busa/faculty/jkooti/Finance/Pres/Chapt3/sld025.htm

2. 百分比财务报表: www.netmba.com/finance/statements/common-size/

3. 标杆和比率: http://bizstats.com/

(说明: 在第一个窗口,滚动到其他服务——饭店和旅馆,输入业务总收入金额,然后点击计算。)

4. 趋势、标杆、价格以及更多: www.pkfc.com/store/Download_Samples.aspx

练习题

习题 1

基于以下数据为 Sivad 饭店公司编制一个内部短格式利润表。

该数据是截至 20XX 年 9 月 30 日。

收入中心的利润:

客房	776786 美元
餐饮	119726
通信	(15610)
自动售货机的佣金	1500
现金折扣收入	2700

利息收入	800

支持中心的费用：

行政管理	158684
营销	48209
资产运营和维护	88296

其他费用：

公用事业成本	81420
租金	135225
财产税	55650
保险	9986
利息	52148
折旧及摊销	115860
所得税	48707

习题 2

基于以下数据，为 Carbob 饭店编制一份留存收益表。

该数据是截至 20X9 年 6 月 30 日。

今年支付的股息	40000 美元
今年宣布的股息	60000
所得税前利润	140424
所得税	48707
20X8 年 7 月 1 日的留存收益	122930

习题 3

为 Garden Bistro 公司编制一份百分比利润表。四舍五入的规则如下：

（1）显示的所有答案四舍五入到一位小数（例如，7900 除以 170000 等于 4.6%）

（2）如果一系列计算出的百分比不加总到总计算中，那么必要时将该系列的最大数字向上移或向下移。

（3）净利润百分比不用向上或向下移。

Garden Bistro 有限公司利润表
截至 20X8 年 12 月 31 日

收入

食品销售额	171000 美元
折让	1000
净收入	170000
已售食品成本	53000
毛利润	117000
营业费用	
工资	55000
工资税和员工福利	7900
瓷器、玻璃器皿	300
厨房燃料	900
洗衣和干洗	2100
信用卡费	1500
营业用品	5000
广告	2000
公用事业	3800
修理和维护	1900
营业费用总额	80400
固定费用和所得税前利润	36600
固定费用	
租金	6000
财产税	1500
保险	3600

利息	3000
折旧	5500
固定费用总额	19600
所得税前利润	17000
所得税	2000
净利润	15000 美元

习题 4

根据下面的利润表编制比较分析。所有的百分比四舍五入到一位小数。

Garden Bistro 有限公司利润表

截至 20X8 年和 20X7 年 12 月 31 日

	20X8	20X7	变化金额	变化百分率
收入				
食品销售额	171000 美元	160800 美元		
折让	1000	800		
净收入	170000	160800		
已售食品成本	53000	51000		
毛利润	117000	109000		
营业费用				
工资	55000	56000		
工资税和员工福利	7900	7500		
瓷器、玻璃器	300	300		
厨房燃料	900	600		
洗衣和干洗	2100	1800		
信用卡费用	1500	0		
营业用品	5000	5200		
广告	2000	1400		

公用事业	3800	3000
修理和维护	1900	1000
营业费用总额	80400	76800
固定费用和所得税前利润	36600	32200
固定费用		
租金	6000	6000
财产税	1500	1200
保险	3600	3600
利息	3000	2800
折旧	5500	4700
固定费用总额	19600	18300
所得税前利润	17000	13900
所得税	2000	1600
净利润	15000 美元	12300 美元

习题 5

从如下数据中确定现金流量和利润表的影响。显示每个项目的影响以及总影响。

影响

		利润表	现金流量
现金销售额	200000 美元		
赊销销售额	500000		
赊购费用	300000		
上个月应付账款的支付	200000		
折旧	80000		
摊销	15000		
新的银行贷款	25000		
抵押贷款本金支付	60000		

习题 6

你被要求承担法务会计职责，找出由于公司内部欺诈而丢失的财务信息。已确定该期间的销售额是 791000 美元。你的任务是基于这家公司平均的百分比数来确定下列事项。将你的答案四舍五入到最近的 1 美元。

销售成本　　　　　　　61.9%

销售费用　　　　　　　22.8

行政管理费　　　　　　6.8

按如下格式给出你的答案：

销售额　　　　　　_____

销售成本　　　　　_____

毛利润　　　　　　_____

销售费用　　　　　_____

行政管理费　　　　_____

所得税前利润　　　_____

习题 7

由于某些记录被火所毁坏，你被一个公司雇用去承担法务会计职责找到失踪的财务信息。基于提供的信息填写下面的空格。

20X9	20X8	变化金额	变化百分率
___	20269	16231	80.1
3450	___	733	27.0
___	2100	（200）	（9.5）
3000	___	0	0
4000	___	4000	n/m
48000	___	1807	
___	50000	___	10.0

习题 8

计算机作业：基于以下信息用一个饼图来展示销售金额的配置。

食品销售净额	100%
已售食品成本	32.0
劳动力成本	37.0
其他经营成本	13.2
固定成本	13.3
所得税	0.8
净利润	3.7

案 例 分 析 ──────────────────

预计利润表的编制和目的

一个预计利润表是一种计划未来或一个预期的结果的而不是报告过去的利润表。它显示了一个公司可能会实现的一种状态。

申请银行贷款时，创业者可能使用预计损益的利润表去计划它在未来几年的利润。已经建立的公司也可能申请融资和编制预计利润表来展示一项收购、一个新的经营位置，或者一个新的生产线是如何影响其收益的。

在热带地区海滨汽车旅馆由于其海滨位置而拥有一个良好的入住率，在全年都非常受游客欢迎。客人忠诚度很高，并对汽车旅馆的管理、清洁、设备完善的客房与杰出的设施和出色的客户服务表示赞扬。客人可能会停留几天或几周。汽车旅馆没有餐厅设施。基于汽车旅馆的高入住率、回头客和平均停留时间，管理层决定在其未使用设施的部分内开一家餐厅。

为这一扩张需要向银行贷款来维持客房运营的财务完整性。银行要求餐厅运营的预计利润表。管理层雇用一个顾问来确定菜单的内容、菜单价格、设备和人员需求、预期的营业费用。由于许可证的原因，餐厅将不会出售酒精饮料。

由于晚餐的竞争很激烈，所以餐厅不提供晚餐。该地区有许多好餐厅配备了优质的厨师、酒和娱乐活动。根据入住率、交通的可进入性和座位周转率估计，每日吃早餐的客人流量计数为 200 位，平均消费 8.00 美元。由于旅游景点的性质，决定了午餐的人数将少于早餐的人数。然而，汽车旅馆预计海滩爱好者将以 9.00 美元购买 70 份外卖午餐，在店内消费的客人将为 80 位，平均消费 12.00 美元。餐厅每周 7 天都开放。没有必要给它提供折让和返款，因为数量是微不足道的。

　　在检查了菜单组合以及与供应商定价后，咨询顾问估计了一个 **28%** 的食品成本。根据人力资源计划和当地劳动力成本，咨询顾问估计工资及相关费用将占总计的 **34%**。咨询顾问进一步估计，餐厅设备每年折旧总额将为 20000 美元，基于区域百分比数量的其他所有费用将达 20%。

要 求

1. 为一个首次实现全年运行的餐厅风险投资编制一个预计利润表。

2. 对漏报所得税进行评论。

3. 假设银行不会贷款给旅馆，除非企业能实现税前 10% 的回报。仅依据这个标准，评估银行批准汽车旅馆的银行贷款申请的可能性。

第 8 章

概 要

利润表的比率分析
  前期比率
  行业和相关比率
  预算比率

常用的利润表比率
  赢利能力比率
  活动性比率
  营运性比率
  占用率
  股票估值率

客房部比率
  边际利润率
  劳动力成本率
  平均房价
  出租率
  平均每间可供出租客房收入

餐饮部比率
  边际利润率
  劳动力成本率
  食品成本率
  主要成本率
  酒水成本率
  平均食品消费额
  平均酒水消费额

  平均总消费额
  存货周转率
  现货周转天数

饭店比率
  饭店边际利润率
  公司边际利润率
  劳动力成本率
  股东权益回报率
  每股收益率
  市盈率

其他利润表比率
  已获利息倍数比率
  资产回报率

比率公式参考列表

学习目标

1. 解释分析饭店利润表中比率的用途，并列出使用这些比率的优点和局限性。

2. 总结常用利润表比率的一般分类。

3. 列出常用于分析饭店客房部的比率，并描述它们的公式和解释。

4. 列出常用于分析餐饮部的比率，并描述它们的公式和解释。

5. 列出常用于分析一个饭店的比率，并描述它们的公式和解释。

8

利润表的比率分析

对利润表进行详细的分析是很重要的，因为饭店业务的长期成功取决于利润的实现。仅用利润表的百分比分析和比较分析是不够的，因为其结果无法与标准或预期标准相比较。

销售数量反映的是饭店业务的动态活动。销售量的增加并不一定有利于利润的增长，而销量的下降也不一定对利润不利。利润表的分析需要深入研究销售额和费用之间的关系，并且将这些关系与标杆进行比较。

比率表达了在一段时间里两个相关项目之间的直接关系，其计算结果是用在同一会计期间内的两个数字相除得到的。比率的使用可以将绝对金额转换为一个数字，该数字可以作为基础来对照上年度的基准、行业标准和管理目标。管理的目标是通过预测和预算的使用来解读的。比率的恰当使用需要了解其分析的优点以及局限性。

比率分析有许多优势：

• 比率容易计算和使用；

• 比率可以通过对照管理层和行业研究建立的基准来提供比较基础；

• 比率能指出问题所在；

• 比率为认识趋势提供了基础。

比率分析的限制性包括如下方面：

• 单独一个比率不能被适当地评估；

• 比率不能解决问题；

• 比率必须被适当地解释；

• 利润表包含了会影响结果的预计因素；

• 会计程序的变化可能会影响比率。

利润表的比率分析

良好的财务管理需要的不仅仅是百分比利润表或比较利润表。因此，除了这些不同的利润表以外，会计人员还为管理者提供许多比率，这些比率将有助于他们研究经营结果。

一个比率是一个项目与另一个项目之间的关系，并用数字来表示。例如，358300 美元的食品销售额与食品服务的 37716 名顾客的关系是人均食品消费额 9.50 美元（358300 美元 ÷ 37716 = 9.50 美元）。比率可以表示为百分数、小数、美元和美分，或饭店行业惯例的其他指标。

比率分析是财务分析的一个重要部分，因为它们能指出潜在的问题。但是比率本身并没有给出一个完整的情况介绍。例如，仅知道人均食品消费额 9.50 美元是不够的，除非提供一个可供比较的比率。解释比率时，不能确定哪些是有利的或不利的条件，除非有可供比较的其他工具或标准。可供比较的有意义的比率如下：

- 前期比率；
- 行业和相关比率；
- 预算比率。

前期比率

前期比率提供了与当期比率的一个比较基础。例如，假设一个企业的平均食品消费额如下：

	20X2	20X1	20X0
平均食品消费额	9.50 美元	9.45 美元	9.48 美元

乍一看，可能这种假设一切都是正常的。然而，如果 20X1 和 20X2 的菜单价格上涨了 5% 会怎样？这意味着平均食品消费额实际上在下降。这个例子说明使用前期的结果来作比较的危险：前期的无效数据可能会从一个时期转入到下一个时期，并不会被发现。

行业和相关比率

饭店业比率和统计数据是由会计师事务所咨询公司安德森·史密斯研究机构和国家餐馆协会（为独立的餐馆）发布的。

饭店业的比率是非常有用的，因为它们代表了相似企业的平均数，并为管理层提供了可以作为另一个测量工具的统一的比率。

然而，行业比率并不能作为"尺码"被依赖。行业比率的及时性会受到收集数据的延迟、长时间编制数据、出版和发布的影响。

此外，行业的一些成员在优异的财务条件下，拥有良好的经营成果，而另一些则没有。行业比率来自组合报表，并且可能受到来自最成功和最不成功的企业的极端数据的影响，除非排除这些大幅波动（例如，如果 5 家公司各自都有 100000 美元的净利润，另外 5 家公司各自有 10000 美元的净利润，那么平均净利润是 55000 美元。然而，只有一半的公司非常赚钱，而另一半几乎无法生存）。最后，这些标准的使用会受到地理和人口因素的影响。

预算比率

预算比率代表了管理的目标。它们被设计为计划程序的一部分，并用于对实际结果的测量。当预算比率得到适当的设计时，它会是最好的评估形式。

预算比率的有效性取决于用于编制预算的数据来源。要是使用上年度的平均值，上年度的不适合部分就会成为新预算的一部分。预算的适度开发需要研究经营成果和最新的预测技术以及数据。一些公司使用一个叫作零基预算的预算程序。在这个概念下，所有的支出都被检查，并且必须被证明从零起点是合理的。但即使是零基预算也有一定的局限性，因为它的文本工作量比较大，并且在描述以及识别资源和活动方面比较困难。

常用的利润表比率

许多比率都用于分析经营部门和整个饭店的营业结果。有的比率公式适用于所有领域（例如边际利润率），而有的比率仅可用于一个部门（例如平均房价）。比率表示的形式各不相同，但这种不同并不影响比率分析的准确性或用途。

使用比率来评估利润表的项目需要比率评估的知识。与利润表有关的比率是用来衡量赢利能力、流动性和营运性的。根据衡量的内容对比率进行分类并列出每类中常用的一些比率。

赢利能力比率

赢利能力比率反映了在创造利润方面管理的有效性。在饭店行业用于衡量赢利能力的两个常用的比率是：

- 边际利润率（净利润比上净销售额）；
- 净资产收益率。

活动性比率

活动性比率是用来衡量饭店管理者使用饭店资产的效率性。活动性比率也称为资产管理比率。在饭店业用于衡量资产管理的两个常用的比率有：

- 存货周转率;
- 存货周转天数。

营运性比率

营运性比率衡量的是管理者控制费用的效率和经营效益。饭店业用于衡量经营效率的一些常用比率有：

- 平均房价;
- 占用率;
- 平均每间可供出售客房收入;
- 食品成本率;
- 劳动力成本率;
- 主要成本率;
- 平均食品消费额。

占用率

占用率用于衡量饭店或汽车旅馆在销售基本客房产品方面管理的效果。占用率可以计算为付费占用率、免费占用率、平均占用率和双倍占用率。出于我们的目的，本章将使用付费占用率并称之为出租率。

股票估值率

股票估值率被投资者用来判断它们是否应该购买、持有或出售饭店公司的股票。

有时，这些比率是按照赢利能力比率来分类的。但是，它们在本章被单独分类，因为它们只适用于企业和投资团体的使用。部门经理和总经理在他们的计划、组织和控制职能方面不使用这些比率。

投资者会使用许多工具来估量一个主要证券交易所列出的任何一只股票的投资价值。两种常用的股票价值测量比率有：

- 每股收益率;
- 市盈率。

客房部比率

本章客房部比率是根据如图 8-1 所示的 DORO 饭店部门利润表来计算的。用于分析客房部门的常用比率有：

- 边际利润率;
- 劳动力成本率;
- 平均房价;
- 出租率;
- 平均每间可供出售客房收入。

图 8-1 客房部利润表——DORO 饭店

DORO 饭店股份有限公司客房部利润表 截至 20X2.12.31		
收入		
客房销售		900000 美元
折让		2500
净收入		897500 美元
费用		
薪金和工资	120000 美元	
员工福利	23140	
总工资和相关费用		143140
其他费用		
佣金	2500	
合同清洁	5285	
顾客交通	10100	
洗衣和干洗	7000	

（续）

布草	11000		
营业用品	11125		
预订费用	9950		
工装	2167		
其他营业费用	2972		
其他总费用		62099	
费用总额			205239
部门利润（亏损）			692261 美元

边际利润率

边际利润率，也称销售净利润率，用于衡量赢利能力。它提供了每元销售额的净利润情况。它是以净利润除以净销售额来计算的，并表示为一个百分比。

边际利润率的计算公式如下：

$$\frac{部门利润（或净利润）}{净销售额}$$

DORO 饭店客房部的边际利润率计算如下：

$$\frac{692261 \text{ 美元}}{897500 \text{ 美元}} \times 100\% = 77.1\%$$

以上结果表示客房部的平均销售额创造了 77.1% 的利润，或者说客房部在 1 美元的销售额中有 77 美分的利润。这个利润看起来很高，但请注意：建筑物折旧是算入固定费用表中，建筑物维护被算入资产运营和维护部门中，以及电、水、热都是算入公用事业成本报告部门中的。

这个比例应与边际利润率标杆进行比较。如果这一比率等于或大于标杆的话，那么初步和一般的判断是有利的。例如，将 77.1% 的结果与 75% 的预算边际利润率进行比较会得出客房部创造的利润率比期望的边际利润回报完成得更好。

劳动力成本率

饭店和汽车旅馆最大的费用之一是劳动力。劳动力费用包括总工资成本和所有相关费用，如福利和工资税。劳动力成本率用于衡量运营效率并提供每一元销售额的劳动力成本状况。

劳动力成本率计算公式如下：

$$\frac{总工资及相关费用}{净销售额}$$

DORO 饭店客房部的劳动力成本率计算如下：

$$\frac{143140\ 美元}{897500\ 美元} \times 100\% = 15.9\%$$

以上结果表示客房部门的平均劳动力成本是销售额的 15.9%，或者可以说 1 美元销售额中的 16 美分用于支付劳动力成本。

这一比率应该与劳动力成本率标杆指标相比。如果该比率等于或低于标杆指标，初步和一般判断是有利的。例如，将 15.9% 的结果与预算的比率 16% 相比，说明已经实现了期望的运营效率目标。

平均房价

虽然房价取决于房间的类型、客人数量和其他因素，但测量平均售价是很重要的，平均售价也被称为平均房价 (ARR) 或平均每日房价 (ADR)。这一比率提供了每间付费入住客房的平均收费价格。平均房价（ARR）用作衡量企业。

平均房价计算公式如下：

$$\frac{客房净销售额}{付费占用的客房数}$$

利润表不足以用来计算平均房价。没有出现在利润表上的统计数据必须在相关期间内对已付费客房单独列示。DORO 饭店在 20X2 期间一共有 17950 间付费占用客房。DORO 饭店客房部的平均房价计算如下：

$$\frac{897500\ 美元}{17950} = 50\ 美元$$

以上结果表示将所有的客房考虑在内，平均售价是 50 美元，包括有些售价高于或低于平均售价的客房。

这一比率应该与标杆比率进行比较。如果该比率大于或等于标杆价，初步和一般判断是有利的。例如，将 50 美元的结果和 48 美元的预算价格进行比较，说明平均售价提高了；这种情况可能归因于许多因素，如较小的打折、出售更多高价位的房间、更好的经济条件和其他因素。

出租率

出租率很重要，因为它衡量了饭店创造已售客房的能力。出租率需要饭店或汽车旅馆在某一时期对诸如可出售的客房数、免费房间数和付费入住客房数等数据单独提供统计信息。

出租率计算公式如下：

$$\frac{付费占用的客房数}{可用客房数}$$

DORO 饭店有 75 间客房，并且所有的客房在今年都可供出售。该饭店不是度假饭店。其年营业日是 365 天。在 20X2 年期间，它的付费占用客房数是 17950 间。DORO 饭店客房部的出租率计算如下：

$$\frac{17950}{75 \times 365} \times 100\% = 66\%$$

以上结果表示 DORO 饭店出租了 66% 的可用客房间夜。与任何平均计算一样，必须注意信息的解释。任何饭店的出租率每天和每月都不同。任何平均统计信息往往都倾向于伪装这些不同。

这一比率应该与标准比率进行比较。如果该比率大于或等于标杆比率，初步和一般判断是有利的。例如，将 66% 的结果与 60% 的预算比率相比，说明出租情况已有所改善。这可能归因于一个有效的广告方案、当地特殊的旅游景点、更好的经济条件和其他因素。

平均每间可供出租客房收入

RevPAR 是平均每间可供出租客房收入的缩写。该比率是饭店业最重要的比率之一，因为这是业绩衡量的基础。该比率的目的是评估可用客房是否最有利地被管理从而实现其潜在收入的最大化。

平均每间可供出租客房收入测量饭店在多大程度上能使它的房间住满，以平均每间客房收入来衡量。根据《住宿业统一会计制度》，该公式是：

$$平均每间可供出租客房收入 = \frac{客房收入}{可用于出租的客房数}$$

《住宿业统一会计制度》不包括有故障房或预留给企业使用的"可供销售"的客房。将这些房间包括进去通常会降低饭店的平均每间可供出租客房收入。

DORO 饭店每天有 75 间可供出租的客房。假设它没有任何房间预留给企业使用并且熟练的维修人员很方便地补救任何有问题的房间，在这个期间可以成功地避免房间出现故障。因此，分母是 27375(75 × 365)。DORO 饭店的平均每间可供出租客房收入计算如下（使用的信息来自于图 8-1）：

$$平均每间可供出租客房收入 = \frac{897500\ 美元}{27375} = 32.79\ 美元$$

这个结果意味着每间可供出租客房所产生的客房收入是 32.79 美元。平均每间可供出租客房收入比仅用平均房价或出租率更有用，更能体现信息价值。高平均房价可能看起来不错，但如果出租率只有 30%，则可能会误导对饭店财务状况的认识。

同样，90% 的出租率看起来比那些以很大的折扣将客房全占满的情况要好。通过将出租率和房价结合为一个统计数据，平均每间可供出租客房收入可以提供与饭店的竞争对手更有意义的比较。例如，假设一个饭店有 80% 的出租率，并且平均每日房价为 70 美元，而竞争对手有 75% 的出租率和平均日房价为 80 美元。哪个饭店的情况更好？平均房价提供了一种方法，出租率则是另一种方法。但平均每间可供出租客房收入提供了一个更有用的比较方法。

平均每间可供出租客房收入没有考虑其他饭店服务的收入，如餐馆、水疗、高尔夫球场、游艇码头、赌场等。平均每间可供出租客房收入只反映客房收入，而该收入极大地受到了管理者无法控制的因素如商务旅行和一般的经济情况的影响。

餐饮部比率

本章餐饮部比率是根据图 8-2 所示的 DORO 饭店部门利润表来计算的。用于分析餐饮部的常用比率是：

- 边际利润率;
- 劳动力成本率;
- 食品成本率;
- 主要成本率;
- 酒水成本率;
- 平均食品消费额;
- 平均酒水消费额;

- 总平均消费额;
- 存货周转率;
- 存货周转天数。

图 8-2 餐饮部利润表——DORO 饭店

DORO 饭店股份有限公司餐饮部利润表 截至 20X2.12.31			
	食品	**酒水**	**总计**
收入	360000 美元	160000 美元	520000 美元
折让	1700	130	1830
净收入	358300	159870	518170
销售成本			
初期存货	5800	3000	
采购	145600 美元	40310	
可用	151400	43310	
期末盘存	7000	2800	
已耗用食品成本	144400	40510	184910
员工餐成本	9200	——	9200
已售食品成本	135200	40510	i75710
其他净收入			3800
毛利润			346260
营业费用			
工资和相关费用总额			204180
其他营业费用总额			54703
部门利润			87377 美元

边际利润率

餐饮部边际利润率的计算方式与之前讨论的客房部的计算方式相同，并同样提供了对赢利能力的衡量。然而，餐饮部的净销售额需要界定清楚。净销售额是否只包括食品和酒水销售额，或者它还应该包括其他收入，如服务费、纪念品、糖果收入？净销售额如何定义并不重要，只要是定义使用一致并且基准是由相同的元素组成就可以。

边际利润率的计算公式如下：

$$\frac{部门利润}{净销售额}$$

DORO 饭店从它的餐饮部的净销售额里排除了其他收入。该饭店餐饮部的边际利润率计算如下：

$$\frac{87377\ 美元}{518170\ 美元} \times 100\% = 16.9\%$$

以上结果表示餐饮部的平均销售额创造了 16.9% 的利润，或者说，餐饮部 1 美元的销售额中有 17 美分的利润。这个利润不能与一个独立的餐厅进行对比，因为在一个独立餐厅的利润表里还有以下费用：折旧、维修和维护、电力、水、热、行政管理、市场营销和固定费用等。

这个比例应与边际利润率标杆进行相比。如果这个比率等于或大于标杆比率，则初步和一般的判断是有利的。例如，将 16.9% 的结果与 16% 的预算边际利润率进行比较，将得出餐饮部已创造了期望的边际利润率并且完成得较好。

劳动力成本率

餐饮部的劳动力成本率的计算与之前讨论过的客房部的计算相同，并同样提供了对营业状况的衡量。

劳动力成本率计算公式如下：

$$\frac{总工资及相关费用}{净销售额}$$

DORO 饭店从它的餐饮部净销售额里排除了其他收入。该饭店餐饮部的劳动力成本率计算如下：

$$\frac{204180\ 美元}{518170\ 美元} \times 100\% = 39.4\%$$

以上结果表示餐饮部的平均劳动成本是销售额的 39.4%，或者说在 1 美元的销售额中，有 39 美分用于支付劳动力成本。

这一比率应该与劳动力成本率基标杆比较。如果该比率等于或低于标杆，初步和一般判断是有利的。例如，将 39.4% 的结果与 40% 的预算比率进行比较，将表明期望的运营效率的目标已经实现。

食品成本率

餐饮部的食品成本率计算方式几乎与劳动力成本率相同，除了食品成本在本公式中是作为分子以外。食品成本率不包括酒水成本和酒水销售额。

这一比率显示了每 1 美元销售额里的食品的成本。它是大多数食品服务经理评估和控制食品成本的一个关键的营业比率。

食品成本率计算公式如下：

$$\frac{已售食品成本}{食品净销售额}$$

DORO 饭店餐饮部的食品成本率计算如下：

$$\frac{135200 \text{ 美元}}{358300 \text{ 美元}} \times 100\% = 37.7\%$$

以上结果表示提供给客人的食品平均成本是销售额的 37.7%，或者说 1 美元的销售额里有 38 美分用于购买为客人消费而准备的食品。

这一比率应该与食品成本率的标杆进行比较。如果这个比率等于或低于标杆，初步和一般的判断是有利的。例如，将结果 37.7% 与预算 38% 的比率进行比较，将会得出期望的经营管理目标已经实现的结论。

然而，当判断结果是否是有利或不利的时候，还需要谨慎一些。即使实际销售量与预测销售量是相同的，这个比率也有可能受到操纵。替换一个低质量的产品或减少部分产品的规格都会降低食品成本率。一个高的食品成本率可能是受很多因素影响的结果，如较差的控制、高成本下较差的采购实践、损坏或盗窃等。影响食品成本率的另一个因素是菜单的定价。在食品质量或成本没有变化的情况下，仅可以通过提高菜单价格来减少食品成本率。

主要成本率

主要成本指的是在生产或销售过程产生的劳动力和原材料的总成本。餐饮部的主要成本是劳动力成本总额和销售成本总额。单独衡量食品主要成本的话，这个衡量会更有意义。然而，这并不总是可能的，因为很难将用于食品的劳动力成本和用于酒水的劳动力成本分离开。

DORO 饭店没有将食品劳动力和酒水劳动力分开。但是，这个比率如果应用一致的话将有助于饭店做出正确的衡量和解释。

主要成本率计算公式如下：

$$\frac{销售成本总额 \ + \ 工资和相关费用总额}{净销售额}$$

DORO 饭店餐饮部的主要成本率计算如下：

$$\frac{175710\ 美元\ +\ 204180\ 美元}{518170\ 美元} \times 100\%=73.3\%$$

以上结果显示用于给顾客提供服务的主要劳动力成本和食品成本是销售额的 73.3%，或者说 1 美元销售额中的 73 美分用于支付主要成本，余留下的 27 美分用于支付厨房燃料、洗衣、菜单、工装、瓷器和其他营业费用。

这一比率应该与标杆比率进行比较。如果该比率等于或低于标杆，则初步和一般的判断是有利的。例如，将结果 73.3% 与预算的 75% 的比率相比，将说明运营效率的期望目标已经实现。

酒水成本率

酒水成本率的计算方法与食品成本率相同，除了本公式中只适用于酒水的成本和销售额除外。这种针对酒水成本的营业衡量不包括任何食品成本或食品销售额。

酒水成本率计算公式如下：

$$\frac{已售酒水成本}{酒水净销售额}$$

DORO 饭店餐饮部的酒水成本率的计算如下：

$$\frac{40510\ 美元}{159870\ 美元} \times 100\%=25.3\%$$

以上结果显示用于服务客人的酒水平均成本率是 25.3%，或者说 1 美元的销售额中有 25 美分用于给客人准备的酒水的材料。

这一比率应该与饮料成本率标杆进行比较。如果这个比率等于或低于标杆，初步和一般判断是有利的。例如，将结果 25.3% 与 26% 的预算比率相比，说明运营效率的期望目标已经实现。

涉及解释食品成本率的注意事项也适用于这个比率。在准备酒精饮料时质量是一个因素，因为普通品牌（低成本、不太知名的品牌）和指定品牌（高定价和客人专门定制的）价格有很大差异。所以配比控制对酒吧经营来说是一个重要的问题，并且也是任何餐饮经营管理不可分割的一部分。

平均食品消费额

对于一个好的食品服务企业来说，平均食品消费额代表了每客的平均销售额。"客数"这一术语指的是在一个特定时期享受食品服务的客人数量。这个经营化比率应针对餐厅、咖啡厅、小吃店以及其他设施，因为饭店里这些场所的菜单价格有着巨大差异。

平均食品检查计算公式如下：

$$\frac{食品销售净额}{客数}$$

DORO 饭店在 20X2 年期间食品服务的客人数是 37716 人。该饭店的平均食品消费额计算如下：

$$\frac{358300\ 美元}{37716} = 9.50\ 美元$$

以上结果显示该期间的平均食品消费额是 9.50 美元，其中不包括任何酒精饮料销售额。

这一比率应该与标杆比率进行比较。如果该比率等于或大于标杆，初步和一般判断是有利的。例如，将 9.50 美元的结果和 9.25 美元的预算比率相比，可以说明经营效率的期望目标已经实现。这可能是由于菜单价格上涨或客人选择更昂贵的菜单项目所致。

平均酒水消费额

计算平均饮料检查酒水消费额的过程与对平均食品消费额是相同的，只要有酒水销售额代替食品销售额即可。

平均总消费额

平均总消费额包括每客食品和酒水的消费总额。它的计算与对平均食品消费额的解释相同，只要用食品和酒水的销售总额替代食品销售额即可。

存货周转率

存货周转率表明饭店业存货周转的速度如何。存货周转率通过衡量与需求相关的存货周转次数显示其活动力，存货周转率是一个很好的资产管理工具。应当分别计算食品存货周转率和酒水存货周转率。

食品存货周转率是所有品种如易腐食品、罐头食品、冷冻食品的平均周转率。因为这些产品的周转速度比其他产品快，因此存货平均周转率看起来要比一些食品高，而要比另一些食品低。然而，这种限制是可以通过本期比率与上期比率比较、与预算比率比较以及与行业标准比较而得到克服的。

同样，单独计算的酒水周转率也是对所有酒水的平均周转率，包括不如啤酒、家用葡萄酒和白酒周转快的昂贵红酒。

库存周转率表明应如何对投资于食品和酒水存货上的资金进行更好的管理。存货周转率下降可能表明：相对于销售的增加而言存货的规模偏大了。存货规模偏大导致更多的资金占用，以及可能由于腐烂或其他因素而导致的食品成本的增加。

存货周转率公式使用一个时期的平均存货。平均存货通过将期初库存和期末库存相加和再除以 2 计算得出。如果餐饮部利润表中不显示期初和期末库存，它将需要在销售成本补充附表、资产负债表或资产负债表脚注中找到这些数据。在使用关于存货的数据时，必须小心，以确保食品存货数据与酒水存货数据是分开的。餐饮部利润表（图 8-2）显示了所需的存货数据。

如果已耗用食品成本数据不可得，那么可以使用已售食品成本数据。因为员工餐是耗用的食品成本的一小部分，因此可以使用的数量并没有歪曲的一定时期内的存货周转率。无论使用哪个数据，都应该具有一贯性。

平均食品存货周转率的计算公式如下：

$$\frac{已耗用食品成本}{平均食品存货}$$

DORO 饭店餐饮部平均食品存货周转率计算如下：

$$\frac{144400\ 美元}{(5800\ 美元 + 5700\ 美元) \div 2} = 23\ 次$$

DORO 饭店餐饮部酒水平均存货周转率计算公式如下：

$$\frac{已耗用酒水成本}{平均酒水存货}$$

$$\frac{40510\ 美元}{(3000\ 美元 + 2800\ 美元) \div 2} = 14\ 次$$

注意：存货周转率数据以"次"来表示，"次"指的是完整的存货从采购到耗用（销售）的平均次数。购买和使用等于一次循环。

任何存货周转率都需要仔细注意时间周期问题，必须知道存货周转率涉及的时期是一个月、一年或者其他时期。

DORO 饭店的案例中，数据来源于年末。因此，该比率代表当年的食品和酒水平均存货周转率。年酒水存货周转率为 14 次，除以 12 得到每月平均酒水存货周转率。

如果管理者需要精确的月平均食品存货周转率信息的话，那么可以用当月耗用的食品除以平均存货就可以计算出来了（期初存货加上期末存货除以 2）。

一般情况下，存货周转率高表明状态良好，因为它表明了用于存货的投资减少。然而，高流动率也可能意味着库存太少，会发生缺货现象。缺货的结果是导致糟糕的顾客服务，从长远来看可能代价高昂，因为会失去回头客。低周转率可能意味着相对于销售需求来说，存在过度库存，导致不必要的现金占用，也增加损坏的可能。

最优的存货周转率是多少？答案取决于食品服务企业的类型、管理者在顾客服务方面的政策、使用新鲜的货物与使用罐头和冷冻货物的比例。因此，对于任何特定的饭店企业来说，根据这些因素建立的预算比率似乎是最好的标杆。一个新的餐厅可能引用行业标准，也叫"标准"，作为对制定周转目标的指导。

DORO 饭店的食品存货周转率由一年的 23 次转换为每月 2 次。乍一看，人们可能会认为这个周转率过低。但是，饭店的管理者实施了一个优质服务政策并在高级餐厅提供高品质食品。每月两次的比率属于行业标准中的低周转率。

高级餐厅的周转率较低。快餐服务餐厅会有极高的食品存货周转率，有时一年超过 200 次（每月 17 次）。饭店有多种类餐厅，其行业标准如下：

	每年	每月
食品存货周转	48	4
酒水存货周转	15	1

这些周转率通常能实现以合理的成本来维持一个令人满意的销售水平。但是，总有例外。除了服务类型、菜单类型和顾客服务政策以外，必须考虑的另一个因素是供应商交付的频率。特别是对遥远的度假村和特许经营来说更是如此。

现货周转天数

这一比率衡量了现货在使用之前的平均周转天数。这一比率的计算很简单：用 365 天（或少于季节性营业数）除以年存货周转率。现货周转天数为适度的资产管理提供了另一种方式来评估存货的活跃度。

现货周转天数的计算公式如下：

$$\frac{365\ \text{天（或营业年）}}{\text{年存货周转率}}$$

DORO 饭店储存的食品存货的平均天数可以通过以前的年食品存货周转率来计算，计算如下：

$$\frac{365}{23} = 16\ \text{天}$$

一般来说，较低的库存天数是人们所期望的。但是，之前讨论的存货周转率的因素也同样适用于衡量现货周转天数。

饭店比率

饭店可能只是商业公司的几种资产之一。有些比率用来衡量单个资产的活动，其他比率衡量整个公司的活动（所有营业点的总和）。用于衡量企业活动的比率不能用于衡量单个资产，因为企业是发行股票的。

在分析任何单个饭店资产时，比较常用的比率是边际利润率和劳动力成本率。分析饭店企业使用的常用比率有：

- 边际利润率；
- 股东权益回报率；
- 每股收益率；
- 市盈率。

DORO 饭店是一个单一资产的饭店企业，因此，我们的讨论将覆盖所有列出的单一资产比率和公司比率。DORO 饭店的比率将根据利润表计算，如图 8-3 所示。

图 8-3 DORO 饭店利润表

DORO 饭店股份有限公司利润表 **截止 20×2.12.31**					
	明细表	净收入	销售成本	工资和相关费用	其他费用	利润（亏损）
营业部门						
客房	A1	897500 美元		143140 美元	62099 美元	692261 美元
餐饮	A2	524570	178310 美元	204180	54703	87377
通信	A3	51140	60044	17132	1587	(27623)
其他营业成本	A4	63000	10347	33276	6731	12646

（续）

租金和其他收入	A5	61238	_____	_____	_____	61283
营业部门总额		1597493	248701	397728	125120	825949
未分配费用						
行政管理	A6			97632	66549	164181
营销	A7			35825	32043	67868
资产运营和维护	A8			36917	24673	61554
公用事业成本	A9				47312	47312
未分配费用总额				170347	170541	340915
扣除固定费用前利润		1597493 美元	248701 美元	568102 美元	295661 美元	485029 美元
固定费用						
租金	A10					28500
财产税	A10					45324
保险	A10					6914
利息	A10					192153
折旧和摊销	A10					146000
固定费用总额						418891
所得税前和资产销售所得前利润						66138
资产销售所得						10500
税前利润						76638
所得税						16094
净利润						60544 美元

饭店边际利润率

饭店边际利润率计算的过程与以前讨论的各个部门的计算是相同的。在 DORO 饭店的案例中，这一比率提供了一个测量赢利能力的混合方法，因为其收入是基于所有收入中心的销售额，而利润是饭店所有部门的利润结果。

饭店的边际利润率计算公式如下：

$$\frac{净利润}{净销售额}$$

DORO 饭店的边际利润率计算如下：

$$\frac{60544\ 美元}{1597493\ 美元} \times 100\% = 3.8\%$$

饭店的所有收入中心的平均销售额创造了 3.8% 的利润率，或者说饭店每销售 1 美元利润大约保持在 4 美分。与部门分析不同，这个数字是扣除所得税后的数字。

这个比率应与边际利润率标杆进行比较。如果该比率等于或大于标杆比率，初步和通常的判断是比较有利的。

公司边际利润率

公司的边际利润率使用的计算公式与饭店使用的公式相同。因为 DORO 饭店是单一资产公司，饭店的边际利润率和企业边际利润率将是相同的。

劳动力成本率

饭店和汽车旅馆最大的费用之一是劳动力开支。劳动力费用包括工资成本总额和所有相关的福利和工资税等费用。饭店的劳动力成本率计算过程与之前讨论的各个部门计算过程相同。在该饭店的案例中，该比率提供了一个测量劳动力成本的混合方法，因为它是基于所有收入中心的销售额，并且它的劳动力成本是指饭店所有部门劳动力成本之和。

劳动力成本率计算公式如下：

$$\frac{工资及相关费用总额}{净销售额}$$

DORO 饭店的劳动力成本率包括收入中心和支持中心的劳动力成本。其计算如下：

$$\frac{568102 \text{ 美元}}{1597493 \text{ 美元}} \times 100\% = 35.6\%$$

饭店的劳动力成本是销售额的 35.6%，或者可以说每 1 美元的销售中有 36 美分用于支付劳动力成本。

这一比率应与劳动力成本率标杆进行比较。如果该比率等于或低于标杆比率，初步和一般的判断是有利的。

股东权益回报率

股东权益回报率测量了饭店企业所有者权益（股东）的税后利润。股东权益代表着公司的留存收益和出售股票所得（普通股发行 + 实收资本）。股本数来自于资产负债表。因此，这一比率的计算同时需要利润表和资产负债表。

发行普通股下的公式　该比率的公式取决于公司资本，公司股本可能包括普通股和优先股。如果只发行普通股，则可使用下列公式：

$$\frac{净利润}{普通股权益平均数}$$

普通股权益平均数是年初权益与年末权益之和除以 2。记住，资产负债表每年年末数据会成为下一年年初数据。

图 8-4　简明资产负债表——DORO 饭店

DORO 饭店股份有限公司餐饮部利润表
截至 20X2.12.31

	20X2	20X1
流动资产	147888 美元	147654 美元
资产和设备（净值）	3095524	3139217
其他非流动资产	4000	5500
总资产	3247412 美元	3292371 美元
流动负债	123750 美元	139253 美元
长期负债	2055000 美元	2125000
总负债	2178750	2264253
股东权益		
发行的普通股	50000	50000
溢价资本	700000	700000
留存收益	318662	278118
股东权益总额	1068662	1028118
负债和股东权益总额	3247412 美元	3292371 美元

DORO 饭店简明资产负债表中的股东权益部分，如图 8-4 所示。使用的净利润如图 8-3（公司利润表）所示。饭店的股东权益回报率计算如下：

$$\frac{60544\ 美元}{(1068662\ 美元 + 1028118\ 美元) \div 2} \times 100\% = 5.8\%$$

以上结果显示税后股东权益回报率为 5.8%，这个金额是税后的。如果对货币市场利率进行比较的话，则货币市场利率肯定会通过所得税的影响（州和联邦）而降低。

这个比率应与边际利润比率标杆进行比较。像其他类型的赢利能力比率一样，如果该比率大于或等于标杆比率，初步和一般的判断是有利的。

发行优先股下的公式　如果发行优先股的话，则衡量普通股股东权益回报率的公式需要修改。修改的公式如下：

$$\frac{净利润 - 优先股股息}{普通股股东权益平均数}$$

DORO 饭店只发行普通股，所以这个计算是不必要的。

每股收益率

每股收益率 (EPS) 是通过公司的净利润除以发行的普通股和流通股数量得到的。目前，每股收益率将用最简单的形式进行讨论。

每股收益率计算公式如下：

$$\frac{净利润}{流通的普通股平均数}$$

DORO 饭店发行的普通股代表流通的普通股，因为没有库存股。同时，20×2 年 1 月 1 日和 20X2 年 12 月 31 日流通的普通股没有改变 (见资产负债表的股权部分，如图 8-4 所示)。饭店的普通股票面值 1 美元；因此，发行和流通普通股 50000 股。

DORO 饭店的每股收益率计算如下：

$$\frac{60544 \text{ 美元}}{50000} = 1.21 \text{ 美元}$$

以上结果显示 DORO 饭店股票的每股税后收益为 1.21 美元。投资者期望成长的公司每股收益在每个连续的报告期内是增长的。讨论市盈率的时候，使用每股收益率测量股票价值的意义将变得十分明显。

计算 DORO 饭店每股收益快速容易，因为它的资本结构简单，这意味着该公司没有可转换优先股、可转换债券或期权。如果可转换债券或期权的持有者行使转换权的话，流通股的数量将会增加。公司有可转换证券或期权时，资本结构会复杂化。

资本结构复杂的公司最终将导致其每股收益率的稀释，因为最终会发行更多的普通股。因此，必须修改每股收益率公式以对稀释的每股收益做出解释。这些计算非常技术性、冗长且复杂，最好留给专业会计来做。

市盈率

市盈率 (PE) 是投资共同体评估股票价格是否合理的常用比率。这一比率被计算为当前的收益和预期的收益。投资报告、金融期刊、报纸财务部分广泛使用和呈现了市盈率。

市盈率计算公式如下：

$$\frac{每股市价}{每股收益}$$

此前，DORO 饭店的每股收益为 1.21 美元。假设股票是在证券交易所主板上市，每股 15.00 美元。则饭店股票的市盈率计算如下：

$$\frac{15.00\ 美元}{1.21\ 美元} = 12$$

虽然不是决定性的，但一个公司市盈率高于同一行业其他公司则可能表明：股票价格可能偏高或完全过高。在 DORO 饭店的案例中，如果其他类似上市公司的股票在证券交易所以 15 倍的市盈率在销售，又假设存在一个收益增长模式或存在可能有助于收益的其他基本因素存在的话，则饭店的股票可能被认为是有吸引力的买入状态。

每股收益和市盈率是投资分析师和投资者仅有的两种测量使用手段。尽管这些比率的使用具有吸引力，但在股票市场投资需要考虑技术因素和其他因素的专业知识。

很显然，净利润应该排除正常经营状况下不会发生的不寻常的项目。对于 DORO 饭店来说，通过资产销售所得会使收益抬高。因此，投资机构将用以下方式计算每股收益和市盈率。

- 基于净利润总额；
- 基于不寻常项目之前的利润。

在这些计算中，所得税的分配成为一个问题，必要的技术程序最好还是留给专业会计。

其他利润表比率

比率的学习永无止境，因为比率是两个数字之间的关系。本章提出了更常用和常见的比率。然而，如果再增加一些其他比率用于评估利润表的话，本章将会更加完整。

已获利息倍数比率

已获利息倍数比率显示用收益覆盖利息费用的倍数。尽管企业可以通过负债获得极大的融资，但其收益可能足以支付利息费用。

已获利息倍数比率计算公式如下：

$$\frac{净利润 + 所得税 + 利息}{利息}$$

DORO 饭店已获利息倍数比率的计算如下：

$$\frac{60544 + 16094 + 192153}{192153} = 1.4 \ 次$$

如果比例小于 1 则表明当前的收益不足以支付利息费用。

资产回报率

资产回报率 (ROA) 衡量的是利用资产创造净利润的结果如何。

这一比率的计算公式如下：

$$\frac{净利润}{平均资产总额}$$

20X1 年 12 月 31 日来自于 DORO 饭店资产负债表（没有显示）上的总资产额是 3292371 美元，20X2 年 12 月 31 日为 3247412 美元。资产回报率的计算公式如下：

$$\frac{60544 \ 美元}{(3292371 \ 美元 + 3247412 \ 美元) \div 2} \times 100\% = 1.9\%$$

以上结果表明公司每单位资产（账面价值）产生的税后利润为 1.9%。折旧政策将影响到这一比率的比较，因为总资产是基数。这一比率应该与前期比率或预算比率进行比较。

比率公式参考列表

下面的列表显示了主要的比率和公式，目的是方便用于参考。

$$平均食品消费额 = \frac{食品销售净额}{客数}$$

$$平均房价 = \frac{净客房销售额}{付费占用的客房数}$$

$$现货周转天数 = \frac{365 \text{ 天数（或营业年）}}{\text{年存货周转率}}$$

$$每股收益率 = \frac{\text{净利润}}{\text{流通的普通股平均数}}$$

$$食品成本率 = \frac{\text{已售食品成本}}{\text{食品销售净额}}$$

$$食品存货周转率 = \frac{\text{已耗用食品成本}}{\text{平均食品存货}}$$

$$酒水存货周转率 = \frac{\text{已耗用酒水成本}}{\text{平均酒水存货}}$$

$$劳动力成本率 = \frac{\text{总工资及相关费用}}{\text{净销售额}}$$

$$已获利息倍数比率 = \frac{\text{净利润 + 所得税 + 利息}}{\text{利息}}$$

$$出租率 = \frac{\text{付费占用的客房数}}{\text{可用客房数}}$$

$$市盈率 = \frac{\text{每股市价}}{\text{每股收益}}$$

$$主要成本率 = \frac{\text{销售成本总额 + 工资和相关费用总额}}{\text{净销售额}}$$

$$边际利润率 = \frac{或部门利润（净利润）}{净销售额}$$

$$资产回报率 = \frac{净利润}{平均资产总额}$$

$$股东权益回报率 = \frac{净利润}{平均股东权益}$$

$$平均每间可供出租客房收入 = \frac{客房收入}{可用于出租的客房数}$$

主 要 术 语

每日平均房价 (average daily rate, ADR)：一项反映客房部经营状况的关键性比率，通过用客房收入除以客房销售数量得到，也叫平均房价。

平均食品消费额 (average food check)：每用餐时段内产生的收入与该时段内服务的顾客数量之比，可以通过该时段售出食品总收入除以售出的食品客数来计算。这项比率可针对不同就餐区域和不同就餐时间分别计算。

平均房价 (average room rate, ARR)：参见每日平均房价。

酒水成本率 (beverage cost percentage)：表示酒水成本相对酒水销售净额所占百分比，可以通过已售酒水成本除以酒水销售额计算得到。

客数 (cover)：餐厅或具有饮食功能的地方一餐提供的服务数，当计算销售量的时候会用到该术语。

每股收益率 (earnings per share ratio)：作为公司赢利总指标的比率，通过公司净利润与在外流通的平均普通股相比得出。若公司发行优先股，则在计算每股收益率之前，应从净利润中减去优先股的股息。每股收益率等于净利润除以流通的普通股平均数。

股东权益（equity）：所有者对企业净资产的索取权，股东权益代表资产减去负债后的剩余额。

食品成本率（food cost percentage）：食品销售成本除以食品销售净额计算出的比率。食品成本在不同的公司之间各不相同，取决于服务水平、菜单价格、食品质量等因素。

存货周转率（inventory turnover ratio）：货物的平均库存天数。任何周转率都可以转化为周转天数，其计算是用 365 天除以 1 年中的周转次数。

劳动力成本率（labor cost percentage）：常被称为劳动力成本对销售额的比率，销售额用于支付劳动力的成本，包括工资、薪金、红利、工资税及其他福利。计算方法为劳动力总成本除以总收入。每个运营部门都应该计算这一比例，国际饭店有时会通过该数据来评估不同国家饭店之间的比较经营优势。

销售净利润率（net income to sales ratio）：净利润除以净销售额的比率。它给出了每销售 1 美元获得的净利润额，并用百分数表示，销售净利润率也称为边际利润率。

已获利息倍数 (number of time interest earned ratio)：偿债能力比率，表示利息费用可以偿付的倍数。通过息税前利润除以利息费用计算得来。

占用率 (occupancy percentage)：显示管理层成功出售其"产品"的比率。在住宿业中，占用率也被称为出租率，由已售客房数除以可供利用的客房数来计算。在食品服务业，占用率也称为座位周转率，用实际服务客人数除以可供使用座位数计算得来。

市盈率 (price earnings ratio)：财务分析师用来向投资者展示投资价值的赢利能力比率，用每股市价除以每股收益计算得来。

主要成本 (prime costs)：已售食品成本加上工资成本（包括员工福利）。这些是餐馆的最大成本。

比率 (ratio)：两个数字之间的数学关系。

资产回报率 (return on assets ratio)：一个通过净利润与总投资相比较来提供饭店赢利能力的总体指标的比率。在会计术语中，投资回报率是净利润除以总资产；在财务术语中，投资回报率是通过计算当净现值等于零时的加权平均资金成本这种方法得来的。

平均每间可供出租客房收入 (RevPAR)：一种测量饭店如何有效填充其客房的比率。计算每间可用客房的收入。

零基预算 (zero budgeting)：一种要求所有费用开支理由正当的一种编制预算

的方法；这种方法假设所有部门最初的花费为零，且必须证明所有的预算款项是合理的。

复习题

1. 什么是比率？

2. 比率分析的优势和局限是什么？

3. 如何判断一个比率处于有利或不利的情形？

4. 客房部经理可以用哪个特定的比率进行赢利能力、营运效率以及资产管理的评价？

5. 食品服务经理可以用哪个特定的比率进行赢利能力、营运效率以及资产管理的评价？

6. 衡量股票价值最常用的两个比率是什么？

7. 如何对客房部72%的边际利润率进行解释？

8. 如何对30%的食品成本率进行解释？

9. 首字母缩略词"ARR"和"ADR"代表什么？

10. 哪些因素会降低食品成本率？

11. 什么是主要成本？

12. "客数"是什么？

13. 食品服务营运中，年存货周转率为60次，转换为每月存货周转率是多少？

14. 下列每个比率的公式中适用于分析客房部门的比率是什么？

　　（1）平均房价　　　（2）劳动力成本率

　　（3）出租率　　　　（4）边际利润率

15. 下列每个比率的公式中适用于分析食品部的比率是什么？

　　（1）平均食品消费额　　　（2）存货周转率　　　（3）现货周转天数

　　（4）食品成本率　　　　　（5）劳动力成本率　　　（6）主要成本率

　　（7）边际利润率

16. 下列每个比率的计算公式中适用于分析公司利润表的比率是什么？

　　（1）每股收益率　　　　　（2）市盈率

　　（3）边际利润率　　　　　（4）股东权益回报率

17. 下面哪些比率是以百分比表示的？

(1) 平均食品消费额　　(2) 平均房价　　　(3) 现货周转天数

(4) 每股收益率　　　　(5) 食品成本率　　(6) 存货周转率

(7) 劳动力成本率　　　(8) 出租率　　　　(9) 市盈率

(10) 边际利润率　　　(11) 股东权益回报率

网址：

若想获得更多信息，可访问下列网址。网址变更恕不通知。若你所访问的网址不存在，可使用搜索引擎查找新网址。

1. 百分比财务报表：www.netmba.com/finance/statements/common-size/

2. 财务比率：http://beginnersinvest.about.com/od/financialratio/

3. 股东权益回报率分析：http://beginnersinvest.about.com/cs/investinglessons/blreturnequity.htm

4. 每股收益率分析：http://stocks.about.com/od/evaluatingstocks/a/eps1.htm

5. 稀释的每股收益：http://beginnersinvest.about.com/cs/newinvestors/l/bldlutedeps.htm

6. 市盈率分析和解释：http://stocks.about.com/od/evaluatingstocks/a/pe.htm
http://economics.about.com/cs/finance/l/aa030503a.htm

练习题

习题 1

根据以下信息计算食品成本率（近似到两位小数）

食品销售额	345000 美元
折让	3000
已售食品成本	95000

习题 2

根据以下信息计算酒水成本率（近似到两位小数）

	食品	酒水
销售额	596000 美元	150000 美元
折让	3000	1000
销售成本	170000	30000

问题 3

根据以下信息计算食品存货周转率（近似到一位小数）

食品销售额	345000 美元	
折让		30000
净销售额		342000
已售食品成本：		
期初存货	2800 美元	
采购	105000	
可利用存货	107800	
期末存货	1600	
已耗用食品	106200	
员工餐	2200	
已售食品成本		104000
毛利润		238000 美元

习题 4

如果一家饭店的劳动力成本率为 40%，并且该饭店的净销售额为 800000 美元，那么饭店当前的劳动力费用是多少?

习题 5

如果一间食品服务企业的食品成本率为 28%, 那么其毛利润率是多少?

习题 6

如果一家饭店的边际利润率为 8%, 且它的净销售额为 2000000 美元, 那么该饭店当前的净利润是多少?

习题 7

如下补充的信息和利润表是由 Garden Bistro 股份有限公司提供的, 其截止日期为 20X8 年 12 月末。

补充信息:

食品服务客数: 21250

发行及流通的普通股: 25000 股 (全年)

除权的普通股: 12 美元每股, 年末

20X7/12/31 存货: 2100 美元

20X8/12/31 存货: 2400 美元

20X7/12/31 股东权益: 83000 美元

20X8/12/31 股东权益: 98000 美元

Garden Bistro 股份有限公司利润表
截至 20×8.12.31

食品销售净额		170000 美元
已耗用食品成本	54000 美元	
员工餐	1000 美元	
已售食品成本		53000
毛利润		117000
营业费用：		
工资	55000	
工资税和福利	7900	
干洗	2100	
营业用品	1500	
广告	2000	
公用事业	3800	
维修	1900	
其他	6200	
营业费用总额		80400
扣除固定费用和所得税前利润		36600
固定费用		19600
所得税前利润		17000
利润税		2000
净利润		15000 美元

说明：

（1）计算如下比率

（2）除非比率结果是用美元或美分表示，否则其他结果均计算到一位小数（XX.X）

平均食品消费额	存货周转率
食品成本率	现货周转天数
劳动力成本率	每股收益率

主要成本率   市盈率

边际利润率

股东权益回报率

习题 8

一家拥有 120 间客房的饭店，一年营业日为 365 天，销售了 256864 间客房（付费占用为 1463902 美元）。计算该饭店的出租率（一个整数）以及这一年的平均房价。

习题 9

一家饭店在 2 月 21 日有 400 间客房可供销售。该晚销售了 289 间客房，销售额为 18077 美元。计算在 2 月 21 日的如下比率：

出租率（取整数回答）

平均房价

习题 10

一家饭店在 7 月份的可供销售客房数为 540 间。已售客房间夜数为 8730 间，销售额为 506340 美元。根据 7 月可供销售的客房数计算出租率（取整数）。

习题 11

Dermonel 国际饭店股份有限公司的执行经理已经分析了本期的利润表。将该结果与预算目标进行比较，并指出该结果是有利的还是不利的。除了提供的比率数据以外不用考虑其他因素。

	实际	预算
平均房价	120 美元	118 美元
出租率	68%	72%
平均食品消费额	12 美元	11.15 美元

	实际	预算
食品成本率	31%	32%
劳动力成本率	34%	34%
存货周转率	48	41
边际利润率	12%	10%
股东权益回报率	18%	22%

习题 12

Blue Moon 饭店拥有 300 间客房。要求管理层对该期间以及年度的每间可供销售客房收入做一个分析。该分析是符合《住宿业统一会计制度》规定的。用美元或美分显示每个季度和年度的可供销售客房收入。

	该期间 天数	报修房 天数	为合作单位预留的客房数 天数	客房销售额（美元）
本年第一季度	90	5	0	2976199
本年第二季度	91	0	5	3141655
本年第三季度	92	3	2	3155764
本年第四季度	92	6	4	3099185

案例分析 ——

饭店利润表的评论

Quantum 饭店的经理在回顾和分析两年间的比较利润表。该表没有提供支持性附表，该表如下所示：

Quantum 饭店股份有限公司比较利润表

截至 20X8 和 20X9.12.31

	20X9	20X8	变化	%
客房部利润	900000 美元	890000 美元	10000 美元	1.1
餐饮部利润	120000	119000	1000	0.8
其他部门利润	5000	5650	（650）	-11.5
总利润	1025000	1014650	10350	1.0
行政管理部门	160000	130000	30000	23.1
维修部门	60000	35000	25000	74.1
公用事业成本	40000	39000	1000	2.6
其他支持中心成本	50000	49500	500	1.0
支持中心总费用	310000	253500	56500	22.3
扣除固定费用前利润	715000	761150	（46150）	-6.1
固定费用	420000	380000	40000	10.5
扣除其他项目前利润	295000	381150	（86150）	-22.6
资产销售亏损	124000	100	123900	123,900.0
所得税前利润	171000	381050	（2100500）	-55.1

在本年初，管理层将房价上调了 10%，并且上调了食品菜单价格和酒水菜单价格。员工人数相对稳定。Quantum 饭店拥有自己的财产并且没有租赁费。在这一年间，它出售了被用于扩张的资产。

该饭店的董事长、总经理以及收入中心的主管检查了利润表并且给出了不同的评论。董事长对税前利润下降了 210050 美元表示困惑。

而客房部主管宣称其部门利润上升了 10000 美元。

餐饮部声明其部门维持着利润率，并且与上一年相比有适度的增长。

总经理认为 Quantum 饭店的运营实际上是有赢利的。只不过赢利数据被亏损的资产销售额所扭曲，而资产销售不是营业问题。实际上，该饭店在扣除资产销售额亏损之前的利润是 295000 美元，而不是在报表上最后一行所显示的 171000 美元。总经理用一句话来总结就是："总之，今年是非常好的一年。"

董事长决定要你作为这个饭店的总会计师来评论这份财务报表，并要求你在会议上做报告。董事长想要知道这些数字的真正含义以便于必要时采取正确的管理行为。

要 求

作为总会计师，你必须在会议上对评论做出回应。董事长也希望你对财务报表的各行项目进行分析。除了如下指出的评论方面外，还期望你做出对统计分析的评价。

1. 对客房部利润比上一年增加了 10000 美元做出评论。

2. 对餐饮部主管声称的赢利能力的稳定做出评论。

3. 评论总经理真正的结论是"资产销售额上的亏损扭曲了'利润'"，同时评论总经理对 295000 美元的亏损前利润的说法。

4. 对其他部门利润下降了 11.5% 做出评论。

5. 对每个支持中心做出评论。

6. 对固定费用做出评论。

7. 对排除所得税之后得到的是真正的"利润"做出评论。

第 9 章

概　要

要素和惯例

资产

    流动资产

    非流动资产

负债

    流动负债

    长期负债

股东权益

饭店资产负债表格式

DORO 饭店的资产负债表

    百分比资产负债表

    比较资产负债表

留存收益报表

学习目标

1. 描述饭店资产负债表的目的、主要内容及其使用者，解释编制资产负债表时使用的要素和惯例。

2. 对资产进行解释并识别流动资产和非流动资产。

3. 对负债进行解释并识别流动负债和长期负债。

4. 描述可能出现在资产负债表中权益部分的各个项目。

5. 区别资产负债表的账户和报告格式，区别资产负债表的内部格式和外部格式。

6. 解释编制百分比资产负债表和比较资产负债表的目的，并对它们进行分析和解释。

7. 解释留存收益表和资产负债表的关系。

9

资产负债表

　　资产负债表显示了一个饭店在特定时点上的资产、负债和所有者权益的状况，它是一个企业报表或公司报表；它不是一个指导经理和部门经理的财务工具，但是对于高管、董事会、股东、信贷者和投资者来说却是很有用的。

　　由于资产负债表是按照财务会计标准委员会制定的标准和公认的一般会计原则编制的，因此资产负债表的内容都是相当一致的。也正是因为这种标准化才导致了格式的一致性。与饭店利润表一样，资产负债表的编制也有内部格式和外部格式之分。

　　资产负债表是非常重要的，因为它代表了一个公司在特定时点上的"财务健康状况"。虽然利润表也显示了公司过去的状况，但是没有说明公司未来持续经营的能力。

　　利润表显示的是一个时期的赢利状况，而资产负债表显示的是特定时点上的公司所有和负债。一个有赢利的公司可能因为超负债而不能继续经营下去。

　　围绕资产负债表，本章将解决以下问题：

　1. 资产负债表的基本要素和内容是什么？

　2. 内部资产负债表和外部资产负债表的区别是什么？

　3. 什么是百分比资产负债表？

　4. 什么是比较资产负债表？

　5. 资产负债表和留存收益表间的关系是什么？

要素和惯例

　　资产负债表也被称为财务状况报表，它的目的是报告一个公司特定时点的资源和委托状况，例如，一个12月31日的资产负债表并不涵盖当月当年的状况，它只显示 12 月 31 日这一天的财务状况，要进一步区分的话，一个公司以日历为基础发布的年度报表将使用以下财务报告的抬头：

　　凯特歌德旅馆公司利润表　　　　　凯特歌德旅馆公司资产负债表

　　截至 20XX 年 12 月 31 日　　　　　20XX 年 12 月 31 日

资产负债表的基本要素可以通过下面的会计等式表现出来：

$$资产 = 负债 + 权益$$

因为负债和权益都是对企业资产的求偿权，因此该等式也可以表述为以下等式：

$$资产 = 求偿权$$

会计等式也可以再表述为以下财务等式：

$$资产 = 债权人的求偿权 + 所有者的求偿权$$

$$\uparrow \qquad\qquad\qquad \uparrow$$

$$负债 \qquad\qquad\qquad 权益$$

持续经营原则和历史成本原则限定了资产以不大于其成本的数额被呈现出来；它可以让阅读者来评价资源的利用情况。在应收账款、存货、有价证券及投资等情况下，稳健原则限定了这些资产以低于它们的成本或当前市场价值被呈现出来。

资 产

资产是企业所拥有的具有货币价值的任何事物。要界定是否是资产必须看它是否提供未来的经济收益或提供某种权利或求偿权，例如，特许权的获得就是资本化的资产（记作一项资产而不是费用），因为该"权利"将在相当长的时间内使企业获利。饭店企业的资产可以被划分为流动资产和非流动资产。

流动资产

流动资产包括现金和可在资产负债表的 12 个月内转化为现金的其他资产，还包括从资产负债表日算起的下一个 12 个月内有利于运营的预付费用。流动资产按照流动性由大到小的顺序列示在资产负债表内，包括：

• 现金；

• 短期投资（也称作有价证券）；

• 应收账款；

- 存货;
- 预付费用。

现金 现金包括支票、储蓄存款、备用金和存款单。但是有限制性用途的银行账户上的货币被显示为非流动资产,并被列示在其他资产中。

短期投资 短期投资是可转换为现金的债券。对于可转换债券来说,管理者的意图是为了获利而在其他公司的投资,而不是为了控制该公司或与这些公司有什么所属关系。

应收账款 在饭店运营中,应收账款包括客人日记账和往来账。坏账准备金是用于评估潜在坏账的账户,准备金被列示为账面应收账款的减除额。

存货 存货包括食品、酒水、客房用品、办公用品和其他资产负债表日仍在库的运营供应品。

预付费用 预付费用是为了获取服务而提前支付的费用,该费用的支付将在资产负债表日算起 12 个月内给饭店企业带来利益。典型的预付费用如保险、利息、财产税、租金和服务合同。

非流动资产

非流动资产是在资产负债表的 12 个月内不能转化为现金的资产,非流动资产包括非流动应收账款、投资、财产和设备以及其他资产。

非流动应收账款 非流动应收账款是在以后的 12 个月内不可回收的账款和票据,除非是不显著的,否则来自于所有者、管理者、员工和附属实体的账款都应该分别记录。如果认为非流动应收账款是不可回收的,那么就应该提取非流动应收账款的坏账准备金。

投资 会计中的"投资"是指出于控制或关联目标而在其他公司的投资,这里的投资不适合任何或所有的有价证券。

资产和设备 资产和设备项下的一组资产是长期的、有形的资产,也被称作固定资产。这些资产包括土地、建筑物、仪器、瓷器、玻璃器皿、银器、布草、工装、机器、客房家具、餐饮部家具和所有其他所需的用于饭店经营的家具和设备。

资产和设备项下还包括租赁物、租赁物改良、在建工程以及融资租赁下持有的资产(因购买资产需要的租赁)。

累计折旧是一个时期内的所有折旧费用额,从成本中扣除累计折旧即为该类资产的账面净值（土地在饭店业中不折旧）。

其他资产 流动资产的分类包括无形资产和递延资产，无形资产诸如组织成本、开业费用、特许经营权、商誉、注册商标、品牌、抵押债券、专利权、版权和人寿保险退保现金的价值。

这些无形资产必须是已获得的，它们按成本价记录并在整个寿命期内被摊销完（不超过 40 年）。摊销降低了无形资产的账面价值，而摊销费则体现在利润表中。

递延费用类似于预付费用，因为两者都是在一段时期内变成费用的暂时性资产。当预付费用有益于后 12 个月的时候，递延费用的收益却在 12 个月以后。例如，假设一个饭店为获得一折扣价签订了一个 3 年期服务合同，无论何时，12 个月的合同成本都是预付费用，而任何剩余的合同成本都是递延费用。

负　债

负债代表了债权人的权益额，分为流动负债和长期负债。

流动负债

流动负债是必须在资产负债表的 12 个月内支付的负债。流动负债包括长期贷款如银行贷款和抵押贷款的流动部分，还包括递延信贷，如尚未取得的收入和递延所得税。

当尚未提供服务但已从客人那里获得客房或宴会押金时就形成了尚未取得的收入，在资产负债表上尚未取得的收入可以其他名称出现，如预付押金、押金或顾客押金等。

递延所得税是由财务报告和所得税报告的不同而产生的，其表现形式是一个饭店潜在所得税额，这种情况是普遍存在的。例如，某种被 FASB 改进的折旧方法在内部收益服务中就没有被接受，因此，账面所得和纳税所得间是有区别的，这种区别可以显示如下：

	账面所得（美元）	纳税所得（美元）
销售额	100000	100000
折旧前费用	− 70000	− 70000
折旧前利润	30000	30000

折旧	3000	10000
纳税利润额	27000	20000
30% 所得税	8100	6000

在填所得税时，公司有 6000 美元的税收债务，但是基于账面所得的财务报表却显示有 8100 美元的税收债务，以上数据记录在日记账上则为：

所得税费用	8100
应付所得税	6000
递延所得税	2100

与特定资产或负债有关的递延所得税属于流动的还是长期的取决于该资产或负债的分类情况，与折旧有关的递延所得税通常被划分为长期负债。

递延所得税的出现是因为在一般可接受的会计原则下的收入和费用账户与所得税的流程和规则不同，基于财务报表的纳税所得不同于基于所得税统计表的纳税所得是普遍现象，这些差异被分为永久差异和定时差异。

永久差异的出现是因为出现在利润表上的收入或费用额并没有出现在所得税统计表上，例如，限定的内部基金利息所得被作为利润记录在账面上，但是从没有作为税收被记录。

定时差异也被称为暂时性差异，它的存在是因为在既定年份内出现在利润表上的收入或费用不同于出现在所得税统计表上的数额，但是经历若干年后，这些账户的总额是相等的。当计税折旧方法不同于账面折旧方法时就存在定时差异，折旧费可以每年不同，但在资产寿命终结时总费用是相同的。

永久差异不会引起递延所得税。递延税债务可归因于非税收的暂时性差异，递延所得税的计算具有技术性和复杂性；它是留给专业会计师最好的任务。

长期负债

长期负债是超过资产负债表的 12 个月以上的债务和承诺。

股东权益

公司权益被称为股东权益，其内容取决于发生的权益交易的类型，有些公司的资本结构较简单，而有些公司的资本结构较复杂，资产负债表中权益部分的项目主

要有:

- 普通股;

- 优先股;

- 溢价资本;

- 留存收益;

- 捐赠资本;

- 库藏股。

发行的普通股: 该项目以票面价值表示已发行的普通股数额。

发行的优先股: 该项目以票面价值表示已发行的优先股数额。

溢价资本: 当股票以超过票面价值的价格发行时, 发行股票的额外溢价就被记为溢价资本。

留存收益: 该项目包括自初始经营以来的经营净利润和净损失减去自初始以来公布的股息红利。

捐赠资本: 有时公司会以礼物的方式从州、城市或私人捐助者那里获得一些资产(如土地), 以增加地方就业或促进地方经营活动。在这种情况下, 该资产(借方)被记录在适当的资产账户, 而不是贷方现金或负债, 捐赠资本账户会在捐赠日贷记为资产的公平市场价值(FMV)。

库藏股: 一个公司可能会(以市场价)回购以前发行的股票以降低在外的股份, 当股票被回购时, 被称为库藏股。拥有库藏股并不给公司增加任何在董事会中的选举权, 公司获取它的股票的原因可能是:

- 通过降低在外股份增加每股收益;

- 降低在外的所有权;

- 阻挡接收企图。

库藏股不是一项资产。库藏股的购买成本作为账簿的右栏项目被显示在权益部分, 但是发行的数额和在外股票数通常是不改变的。

饭店资产负债表格式

资产负债表的格式要么是账户式要么是报告式。在账户式中左边是资产, 而右边是负债和权益。报告式资产负债表更为普遍, 资产、负债和所有者权益垂直地分别列示下来，图 9-1 即为资产负债表的报告格式。

图 9-1 资产负债表——报告格式

<table>
<tr><td colspan="3" align="center">资产负债表
资产</td></tr>
<tr><td></td><td align="center">当期年</td><td align="right">上一年</td></tr>
<tr><td>流动资产</td><td align="center">美元</td><td align="right">美元</td></tr>
<tr><td>　　现金</td><td></td><td></td></tr>
<tr><td>　　　　库存现金</td><td></td><td></td></tr>
<tr><td>　　　　预付款</td><td></td><td></td></tr>
<tr><td>　　　　短期现金投资</td><td></td><td></td></tr>
<tr><td>　　　　现金总额</td><td></td><td></td></tr>
<tr><td>　　有限制的现金</td><td></td><td></td></tr>
<tr><td>　　短期投资</td><td></td><td></td></tr>
<tr><td>　　应收款</td><td></td><td></td></tr>
<tr><td>　　　　应收账款</td><td></td><td></td></tr>
<tr><td>　　　　应收票据</td><td></td><td></td></tr>
<tr><td>　　　　非流动应收账款的流动部分</td><td></td><td></td></tr>
<tr><td>　　其他</td><td></td><td></td></tr>
<tr><td>　　　　应收账款总额</td><td></td><td></td></tr>
<tr><td>　　坏账准备金</td><td></td><td></td></tr>
<tr><td>　　　　净应收账款</td><td></td><td></td></tr>
<tr><td>来自于所有者、管理公司或相关团体的款项</td><td></td><td></td></tr>
<tr><td>　　存货</td><td></td><td></td></tr>
<tr><td>　　运营设备</td><td></td><td></td></tr>
<tr><td>　　预付费用</td><td></td><td></td></tr>
<tr><td>　　递延所得税——流动</td><td></td><td></td></tr>
<tr><td>　　其他</td><td></td><td></td></tr>
<tr><td>　　　　流动资产总额</td><td></td><td></td></tr>
<tr><td>非流动应收款，净流动部分投资</td><td></td><td></td></tr>
<tr><td>资产和设备</td><td></td><td></td></tr>
<tr><td>　　土地</td><td></td><td></td></tr>
<tr><td>　　建筑物</td><td></td><td></td></tr>
<tr><td>　　土地租赁权及其改良</td><td></td><td></td></tr>
<tr><td>　　家具和设备</td><td></td><td></td></tr>
<tr><td>　　在建工程</td><td></td><td></td></tr>
<tr><td>　　　　资产和设备总额</td><td></td><td></td></tr>
<tr><td>　　累计折旧和摊销</td><td></td><td></td></tr>
<tr><td>　　　　资产和设备净额</td><td></td><td></td></tr>
<tr><td>其他资产</td><td></td><td></td></tr>
<tr><td>　　无形资产</td><td></td><td></td></tr>
</table>

（续）

资产负债表 资产		
	当期年	上一年
保险的现金让渡价值		
递延费		
递延所得税——非流动		
运营设备		
有限制的现金		
其他		
其他资产总额		
全部资产总额	美元	美元
流动负债		
应付票据		
银行	美元	美元
其他		
应付账款总额		
来自于所有者、管理公司和其他团体的款		
应付账款		
应计费用		
预付押金		
应付所得税		
递延所得税——流动		
长期负债的流动部分		
其他		
流动负债总额		
长期负债, 净流动部分		
抵押票据, 其他票据和类似负债		
资本租赁下的有价证券		
长期负债总额		
其他长期负债		
递延所得税——非流动		
委托费及附属费		
所有者权益		
____% 累积优先股, 每股____美元, 公认的____股份,		
已发行的和将来完成的____股份;	美元	美元
普通股, 每股价值____美元,		
个人的____股份, 已发行的和将来完成的____股份;		
溢价资本		
留存收益		
累积的其他综合利润 (亏损)		
所得税净额		

（续）

资产负债表 资产	当期年	上一年
减去：成本中国库券，普通股____股份， 　　　股东权益总额	美元	美元
负债和所有者权益总额	美元	美元

资料来源：《住宿业统一会计制度》、第 10 版（美国饭店业协会教育学院，2006）

DORO 饭店的资产负债表

图 9-2 是编制的 DORO 饭店的资产负债表，而图 9-3 为其外部资产负债表。与内部资产负债表格式相比，外部资产负债表格式更为紧凑。例如，现金、应收账款与长期负债的区别。无论何种情况，这些格式上的些微差别都不会影响到资产负债表的计算结果。

图 9-2　资产负债表（内部）——DORO 饭店

DORO 饭店有限公司资产负债表
20X2 年 12 月 31 日　　　　　　　　　　　　　　　　　附表 C
资产

流动资产			
现金——库存现金	3500 美元		
现金——预付款	55000		
现金总额		58500 美元	
短期投资		25000	
应收账款	41216		
坏账准备金	1020	40196	
存货		11000	
预付费		13192	
流动资产总额			147888 美元
资产和设备			
土地		850000	
建筑物		2500000	
家具和设备		475000	
总额		3825000	
累积折旧		775000	
总额		3050000	
土地租赁权改良（净额）		9000	
瓷器、玻璃器皿和银器（净额）		36524	
资产和设备总额			3095524

其他费流动资产		
有价证券	1000	
开办费（净额）	3000	
其他资产总额		4000
资产总额		3247412 美元

负债

流动负债		
应付账款	13861 美元	
长期负债的流动部分	70000	
应付联邦和州所得税	16545	
应记工资	11617	
应记的其他项目	7963	
押金和贷方余额	3764	
流动负债总额		123750 美元
长期负债		
应付抵押	2125000	
流动部分	70000	
长期负债总额		2055000
负债总额		2178750

股东权益

普通股、每股价值 1 美元，已确认和已发行 50000 股	50000	
资本溢价	700000	
留存收益	318662	
股东权益总额		1088662
负债和股东权益总额		3247412 美元

图 9-3　资产负债表（外部）——DORO 饭店

DORO 饭店有限公司资产负债表
20X2 年 12 月 31 日
资产

流动资产		
现金	58500 美元	
短期投资	25000	
应收账款（净额）	40196	
投资	11000	
预付费	13192	
流动资产总额		147888 美元
资产和设备		
土地	850000	
建筑物	2500000	

（续）

家具和设备	475000	
总额	3825000	
累计折旧	775000	
总额	3050000	
土地租赁权改良	9000	
瓷器、玻璃器皿和银器（净额）	36524	
资产和设备总额		3095524
其他非流动资产		
抵押债券	1000	
开办费（净额）	3000	
其他资产总额		4000
资产总额		3247412 美元
负债		
流动负债		
应付账款	13861 美元	
长期负债的流动部分	70000	
应付联邦和州所得税	16545	
应记工资	11617	
应记的其他项目	7963	
未获得收入	3764	
流动负债总额		123750 美元
长期负债		
应付押金，低于流动部分		2055000
负债总额		2178750
股东权益		
普通股，每股1美元，已确认和已发行50000股	50000	
资本溢价	700000	
留存收益	318662	
股东权益总额		1068662
负债和股东权益总额		3247412 美元

百分比资产负债表

当一份资产负债表报告了一家公司在特定日期的财务状况时，管理者需要更多的信息来评估财务成长性和确定潜在问题发生的领域。为了方便管理者工作的需要，会计师已经设计出一个百分比资产负债表，以评估资产负债表上每个项目与总资产之间的关系。资产负债表要素与总资产之间的关系以百分比形式表现出来。

由于资产负债表上每个项目都是总资产的一部分，所以列示的总资产的百分比总是100%；同样地，由于负债和所有者权益总是与总资产相等，因此列示的百分比也是100%。百分比的计算可以用下面公式表示：

$$\frac{每个项目的金额}{总资产} = 百分比$$

当使用垂直分析法时，可以将系列要素的每一个相加来交叉检验计算的百分比，因为这些计算结果是四舍五入的，所以有必要去"强制"某种结果。

无论是内部资产负债表还是外部资产负债表都可以包含百分比。要向管理者提供更多的信息，会计师可以用预算的或产业比率丰富的内部资产负债表。

DORO饭店百分比资产负债表的解释：图9-4告诉我们资产的求偿权如下：

$$资产 = 负债 + 所有者权益$$
$$100\% = 67.1\% + 32.9\%$$

很显然，DORO饭店有大量的负债，因为大约67%的资产是债权人的求偿权。但是，财务决策不能仅建立在单一比率上，要确定公司是否有效地使用了负债创造收益的增长，必须增加与预算和产业比率的比较。因此，一个完全的比率分析要求读者要综合研究利润表和资产负债表。

对百分比资产负债表的进一步解释可以通过对资产负债表各种要素的细化研究来完成，例如，现金占总资产的2%，流动资产占总资产4.6%，虽然它看似较低，但是要注意流动负债只占资产的3.8%。对于固定资产占资产比例最大的公司来说这是很平常的。

比较资产负债表

一个比较资产负债表呈现了两期或更多期的财务数据。比较的数据将管理者在计划和控制职能中的有用性分为绝对值形式和相对值。因为计算结果是建立在并排基础上的，所以比较分析也称作水平分析。

一个常见的比较资产负债表是以下格式：

<u>当期年</u>　　<u>上一年</u>　　<u>变化金额美元</u>　　<u>变化百分比</u>

当当期年和上一年数据被录入后，下一步就是完成比较资产负债表了，如图9-4所示：

图 9-4 DORO 饭店——百分比资产负债表

<table>
<tr><td colspan="3" align="center">**DORO 饭店有限公司资产负债表**
20X2 年 12 月 31 日
资产</td></tr>
<tr><td>**流动资产**</td><td></td><td></td></tr>
<tr><td>现金</td><td>58500 美元</td><td>1.9%</td></tr>
<tr><td>短期投资</td><td>25000</td><td>.8</td></tr>
<tr><td>应收账款（净额）</td><td>40196</td><td>1.2</td></tr>
<tr><td>存货</td><td>11000</td><td>.3</td></tr>
<tr><td>预付费用</td><td>13192</td><td>.4</td></tr>
<tr><td>　　流动资产总额</td><td>147888</td><td>4.6</td></tr>
<tr><td>**资产和设备**</td><td></td><td></td></tr>
<tr><td>土地</td><td>850000</td><td>26.2</td></tr>
<tr><td>建筑物</td><td>2500000</td><td>77.0</td></tr>
<tr><td>家具和设备</td><td>475000</td><td>14.6</td></tr>
<tr><td>总额</td><td>3825000</td><td>117.8</td></tr>
<tr><td>减累计折旧</td><td>775000</td><td>23.9</td></tr>
<tr><td>总额</td><td>3050000</td><td>93.9</td></tr>
<tr><td>租赁改良</td><td>9000</td><td>.3</td></tr>
<tr><td>瓷器、玻璃器皿和银器（净额）</td><td>36524</td><td>1.1</td></tr>
<tr><td>资产和设备总额</td><td>3095524</td><td>95.3</td></tr>
<tr><td>**其他非流动资产**</td><td></td><td></td></tr>
<tr><td>抵押债券</td><td>1000</td><td>—</td></tr>
<tr><td>开办费（净额）</td><td>3000</td><td>.1</td></tr>
<tr><td>　　其他资产总额</td><td>4000</td><td>.1</td></tr>
<tr><td>**总资产**</td><td>3247412 美元</td><td>100.0%</td></tr>
<tr><td colspan="3" align="center">**负债**</td></tr>
<tr><td>**流动负债**</td><td></td><td></td></tr>
<tr><td>应付账款</td><td>13861 美元</td><td>.4%</td></tr>
<tr><td>长期负债的流动部分</td><td>70000</td><td>2.2</td></tr>
<tr><td>应付联邦和州所得税</td><td>16545</td><td>.5</td></tr>
<tr><td>应计工资</td><td>11617</td><td>.4</td></tr>
<tr><td>应计其他项目</td><td>7963</td><td>.2</td></tr>
<tr><td>未获得收入</td><td>3764</td><td>.1</td></tr>
<tr><td>　　流动负债总额</td><td>123750</td><td>3.8</td></tr>
<tr><td>**长期负债**</td><td></td><td></td></tr>
<tr><td>应付抵押，减去流动部分</td><td>2055000</td><td>63.3</td></tr>
<tr><td>**负债总额**</td><td>2178750</td><td>67.1</td></tr>
<tr><td colspan="3" align="center">**所有者权益**</td></tr>
<tr><td>普通股，每股价值 1 美元，已发行 50000 股</td><td>50000</td><td>1.5</td></tr>
<tr><td>加上溢价资本</td><td>700000</td><td>21.6</td></tr>
</table>

（续）

留存收益	318662	9.8
所有者权益总额	1068662	32.9
负债和所有者权益总额	3247412 美元	100.0%

其中：

- 金额变化的计算是用当年数额减去上一年数额，计算器将提供计算符号（积极的或消极的）。
- 百分比变化的计算是用变化的绝对数除以上一年数额，百分比变化的符号（积极的或消极的）总是与绝对值变化符号相同。一个比较分析不用共同的除数，每列除数都是上一期特定列项目的数据。

图 9-5　DORO 饭店——比较资产负债表

DORO 饭店有限公司比较资产负债表 20X2 年 12 月 31 日和 20X1 年 12 月 31 日				
资产	20X2	20X1	变化（美元）	变化（%）
流动资产				
现金	58500 美元	61506 美元	(3006) 美元	(4.9) %
短期投资	25000	25000	0	0
应收账款（净额）	40196	38840	1356	3.5
存货	11000	10143	857	8.4
预付费	13192	12165	1027	8.4
流动资产总额	147888	147654	234	.2
资产和设备				
土地	850000	792000	58000	7.3
建筑物	2500000	2500000	0	0
家具和设备	475000	427814	47186	11.0
总额	3825000	3719814	105186	2.8
减累计折旧	775000	640000	135000	21.1
总额	3050000	3079814	(29.814)	(1.0)
租赁改良	9000	10000	(1.000)	(10.0)
瓷器、玻璃器皿和银器（净额）	36524	49403	(12879)	(26.1)
资产和设备总额	3095524	3139217	(43693)	(1.4)
其他非流动资产				
抵押债券	1000	1000	0	0
开办费（净额）	3000	4500	(1500)	(33.3)
其他资产总额	4000	5500	(1500)	(27.3)
总资产	3247412 美元	3292371 美	(44959) 美元	(1.4)
负债				
流动负债				

（续）

应付账款 *	13861 美元	18642 美元	（4781）美元	（25.6%）
长期负债的流动部分	70000	70000	0	0
应付联邦和州所得税	16545	24619	（8.074）	（32.8）
应计工资	11617	9218	2399	26.0
应计其他项目	7963	10899	（2936）	（26.9）
未获得收入	3764	5875	（2111）	（35.9）
流动负债总额	123750	139253	（15503）	（11.1）
长期负债				
应付抵押，减去流动部分	2055000	2125000	（70000）	（3.3）
负债总额	2178750	2264253	（85503）	（3.8）
所有者权益				
发行的普通股	50000	50000	0	0
加上溢价资本	700000	700000	0	0
留存收益	318662	278118	40544	14.6
所有者权益总额	1068662	1028118	40544	3.9
负债和所有者权益总额	3247412 美元	3292371 美元	（44959）美元	（1.4）

图 9-5 是 DORO 饭店比较资产负债表。每行项目的金额变化数是利用水平处理方法独立计算出来的，234 美元的变化额也是水平处理方法计算出来的，通过将每项流动资产的金额变化额相加就可以验证出 234 美元是否精确了。对所有列项目的反复核对是形成精确报表的标准化流程。

计算出金额变化并反复核对后，就可以计算百分比变化了。金额变化额除以上一期数额就是百分比变化，例如，3006 的金额变化额除以 20×1 年的 61506 美元就是百分比变化了 4.9%。

因为百分比变化没有用共同除数计算，所以不可能通过百分比相加来验证任何百分比总量。因此，建议为精确起见对所有百分比结果进行再复查。

比较分析的解释 在比较财务报表中。利用专有的词汇对变化进行讨论。如果今年的数据比上一年的数据大，那么这种变化被称为增加或简单地表述为上升或趋向上升，而不能称为所得，因为所得是以高于账面价值销售资产的结果；如果今年的数据小于上一年数据，则这种变化被称为减少或简单地表述为下降或趋于下降，而不能称为损失，因为损失是以低于账面价值销售资产的结果。

如果今年的数据与去年的数据相等，则这种情况被称为没有变化，要称之为零变化是不合逻辑的。

有时计算百分比变化是不可能的，因为没有上一年数据，这意味着没有除数。在这种情况下，适当的程序是通过在合适的列中键入符号 "—" 或 "n/m" 指出百分比变化没有可评估的。

当分析变化的时候，仅集中于百分比变化是不正确的，因为百分比变化大并不必然代表金额变化大。金额小的变化也可以形成大的百分比变化，例如，在上一年20美元的基础上变化了50美元，却导致了250%的变化。相反，小的百分比变化却代表了较大的金额变化，例如，如果变化额是50万美元，上一年度的数据是5000万美元，但百分比变化只有1%。

DORO 饭店资产负债表的解释。利用图 9-5 的 DORO 饭店资产负债表，比较20X1年12月31日与20×2年12月31日的数据，对其财务状况做如下的解释：

• 4.9% 的现金下降首先要引起关注，但是，流动负债已下降了11.1%；这看起来特别有利，因为流动负债的下降并没有伴随着任何长期负债、银行借款或普通股二级市场发行的发生；

• 应收账款上升了3.5%，如果在已提供的利润表中，显示销售额在去年是上升的话，则这种情况可以证明应收账款的增加是合理的；

• 存货上升了8.4%，应该对这种情况进行调查，因为从去年以来餐饮部的利润是下降的；

• 预付费是增加的，可能是由于保险费和税收增加的缘故，这一点逐年显现；

• 公司的土地、家具和设备一直在增加，应该对增加的原因进行解释；

• 由于摊销的存在，开办费在下降：与固定资产不同，无形资产没有累计折旧账户；摊销费存在于利润表中，通过它直接降低了资产负债表中的账面价值，最后开办费将完全摊销完，并不再出现在资产负债表中；

• 公司一直在管理着它的资源以降低所有的流动负债和长期债务；

• 留存收益的增加是由于来自于经营的利润减去任何公布的股息，公司的年净利润是60544美元，而公布的股息是20000美元，因此留存收益增加了40544美元。

留存收益报表

留存收益报表是用利润表数据编制的，它在利润表和资产负债表间起到连接作用，因为它将计算出的留存收益额带到了资产负债表中。

图 9-6 显示留存收益表是在编制完利润表后才编制的，要注意的是最后呈现在年末的留存收益额应被带入到同期资产负债表留存收益那一列上。

图 9-6　DORO 饭店——留存收益表

DORO 饭店有限公司留存收益表	
截至 20X2 年 12 月 31 日	附表 B
年初留存收益	278118 美元
年净收益（计划表 A）	60544
总额	338662
减年公布的股息	20000
年末留存收益	318662 美元

尾注：

①图 9-1 中的格式采自于《住宿业统一会计制度》，第 10 版（简称 USALI），2006 年出版。本章其余部分的例子不必完全反映这个新格式的所有要素。第 10 版的变化反映在运营设备上以及由于所有者、管理公司或其他相关实体的原因而对数额的报告上。运营设备包括资产例如瓷器、玻璃器皿、银器、布草和工装。运营设备只有一年或不足一年的寿命，被显示在资产负债表的流动资产上；超过一年寿命的运营设备被显示在其他资产下。当一个饭店使用 USALI 时，它应该勾销掉在它的簿记账户中任一尚存的布草、瓷器、玻璃器皿、银器或制服的余额。USALI 指出"资产负债表上的账户数量和类型根据企业的需要而各不相同，据此，应该对建议的格式做出适当的调整以适应企业独特的要求，同时保持与 GAAP 的一致性。"

主要术语

账户格式 (account format)：　一种编制资产负债表的格式，将资产账户列在账页的左边，而将负债及所有者权益账户列在账页的右边。

资产（asset）：　是企业拥有的具有赢利的或交换价值的任何事情。

百分比资产负债表（common-size balance sheet）：　是将每列项目显示为资产总额的百分比的一种资产负债表。对它的分析程序被称为垂直分析。

比较资产负债表（comparative balance sheet）：　是将每列项目的一个时期与基期相比较，并且每列项目的变化被表达为绝对值和百分比的一种资产负债表。对它的分析程序被称为水平分析。

流动资产（current assets）：　是在资产负债表的 12 个月内转化为现金的现金或资产；一项资产要被认为是流动资产的话，必须在用于支付流动负债时可以无限制地获取。

流动负债 (current liabilities)：是希望通过流动资产的使用而获得满足的那些负债，或者 12 个月内由资产负债表上另一个负债替代的那些负债。

递延所得税（deferred income taxes）：当利润表上的所得税超过负债额而提交给税务部门时，企业将超过的部分记为递延所得税。这种差异通常反映了与希望的纳税日不同的定时差异。

负债（liabilities）：外部人（如债权人）对企业资产的求偿权；有时负债也被称为债权人权益。

长期负债 (long-term liabilities)：不是在资产负债表的 12 个月内应支付的债务。

非流动资产（noncurrent assets）：在资产负债表的 12 个月内不会转换为现金的那些资产。

永久差异（permanent difference）：当收入或费用出现在利润表上而不是出现在所得税申报表时发生的差异。

报告格式 (report format)：一种编制资产负债表的格式，首先列出资产，然后再列出负债及所有者权益。

定时差异（timing difference）：当既定年份利润表上的收入或费用额不同于所得税申报表上的数额时发生的差异，其总额最终是相等的。

库藏股 (treasury stock)：已由公司购回的并不再发行的股票。

未获得收益（unearned revenue）：在放弃它们之前已被应收现金抵消的部分。

复习题

1. 资产负债表的目的是什么？

2. 资产负债表涵盖的时期是什么？

3. 会计等式如何被转述为财务等式？

4. 资产负债表的 3 个主要部分是什么？

5. 如何区分资产负债表上的饭店企业资产？

6. 流动资产的定义是什么？按照流动性由大到小列出 5 个主要的流动资产。

7. 资产负债表上的短期投资与投资之间的区别是什么？

8. 资产负债表上的预付费和递延费之间的区别是什么？

9. 资产负债表上未获得收益是什么?

10. 资产负债表上列示的递延所得税一栏代表了什么?

11. 什么是百分比资产负债表?

12. 什么是比较资产负债表?

网址:

若想获得更多信息,可访问下列网址。网址变更恕不通知。若你所访问的网址不存在,可使用搜索引擎查找新网址。

1. 资产负债表账户: www.loadledger.com/support/HTML-Java/htm/balancesheetaccounts.htm

www.sedonaoffice.com/WebHelp/General_Ledger/Getting_Started/Balance_Sheet_Accounts.htm

2. 资产定义: http://sbinfocanada.about.com/od/accounting/g/assets.htm

3. 负债定义: www.investopedia.com/terms/i/liability.asp

4. 所有者权益定义: www..answers.com/topic/shareholders-equity

5. 资产负债表: www.toolkit.cch.com/text/p06_1574.asp

www.sec.gov/investor/pubs/begfinstmtguide.htm

www.investopedia.com/articals/04/031004.asp

练习题

习题 1

一家新成立的公司发行 40000 股普通股,每股价值 1 美元,获得 90000 美元。资产负债表上如何处理这笔业务?

习题 2

一家饭店公司已发行在外的股份有 10 万美元。最近以 2 万美元回购该股票 1000 股，在获得这笔库藏股后已发行在外的普通股数额是怎样的?

习题 3

一家公司近来用抵押款 5 万美元购买了一块土地，每月要支付 1000 美元的本金。在做出任何支付之前长期债务是怎样的?

习题 4

请用资产负债表的内部格式，为一家度假饭店公司编制截止日为 20X9 年 12 月 31 日的资产负债表。以下是为编制资产负债表所需要的资料，这些资料是从工作表中选择的账户。

资产负债表

	借方	贷方
现金——备用金	10000	
现金——普通支票	37148	
现金——工资支票	500	
短期投资	10000	
客人日记账（借方余额）	41221	
客人往来账	20616	
坏账准备金	1523	
食品存货	6825	
酒水存货	3614	

用品存货	8726
预付保险金	12819
预付租金	3000
家具	475000
设备	450000
折旧准备金（家具）	125000
折旧准备金（设备）	150000
租赁改良	475000
瓷器、玻璃器皿和银器	42119
有价证券	2500
应付账款	36972
应付所得税	15212
应计工资	21316
其他应计项目	34918
客人日记账（贷方余额）	4500
应付票据（见票据1）	425000
普通股（见票据2）	30000
溢价资本	600000
留存收益（截至20X9年12月15日）	62930

当编制资产负债表时必须考虑以下注释:

（1）涉及应付票据的项目是一个 10 年的票据，425000 美元的未付余额，其中在下一个 12 月内有 25000 美元的应交款。

（2）有 50000 股已授权普通股，每股价值 1 美元。其中 30000 股已发行。

（3）62930 美元的留存收益不是截至 12 月 31 日的留存收益，不应该被忽略。

要计算 12 月 31 日的留存收益，提供以下的数据:

留存收益 20X9 年 1 月 1 日	122930 美元
20X9 年 12 月 31 日的净所得	91717
年内公布的股息	60000

（4）为方便起见，总资产的关卡额为 1322565 美元。

习题 5

为 Garden Bistor 有限公司编制截至 20X8 年 12 月 31 日的百分比利润表。遵循的原则如下：

（1）给出所有回答，保留一位小数（例如 7900 除以 170000 等于 4.6%）。

（2）如果一系列计算出的百分比不加总到总计算中的话，那么必要时将该系列的最大数字向上移或向下移。

Garden Bistro 有限公司资产负债表

20X8 年 12 月 31 日

资产

流动资产

现金	34000 美元
应收账款	4000
食品存货	2400
用品存货	2600
预付费用	2000
流动资产总额	45000

资产和设备

土地	30000
建筑物	60000
家具和设备	52000
瓷器、玻璃器皿和银器	8000
总额	150000
减累计折旧	40000
资产和设备净额	110000

其他资产

有价证券	1500
开办费（净额）	2500
其他资产总额	4000
总资产	159000 美元

负债

流动负债

应付账款	11000 美元
应付营业税	1000
应计费用	9000
长期债务的流动部分	6000
流动负债总额	27000

长期负债

应付抵押款，流动部分净额	34000

股东权益

实收资本:

普通股，每股 1 美元，已授权 50000 股，	
已发行 25000 股	25000
溢价资本	15000
实收资本总额	40000
留存收益，20X8 年 12 月 31 日	58000
负债和所有者权益总额	159000 美元

习题 6

根据以下资产负债表编制一份比较分析报告。做出所有回答，保留小数点 1 位。

Garden Bistro 有限公司资产负债表

20X8 年 12 月 31 日和 20X7 年 12 月 31 日

资产

流动资产	20X8 年	20X7 年
现金	34000 美元	36500 美元
应收账款	4000	3450
食品存货	2400	2100
用品存货	2600	1900
预付费	2000	2600
流动资产总额	45000	46550
资产和设备		
土地	30000	30000
建筑物	60000	60000
家具和设备	52000	48000
瓷器、玻璃器皿和银器	8000	8300
总额	150000	146300
减累计折旧	40000	35000
资产和设备净额	110000	111300
其他资产		
有价证券	1500	1500
开办费（净额）	2500	3000
其他资产总额	4000	4500
资产总额	159000 美元	162350 美元

负债

流动负债		
应收账款	11000 美元	25400 美元
应付营业税	1000	950
应计费用	9000	7000
长期债务的流动部分	6000	6000

流动负债总额	27000	39350

长期负债

应付抵押款, 流动部分净额	34000	40000

股东权益

实收资本:

普通股, 每股 1 美元, 已授权 50000 股,		
已发行 25000 股	25000	25000
溢价资本	15000	15000
实收资本总额	40000	40000
留存收益, 20X8 年 12 月 31 日	58000	43000
负债和股东权益总额	**159000 美元**	**162350 美元**

◆ 案 例 分 析 ◆ ──────────

一个资产负债表的评论

Grande 饭店总经理谈到饭店最近的资产负债表（很多被忽视），管理者已经关注并努力改进获利能力，因为饭店只在最近几年有赢利。确实，当所有者和管理者集中于关注销售额、费用和利润的时候，有时会低估资产负债表作为财务报表的重要作用。但是，一个企业的财务优势和生存能力依赖于资产负债表呈现的财务状况。

管理者必须要分析的 3 张主要财务报表是资产负债表、利润表和现金流量表。资产负债表显示了一个公司的资源状况，显示了负债多少以及所有者拥有多少。利润表评估企业的获利性。现金流量表显示了现金从哪儿来以及支出在哪儿。三张报表在企业经营中扮演了重要角色。

Grande 饭店既没有购买或替换任何新的资产和设备，也没有出售任何资产和设备。公司的财务报告采用直线折旧法。

总经理已经获得了一份最近的比较资产负债表的复印件，以下是它的压缩版。总经理表示财务状况已经得到改善了，因为现金已经增加了 2 万美元，即上升了 33.3%。

	20X2	20X1	变化额（美元）	变化率（%）
流动资产				
现金	80000 美元	60000 美元	20000 美元	33.3
应收账款	30000	50000	(20000)	(40.0)
存货	5000	9000	(4000)	(44.4)
预付项目	8000	7600	400	5.3

流动资产总额	123000	126600	（3600）	（2.8）
资产和设备				
折旧净额	900000	950000	（50000）	（5.3）
其他非流动资产	2000	1950	50	2.6
资产总额	1025000 美元	1078550 美元	（53550）美元	（5.0）
流动负债				
应付账款	18000 美元	10000 美元	8000 美元	80.0
应付贷款	30000	10000	20000	200.0
其他负债	5000	4800	200	4.2
流动负债总额	53000	24800	28200	113.7
长期债务净额		3000	（3000）	（100.0）
股东权益	972000	1050750	（78750）	（7.5）
负债和权益总额	1025000 美元	1078550 美元	（53550）美元	（5.0）

要　求

　　会议中，主席要求你推测一下引起资产负债表显著变化的原因是什么。在你回答以下问题时，如果需要的话，可以要求提供额外的财务报表以支持你的结论。

　　1. 对总经理提出的今年由于现金的显著增加而改进了公司财务能力的观点进行评论。

　　2. 对现金增加的可能性原因进行分析。

　　3. 对其他资产的任何显著性变化提出可能性原因。

　　4. 对负债的任何显著性变化提出可能性原因。

　　5. 对所有者权益的变化提出可能性原因。

第 10 章

概 要

资产负债表的比率分析

　流动性

　资产管理

　债务管理

DORO 饭店资产负债表的比率分析

流动比率

　银行标准

　组成

速动比率

　银行标准

应收账款周转率

平均收账期

存货周转率

固定资产周转率

负债权益比率

资产负债率

营运资本

　营运资本的计算

　营运资本的组成

　足够的营运资本的重要性

　营运资本不足的原因

　营运资本过量的原因

影响营运资本要求的因素

比率公式参考表

学习目标

1. 描述在饭店资产负债表分析中比率的用途。

2. 解释流动比率的目的和用途，描述其公式并对比率做出解释。

3. 解释速动比率的目的和用途，描述其公式并对比率做出解释。

4. 解释应收账款周转率的目的和用途，描述其公式并对比率做出解释。

5. 解释平均回收期比率的目的和用途，描述其公式并对比率做出解释。

6. 识别计算食品和酒水存货周转率的公式。

7. 解释固定资产周转率的目的和用途，描述其公式并对比率做出解释。

8. 解释负债权益比率的目的和用途，描述其公式并对比率做出解释。

9. 解释资产负债率的目的和用途，描述其公式并对比率做出解释。

10. 描述营运资本的计算、组成和重要性。

10

资产负债表比率分析

资产负债表比率分析对于饭店的董事会、管理者、股东、信贷者以及投资机构来说都是十分有用的。与利润表不同，资产负债表不是倾向于让部门使用的；资产负债表显示的是一个饭店企业的整体财务状况，对了解企业的财务状况、确定持续经营的能力是很重要的。

资产负债表利用历史成本法评估一个饭店企业的资源利用状况，在资产负债表上就市场价值的使用还存在争议期间，市场价值的实现只有在公司被出售的时候才能实现。这个价值概念与永续经营的目的是相反的。

资产负债表比率是分析和解释饭店企业财务安定性的工具。分析指对百分比和比率的计算；解释指比较百分比和比率以确定分析的含义和意义。在解释中被用的比率是前期比率、行业和协会比率以及预算比率。

本章将回答以下问题：

1. 资产负债表比率评价什么？
2. 资产负债表分析中常见的比率是什么？
3. 营运资本是什么？
4. 足够的和不足的营运资本的意义是什么？

资产负债表的比率分析

比率是财务分析的关键部分，因为当将它们与预算比率、前期比率和行业与协会比率进行比较时，可以指出潜在的问题及其症状。饭店业比率和统计数据由 PKF 咨询公司、史密斯旅行研究机构和国家餐馆协会公布（只对单独经营的餐馆）。

资产负债表比率被用于评价流动性、资产管理和债务管理。

流动性

一个公司支付流动负债的能力就是对流动性的评价。债权人和投资机构对于了解一个公司是否能够在不需要借钱而不影响到未来财务成长下支付它的流动负债特别感兴趣。流动比率假设流动资产是支付流动负债的主要资金来源。评估流动性的两个最常见的比率是流动比率和速动比率。

资产管理

一个公司的财务安定性和成功依赖于如何管理公司的资产。资产管理涉及根据公司政策和销售量控制资产的水平。伴随着公司的成长，应收账款、存货和固定资产的增长是常见的。但是，销售额增长不应该产生这些资产无正当理由的增长。在评价资产管理上最常见的比率是：

- 应收账款周转率；
- 平均收账期；
- 存货周转率；
- 固定资产周转率。

债务管理

除了评价它的流动性以外，一个公司必须确定偿付其债务总额的能力（短期债务和长期债务）。债务管理就是对偿债能力的评价，这里的偿债能力指的是公司偿付长期债务的能力。当一个饭店、汽车旅馆或其他饭店企业的资产大于它的负债的时候即意味着有偿付能力。在评价一个公司偿付长期债务的能力方面最常见的比率是负债权益比率和资产负债率。

DORO 饭店资产负债表的比率分析

使用图 10-1 描述的 DORO 饭店资产负债表，以及图 10-2 和图 10-3 的信息，探究评价流动性、资产管理和债务管理的比率。列出的每个比率将包括对比率的主要描述、公式以及在 DORO 饭店的具体应用。

对每个比率讨论的结论将是对具体比率的结果和在经营环境中其他关键影响因素的结果做出的一个解释。

图 10-1　DORO 饭店资产负债表

DORO 饭店有限公司比较资产负债表
20X2 年 12 月 31 日和 20X1 年 12 月 31 日

	20X2	20X1	变化额（美元）	变化率（%）
资产				
流动资产				
现金	58500 美元	61506 美元	（3006）美元	（4.9%）
短期投资	25000	25000	0	0
应收账款（净额）	40196	38840	1356	3.5%
存货	11000	10143	857	8.4%
预付费	13192	12165	1027	8.4%
流动资产总额	147888	147654	234	.2
资产和设备				
土地	850000	792000	58000	7.3%
建筑物	2500000	2500000	0	0
家具和设备	475000	427814	47816	11.0%
总额	3825000	3719814	105186	2.8%
减累计折旧	775000	640000	135000	21.1%
总额	3050000	3079814	（29814）	（1.0）
租赁改良	9000	10000	（1000）	（10.0）
瓷器、玻璃器皿和银器	36524	49403	（12879）	（26.1）
资产和设备总额	3095524	3139217	（43693）	（1.4）
其他非流动资产				
有价证券	1000	1000	0	0
开办费（净额）	3000	4500	（1500）	（33.3）
其他资产总额	4000	5500	（1500）	（27.3）
资产总额	3247412 美元	3292371 美元	（44959）美元	（1.4）%
负债				
流动负债				
应付账款	13861 美元	18642 美元	（4781）美元	（25.6）%
长期债务的流动部分	70000	70000	0	0
联邦和州所得税	16545	24619	（8074）	（32.8）
应计工资	11617	9218	2399	26.0
其他应计项目	7963	10899	（2936）	（26.9）
未获得收入	3764	587	（2111）	（35.9）
流动负债总额	123750	139253	（15503）	（11.1）
长期债务				
应付抵押款	2055000	2125000	（70000）	（3.3）

（续）

负债总额	2178750	2264253	(85503)	(3.8)
股东权益				
发行的普通股	50000	50000	0	0
实收溢价资本	700000	700000	0	0
留存收益	318662	278118	40544	14.6
股东权益总额	1068662	1028118	40544	3.9
负债和股东权益总额	3247412 美元	3292371 美元	(44959) 美元	(1.4) %

图 10-2 DORO 饭店——简略利润表

DORO 饭店有限公司简略利润表
截至 20X2 年 12 月 31 日

净收入	1597493 美元
成本和费用	15311355
资产销售所得前利润	66138
资产销售所得	10500
所得税前利润	76638
所得税	16094
净利润	60544 美元

图 10-3 DORO 饭店——餐饮部简略利润表

DORO 饭店有限公司餐饮部简略利润表
截至 20X2 年 12 月 31 日

	食品	酒水	其他	总额
收入	360000 美元	160000 美元	6400 美元	526400 美元
折让	1700	130		1830
净收入	358300	159870	6400	524570
销售成本：				
已耗用食品成本	144400	40510	2600	187510
减员工餐成本	9200			9200
销售成本	135200	40510	2600	178310
毛利润	223100	119360	3800	346250
工资和相关费用				204180
其他费用				54703
总费用				258883
部门利润				87377 美元

流动比率

流动比率代表了流动资产和流动负债之间的关系。它也被称为营运资本比率，因为营运资本是流动资产超过流动负债的部分。流动比率是银行业和投资机构最常使用的比率之一。

公式：流动比率公式如下：

$$\frac{流动资产}{流动负债}$$

20X2 年 DORO 饭店流动比率的计算如下：

$$\frac{147888\ 美元}{123750\ 美元} = 1.20$$

解释：流动比率是 1.20 比 1，有时表达为 1.20 :1。

这个结果说明每 1 元流动负债有 1.2 美元流动资产做后盾。表述这一结果的另一种方式是：流动资产是流动负债的 1.2 倍。

流动比率较高意味着一个公司在支付流动负债时困难较小。因此，当比率等于或大于前期比率或预算比率时表示情况有利。

通过借入长期基金可以操纵流动比率，现金将变成流动负债，而银行贷款不会作为流动负债出现。

银行标准

银行通常要求 2.0 的流动比率作为批准贷款的必要条件。尽管 2.0 的银行标准是主观的，但是投资机构也已经接受了这个评价标准。

这个银行标准被用于评估零售商店和制造业公司，这些企业的特点是拥有大量的存货和应收账款。饭店和餐馆不要求有周转率低的大量存货，因此，它们的流动资产通常更具有流动性。饭店和餐馆的应收账款大部分来自于信用卡，信用卡比在许多其他行业的顾客账单更依赖于回收期。

组成

流动比率的解释要求更多地与其他比率和银行标准进行比较。两个不同的公司可以有相同的流动比率，但是一个公司的资产流动性不会像其他公司一样，以下的例子显示了当两个不同的公司进行比较时，相同的流动比率是如何被误导的。

	A 公司	B 公司
现金	100000 美元	20000 美元
短期投资	25000	0
应收账款	20000	75000
存货	40000	90000
预付费	15000	15000
流动资产总额	200000 美元	200000 美元
流动负债总额	100000 美元	100000 美元
流动比率	2:1	2:1

尽管两个公司的流动比率都是 2:1，但是 A 公司因为有大量的现金和短期投资而具有更好的流动性，B 公司有大量的应收账款和存货而负担较重。

要克服流动比率的这个局限性，开发了速动比率指标。速动比率在评价流动性时没有使用存货和预付费。

速动比率

速动比率也被称为酸性实验比率，是流动比率的一个更精致的表述。在流动比率中，分子只包括更快地转换为现金的高流动性的流动资产，不包括低流动性的流动资产，如存货和预付费。

公式：速动比率的公式如下：

$$\frac{现金 + 短期投资 + 应收账款（净额）}{流动负债}$$

DORO 饭店 20 × 2 年速动比率的计算如下：

$$\frac{58500 + 25000 + 40196}{123750} = 1.00$$

解释：速动比率是 1.00 比 1，有时也表述为：1.00 :1

这个结果说明每 1 美元流动负债有 1 美元的高流动（速动）资产做后盾。这个结果的另一个表述方式是：速动资产等于流动负债。

速动比率较高意味着一个公司在支付流动负债时困难较小。因此，当比率等于或大于前期比率或预算比率时情况有利。

流动比率与速动比率之间的关系：DORO 饭店的流动比率是 1.2，而速动比率是 1.0，这两个比率是非常接近的。对于饭店业公司来说这是典型的结果，因为饭店业的存货要求较低。

银行标准

银行通常要求 1.0 的速动比率作为批准贷款的必要条件。当分析 DORO 饭店时，尽管它的流动比率没有达到 2.0 的银行标准，但是 1.0 的速动比率却满足了银行的要求。这些矛盾的结果强调了当只分析了有限数量的比率时，不能做出任何重要的决策。

应收账款周转率

应收账款周转率评价一个时期内应收账款被回收的平均时间，用于计算这个比率的数据是销售额和应收账款。这个比率不适用于销售额完全是现金或银行信用卡的饭店企业。在一个公司为现金和信用卡销售的那些情况下，应该使用赊销。如果将现金和赊销分开是不可能的话，那么无论计算的基础是否一致，应收账款周转率都是有价值的。较低的应收账款比率是饭店拥有大多数现金销售额的结果。

应收账款周转率要求使用两张财务报表：利润表（提供销售额）和资产负债表（提供期初与期末应收账款余额）。应收账款（减去坏账准备金后）平均数是通过期初余额加期末余额除以 2 计算的。

公式：应收账款周转率公式如下：

$$\frac{净收入}{应收账款平均额（净额）}$$

就像图 10-2 显示的那样，DORO 饭店 20X2 年净销售额是 1597493 美元，20×2 年饭店应收账款周转率计算如下：

$$\frac{1597493}{(538840 + 40196) \div 2} = 40 倍$$

解释：应收账款平均周转率为 40 倍。周转率如此高说明 DORO 饭店销售额更多的是以银行卡和现金形式实现的。当比率等于或大于前期比率或预算比率时就会发生有利的情况。

当用周转天数重申的时候该比率具有了更多的意义；通过计算平均收账期可以实现转变。

平均收账期

平均收账期可以用来评估公司的信贷和收账政策。如果政策规定所有的账单要在 30 天内支付，那么平均收账期应该反映这项政策。

通过用以天表示的经营年除以周转率就可以将应收账款周转率转化为应收账款回收期（平均收账期）。

公式：应收账款平均收账期公式如下：

$$\frac{365}{应收账款周转率}$$

DORO 饭店 20X2 年平均收账期计算如下：

$$\frac{365}{40} = 9 \text{ 天}$$

解释：应收账款的平均收账期是 9 天，或者大约是一周。另一种解释是应收账款的余额由 9 天的销售额组成。

当比率等于或小于前期比率或预算比率时情况有利。

存货周转率

存货周转率用于评价一个饭店的存货如何迅速地被买卖出去。买卖循环代表一个存货周转，也称为一个周期。这个周转是快销项目和慢销项目如罐头食品、冷冻食品和昂贵红酒的平均数，食品、酒水、礼品店及其他购买的运营品必须分别计算；否则平均数将是靠不住的。

通常，一个逐步增高指标说明一个改进的周转状况。但是，一个饭店企业必须在高周转率和低周转率之间保持一个平衡。高周转率可能导致缺货情况，而低周转率可能导致存货损耗或超额存货占用企业有限的现金资源。

公式：食品存货周转率公式如下：

$$\frac{已用食品成本}{平均食品存货}$$

如果已用食品成本不可获得，就用已售食品成本。平均存货的计算如下：

$$\frac{期初存货 + 期末存货}{2}$$

平均存货周转率公式是类似的。资产负债表常常不提供足够的信息来计算存货周转率，因为在所列栏目中存货只显示总额，像图 10-1 显示的那样。利用图 10-3 显示的餐饮活动，存货周转率可以被计算如下：

$$\frac{已用食品成本}{平均食品存货} = \frac{144400 \text{ 美元}}{(5800 \text{ 美元} + 7000 \text{ 美元}) \div 2} = 23 \text{ 次}$$

$$\frac{已用酒水成本}{平均酒水存货} = \frac{40510 \text{ 美元}}{(3000 \text{ 美元} + 2800 \text{ 美元})} = 14 \text{ 次}$$

DORO 饭店为顾客提供的独一无二的红酒单导致了较低的平均酒水周转率，但是，管理者坚持认为独一无二的酒单可以对顾客具有吸引力和营销优势。

固定资产周转率

固定资产周转率评价使用固定资产（资产和设备）创造收入的管理效率。这个比率的计算需要两个财务报表：利润表（提供销售额指标）和资产负债表（提供固定资产平均值）。

公式：固定资产周转率公式如下：

$$\frac{净收入}{固定资产平均值}$$

DORO 饭店 20X2 年固定资产周转率计算如下：

$$\frac{1597493 \text{ 美元}}{(3139217 \text{ 美元} + 3095524 \text{ 美元}) \div 2} = 0.5 \text{ 次}$$

解释：DORO 饭店的收入低于该时期平均固定资产总额，因此周转率小于 1 次。当该比率等于或大于前期比率或预算比率时情况有利。

局限性：使用固定资产或总资产计算出的任何比率由于折旧效应而趋于多变。在固定资产周转率中，固定资产是累计折旧的净额，因此，实施保守折旧政策的新饭店将有较低的固定资产周转率。

固定资产是饭店的重要组成部分，固定资产周转率忽略了资产的市场价值。因此，该比率会不公平地使以较高成本建设的新饭店处于不利地位。

负债权益比率

负债权益比率是将饭店企业的债务总额与股东（所有者）权益总额进行比较。它显示了公司已向供应商和银行借入资金的程度，并揭示债权人或所有者是否为公司大部分资产进行融资。债权人之所以关心这个比率是因为该比率提供了衡量风险的一个指标：比率越高，给公司贷款的风险就越大。

公式：负债权益比率的计算公式如下：

$$\frac{负债总额}{权益总额}$$

DORO 饭店 20X2 年负债权益比率计算如下：

$$\frac{178750 \text{ 美元}}{1068662 \text{ 美元}} = 2.04$$

解释：当该比率等于或小于前期比率或预算比率时情况有利。2.04 的结果告诉我们公司（所有者）每投资于资产 1 美元就有 2.04 美元来自于债权人。该比率高于 1 说明饭店使用债务融资高于权益融资来经营或扩展饭店业务，这就是著名的财务杠杆。

财务杠杆的意义可以用 DORO 饭店财务等式的运用更清楚地加以说明：

资产 ＝ 债权人的求偿权 ＋ 所有者的求偿权

3.04 美元 ＝ 2.04 美元 ＋ 1 美元

财务等式也可以用百分比形式表明谁在资产融资中占主要部分，通过用每个求偿权除以 3.04 的总资产就可得到以下结果：

资产 ＝ 债权人的求偿权 ＋ 所有者的求偿权

100% ＝ 67% ＋ 33%

资产的 67% 是通过债权人融资获得的，而股东只承担融资风险的 33%。

意义：每个公司都有自己最理想的负债和债务结构。适度地利用财务杠杆可以最大化地促进公司的发展。因此，只要公司具有偿还债务的能力，则一个较高的负债比率就是有利的。

比率高说明一个公司有破产的可能，尤其是当公司不能偿还债务的时候。如果银行感觉一个公司具有较高的负债率，那么它对任何新增贷款就可能会要求较高的利息率或在公司拖欠的情况下用担保物来支持贷款。

资 产 负 债 率

资产负债率也被称为偿付能力比率。它将总资产与总负债相比，当一个饭店公司的资产大于负债时就具有偿付能力了。因此，这个比率应该大于 1.00。

公式：资产负债率的计算公式如下：

$$\frac{资产总额}{负债总额}$$

DORO 饭店 20X2 年的资产负债率计算如下：

$$\frac{3247412\ 美元}{2178750\ 美元} = 1.49$$

解释：当该比率等于或大于前期比率或预算比率时情况有利。1.49 的比率告诉我们每 1 美元的负债存在 1.49 美元资产。

当财务等式被表述如下时，该比率具有更多的意义：

资产 ＝ 债权人的求偿权 ＋ 所有者的求偿权

1.49 美元 ＝ 1 美元 ＋ 0.49 美元

100% ＝ 67% ＋ 33%

注意，当该比率被转换为百分比时，其结果与负债权益比率的百分比结果是一样的。

资产负债率的变异：用于评价偿付能力的比率有一些变异，但是它们的结果都一样。例如，一些分析师采用被称为债务资产比率（或负债资产比率）进行分析，对 DORO 饭店进行分析形成以下结果：

$$\frac{负债总额}{资产总额} = \frac{2178750\ 美元}{3247412\ 美元} = 67\%$$

是使用一个还是多个偿付能力比率依赖于管理者的特定偏好，分析师或会计师将选择那些管理者偏好的和已用于评价偿付能力的比率。

营运资本

对营运资本的研究十分重要，因为它与日常运营密切相关。营运资本作为一个话题常常没有引起注意，而只在学校、课本和讨论会上引起关注，这很大程度上是因为企业高管只思考现金。营运资本的管理对于企业的生存、财务效率和创造出满意的营利性都是很必要的。企业失败的主要原因之一是疏于对营运资本的管理。

营运资本的计算

营运资本的计算如下：

$$
\begin{array}{r}
\text{流动资产} \\
-\quad \text{流动负债} \\
\hline
\text{营运资本}
\end{array}
$$

如果流动负债超过流动资产，就会发生净营运资本的赤字。营运资本不能被银行的贷款或供应者贷款延期操纵，营运资本的立即可获得性依赖于其流动资产的构成，尤其是现金、短期投资和应收账款。

营运资本的组成

除了比较流动资产与流动负债的数量以外，营运资本的构成要素可以通过每项流动资产除以流动资产总额而转换为百分比。在以下的例子中，A 公司的每项流动资产都除以 200000 美元。

公司 A

现金	100000 美元	50.0%
有价证券	25000	12.5
应收账款	20000	10.0
存货	40000	20.0
预付费	15000	7.5
流动资产总额	200000	100.0%

流动负债总额	100000	美元
营运资本	100000	美元

足够的营运资本的重要性

营运资本应该足以有效地使公司业务运营并在没有财务灾害的情况下满足突然出现的财务需要。足够的营运资本：

- 使企业可以获得现金折扣的优势；
- 当应缴款时使公司可以支付所有的利息；
- 保持公司良好的信用评级；
- 使存货量保持在提供最优顾客服务水平上；
- 驱使公司扩大信贷往来账户以增加销售额；
- 允许公司更高效地运营，因为在收取商品或服务时没有延期，不是以 C.O.D（货到收款）来交付的；
- 在经济衰退时给公司提供安全的利润。

营运资本不足的原因

营运资本的不足和营运资本的赤字并不是必然的，公司的一个常见问题是要有营运资本余额，这个余额虽然是正面的，但是对公司的需要来说是不够的。营运资本的不足可能是由以下原因造成的：

- 因为较低的销售量和日益增长的成本而造成的巨大的经营亏损；
- 由于未保过险、保险不足失窃及事故导致的亏损；
- 在获取必要资金方面管理失效；
- 在固定资产上投资过度。

营运资本过量的原因

足够的营运资本是企业所期望的，但是过量的营运资本可能导致：

- 通过过量借款或股票发行购置固定资产（这些策略允许公司不用使用流动基金来购买长期资产）；
- 出售固定资产和固定资产没有更新；
- 剥夺了股东应获得的股息。

影响营运资本要求的因素

许多因素影响营运资本要求。饭店业具有存货少、往来账户销售额低，相比制造业来说，可以在较低的营运资本下生存。以下是营运资本要求的一些决定因素：

- 购买商品以销售的时间（存货周转率）；
- 利润率（资产回报率，资本权益报酬率）；
- 信贷政策（应收账款周转率）；
- 债务负担（债务对权益，资产对负债）。

比率公式参考表

以下公式显示了主要的资产负债表比率和它们的计算公式，成为方便的参照来源。

$$\text{净收入} \quad \frac{\text{应收账款周转率}}{\text{应收账款平均额（净额）}}$$

$$\text{资产负债比率} \quad \frac{\text{资产总额}}{\text{负债总额}}$$

$$\text{平均收账期} \quad \frac{365}{\text{应收账款周转率}}$$

$$\text{存货周转率} \quad \frac{\text{已用酒水成本}}{\text{平均酒水存货}}$$

$$\text{流动比率} \quad \frac{\text{流动资产}}{\text{流动负债}}$$

$$\text{负债资产比率} \quad \frac{\text{负债总额}}{\text{资产总额}}$$

$$\text{负债权益比率} \quad \frac{\text{负债总额}}{\text{权益总额}}$$

固定资产周转率 $\qquad \dfrac{净收入}{固定资产平均值}$

食品周转率 $\qquad \dfrac{已用食品成本}{平均食品存货}$

速动比率 $\qquad \dfrac{现金＋短期投资＋应收账款（净额）}{流动负债}$

主要术语

酸性实验比率（acid-test ratio）：比流动比率更精炼的比率。分母是一样的（流动负债），但是分子只是由相对易转换成现金的流动资产组成，如现金、短期投资和应收账款。酸性实验比率常被称为速动比率。

财务杠杆（financial leverage）：使用负债而不是权益来进行经营，提高已投资的权益回报率。

存货周转率（inventory turnover ratio）：该比率代表在既定时期内存货周转次数（被出售和替代），这个比率的计算是用销售成本除以平均存货。

流动性（liquidity）：一个饭店企业通过保持足够的现金或易变现的投资满足短期（流动）承诺的能力。

速动比率（quick ratio）：见酸性实验比率。

偿付能力（solvency）：一个饭店企业通过负债融资经营能够满足长期承诺的程度。当资产大于负债时一个企业具有偿付能力。

偿付比率（solvency ratio）：评价一个企业债务融资程度及满足长期承诺能力的比率。

复习题

1. "分析"与"解释"两个术语间的区别是什么？

2. "流动性"、"资产管理"、"债务管理"的意义是什么？

3. 用于评价流动性的比率是哪个？

4. 用于评价资产管理的比率是哪个?

5. 用于评价债务管理的比率是哪个?

6. 如何解释 3.12 的流动比率?

7. 如何解释 1.55 的速动比率?

8. 财务杠杆是什么?

9. 以下比率的计算公式是什么?

(1) 流动比率　　　　(2) 速动比率　　　　(3) 应收账款周转率

(4) 平均收账期　　　(5) 食品存货周转率　(6) 固定资产周转率

(7) 债务权益比率　　(8) 资产负债比率

10. 营运资本如何计算?

11. 足够的营运资本的重要性是什么?

12. 营运资本不足的原因是什么?

13. 营运资本过量的原因是什么?

14. 影响营运资本要求的因素是什么?

网址:

若想获得更多信息,可访问下列网址。网址变更恕不通知。若你所访问的网址不存在,可使用搜索引擎查找新网址。

1. 财务比率: www.netmba.com/finance/financial/ratios/

2. 被分析的资产负债表: www.investopedia.com/articles/04/031004.asp

3. 被分析的流动比率和速动比率: www.bankrate.com/brm/news/biz/bizcalcs/ratiocurrent.asp

www.investorwords.com/4008/quick_ratio.html

www.americancentury.com/servlet/Glossary Manager/acb.americancentury.com/ilQ.htm

4. 营运资本和营运资本计算图表: www.investorwords.com/5334/working_capital.html

www.planware.org/workingcapital.htm

www.dinkytown.net/java/Capital.html

练习题

习题 1

一个饭店企业当期末的债务权益比率是 0.75，则

（1）以财务（会计）等式的形式说明这个结果。

（2）在财务等式中，再以百分比形式加以说明。

（3）谁是资产的主要融资方式?

习题 2

一个饭店企业当期末的资产负债比率是 2.33，则

（1）以财务（会计）等式的形式说明这个结果。

（2）在财务等式中，再以百分比形式加以说明。

（3）谁是资产的主要融资方式?

习题 3

利用以下提供的信息计算 Pikalou 饭店流动资产部分的百分比构成。结果保留一位小数。

现金	150000 美元
短期投资	40000
应收账款	12000
存货	20000
预付费	5000
流动资产总额	227000 美元

习题 4

Dav-Elen 饭店的高层管理者已完成了对当期资产负债表的分析。将结果与预算目标比较并说明结果是否有利。注意：只就提供的比率数说明而不要考虑其他因素。

	实际	预算
流动比率	3.5	3.9
速动比率	1.6	1.2
应收账款周转率	25.3	30.0
固定资产周转率	3.0	2.5
债务权益比率	2.5	2.2
资产负债比率	1.4	1.5

习题 5

根据 Garden Bistro 饭店 20X8 年资产负债表的营运资本信息以及下面提供的信息计算以下比率。所有比率结果保留小数点 2 位。

（1）流动比率　　　　（2）速动比率　　　　（3）应收账款周转率

（4）平均收账期　　　（5）固定资产周转率　（6）债务权益比率

（7）资产负债比率　　（8）营运资本

附加信息：

20X8 年 12 月 31 日全年利润表中选择出的信息：

销售额	171000 美元
折让	－ 1000
净销售额	170000 美元

Garden Bistro 有限公司资产负债表

20X8 年 12 月 31 日和 20X7 年 12 月 31 日

资产

流动资产	20X8	20X7
现金	34000 美元	36500 美元
应收账款	4000	3450
食品存货	2400	2100
用品存货	2600	1900
预付费用	2000	2600
流动资产总额	45000	46550
资产和设备		
土地	30000	30000
建筑物	60000	60000
家具和设备	52000	48000
瓷器、玻璃器皿和银器	8000	8300
总额	150000	146300
减累计折旧	40000	35000
资产和设备净额	110000	111300
其他资产		
保证金	1500	1500
开办费	2500	3000
其他资产总额	4000	4500
资产总额	159000 美元	162350 美元

负债

流动负债		
应收账款	11000 美元	25400 美元
应付销售税	1000	950
应计费用	9000	7000
长期负债的流动部分	6000	6000

流动负债总额	27000	39350
长期负债		
应付抵押款，流动部分净额	34000	40000
负债总额	61000	79350

股东权益

实收资本：

普通股，每股 1 美元，授权		
50000 股，已发行 25000 股	25000	25000
溢价资本	15000	15000
实收资本总额	40000	40000
留存收益，20X8 年 12 月 31 日	58000	43000
股东权益总额	98000	83000
负债和股东权益总额	159000 美元	162350 美元

案 例 分 析

营运资本管理

Daisy 饭店的总经理正在主持一个关于营运资本的特别会议。会议中她引入以下观点进行讨论和详尽阐述：

- 作为流动资产和流动负债管理的营运资本管理的定义是正确的，但是它对于管理者来说通常是没有意义的；
- 经济学家约翰·梅纳德·凯恩斯解释企业为什么持有现金：为投机的目的，为预防的目的，为交易的目的；
- 在没有适当的管理决策和行动的情况下，一个企业不能保持过多的营运资本。

要　求

会议期间总经理询问大家：

1. 提供一个比"一个公司的流动资产和流动负债的管理"更具体的、信息更充分的定义。

2. 提供凯恩斯提出的关于企业持有现金的 3 个原因的例子。

3. 提供一个公司不能持有过多营运资本的例子。

第11章

概　要

现金流量表的目的

现金和现金等价物

现金流量表的格式

来自经营活动的利润

　　有价证券

来自经营活动的现金流量

　　直接法

　　间接法

投资活动

融资活动

脚注和信息披露

　　所得税和应付利息

　　关于现金的会计政策

　　非现金投资和融资交易

现金流量表示例

　　编制经营活动部分

　　编制投资活动部分

　　编制融资活动部分

　　计算期末现金余额

　　编制脚注和信息披露部分

附录　附加编制信息

学习目标

1. 解释现金流量表的目的和使用。

2. 总结编制现金流量表时，各类项目为什么以及如何被视为现金。

3. 识别现金流量表的格式。

4. 分析来自于经营活动的利润和现金流量的区别，解释如何编制现金流量表的经营活动部分。

5. 解释如何编制现金流量表的投资活动部分。

6. 解释如何编制现金流量表的融资活动部分。

7. 描述现金流量表中，脚注和信息披露部分的作用。

11

现金流量表

　　任何一个饭店都必须能够预测自己的现金流量，以确保在其日常运营和未来发展中有足够的现金可以使用。利润表、资产负债表和留存收益表不能提供现金流入或流出的信息，因为这些报表的编制是以权责发生制为基础的，即所有收入和费用都是以交易发生时间而非现金流入（或流出）时间为记录依据的。

　　利润表和现金流量表提供的信息可以被用来编制现金流量表，该表反映了一段时间内，饭店现金流入和流出的情况。

　　现金流量表的编制过程相对简单，但需要通过仔细分析分类账和日记账获得必要的信息。会计部分负责编制和分析现金流量表，而作为饭店管理者，无须成为这方面的专家。管理者需要了解现金流量表的编制原理，阅读并深入理解相关信息以便做出明智的决策。

　　为了向饭店管理者阅读现金流量表提供足够的背景信息，本章使用了独特的方式来解释现金流量表的编制过程：

　　• 描述现金流量表的格式；

　　• 编制现金流量表所需的信息；

　　• 编制现金流量表的步骤；

　　• 为了向有需要的读者介绍更多关于编制现金流量表的会计方法，本章附录部分描述了信息的获取过程。

　　本章还回答了下列问题：

　　1. 现金流量表的目的是什么？

　　2. 现金流量表和其他财务报表之间的关系是怎样的？

　　3. 现金流量表的格式是怎样的？

　　4. 现金流入和流出是如何被分类的？

　　5. 如何编制现金流量表？

现金流量表的目的

现金流量表的主要目的是提供一段时期内饭店现金收入和现金支出的信息。现金流量表提供的信息与利润表应当保持时段上的一致性。财务会计准则委员会（美国）负责为财务会计与报告制定标准，其主要功能是研究会计事项并制定财务会计标准说明书。该委员会已经颁布了财务会计准则公告第95号，明确规定企业必须向其外部使用者提供利润表、资产负债表、留存收益表和现金流量表。利润表报告了企业的经营结果，资产负债表反映的是财务状况，现金流量表展示了企业现金的来源和使用情况。现金流量表可以回答下列问题：

1. 从经营活动中产生的现金流量是多少？

2. 通过负债取得的现金是多少？

3. 通过发行股票或债券取得的现金是多少？

4. 通过出售固定资产、设备、投资或有价证券取得的现金量是多少？

5. 用于偿还短期负债和长期负债的现金是多少？

6. 支付了多少股利？

7. 用了多少现金来购买资产或设备？

8. 用于投资的现金是多少？

现金流量表的主要使用者是饭店管理者、债权人和投资者。管理者通过分析现金流量表，对饭店是否有能力偿还其负债、未来是否需要借入资金做出判断，将富余的资金用于投资、计划未来的扩张，并制定股利分配政策。债权人通过现金流量表判断饭店是否能够偿还其负债。投资者依据现金流量表分析饭店支付股利的能力，并评估其财务稳健性。

现金和现金等价物

由于现金流量表反映的是一段时期内现金的变化情况，所以，界定现金的概念是十分重要的。饭店管理层需要制定政策明确指出哪些项目可以在编制现金流量表时被视为现金。除了银行存款和支票账户中的现金外，一些特定类别的金融工具与现金是等价的，即使它们并不是以现金的形式出现的。

可以被视为现金等价物的金融工具具备以下两个特点：第一，它们非常容易就能转换为现金；第二，它们的期限很短，以至于几乎不存在因利率变动而导致价值贬值的风险。现金等价物是流动性极强的短期投资，例如，美国短期国库券、商业票据和货币市场基金。

美国短期国库券是美国政府向投资者借入资金而发行的债券。这种债券每周都会通过地区联邦储备银行进行公开拍卖，当然投资者也可以支付一定手续费后，从商业银行或证券经纪人手中购买。美国短期国库券的最少购买量是10000美元，增持量以1000美元为单位。从发行日开始计算，这种债券的最短期限是13周，投资者也可以在次级市场出售那些尚未到期的债券。

商业票据是指由某些大型公司自行发行或通过证券经纪人发行的无担保的短期票据。

货币市场基金是指主要投资于美国短期国库券、商业票据或其他回报率高的金融工具的共同基金。投资货币市场基金的投资人可以随时通过共同基金或经纪人直接撤回其投资额。

投资于诸如其他公司普通股或优先股之类的有价证券的资金，不能被视为现金等价物，因为这些有价证券没有确定的到期日，并且其市场价值会发生剧烈波动。

现金流量表的格式

现金流是现金收入和现金支出的净值。如果现金收入大于现金支出，现金流为正，被称为现金流入；负现金流也称作现金流出，是现金支出大于现金收入导致的。

图11-1展示了现金流量表的主要部分。导致现金流发生变化的活动有3种：

- 经营活动；
- 投资活动；
- 融资活动。

如果某种活动中，现金流入量超过流出量，

图 11-1 现金流量表的格式

来自经营活动的现金流量：
　　由经营活动提供的净现金量
　　用于经营活动的净现金量
来自投资活动的现金流量：
　　由投资活动提供的净现金量
　　用于投资活动的净现金量
来自融资活动的现金流量：
　　由融资活动提供的净现金量
　　用于融资活动的净现金量
本期现金增加量（减少量）
期初现金余额
期末现金余额

脚注：

这部分现金净流入量就被记为由某（经营、投资或融资）活动提供的净现金量。如果某种活动中，现金流出量超过流入量，这部分现金净流出量就被记为用于某（经营、投资或融资）活动的净现金量。

记入本期现金增加量（减少量）这一行的数据，是三种活动导致现金流变化之和。

期初现金余额是前一期现金流量表的期末余额。此外，恰当的比较资产负债表也可为现金流量表提供关于期初余额的信息。

期末现金余额等于本期现金的总增加量（减少量）与期初余额之和。现金流量表的期末余额必须等于编制该表当日的资产负债表记录的现金总量。

来自经营活动的利润

经营活动是产生饭店收入的主要来源。对于一个饭店来说，来自各个经营部门的收入总和减去所有营业成本（一线部门和二线部门经营成本之和）、能源费用和固定费用之后的所得，被称为来自经营活动的利润。利息收入和股利也被归入来自经营活动的利润。

来自经营活动的利润，也称为营业利润，可以按照下列方式计算：

+ 营业收入：来自各个一线经营部门

+ 利息收入

+ 股利

− 营业成本：来自各个一线经营部门

− 营业成本：来自各个二线支持部门

− 固定费用

− 所得税

= 来自经营活动的利润

来自出售资产、设备或其他长期投资的现金流，不被归入来自经营活动的利润，因为这些交易不属于饭店的主营业务，也并非日常经营工作。

有价证券

是否将来源于出售有价证券的现金流计入经营活动，取决于财务会计准则公告第115号是如何对有价证券进行归类的。专门的分类标准在本章附录部分进行了解释。

依据财务会计准则公告第115号，来自于销售被归入交易证券类别的有价证券的现金流量，应被记入现金流量表的经营活动部分。交易证券是依据交易频率和数量进行界定的。如果有价证券不属于交易证券，售出时产生的现金流则记入现金流量表的投资活动部分，具体信息将在后文详述。

一位繁忙的总经理时刻关注着饭店每日经营情况，不太可能有时间进行交易证券的买卖，因此，本章并未将有价证券视为交易证券。

在本章，来自出售有价证券的现金流量出现在现金流量表的投资活动部分。

一张典型的饭店利润表可以被简化为图11-2所示的形式。

图 11-2 简化的利润表（示例）　单位：美元

客房部销售收入	600000
餐饮部销售收入	100000
利息和股利收入	1000
总收入	701000
减折旧	50000
减其他费用	450000
出售有价证券所得前利润、税前利润	201000
出售有价证券所得	10000
税前利润	60000
净利润	151000

151000美元的净利润并非全部来自经营活动，因为其中有10000美元是出售有价证券所得。由于这10000美元在计算饭店利润时已经被记入总利润，所以在计算来自经营活动的利润时，需要从总利润中减去非营业利润，即减去10000美元。

净利润	151000 美元
减出售有价证券收入	10000
营业利润	141000 美元

来自经营活动的现金流量

虽然经营活动产生了141000美元的利润，但这并不是经营活动产生的现金流量。现金流量表的编制基础是收付实现制，而非会计用于记录利润和费用的权责发生制。141000美元的利润不是现金流的原因在于：不是每笔交易都收到了现金，且这一会计期间记录的费用，不一定会在本期付款。为了更好地理解这一点，有必要对下列权责发生制的要点加以回顾。

•销售收入可能是现金或应收账款；

•购买时可以付现或赊购，记为应付账款；

- 折旧费用和摊销费用无须现金支付，因为此类费用来源于调整分录时，将长期资产的历史成本分配到其预计使用年限的工作中。

有两种方法可以用于计算来自经营活动的现金流量，它们是直接法和间接法。

直接法

直接法可以用于完成现金流量表的运营活动部分。如果要使用直接法，需要对各种总分类账进行分析，用以确定经营活动的现金收入和支出。从现金账户开始分析是符合逻辑的，因为所有现金收入和支出都记入该账户。然而，使用这一方法仍然存在两个问题：

- 记录在现金账户的交易量是十分巨大的，分析每一笔交易并不现实；
- 现金账户或其他账户中的记录通常没有对每笔交易进行详细的描述。

绝大多数饭店并不使用直接法，而是选择使用更加方便易行的间接法。两种方法对来自经营活动的现金流量的统计量是一致的。因此，本章着重介绍间接法，本章附录部分为有兴趣的读者提供有关直接法的更丰富的信息。

间接法

使用间接法编制现金流量表的经营活动部分较为简单高效，因为只需使用已有的利润表和资产负债表即可。使用间接法编制现金流量表开始于利润表中报告的净利润，之后统计利润表中影响净利润量但并未发生现金收入或支出的项目，并据此对净利润进行调整，接下来减去营业外净收入（或加上营业外净亏损），最后将权责发生制转化为收付实现制，这一转化具体表现为加上或减去流动资产或流动负债的变化。

调整非现金项目 使用间接法时，来自经营活动的现金流量计算首先是通过调整利润表的净利润得到的，即依据利润表中影响净利润量但并未发生现金收入或支出的项目调整净利润。折旧费用和摊销费用无须现金支付，不影响现金流量。由于计算净利润时，折旧和摊销已从收入中减去，这些非现金支付的费用需要加回到净利润中。这一将净利润调整为来自经营活动的现金流量的步骤如下所示：

净利润

＋折旧费用和摊销费用

调整营业外净收入 营业外净收入是指出售资产，如资产、设备、投资或有价证券等，所获得的净收入。由于编制利润表计算净利润时，营业外净收入已被计算在内，在计算来自经营活动的现金流量时，应该从净利润中减去。相反，营业外净亏损减少了净利润，在计算来自经营活动的现金流量时，应该加回到净利润中。这一将净利润调整为来自经营活动的现金流量的步骤如下所示：

净利润

+ 折旧费用和摊销费用

- 营业外净收入

+ 营业外净亏损

调整流动资产和流动负债的变化量　将全责发生制调整为收付实现制，需要对净利润进行调整。一些记入利润表的收入当期并未收到现金，同样，一些费用本期还尚未支付。图 11-3 显示了 120000 美元的收入实际只收到了 100000 美元的现金。这是因为：120000 美元的总销售收入中，有 20000 美元是赊销，剩下 100000 美元是现金销售收入。

图 11-3　权责发生制与收付实现制

交易：现金销售收入 100000 美元		
现金	应收账款	销售收入
100000		100000

交易：额外 20000 美元的赊销收入		
现金	应收账款	销售收入
100000	20000	100000
		20000
		120000

结果：	
权责发生制显示销售收入：	120000 美元
但是，现金收入是：	100000 美元
现金收入调整：	
总收入	120000 美元
减：应收账款增加量	（20000）美元
现金收入	100000 美元

间接法依照一定逻辑将权责发生制调整为收付实现制，且不需要分析许多分类账。图 11-3 显示了：依照这一逻辑，可以计算出销售收入中的现金收入。当销售收入和应收账款都增加时，由于应收账款的增加来源于销售活动，所以，应收账款增加意味着销售收入并非以现金形式发生增长。相应地，应收账款增加的 20000 美元

应该从总销售收入 120000 美元中减去，进而得到现金销售收入是 100000 美元。

为了介绍这一逻辑的基础，本章将分析资产负债表中的 3 个科目：应收账款、存货和应付账款。

假设资产负债表中显示了如下比较应收账款信息：

应收账款：

本年年末余额	40000 美元
上年年末余额	30000 美元
应收账款增量	10000 美元

应收账款的增加延迟了所销售的产品转化为现金的速度。这可以被看作是本企业的顾客使用了企业的资金。再次回到图 11-3，注意应收账款的增加需要从现金销售收入中减去。

假设资产负债表显示了下列关于存货的对比性信息。

存货：

本年度期末存货	3000 美元
上一年度期末存货	2000
存货增加	1000 美元

存货的增加相当于现金流出，因为所增加的存货从根本上说，是花费现金购买的。

可以发现，流动资产的增加相当于现金流量的减少。因此，在逻辑上可以假定流动资产的增加相当于现金流出，相反，流动资产的减少相当于现金流入（注意：在计算来自经营活动的现金流量时，现金或有价证券的增加或减少是被忽略的，因为这两部分会记入现金流量表的其他部分）。

将净利润调整为来自经营活动的现金流量的步骤可进一步表示如下：

净利润

+ 折旧费用和摊销费用

- 营业外净收入

+ 营业外净亏损

- 某些流动资产账户增加额

+ 某些流动资产账户减少额

现在，将权责发生制调整为收付实现制的逻辑分析过程转向对流动负债的分析。假设资产负债表中显示了如下比较应付账款信息。

应付账款:

本年年末余额	25000 美元
上年年末余额	18000 美元
应付账款增量	7000 美元

应收账款增加相当于现金流入,其原因在于通过使用买方信用赊购获得存货或其他物品,实际是使用其他人的钱,与借款作用一致。

我们可以从应付账款变化与现金流动之间的逻辑关系推断出,流动负债的增加意味着现金流入。在经营过程中,流动负债的增加保存了现金持有量。相反,流动负债的减少意味着现金流出。需要注意的是,流动负债变化对现金流量的影响作用,与流动资产的变化刚好相反。这使得这一逻辑的效度得到提高,因为负债的影响总是与资产相反,包括记录交易时,是记在借方还是贷方(注意:在编制现金流量表经营活动部分时,负债、应付股利、长期负债本期应付部分的变化所导致的现金流量的变化是被忽略的,因为这些内容会在现金流量表其他部分得到展示)。

将净利润调整为来自经营活动的现金流量的步骤可最终表示如下:

净利润
+ 折旧费用和摊销费用
- 营业外净收入
+ 营业外净亏损
- 某些流动资产账户增加额
+ 某些流动资产账户减少额
+ 某些流动负债账户增加额
- 某些流动负债账户减少额

参考流程表 使用间接法将净利润调整为来自经营活动的现金流量所需步骤,在参考流程表中被列出(图 11-4)。图 11-4 是一张综合流程表,可用于编制现金流量表的各个部分。此表的经营活动部分,总结了如何将净利润转化为来自经营活动的现金流量。

投资活动

投资活动部分是现金流量表的第二个部分。投资活动通常包括有价证券交易,以及诸如投资、资产、厂房、设备等在内的固定资产交易。

购买这些资产意味着现金流量减少，取得资产时花费的现金量就是现金流出。出售这些资产的收益意味着现金流量增加，无论是固定资产盘盈还是盘亏都有现金流入。下面一个比较的例子说明为何强调收益（售价）而不是盘盈还是盘亏。

	投资 A	投资 B
收益（现金收入）	100000 美元	100000 美元
成本基础	80000 美元	120000 美元
盘盈（盘亏）	20000 美元	（20000）美元

不考虑盘盈还是盘亏，出售投资 A 或投资 B 都得到 100000 美元的现金流入，这 100000 美元被记在投资活动部分。固定资产盘盈或盘亏，与现金流量表无关。

购买资产或昂贵的设备时，很少全部使用现金支付。通常，用现金预付定金，使用抵押贷款、应付票据等借款支付其余部分。例如，购买土地时，支付情况如下：

购置成本	80000 美元
抵押贷款	60000 美元
现金支付定金	20000 美元

现金流量表反映的是现金流入和流出，因此，只有 20000 美元的现金支付被记入该表的投资活动部分。该交易事项中，还包括非现金投资和融资活动，将会在现金流量表的脚注中充分披露（脚注和信息披露将会在本章后文中进行讨论）。

记入现金流量表投资活动部分的项目总结如下：

现金流入：

出售有价证券收入

出售投资收入

出售资产或设备收入

现金流出：

取得有价证券使用的现金

取得投资使用的现金

取得物业或设备使用的现金

虽然完成现金流量表投资活动部分的步骤相对简单，但是想要取得编制这部分报表所需的信息，必须掌握全面的会计和记账流程的知识。由于本书的读者大多数不是会计，所以如何获取信息的步骤将在本章附录部分为有兴趣的读者阐述。

上述关于如何编制现金流量表投资部分的步骤将在后面的图 11-4 中列示。

图 11-4 参考流程表——现金流量表

经营活动部分	影响	
净利润（起点）	+	
调整非现金项目		
折旧	+	
摊销	+	
调整营业外净收入和净亏损		
资产销售所得	-	
资产销售亏损	+	
调整流动资产变化		
	增加	减少
现金	无	无
有价证券	无	无
应收账款	-	+
存货	-	+
预付账款	-	+
调整流动负债变化		
	增加	减少
现金借入	无	无
应付股利	无	无
长期负债的本期应付部分	无	无
应付账款	+	-
应计负债	+	-
其他流动负债账户	+	-

> **学习建议** 表示流动负债变化的数学符号与现金流量中的一致。例如，表示增加（+）的变化在现金流量表中也意味着增加。这样一来,流动资产变化与现金流量表是反的。

投资活动部分	影响
出售有价证券收入	+
出售投资收入	+
出售资产或设备收入	+
取得有价证券使用的现金	-
取得投资使用的现金	-
取得资产或设备使用的现金	-

融资活动部分	影响
发行股票	+
发行债券	+
出售库藏股	+

（续）

借入现金	+
支付股利	-
回购股票	-
偿还本金（抵押贷款、借款、债券）	-

图 11-5　示例饭店——利润表和资产负债表　　　　　单位：美元

利润表
示例饭店
20X2/12/31/X2

销售收入		310000
折旧	18000	
摊销	500	
其他费用	277300	
总费用		295800
营业外净收入（净亏损）前利润		14200
出售设备收入		1000
出售有价证券亏损		(1200)
税前利润		14000
所得税		5000
净利润		9000

资产负债表
示例饭店
20X2/12/31/X2 和 20X1/12/31/X1

	20X2	20X1	增加（减少）
现金	39000	45000	(6000)
有价证券	0	5000	(5000)
应收账款（净值）	28000	18500	9500
存货	10000	12000	(2000)
预付费用	3000	2000	1000
流动资产总计	80000	82500	(2500)
资产和设备（净值）	190000	130000	60000
其他资产（净值）	5000	5500	(500)
资产总计	275000	218000	57000
应付账款	88000	89500	(1500)
应付销售税	2000	1200	800
应计费用	6000	7300	(1300)
应付股利	3000	0	3000
抵押贷款的本期应付部分	5000	0	5000
流动负债总计	104000	98000	6000
抵押贷款（净值）	27000	0	27000
2/1/20X4 到期的应付票据	30000	0	30000

（续）

实收资本（不标票面价值）	117000	108000	9000
库藏股	（20000）	0	（20000）
留存收益	17000	12000	5000
负债和所有者权益总额	27000	218000	57000

图 11-6　示例饭店——现金流量表　　　　　　单位：美元

现金流量表
示例饭店
20X2/12/31/X2

来自经营活动的现金流量：

净利润			9000
将净利润调整为来自经营活动的净现金流量			
折旧费用		18000	
摊销费用		500	
出售设备收入		（1000）	
出售有价证券亏损		1200	
应收账款增加		（9500）	
存货减少		2000	
预付账款增加		（1000）	
应付账款减少		（1500）	
应付销售税增加		800	
应计费用减少		（1300）	8200
来自经营活动的净现金流量			17200

来自投资活动的现金流量：

出售设备收入		6000	
出售有价证券收入		3800	
购买设备		（43000）	
购买土地定金		（8000）	
投资活动净现金用量			（41200）

来自融资活动的现金流量：

来自 2/1/20X4 到期应付票据的现金收入		30000	
来自发行无票面价值股本的收入		9000	
本年支付的股利		（1000）	
购买库藏股		（20000）	
来自融资活动的净现金流量			18000
本年现金增加（减少）			（6000）
期初现金余额			45000
期末现金余额			39000

补充现金流信息披露：

本年现金支付：

利息	1000		

（续）

所得税	2000
非现金投资和融资活动补充表：	
20X2 年 12 月一宗土地交易如下所示：	
土地购置成本	40000
现金支付定金	8000
抵押贷款融资支付其余部分	32000
会计政策披露：	
鉴于现金流量表的目的，本公司将所有到期日在三个月及以内、流动性强的债务票据视为现金等价物。	

融资活动

　　融资活动部分是现金流量表的第三个部分，也是最后一个部分。融资活动部分记录所有者权益和负债的变化。该部分解释了现金是如何从投资人（权益融资）和债权人（举债筹资）那里取得的。例如，可以通过发行股票或举债筹集现金。这些融资活动最终需要偿还本金、支付股利，甚至有可能回购股份（库存股）。

　　这些记录在现金流量表融资活动部分的项目可总结如下：

　　　　现金流入：

　　　　　　发行股票（普通股或优先股）

　　　　　　发行债券

　　　　　　出售库藏股

　　　　　　借入现金

　　　　现金流出：

　　　　　　支付股利

　　　　　　回购股票

　　　　　　偿还本金（抵押贷款、借款、债券）

　　虽然完成现金流量表融资活动部分的步骤相对简单，但是想要取得编制这部分报表所需的信息，必须掌握全面的会计和记账流程的知识。由于本书的读者大多数不是会计，所以如何获取信息的步骤将在本章附录部分为有兴趣的读者阐述。

　　上述关于如何编制现金流量表融资部分的步骤已在上面的图 11-4 中列示。

脚注和信息披露

因为现金流量表的 3 个活动部分只列示了收付实现制下的 3 类活动，所以通常需要以叙述式或表格汇总式进行信息披露。这些披露的信息或脚注可与现金流量表在一页，或以附页形式出现。以下交易需要脚注和信息披露：

- 所得税和应付利息；
- 关于现金的会计政策；
- 非现金投资和融资交易。

所得税和应付利息

财务会计准则委员会规定：如果使用间接法列示来自经营活动的现金流量，支付的所得税和利息应该在现金流量表中披露。这些信息通常无法从利润表中获取，因为这些费用是依据权责发生制记录的。因此，有必要对记录所得税和利息费用的账簿进行分析。用现金支付的所得税和利息通常在现金流量表的脚注部分列示，形式如下：

本期支付的利息	XXX 美元
本期支付的所得税	XXX 美元

关于现金的会计政策

脚注中关于现金的会计政策解释了报表中的现金流是基于现金、现金等价物和库存现金产生的。

非现金投资和融资交易

非现金投资和融资交易是指报告期内，影响了长期资产、权益或负债的交易，但这些交易没有产生现金流入或流出。

非现金投资和融资交易的例子包括将负债转化为权益，购买资产时的支付方式由现金和抵押贷款两种形式组成，通过融资租赁的方式取得资产，以及将某种非现金资产或负债交换成其他非现金资产或负债。一些具体的例子包括：

- 发行股票支付应付票据；
- 用一张新的票据来支付即将到期的票据；

- 用三年租约取得一辆汽车；
- 用空闲的土地交换其他人所有的另一块空闲的土地；
- 购买资产时用现金支付定金，用抵押贷款或应付票据支付其余部分。在此例中，只有用于支付定金的现金出现在现金流量表的投资活动部分。这笔交易必须进行信息披露，格式如下：

土地购置成本	80000 美元
现金支付定金	20000 美元
抵押贷款融资支付其余部分	60000 美元

现金流量表示例

蕴含在现金流量表背后的逻辑和原理现在已得到展示，我们可以将其运用在现金流量表编号，即图 11-4 列示的步骤中。该表将与图 11-5 共同使用，图 11-5 是示例饭店的财务报表（利润表、比较资产负债表）。图 11-6 是汇集这些信息的结果，即已完成的现金流量表。

现金流量表应按照下列顺序编制：

- 经营活动部分；
- 投资活动部分；
- 融资活动部分；
- 计算期末现金余额；
- 脚注和信息披露。

编制经营活动部分

编制经营活动部分需要对资产负债表和利润表进行分析。这部分的编制目的，是将权责发生制基础下计算出的净利润转化为现金流量，并且剥离营业外净收入（亏损）后得到来自经营活动的现金流量。

编制现金流量表的经济活动部分将从净利润 9000 美元开始，之后，将 18000 美元的折旧和 500 美元的摊销费用加回净利润，因为这些费用并没有产生现金支付。

接下来进行调整，将净利润转化为来自经营活动的净现金流量。消除营业外净收入和净亏损的影响，1000 美元的净收入从净利润中减去，1200 美元的净亏损加回到净利润中。

完成现金流量表经营活动部分的最后一步是，使用资产负债表完成某些流动资产账户和流动负债账户的增减变化。这些增减变化应该做如下处理：

- 流动资产的增加意味着现金流量的减少；
- 流动负债的增加意味着现金流量的增加。

后续流动资产和流动负债减少的数学计算与增加的处理刚好相反。

流动资产账户中，现金和有价证券被跳过了，因为这些项目将在现金流量表其他部分列示。应收账款中增加的 9500 美元被减去，存货中减少的 2000 美元被加上，预付费用中增加的 1000 美元被减去。

接下来处理流动负债账户。应付账款中减少的 1500 美元被减去，应付销售税中增加的 800 美元被加上。流动负债账户中应付股利和抵押贷款本期应付部分被忽略，因为这些项目将在现金流量表的其他部分列示。

调整后的 8200 美元被加到 9000 美元的净利润中，所得到的 17200 美元现金流入，被记为来自经营活动的净现金流量。

编制投资活动部分

投资活动部分的目的是展示涉及有价证券，以及如投资、物业、厂房、设备等非流动资产交易的现金收入和支付。

获取有关投资活动部分的信息需要专业会计知识。否则，分析资产负债表的变化会得到误导性信息。例如，资产负债表显示物业和设备增加了 60000 美元。假设这 60000 美元全是来自物业和设备的购买可能是错误的。事实上，这 60000 美元是下列多个交易的组合结果：

购买设备（支付 43000 美元现金）	43000 美元
购买土地（支付 8000 美元现金）	40000 美元
转让设备（6000 美元现金收入）	（8000）美元
累计折旧（调整分录）	（18000）美元
累计折旧（处理资产）	3000 美元
净变化值	60000 美元

这部分中，取得信息所需的分析在本章附录中提供，对这一环节的细节和专业技术感兴趣的读者可阅读附录部分。这里我们将焦点集中在现金交易上，即参考流程表中列出的应记入投资活动部分的交易类型。

从示例饭店现金流量表投资活动部分可发现，现金净流出量为41200美元，被记为投资活动净现金用量。现金流出是由下列现金投资交易导致的：

- 出售设备获得6000美元收入；
- 出售有价证券获得3800美元收入；
- 花费43000美元现金购买设备；
- 购买土地时用8000美元现金支付定金，土地的购置成本是40000美元，但现金流量表中只记入8000美元现金支付，因为其余部分是通过抵押贷款融资后支付的（非现金投资活动需要在现金流量表脚注和信息披露部分进行解释）。

编制融资活动部分

融资活动部分的目的是展示现金是如何从投资者和债权人那里取得的，以及用了多少现金去归还债务本金、支付股利和购买库存股。

取得编制该部分报表的信息需要与在投资活动部分提及的同样的专业知识。这里我们将焦点集中在现金交易上，即参考流程表中列出的应记入融资活动部分的交易类型。

从示例饭店现金流量表融资活动部分可发现，现金净流入量为18000美元，被记为来自融资活动的净现金流量。现金流入是由下列现金融资交易导致的：

- 通过对银行的应付票据，借入30000美元现金；
- 出售无面值股票获得9000美元收入；
- 用1000美元现金支付本年度股利；
- 用20000美元现金回购股票，使一位持不同意见股东离开公司。

有必要对资产负债表中的长期负债的本期应付部分和长期负债进行研究。示例饭店的问题中，抵押贷款的本期应付部分是5000美元，长期应付部分是27000美元。这些数额不会记在两个账户中，只有一个账户叫作抵押贷款。本例中，抵押贷款余额是32000美元，被会计分为本期部分和长期部分。图11-7列示了总分类账的记录

图11-7 本期和长期部分展示

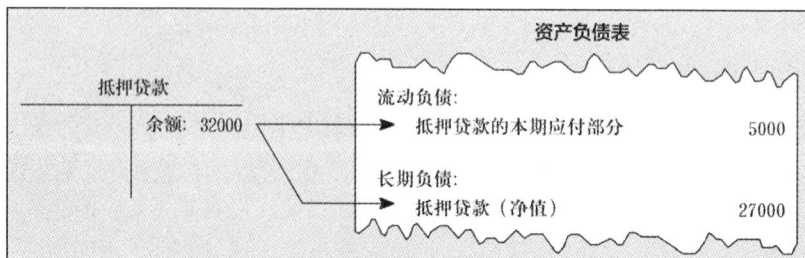

方法，以及如何描述这一"混合"负债。

抵押贷款或其他负债账户的借方通常表示清偿该债务，清偿款项由现金支付账户记录进行确认。

计算期末现金余额

由经营活动产生的 17200 美元现金流入、投资活动导致的 41200 美元的现金流出以及融资活动产生的 18000 美元现金流入，共同使本年现金量减少了 6000 美元。

资产负债表显示，20X1/12/31/X1 时现金余额是 45000 美元，这就是 20X2/1/1/X2 时的期初现金余额。减去 6000 美元的现金减少后，本年期末余额为 39000 美元。这一数据被资产负债表再次证实，20X2/12/31/X2 时表中现金余额是 39000 美元。

编制脚注和信息披露部分

展示支付了多少利息和所得税是十分有必要的。利润表中显示的数值是在权责发生制基础上得出的，并没有反映出实际支付了多少现金。通过分析相应的总分类账户内容，发现现金支付了 1000 美元利息费用，向州政府和联邦政府缴纳了 2000 美元所得税。

影响资产、负债或所有者权益但却不涉及现金的交易，被公开在一个叫作非现金投资和融资活动的补充表格中。示例饭店使用现金和抵押贷款购置土地的例子在前文进行过解释。

为遵守会计政策全面披露原则，示例饭店解释了其现金和现金等价物政策。

主要术语

现金流（cash flow）：由经营活动或投资导致的一连串现金收入（流入）和支出（流出）。

现金流入（cash inflow）：一个会计期间中，饭店企业收入的现金。

现金流出（cash outflow）：一个会计期间中，饭店企业支出的现金。

商业票据（commercial paper）：由国内某些大型公司发行的无担保短期票据或本票，到期日通常不超过 270 天。

脚注（footnotes）：不便于放在财务报表中的对财务信息的解释，也叫财务报表的注解。

货币市场基金（money market fund）：主要投资于美国短期国库券、商业票据或其他回报率高的金融工具的共同基金。投资货币市场基金的投资人可以随时通过共同基金或经纪人直接撤回其投资额。

现金流量表（statement of cash flow）：展示一个会计期间内，由企业经营活动、投资活动和融资活动导致的现金量变化的财务报表。

美国短期国库券（U.S treasury bills）：美国政府发行的短期债券，通常被视为没有风险。

复习题

1. 现金流量表的目的是什么？

2. 现金流量表能回答哪些问题？

3. 饭店经理如何使用现金流量表？

4. 简要说明什么是现金等价物，再举几个例子。

5. 为什么现金流量表中不将有价证券视为现金等价物？

6. 现金流量表包括哪 3 个部分？

7. "经营活动"这个术语的含义是什么？

8. 为什么出售资产、设备、投资的收入或亏损不能被视为经营活动的一部分？

9. 为什么利润表中的净利润不能被看作是来自经营活动的现金流量？

10. 哪两笔费用不需要用现金支付？

11. 什么是营业外净收入和净亏损？

12. 哪些交易应该被记入现金流量表的投资活动部分？

13. 哪些交易应该被记入现金流量表的融资活动部分？

14. 哪 3 种交易应该出现在现金流量表的脚注和信息披露部分？

15. 购置土地成本是 100000 美元，用现金支付了 30000 美元订金，其余部分用抵押贷款支付，在现金流量表中应该怎样记录？

网址：

若想获得更多信息，可访问下列网址。网址变更恕不通知。若你所访问的网址不存在，可使用搜索引擎查找新网址。

1. 现金流量表：www.investopedia.com/articles/04/033104.asp

    www. Va-interactive.com/inbusiness/editorial/finance/ibt/cash_flow.html

2. 财务会计标准委员 95：www.fasb.org/st/summary/stsum95.shtml

3. 美国短期国库券：www.treasurydirect.gov/indiv/products/prod_tbills_glance.htm

4. 商业票据：www.investopedia.com/terms/c/commercialpaper.asp

    http://beginnersinvest.about.com/od/commercialpaper/Commercial_Paper.htm

    www.ge.com/en/company/investor/fixed_income/fi_commercial_paper.htm

5. 货币市场基金：www.investorwords.com/3107/money_market_fund.html

    www.sec.gov/answers/mfmmkt.htm

6. 有价证券：www.investorwords.com/5917/marketable_securities.html

    www.investorguide.com/igu-article-816-stock-basics-introduction-to-stocks.html

练习题

习题 1

指出下列项目应该归入现金流量表的哪个部分。注意：假设经营活动部分是使用间接法编制的。

	经营活动	投资活动	融资活动
摊销			
出售有价证券所得			
偿还负债本金			
用于投资的现金			
折旧			
出售资产所得			
应计负债的增加或减少			
借入现金			
出售资产或设备所得			
预付费用的增加或减少			

发行股票

购买有价证券的现金

出售资产亏损

应收账款的增加或减少

净利润

支付股利

出售投资所得

存货的增加或减少

购买库藏股

出售库藏股所得

用于购买资产和设备的现金

应付账款的增加或减少

习题 2

指出下列项目是如何影响（增加还是减少，+ 或 -）现金流量的，以及应该记在哪类活动中。注意：假设经营活动部分是使用间接法编制的。

	经营活动	投资活动	融资活动
摊销			
出售有价证券所得			
偿还负债本金			
用于投资的现金			
折旧			
出售资产所得			
应计负债的增加			
应计负债的减少			
借入现金			
出售资产或设备所得			

预付费用的增加

预付费用的减少

发行股票

购买有价证券的现金

出售资产亏损

应收账款的增加

应收账款的减少

净利润

支付股利

出售投资所得

存货的增加

存货的减少

购买库藏股

出售库藏股所得

用于购买资产和设备的现金

应付账款的增加

应付账款的减少

习题 3

使用间接法，为 DoYdeg 饭店编制现金流量表的经营活动部分。（单位：美元）

利润表		
销售收入		500000
折旧	40000	
其他费用	400000	440000
营业收入		60000
出售设备亏损		（12000）

出售投资收入		5000
净收入		53000

资产负债表账户余额变化	增加	（减少）
现金		20000
应收账款		（10000）
存货		3000
预付费用		（1000）
资产和设备		36000
应付账款		7000
应付税金		（1000）
长期负债的本期应付部分		3000
长期负债		9000
权益账户		32000

习题 4

使用间接法，为 Lizdale 酒馆编制现金流量表的经营活动部分。（单位：美元）

利润表

销售收入		200000
折旧	10000	
其他费用	170000	180000
营业收入		20000
出售设备收入		2000
出售有价证券收入		3000
净收入		25000

资产负债表账户余额变化	增加	（减少）

现金		（7000）
有价证券	4000	
应收账款	15000	
存货		（2000）
预付费用		（1000）
资产和设备		（9000）
应付账款		（8000）
应计费用	3000	
应付股利	3000	
长期负债的本期应付部分		（5000）
长期负债		（6000）
权益账户	13000	

习题 5

使用间接法，为 Bessdoon 餐厅编制现金流量表的经营活动部分。（单位：美元）

利润表

销售收入		300000
折旧	8000	
其他费用	284000	292000
营业收入		8000
出售设备亏损		（1000）
出售有价证券亏损		（2000）
净收入		5000

资产负债表账户余额变化	增加	（减少）
现金	10000	
有价证券	（5000）	

应收账款	18000	
存货	5000	
预付费用		（2000）
资产和设备	10000	
应付账款		（6000）
应计费用	1000	
应付股利	2000	
长期负债的本期应付部分	12000	
长期负债	24000	
权益账户	3000	

习题 6

使用间接法，为 Walkam 餐厅编制现金流量表的经营活动部分。（单位：美元）

利润表	20X2	
销售收入	900000	
销售成本	300000	
毛利	600000	
折旧	80000	
摊销	10000	
其他费用	430000	
营业利润	80000	
出售投资收入	4000	
税前利润	84000	
所得税	30000	
净利润	54000	
资产负债表	20X2	20X1

现金	30000	42000
有价证券	10000	0
应收账款	120000	90000
存货	50000	55000
预付费用	7000	9000
流动资产总计	217000	196000
资产和设备（净值）	500000	420000
资产总计	717000	616000
应付账款	110000	90000
应付工资	30000	37000
长期负债的本期应付部分	24000	12000
流动负债总计	164000	139000
长期负债	200000	178000
负债总计	364000	317000
所有者权益	353000	299000
负债和所有者权益总计	717000	616000

习题 7

下表是 Sivad 汽车旅馆上一年现金流量表中三类活动的净值。分析这一信息，就现金的来源和使用，以及对公司未来影响等问题，完成你个人意见的报告。你提出的结论和建议应该建立在恰当的解释和假设基础上。（单位：美元）

现金流量表

来自经营活动的净现金量	10000
投资活动使用的净现金量	（15000）
融资活动使用的净现金量	（5000）
本年现金减少量	（10000）
本年期初现金量	15000

本年期末现金量   5000

习题 8

下表是 Nanood 汽车旅馆上一年现金流量表中 3 类活动的净值。分析这一信息，就现金的来源和使用，以及对公司未来影响等问题，完成你个人意见的报告。你提出的结论和建议应该建立在恰当的解释和假设基础上。（单位：美元）

现金流量表

来自经营活动的净现金量	5000
投资活动使用的净现金量	（50000）
融资活动使用的净现金量	100000
本年现金增加量	55000
本年期初现金量	15000
本年期末现金量	70000

习题 9

下表是 Nanged 汽车旅馆上一年现金流量表中 3 类活动的净值。分析这一信息，就现金的来源和使用，以及对公司未来影响等问题，完成你个人意见的报告。你提出的结论和建议应该建立在恰当的解释和假设基础上。（单位：美元）

现金流量表

来自经营活动的净现金量	505000
投资活动使用的净现金量	150000
融资活动使用的净现金量	（50000）
本年现金增加量	605000
本年期初现金量	500000
本年期末现金量	1105000

习题 10

下表是 Nimak 牛排餐厅连锁店上一年的现金流量表。分析这一报表，就现金的来源和使用，以及对公司未来影响等问题，完成你个人意见的报告。你提出的结论和建议应该建立在恰当的解释和假设基础上。（单位：美元）

现金流量表

来自经营活动的现金流量		
净利润		4000
将净利润调节为净现金流量		
折旧	6000	
出售设备亏损	10000	
应收账款减少	25000	
存货减少	3000	
预付费用减少	1000	
应付账款增加	18000	63000
来自经营活动的净现金量		67000
来自投资活动的现金流量		
出售存储设备所得	32000	
出售办公设备所得	5000	
来自投资活动的净现金量		37000
来自融资活动的现金流量		
借入现金	20000	
偿还现金借入	（5000）	
来自融资活动的净现金量		15000
本年现金增加量		119000
期初现金余额		3000
期末现金余额		122000

案例分析

现金流量表

你需要完成 Empire 牛排餐厅的现金流量表，并向其总经理进行陈述。现有信息如下：

利润表	20X2
销售收入	780000
销售成本	250000
毛利	530000
折旧	50000
其他费用	445000
营业利润	35000
出售投资收入	30000
税前利润	65000
所得税	25000
净利润	40000

12月31日

资产负债表	20X2	20X1	变化
现金	32000	50000	（18000）
有价证券	40000	35000	5000
应收账款	140000	90000	50000
存货	30000	35000	（5000）
预付费用	3000	2000	1000
流动资产总计	245000	212000	33000
资产和设备（净值）	299000	330000	（31000）
资产总计	544000	542000	2000
应付账款	60000	70000	（10000）
应付工资	10000	8000	2000
银行借入款	15000	0	15000
长期负债的本期应付部分	14000	14000	0
流动负债总计	99000	92000	7000
长期负债	65000	100000	（35000）
负债总计	164000	192000	（28000）
所有者权益	380000	350000	30000
负债和所有者权益总计	544000	542000	2000

补充信息:

1. 本年有价证券交易信息如下: 出售初始成本为 15000 美元的证券, 得到 45000 美元; 花 20000 美元购买新的有价证券。

2. 出售 13000 美元的旧设备, 得到 13000 美元; 用现金 32000 美元购买新设备。

3. 上年度最后一个月, 取得 15000 美元现金借款, 被记住资产负债表的银行借入款中。

4. 偿还长期负债 35000 美元。

5. 本年宣布支付 25000 美元股利。

6. 用 3000 美元购买库存股。

7. 发行无面值普通股, 取得 18000 美元。

要 求

1. 向总经理描述现金流量表的 3 个主要部分。

2. 介绍去年的现金流量表(截至 20X2 年 12 月 31 日), 使用间接法完成该表的经营活动部分。

附录

附加编制信息

本附录为编制现金流量表提供了额外所需的信息。本部分是按照主题安排的, 最后一部分是编制现金流量表经营活动部分的直接法。

现金和现金等价物: 通常, 现金等价物的到期日不得超过 3 个月(含 3 个月)。例如, 3 个月到期的短期国库券是现金等价物, 期限为 3 年、但是在到期日前 3 个月购买的中期国库券也是现金等价物。

商业票据: 通常, 这类由某些大型公司发行承兑的短期票据最小发行量为 25000 美元。由诸如通用汽车金融服务公司等融资公司可直接发行商业票据, 而无须由银行、经纪人代为发行。由经销商代为发行的商业票据被称为交易商票据。

短期国库券: 由美国政府发行, 到期日为 1 年, 或不足 1 月, 如 3 个月、6 个月。最小购买量不得低于 10000 美元, 增量每次不少于 1000 美元。通常, 到期时间越长, 支付给持有者的利息越高。短期国库券的利息以"预先"形式支付。例如, 利率为 6%

的 10000 美元短期国库券的售价为 9400 美元，到期时购买者得到 10000 美元。

中期国库券：美国政府发行的，到期时间为 2 年、3 年、5 年、10 年的国库券。期限为 2 年和 3 年的中期国库券最少购买量为 5000 美元，增持量每次 1000 美元。期限为 5 年和 10 年的中期国库券最少购买量为 1000 美元，每两年支付一次利息。

长期国库券：美国政府发行的，到期时间在 10 年以上的国库券。期限为 30 年的国库券不在少数。购买长期国库券的金额必须是 1000 美元的倍数，每两年支付一次利息。

有价证券

财务会计准则公告第 115 号将负债和权益投资分为 3 类：

• 交易证券；

• 可供出售证券；

• 持有至到期证券。

交易证券：购买主要是为了在短期内出售，反映的是活跃频繁的买卖交易。如果适销证券不能满足上述要求，则被视为可供出售证券。

可供出售证券：不被归入交易证券类别或持有至到期证券类别的证券。

持有至到期证券：只能够由债务证券组成，与权益证券的差异是：它们有明确的到期日。但是，如果管理者打算在到期之前出售债务证券，这些债务证券被归入可供出售证券类别中。

财务会计准则公告第 115 号对处理这 3 类证券做出明确界定：

交易证券	经营活动
可供出售证券	投资活动
持有至到期证券	投资活动

来自投资活动的现金流量

依据由财务会计标准委员会发布的财务会计准则公告第 95 号，能出现在这部分的额外的现金流入包括：企业取得或出售贷款的收入、企业购买的其他实体债务工具（除现金等价物和明确要求再出售的特定债务工具）。

现金流出是由企业偿还债务或取得其他实体债务工具（除现金等价物和明确要求再出售的特定债务工具）支出导致的。

每股现金流量

财务报表不得报告每股现金流量。与报告每股净收益的作用不同，不论是现金流量还是现金流量的组成部分，都与净利润无关，即不是企业绩效的指示器（财务会计准则公告第 95 号，第 33 条）。

外币现金流量

存在外币交易或国外业务时，企业现金流量表应该报告与外币现金流量等值的本国货币现金流量，汇率以现金发生流动时的汇率计算。当计算结果与使用现金发生流动那一天时的汇率进行计算的结果大体一致时，适当的加权平均汇率可以使用在当期货币转换中。报表应该报告汇率变化对以外币计价的现金余额的影响，并将其作为本期调节现金和现金等价物的部分单独列出（财务会计准则公告第 95 号，第 25 条）。

取得投资活动部分的数据

编制投资活动部分，需要对长期资产账户以及任何可能影响短期投资账户的交易（有价证券）进行分析。特别是，任何账户中包含的任何有关出售或购买物业、设备、投资、有价证券的交易，都必须进行仔细审查。

例如，分析投资交易时需要分析投资账户和相关的日记账。基本流程如下所示：

投资			
期初余额	8000	日记账 1 出售	8000
日记账 2 购买	5000		
期末余额	5000		

投资账户期初余额是 8000 美元。所有的投资都被出售了。投资活动部分并不关注盈亏。出售投资收入代表现金流入，可只由日记账 1 确定。稍后，公司又进行了 5000 美元的投资，代表现金流出。

日记账 1：	现金	12000
	投资	8000
	出售证券所得	4000

分析日记账 1 显示了由出售投资取得的现金流入是 12000 美元，将被记入现金流量表的投资活动部分。

有必要分析日记账 2，确定购买 5000 美元新的投资是否全部支付了现金，且不涉及资产、公司股票交换等非现金交易。

日记账 2：投资   5000
    现金   5000

分析日记账 2 显示，由于购买投资支付的现金的确是 5000 美元，将被记入现金流量表的投资活动部分。

取得融资活动部分的数据

编制融资活动部分，需要对所有包含短期借款、长期负债、所有者权益交易的账户进行分析。现金股利支付的情况依据以下两项内容判定，一是分析留存收益账户借方股利支付的情况，二是跟踪应付股利账户借方的股利最终支付。

股利情况可依据以下内容分析：

留存收益

日记账 4	12 月	2000	期初余额	50000
日记账 5	12 月	3000	期末余额	45000

应付股利

日记账 5	支付	2000	期初余额		0
			日记账 4	12 月	2000
			日记账 5	12 月	3000
			期末余额		3000

留存收益账户借方和应付股利账户贷方显示，本期总共需要支付的股利是 5000 美元。但是，应付股利账户贷方显示，已经支付的只有 2000 元。因此，记入现金流量表融资活动部分现金流出的数量是 2000 元。

使用直接法编制现金流量表

使用直接法编制现金流量表经营活动部分的步骤与使用间接法不同。如果使用直接法，经营活动部分不是由净利润开始，而应该显示从销售中取得的现金和支付各项经营费用花掉的现金。

取得现金基础信息，需要分析每一笔与收入账户和费用账户相关的交易，或者期末将全责发生制的信息转变为收付实现制。

一个使用直接法编制经营活动部分的典型案例如下所示：

现金流量表

来自经营活动的现金：

现金收入

    来自顾客 XXX 美元

    来自利息和股利 XXX 美元

现金支出

    支付给供应商 XXX 美元

    支付经营费用 XXX 美元

    支付利息费用 XXX 美元

    支付所得税 XXX 美元

    经营活动提供（使用的）的净现金流量 XXX 美元

无论是使用直接法还是间接法编制经营活动部分，编制投资活动部分和融资活动部分都是一样的。

当使用直接法报告经营活动部分的现金流量时，需要把净利润调节为来自经营活动净现金流量的部分放入一张额外的报表中。这一报表可依据间接法编制。

第 12 章

概　要

独立注册会计师的角色

审计服务

　审计目的

　审计范围

　审计报告

审阅服务

　审阅目的

　审阅范围

　审阅报告

代编服务

　代编目的

　代编范围

　代编报告

合并财务报表

　少数股权

　合并财务报表的作用

　公司间交易

　对子公司投资账户

　合并工作表

上市公司报告的政府监管

　证券交易委员会

　《萨班斯－奥克利法案 2002》

　10-K 报告

提供给股东的年度报告

　致股东的信

　财务报表

　财务报表的附注

　管理层对内部控制的评估

　独立注册会计师报告

　公司高管对财务报告的认证

　如何阅读年度报告

　年度报告中的财务报表

　年度报告的结论

　投资者关系部门

学习目标

1. 总结独立注册会计师的角色和标准。

2. 解释审计的目的和范围，描述审计报告。

3. 解释审阅的目的和范围，描述审阅报告。

4. 解释代编的目的和范围，描述代编报告。

5. 描述编制合并财务报表的目的和方法。

6. 总结联邦政府对上市公司报告的监管，讨论证券交易委员会、《萨班斯－奥克利法案 2002》和 10-K 报告。

7. 列出并描述提供给股东的年度报告的主要组成部分，并指出其作用。

12

中期报告和年度报告

向公众发行股票的公司和在股票交易所上市的公司必须向其股东报告企业的财务状况。这一工作通过每年年中发布财务报表摘要（中期报告）和年末发布全面综合信息（年度报告）完成。证券交易委员会要求，年度报告必须由注册会计师事务所审计。因为审计工作耗费大量时间和金钱，所以中期报告无须审计；但是，中期报告需要由注册会计师审阅。

中期报告和年度报告也应该提供给债权人，特别是当一个公司想取得银行贷款时。并非所有债权人都要求财务报表通过审计。许多债权人可以接受由注册会计师审阅或代编的财务报表。

企业通常会编制十分完善的年度报告，因为这一报告也可作为向投资团体进行营销的工具。花费高价将年度报告打印在光滑的印刷纸上，点缀上许多彩色照片，使其像一本杂志一样厚。

企业在设计和编制年度报告时，是基于其销售理念，而非方便分析者。对于不熟悉报告的财务数据、栏目、说明的读者来说，年度报告看上去有些吓人。

在呈现的中期报告和年度报告中，本章致力于回答下列问题：

1. 在向股东、债权人和其他第三方发布报告时，注册会计师的角色是什么？

2. 注册会计师提供审计服务、审阅服务和代编服务有何区别？

3. 什么是合并财务报表？

4. 年度报告的内容有哪些？

5. 如何阅读年度报告？

6. 国家法律是如何影响年度报告的？

7. 什么是证券交易委员会？

8. 《萨班斯 - 奥克利法案 2002》是什么？

9. 什么是 10-K 报告？

独立注册会计师的角色

一位独立的注册会计师在会计师事务所执业，并被期望在提供所有服务中保持公正。对任何一个客户存有偏见，都会影响注册会计师的独立性。为了向独立注册会计师提供指导方针，美国注册会计师协会制定了执业行为准则。违反该准则会导致吊销执照或使其被会计师事务所停职。下列内容是一些判断注册会计师是否保持独立性的标准：

- 注册会计师不能是其客户的雇员；
- 注册会计师不能从客户处得到任何实质性的经济利益；
- 注册会计师与其客户之间没有任何责任关系；
- 注册会计师必须避免任何导致局外人怀疑其独立性的情况（如注册会计师从其客户处取得巨大的经济利益、管理者职位，或与其客户有密切的亲属关系，由此推定出独立性受到损害）。

当企业向其股东、债权人或其他第三方提供中期报告或年度报告时，除财务报表外，同时还需要提供由独立注册会计师撰写的信函，包括其所提供的服务范围，以及注册会计师的责任程度。

这封依附在财务报表后的注册会计师信函被称为会计师报告。服务种类有审计、审阅和代编三类，报告也相应发生变化。

审计服务

审计是注册会计师所提供服务中最被公认的。上市公司每年都要发布经独立注册会计师审计的财务年报。审计工作必须依据一般公认审计标准完成，这一技术指南是由美国注册会计师协会和证券交易委员会共同制定的。这些标准保障了审计工作的正确性、合理性和专业性。

审计目的

审计的目的是保证财务报表的表述真实性，并且符合一般公认的会计原则的要求。

"表述真实"一词的含义是：

- 该公司使用的会计准则是一般公认的；
- 财务报表和附录的信息真实，不会误导他人的使用、理解和解释；
- 财务报表的信息既不是很烦琐，也不应过于简洁；
- 财务信息在可接受的极限范围内，这一极限是指在编制任何财务报表的过程中，合理的和可操作的获取；
- 财务报表展示了公司当期的财务状况、经营情况和现金流量。

一般公认会计原则是一个技术性的会计术语，包括广泛的原则和详细的程序，界定某一特定行业可接受的会计实务和注册会计师职业的惯例和规则

审计的目的不是阐述对管理能力的判断或投资该公司的价值，也不涉及提升该公司的信誉，这些，都是财务报表的使用者对财务数据进行解读和评估时的工作。审计过程或许可以发现欺诈或违法事件，但是并不保证所有不当行为都能够被发现（注册会计师服务也会包括只为检测欺诈和其他不当行为的专门审计服务）。

审计范围

审计工作开始之前，独立会计师需要掌握客户公司及其所在行业的业务知识。审计过程中，注册会计师会调查并检测账户余额和某些交易。并非所有账户或所有交易都在审查范围内，样本的选择和检测是随机的。

审计是对出现在企业财务报表和脚注部分的项目进行综合调查和全面检测的服务。注册会计师在审计工作中必须完成的部分工作如下所示：

- 观察客户企业实际库存盘点，审查计数、存货状态和成本计价的可靠性；
- 与企业的顾客确认应收账款情况；
- 与企业的债权人确认应付账款情况；
- 确认企业现有的有价证券及其市场价值；
- 回顾企业会议备忘录；
- 与企业的管理层、董事会和外部法律顾问交流。

完成审计后，独立注册会计师就财务报表的公允性发表意见，这一意见被称为审计报告。审计报告以信件形式与财务报表一同发布。

审计报告

审计报告应被仔细阅读，因为其陈述了审计员对财务报表公允性、及与一般公认会计原则一致性的总结。

标准的审计报告包括三个段落。第一段介绍所审计的财务报表。第二段描述审计过程，第三段就财务报表公允性和其与一般公认会计原则一致性问题的陈述审计意见。

审计意见是审计报告中的重要部分。肯定的审计意见被称为无保留意见。无保留意见说明企业财务报表符合公允性要求，并符合一般公认会计原则要求。

图 12-1 展示了虚构的 DORO 饭店的标准的审计报告。注意，这一报告陈述了无保留意见。注册会计师可能出具的其他意见类型将在本章后文中讨论。

图 12-1 DORO 饭店的审计报告

致 DoRo 饭店股份有限公司董事会、全体股东：

我们审计了后附的 DORO 饭店股份有限公司财务报表，包括 20X2 年 12 月 31 日的资产负债表，以及该年度利润表、留存收益表和现金流量表。公司管理层负责编制这些财务报表。我们的责任是在审计工作基础上对财务报表发表审计意见。

我们按照一般公认审计标准执行审计工作。标准要求我们计划和实施审计工作以取得判断财务报表是否存在重大错报的合理依据。审计工作包括在抽查基础上审查支持财务报表及其披露数据的证据。审计工作还包括评价管理层所采用的会计准则、管理层的重大估计，以及财务报表总体列报。我们相信我们的审计工作为审计意见提出奠定了合理基础。

我们认为，DORO 饭店股份有限公司的财务报表是按照一般公认会计原则编制的，在所有重大方面的真实信息反映了该公司 20X2 年 12 月 31 日的财务状况，以及该年度的经营成果和现金流量。

审阅服务

对财务报表进行审计费用高昂，且对于公司员工来说十分耗时。存货盘点会干扰正常运营，公司的客户需要被联系、公司员工需要接受面谈、公司会计部门会不断被要求提供财务记录。审计工作在财务报表的完成日期前几个月就开始是很寻常的现象。由于审计过程对企业财务和经营来说都是一种负担，因此季度报表和中期报表不需要审计。为了确保中期财务报表能够向股东提供及时准确的财务信息，证券交易委员会同意年中发布由注册会计师审阅的财务报表。

审阅工作必须依据会计和审阅标准完成，这一标准是专门针对未经审计的财务报表的技术标准。该标准由美国注册会计师协会制定，能够确保审阅工作的正确性、道德性和专业性。

审阅目的

就意见表述而言，审阅的目的与审计的目的差异很大。审阅的目的在于提供有限保证，即没有需要调整的事项从而使其符合一般公认会计原则。

审阅范围

审阅工作开始之前，独立注册会计师需要掌握客户公司及其所在行业的业务知识。审阅工作无须对公司所有财务记录进行全面调查，而是由注册会计师进行询问、完成分析流程，为陈述有限保证提供合理基础。

下面列举了注册会计师询问和分析流程的部分示例：
- 询问涉及客户公司采用的会计准则、行为和方法；
- 询问关于分类和记录商业交易的程序；
- 分析商业交易、账户余额或其他看上去有问题的事项；
- 询问股东大会、董事会会议或其他委员会会议中采取的影响财务报表的行动；
- 阅读财务报表。

审阅工作不就财务报表的公允性发表意见。注册会计师不会去确认应收或应付账款，不需观察存货或寻找其他确证性的证据事项，也不履行审计工作中要求的其他检测。审阅工作可能会使注册会计师注意到影响财务报表的重大事项，但审阅流程并不确保注册会计师一定会发觉这些事项。

审阅报告

完成审阅工作后，独立注册会计师不用陈述意见，但是需要以消极方式给出保证程度。换句话说，注册会计师的观点是：没有需要调整财务报表的事项。有限保证是审阅报告的一部分，审阅报告以信件形式与财务报表一同发布。

审阅报告包括三个段落。第一段介绍所审阅的财务报表。第二段描述审阅过程，第三段就财务报表与一般公认会计原则一致性问题陈述注册会计师保证程度。

审阅报告中肯定性质的第三段指无保留结论，即没有发现任何例外事项的陈述。

图 12-2 列示了 DORO 饭店的标准的审阅报告。注意，报告给出了无保留结论。

图 12-2 DORO 饭店的审阅报告

> 致 DORO 饭店股份有限公司董事会、全体股东：
>
> 　　依照美国注册会计师协会制定的标准，我们审阅了后附的 DORO 饭店股份有限公司财务报表，包括 20X2 年 12 月 31 日的资产负债表，以及该年度利润表、留存收益表和现金流量表。公司管理层负责编制这些财务报表。
>
> 　　审阅工作原则上包括询问公司人员和依照程序分析财务数据。这一工作的范围确实小于一般公认审计标准中的审查范围，审查的目的是就整体财务报表陈述意见。相应地，审阅工作不发表此类意见。
>
> 　　依据我们的审阅，我们没有发现为了符合一般公认会计原则要求，后附的财务报表有任何需要修改的事项。

代编服务

　　即使财务报表审阅比审计要便宜很多，但注册会计师提供的审阅服务仍然是昂贵的。因此，一个更为便宜的方式被债权人和其他第三方所接受。代编财务报表，也称为代编，是注册会计师提供的财务报表服务中等级最低、也是最便宜的。

　　代编工作必须依据会计和审阅标准完成，这一标准是专门针对未经审计的财务报表的技术标准。该标准由美国注册会计师协会制定，能够确保代编工作的正确性、道德性和专业性。

代编目的

　　代编的目的是代表客户公司的管理层编制财务报表。代编业务中，注册会计师不对报表提出审计意见或做出任何程度的保证。

代编范围

　　代编工作开始之前，独立注册会计师需要掌握客户公司及其所在行业的业务知识。代编工作无须注册会计师进行问询或开展其他工作流程来确认或审阅由客户企业提供的信息。

　　代编工作中，注册会计师了解公司记账过程，之后将财务数据编制为专业的报表形式。

注册会计师需要对客户公司的商业交易、会计记录形式，以及其会计师从业资格有全面的了解。在此基础上，注册会计师可以考虑提供其他服务的必要性，如为完成调整分录提供帮助、为正确编制财务报表等会计事项提供咨询服务。

代编报告

完成报表编制后，独立注册会计师无须就财务报表的公允性发表意见，也不用提供任何等级的保证。

代编报告包括三个段落。第一段介绍所代编的财务报表。第二段描述代编过程，第三段简单陈述用于财务报表编制的信息是由客户企业管理者提供的，这些信息未经审计或审阅，此外，指出注册会计师不能提出任何鉴证结论。

代编报告中肯定性质的第三段指无保留结论，即没有发现任何例外事项的陈述。但是，由于代编服务是非常有限的，任何例外事项的缺失都会导致不确定性。

图 12-3 列示了 DORO 饭店的标准的代编报告。

图 12-3　DORO 饭店的代编报告

致 DORO 饭店股份有限公司董事会、全体股东：

依照美国注册会计师协会制定的标准，我们代编了后附的 DORO 饭店股份有限公司财务报表，包括 20X2 年 12 月 31 日的资产负债表，以及该年度利润表、留存收益表和现金流量表。

代编仅限于财务报表的形式，信息提供是管理层的责任。

我们没有对财务报表进行审计或审阅，因此，不能就其提出任何意见或做出任何其他形式的保证。

合并财务报表

大商业环境是以大公司在多个地点经营为特征的。为了更进一步扩大它们的收益能力，公司会使用兼并方式。通过兼并，一家公司可能拥有另一家公司 100% 的有表决权的股票，或是拥有另一家公司大部分（超过 50%）有表决权的股票。拥有控制力的企业称为母公司，被控制的企业是子公司。

母子公司关系并不影响已经发行在外的普通股。与被母公司收购前一样，每家子公司的股票仍然可以在某家交易所进行交易。

少数股权

如果母公司拥有的子公司股票不足 100%，那么发行在外的不由母公司拥有的股票就被称为少数股权。

由于他们是各自独立的企业，母公司和其子公司的会计核算是分离的。母公司必须发布合并财务报表，该报表包括母公司和所有子公司的财务数据。应该注意的是，如果存在少数股权，子公司的财务报表必须分开发布，因为合并财务报表很少列示对少数股权股东来说有用的信息。

合并财务报表的作用

通过发布合并财务报表，投资人和其他利益相关者可以获取有关母公司能够掌控的所有资源和经营的全部信息。合并财务报表将母公司和其子公司合并为一个经济单位报告财务情况。

每一家独立公司的所有财务数据都被合并在一张合并的工作表上；任何一家公司的总分类账上都没有相应的会计分录。

公司间交易

公司间交易是指发生在母公司和其任意一家子公司之间的任何交易，或是属于同一家母公司的不同子公司间的交易。在将母公司和子公司的任何财务信息编入合并财务报表之前，所有公司间交易都必须被删除，这样母公司和各个子公司才能合并成一个经济实体。

即使公司间交易确实已经发生，它们也必须从财务报表中删除，因为一个公司从自己公司购买产品或将产品销售给自己，都是不符合逻辑的，特别是这些交易会夸大一个公司的实际销售额。例如，如果母公司将价值 100000 美元的货物销售给其子公司，就会产生下列交易记录：

母公司记录

销售额　　　　　　　　　100000 美元

　　　　　　　子公司记录

　　　　　　　购买额　　　　　　　　100000 美元

　　当编制合并利润表时，为了恰当地反映一个经济实体的经营情况，公司间的买卖交易就被抵消（删除）了。

　　公司间交易还包括母公司和子公司之间的借贷，同样应从财务报表中删除，因为一个公司从自己公司借款或把钱借给自己，也是不符合逻辑的。例如，如果母公司借给子公司 50000 美元，就会产生下列交易记录：

　　　　　　　母公司记录

　　　　　　　应从子公司收回的借款　　50000 美元

　　　　　　　子公司记录

　　　　　　　应偿还给母公司的借款　　50000 美元

　　当编制合并资产负债表时，母公司应从子公司收回的借款与子公司应偿还给母公司的借款发生了抵消。

对子公司投资账户

　　母公司购买子公司股票的费用被记入对子公司投资账户中。为了编制合并财务报表，这一费用会被抵消，分配至子公司的普通股、留存收益，以及部分资产和负债（有这种可能性）账户中。这一分配过程取决于母公司是按照账面价值还是公平市价购买股票的。很少有公司会按照账面价值购买。抵消对子公司投资是合并工作表中的第一个抵消分录。

合并工作表

　　编制合并工作表是一项高难度且十分复杂的工作。例如，以公平市价购买股票可能会产生商誉，商誉在合并工作表中的记录需要经过冗杂的计算和特殊过程才能得到。合并工作中，有几种方法可以用于抵消母公司对子公司的投资。少数股权的存在使编制过程更为复杂，因为母公司不是 100% 拥有子公司。编制抵消项目中，有很多可供选择的会计方法，此外还涉及很多其他会计程序。

　　股票购买会引发另一种形式的会计制度。除其他因素外，如果股票购买涉及母公司股票交易，有资格成为"联营"会计。股票购买也可以依照购买方法记账。

　　由于合并工作表十分复杂，可能需要几个章节来描述其编制方法。因此，本章

只提供有关编制合并工作表的最基本的信息。为了简化讨论,预先设立下列条件:

- 母公司只有一个子公司;
- 母公司 100% 地拥有子公司;
- 母公司依照账面价值购买子公司股票;
- 母公司用现金购买子公司股票;
- 使用母公司的会计核算方法;
- 母公司和子公司都没有宣布支付股利;
- 没有发生在母公司和子公司之间的销售或购买。

另外,后文举例中将使用只包括必要账户的部分试算平衡表来解释合并工作表的编制。

图 12-4 展示了在合并之前,母公司和子公司各自的试算平衡表。图 12-5 展示了合并的第一步。这一步骤是将试算平衡表中的信息填入合并工作表(圆括号中的内容表示贷方,而不是用纵列表示借方和贷方)。

图 12-4 母公司和子公司试算平衡表 （单位：美元）

母公司试算平衡表		
	借方	贷方
现金	100000	30000
应收账款	80000	40000
应收子公司账款	20000	
对子公司投资	70000	
普通股		80000
留存收益		140000
销售收入		500000
子公司试算平衡表		
	借方	贷方
现金	300000	
应收账款	40000	
应付母公司账款		20000
普通股		30000
留存收益		40000
销售收入		200000

图 12-5 开始编制合并工作表 （单位：美元）

	母公司	子公司	抵消	合并
现金	100000	30000		
应收账款	80000	40000		

（续）

应收子公司账款	20000	
对子公司投资	70000	
应付母公司账款		(20000)
普通股	(80000)	(30000)
留存收益	(140000)	(40000)
销售收入	(500000)	(200000)

下一步骤是完成抵消分录。图12-6显示了这一过程。第一个调整分录是分配70000美元的对子公司的投资。本例中，由于子公司股票是依照账面价值购买的，所以这一过程非常简单。70000美元分别记入子公司普通股账户30000美元和留存收益账户40000美元。这一分录的作用是抵消母公司成本和子公司权益部分。

下一步，公司间赊销（赊购）交易被抵消。应收子公司账款的20000美元与子公司应付母公司账款的20000美元相互抵消，因为在一个经济实体概念中这些交易不应存在。

完成调整分录后，试算平衡表和抵消分录结合录入合并工作表，如图12-6所示。合并工作表用于编制合并财务报表。

图12-6　完成合并工作表　　（单位：美元）

	母公司	子公司	抵消	合并
现金	100000	30000		130000
应收账款	80000	40000		120000
应收子公司账款	20000		(20000)	——
对子公司投资	70000		(70000)	
应付母公司账款	(20000)	20000	——	
普通股	(80000)	(30000)	30000	80000
留存收益	(140000)	(40000)	40000	140000
销售收入	(500000)	(200000)		(700000)

上市公司报告的政府监管

理解对股东发布的年度报告，需要读者对以下内容有基本的了解：

• 证券交易委员会；

• 《萨班斯‐奥克利法案2002》；

• 10‐K 报告。

上市公司必须履行许多政府的文件归档要求。依据法律规定，证券交易委员会的要求必须被遵守。许多报告都必须提交给证券交易委员会和其他政府机构。在证券市场管理和上市公司报告方面，证券交易委员会起到主要管理作用。

《萨班斯 - 奥克利法案 2002》对公司的管理和审计提出了额外的要求。这部法案对公司治理、财务披露和上市公司会计实务有非常重要的影响。

证券交易委员会要求公司编制两种年报：一是 10-K 报告（即 10-K 格式报告），这份报告提交给证券交易委员；二是发布给股东的年度报告，我们将在后文讨论这部分内容。

证券交易委员会

在 1929 年美国股市崩盘之前，大部分政府监管机构和金融投资者并不认为需要有联邦政府法规来管理证券市场。极少数联邦政府要求公司必须披露财务信息，颁布法律防止公司股票欺诈销售的建议从未被认真考虑过。

由于直到今天，1929 年的经济危机仍然臭名昭著，所以才成立了证券交易委员会。当 1929 年 10 月股市崩盘时，许多投资者损失惨重。银行是经济危机中损失最惨重的，因为它们在股票市场上的投资十分庞大。经济危机中，人们害怕无法从银行账户中取到自己的钱。对银行系统的挤兑导致许多银行倒闭。为了应对此次危机，国会通过了《1933 年证券法》和《1934 年证券交易法》。这些法律用于重塑投资者信心、规范证券市场、管理上市公司信息公开问题。

证券交易委员会是监管证券业的政府机构，其效力很大程度上来源于其强制执行力。证券交易委员会的首要使命是保护投资者和保障证券市场的诚信。这一机构必须存在的原因之一是（不像银行界，存款由联邦政府担保）股票、债券和其他证券会发生贬值，这使政府监管变得非常重要。美国用于监管证券业的法律法规的颁布基于这一理念："所有投资者，无论是大型机构还是独立个人，都有权在投资某一产品之前，了解该产品的真实情况。"为了实现这一目标，证券交易委员会要求上市公司向公众公布有价值的财务和其他信息。

除了监管上市公司，证券交易委员会同时监督股票交易、经纪人、投资顾问、共同基金、公共事业持股公司。

《萨班斯 - 奥克利法案 2002》

尽管有证券交易委员会的管理，公司丑闻、欺诈和破产仍屡屡发生。特别是在

2000 年到 2002 年间，有很多事件发生：

- 2000 年：176 家上市公司申请破产，资产总计 950 亿美元；
- 2001 年：257 家上市公司申请破产，资产总计 2590 亿美元；
- 2002 年：189 家上市公司申请破产，资产总计 3820 亿美元。

这期间，安然公司和世通公司破产是最臭名昭彰的丑闻，泰科国际有限公司也卷入丑闻，但没有破产。虽然这 3 年中还有其他公司的破产丑闻，但这 3 家公司的信息暴露出来的问题导致《萨班斯 - 奥克利法案 2002》的通过。

安然公司有 21000 名员工，曾是全球最大的电力、天然气和通信公司。2001 年时，安然公司申请破产，这是美国历史上第二大的破产案例。债权人巨大的经济损失导致公司的瓦解，数千名员工流离失所，因为这些员工的养老保险与安然公司股票直接关联。2002 年时，世通公司（当时，该公司是美国第二大的长途电话公司，有 60000 名员工）发现其 38 亿美元的财务造假后，依据破产法案第 11 章申请破产。世通公司破产是美国历史上的第一大破案例，紧随其后的就是安然公司。2002 年时，泰科国际有限公司前任管理层被指控犯有违法行为，包括未经授权支付给自己或其伙伴近 1000 万美元。

这三家大型公司的陨落，以及其他公司的破产，导致公众对上市公司年报和会计师行业的信任程度降到极低水平。2000 ～ 2002 年股票市场的低迷十分普遍。2000 年 3 月，技术泡沫的破灭是导致股市震荡的另一原因。

国会通过《萨班斯 - 奥克利法案 2002》的目的在于保护投资者免遭上市公司潜在的会计舞弊行为的伤害。该法案提高了证券法所要求的公司披露信息的准确性和可靠性。该法案包括适用于公司管理层和该公司审计机构的刑事责任条款。这些条款通过增加新的联邦刑事罪行和加大对现存联邦刑事罪行的处罚力度，加强了对违法者的刑事制裁。

《萨班斯 - 奥克利法案 2002》共分为 11 章。这些章节中较为重要的部分是 302、401、404、409 和 802 部分。

- 302 部分：财务报告的企业责任；
- 401 部分：定期报告披露；
- 404 部分：内部控制评估；
- 409 部分：披露；
- 802 部分：刑事处罚。

10-K 报告

10-K 报告是上市公司应该提交给证券交易委员会的官方年度业务报告和财务报告。公司某类股票股东数量超过 500 人、资产总量超过 500 万美元的企业必须提交 10-K 报告给证券交易委员会。这一报告囊括企业所有综合信息，包括财务报表和其他财务信息、业务总监、资产清单、子公司、法律诉讼事务，以及其他通常不会出现在提供给股东的报告中的信息。

提供给股东的年度报告

年度报告对企业的财务状况和经营结果进行了细致描述。年度报告包括公司管理层对上一年度的讨论、重要事项分析、历史股价、列示在利润表、资产负债表和现金流量表中的财务数据。统计数据和图表通常出现在这些报表之后。

依据《萨班斯 - 奥克利法案 2002》的 409 部分，财务报表的发布者必须披露其财务情况或经营情况的重大变动。披露信息时，需要恰当地使用图表进行演示。

证券交易委员会要求经审计的财务报告必须在公司财年结束时提供给企业的股东。除了财务报表外，对公司经营情况和未来发展前景的描述也必须提供给股东。一些企业会花费巨资制作年度报告，使用高级纸张和彩色图片将其公司的年报制作成为展示公司的窗口。

有时，不同企业的年度报告在内容上会有差别。一些企业会把 10-K 报告放在年度报告中，因为 10-K 报告含有年度报告所要求的所有财务报表和股东需要的全部信息。不考虑年度报告在制作质量和风格上的差异，所有提供给股东的年度报告必须包含下列内容：

- 致股东的信；
- 财务报表；
- 财务报表的附注；
- 管理层对内部控制的评估；
- 独立注册会计师报告；
- 公司高管对财务报告的认证。

下面，我们将对每一个部分进行详细阐述。

致股东的信

致股东的信强调了公司去年的重要业务，特别是兼并和新建分公司。一般说来，这封信陈述了企业的成长情况和所取得的成绩。财务的重要部分和相关图表也是这封信中不可或缺的部分。这封信的结尾通常是对企业未来的乐观估计。公司的首席执行官会在最后署名。

财务报表

财务报表是对公司财务状况和经营业绩数量统计的书面报告。财务报表包括资产负债表、利润表和现金流量表。财务报表由注册会计师事务所编制和审计。

财务报表的附注

附注是财务报表必不可少的部分，因为附注提供了有价值的信息；缺少附注可能会使财务报表不完整，甚至误导阅读者。财务报表中作为信息披露的附注应涉及以下内容：

- 解释财务报表中某行数据的构成；
- 解释财务报表中某行数据的含义或计算过程；
- 解释由于财务报表格式所限，不能直接显示在报表中的公司重要事实；
- 解释已经或可能影响公司的重要事项。

信息披露必须充分，阅读者才能基于这些信息做出判断和决策。披露不局限于财务报表数据。任何可能影响阅读者判断的信息都应该得到披露。例如，如果占公司销售额较大比例的重要客户发生流失，这一信息就应该被披露。披露的内容应该包括这一客户所占的业务比例，以及今后可能对经营产生的影响。

有时，财务报表中的数据并不能提供全部信息。例如，资产负债表中，应收账款仅占一行，列示的是其净值。附录将披露公司估计的坏账损失（备抵呆账），这样，读者才能得到充分的信息。

财务报表的附注部分通常由好几页组成；甚至，在年报中，附注的篇幅超过了财务报表的篇幅也是很寻常的。附注包含很多内容，如下所示：

会计政策 这是附注的第一部分。该部分披露所有重要的会计政策，如折旧和摊销方法、存货估价方法，以及具体到某行业的会计原则。

租赁信息 财务报表中并不显示公司经营中长期租赁合同的费用承诺，因此，租赁信息应披露租赁期和租金。

终止经营业务 该部分披露公司所有已出售的业务，或即将出售的业务。

或有债务 该部分披露由于未来情况会出现变化，现在条件下还不能确认的损失。例如，未决诉讼、尚未确定的税务评估、未来的承诺和贷款担保。

可以预估的或有债务的数量，将财务报表中显示可能的损失，也在附注部分加以披露。

不能预估的或有债务的数量，可能的损失在附注部分得到披露，但不在财务报表中显示。

除非属于担保贷款，否则远期或有债务不在财务报表中显示，也无须在附录中披露。有时一家公司会为其他公司的贷款提供担保，这里的其他公司可能是其子公司、供应商或重要客户。如果贷款人不能偿还贷款，这种类型的担保责成担保人代替贷款人偿还。即使出现贷款人无法偿还贷款的现象将是很久以后的事情，这一信息也必须得到披露。

管理层对内部控制的评估

依据《萨班斯 - 奥克利法案 2002》的 404 部分，上市公司必须在年度报告中公布下列信息：

- 公司内部控制结构的范围和妥善性；
- 公司财务报告的流程；
- 对公司内部控制和流程有效性评估的报表。

独立注册会计师报告

独立注册会计师报告也被称为会计师信函或审计报告。审计师或审计公司应确认财务报表符合一般公认会计原则的要求，审计师的检查要符合强制性审计准则。在某种情况下，审计师会给出保留意见，或表示无法给出意见。"意见"这个词表示财务报表有法律意义，只能被注册会计师使用。"意见"的形式有以下几种：

- 无保留意见；
- 保留意见；
- 否定意见；
- 无法表示意见。

无保留意见说明财务报表是按照一般公认会计原则编制的，并在所有重大方面公允地反映了被审计者的财务状况、经营成果和现金流量。从被审计者视角出发，无保留意见是最好的审计结果。给出保留意见时，意味着除了某些事项（由审计师或审计公司列出）之外，财务报表是按照一般公认会计原则编制的，并在所有重大方面公允地反映了被审计者的财务状况、经营成果和现金流量。当一个公司的财务报表不具有公允性，或是公司的内部控制系统存在缺陷时，被审计者会得到否定意见。在一些极端情况下，审计师对财务报表的审计结果是无法表示意见，特别是审计师的审计范围受到限制，或公司管理层、员工阻碍审计工作时。

除了报告对财务报表的审计意见外，《萨班斯 - 奥克利法案 2002》的 404 部分要求会计师事务所在审计报告中，评估并报告被审计企业内部控制体系和财务报告流程的有效性。《萨班斯 - 奥克利法案 2002》的 802 部分规定：所有会计师或会计师事务所故意违反所有审计或审阅材料必须保留 5 年以上这一要求的，将面临罚款和最长达 10 年的监禁。

公司高管对财务报告的认证

年度报告需要两份认证。与 10-K 报告相关的认证通常由首席执行官签署。与年度报告相关的认证通常由首席执行官和首席财务官共同签署。

依据《萨班斯 - 奥克利法案 2002》的 302 部分，总经理必须认证其公司的财务报表。这一认证意味着：

- 签署人审阅了年度报告；
- 年度报告中没有包含任何可能误导读者的信息，或实质上虚假的报表，或是重要遗漏；
- 财务报表和相关信息公允地反映了公司的财务状况和经营结果；
- 签署人对内部控制负有责任，并在年报发布前 90 天内评估了内部控制体系；
- 签署人提供了内部控制的所有缺陷列表，以及与内部控制有关联的员工的所有欺诈行为；
- 签署人披露了内部控制是否存在重大调整，是否有其他因素对内部控制产生负面影响，以及所采取的任何纠正行动。

依据《萨班斯 - 奥克利法案 2002》的 401 部分，财务报表必须精确，且不存在任何错误陈述。

依据《萨班斯 - 奥克利法案 2002》的 802 部分，意图阻碍、干涉、影响合法调查而变更、毁坏、删改、隐瞒、伪造记录者，将面临罚款和最长达 20 年的监禁。

如何阅读年度报告

许多人觉得理解年度报告有困难，因为他们像读一本书一样读年度报告。年度报告中的信息是散乱的，且没有标准的格式或顺序。一家公司的年度报告与另一家公司可能完全不同。

起始点 有经验的阅读者从审计报告开始阅读年度报告。审计报告的位置通常在附注之后，年度报告的封底之前。阅读者可能立即从第三段开始寻找无保留意见。以"除了"或其他资格声明开始的段落，通常意味着重大问题。因为与被审计单位的合作关系，审计师有时不愿意使用直截了当的强硬措辞。然而他们必须做出资格判定，所以他们经常使用较为巧妙的措辞。因此，如果第三段给出的并不是无保留意见，这就是一个警示，在阅读整个年度报告时，都应该小心谨慎。

总裁的信 一些有经验的阅读者会在浏览完整个年度报告后，再阅读总裁的信。也有一些阅读者倾向于在阅读财务报表前，读一读总裁的信，因为他们觉得这封信是报表所反映情况的前奏。仔细阅读这封信是很有用的，因为公司总裁回顾了上一年情况，揭示了新产品情况或公司新的发展，并讨论了未来新的市场目标。

年度报告中的财务报表

一系列经审计的财务报表及其脚注反映了企业财务上的成功或失败。一些有经验的阅读者宣称，如果先读脚注后读财务报表，将从财务报表中获得更多信息。一些阅读者倾向于在财务报表和脚注之间来回移动。阅读年度报告的方法因人而异。无论如何，都不建议只关注财务报表却忽视相应的脚注。

年度报告的结论

年度报告可能会提供过去 5 年或 10 年的变化趋势，以及经过筛选的应被仔细阅读的统计信息。阅读这些数据的顺序取决于阅读者的技能和兴趣。

如果没有提供关键比率，阅读者需要自己计算并分析这些结果。

研究完年度报告，分析比率之后，阅读者通常会从头再读一遍年度报告。第二遍读报告时，阅读者可以更集中于个别细节和内容。

投资者关系部门

大多数公司在与股东或投资团体交流方面，做出了不懈的努力。他们会欣然地寄出他们的年度报告、回答问题、建议召开下一次股东大会，对其他与投资者有关的问题做出反馈。公司投资者关系部门的地址和电话通常印在年度报告的封底内页上。

参考资料

www. soxlaw.com/introduction.htm

www.soxlaw.com/s404.htm

www.thelenreid.com/articles/article/art_138 idx.htm

www.investopedia.com

www.investopedia.com/term s/s/sarbanesoxleyact.asp

www2.lib.udel.edu/subj/bsec/resguide/annuallO.htm

www.sec.gov/about/whatwedo.shtml

www.aicpa.org/member s/glossary/u.htm

www.sec.gov/about/laws/soa2002.pdf

www.cnn.com/SPECIALS/2002/enron

www.money.cnn.com/2002/07/19/news/worldcom_bankruptcy/

www.bofabusinesscapital. com/resource s/capeyes/a04-03-155.html

www.boston.com/business/articles/2004/06/15/ama_cites_mass_malpractice_premiums?pg=2

主要术语

会计报告（accountant's report）：见审计报告。

否定意见（adverse opinion）：当一个公司的财务报表不具有公允性，或是公司的内部控制系统存在缺陷时，审计报告中给出的描述这一情况的陈述。

年度报告（annual report）：上市公司对去年财务运营情况做出的综合报告，它包括经审计的财务报表。证券交易委员会要求该报告必须提交给公司的股东。

审计报告（auditor's report）：由独立审计师发布的报告，一般附在财务报表后面，用于解释由审计师承担的财务报表的责任等级。也称为会计报告。

合并财务报表（consolidated financial statement）：将母公司和其子公司合并为一个经济单位报告财务数据的财务报表。也就是说，该经济单位合并的资产和负债情况反映在一张资产负债表中，合并的收入和费用情况反映在一张利润表中，合并的现金流量情况反映在一张现金流量表中。

或有债务（contingent liabilities）：视未来情况而定，可能产生或可能不产生的负债。

披露（disclosure）：对财务报表中某项目的解释，或任何与公司财务情况相关的事实。

一般公认会计原则（generally accepted accounting principles, GAAP）：有实质性权威支持的、被专业会计协会和政府机构认可的专业会计标准。

公司间交易（intercompany transaction）：母公司和子公司之间的交易。

中期报告（interim report）：在两个年度报告之间发布的简要的财务报表，也称为中期报表。

少数股权（minority interest）：不由母公司掌握的子公司股权，或由母公司之外的人（机构）拥有的子公司净资产部分。

无法表示意见（no opinion）：审计师的审计范围受到限制，或公司管理层、员工阻碍审计工作时，审计报告中给出的描述这一情况的陈述。

母公司（parent company）：一家公司通过拥有另一家公司全部或大部分有投票权的股票对该公司实行控制，有控制权的公司是母公司。

保留意见（qualified opinion）：除了在审计报告中列出的某些事项之外，财务报表公允地反映了财务状况时，审计报告中给出的描述这一情况的陈述。

萨班斯 - 奥克利法案 2002（Sarbanes-Oxley Act of 2002）：该法案就财务报告和披露方面的公司管理和审计师或审计公司工作提出了额外的要求。

证券交易委员会（Securities and Exchange Commission, SEC）：管理证券业的政府机构。

子公司（subsidiary company）：被其他公司控制的公司。

10-K 报告（10-K report）：上市公司应该提交给证券交易委员会的官方年度业务报告和财务报告，也称为 10-K 格式报告。

无保留意见（unqualified opinion）：当公司财务报表具有公允性时，审计报告中给出的描述这一情况的陈述。从被审计者视角出发，无保留意见是最好的审计结果。

复习题

1. 什么是中期财务报表?

2. 独立注册会计师的这一术语是什么意思?

3. 注册会计师完成审计工作时,应依据什么专业标准?

4. 审计的目的是什么?

5. 审计的范围是什么?

6. 什么是审计报告? 描述审计报告的每个段落。

7. 注册会计师完成审阅工作时,应依据什么专业标准?

8. 审阅的目的是什么?

9. 审阅的范围是什么?

10. 注册会计师完成代编工作时,应依据什么专业标准?

11. 代编的目的是什么?

12. 代编的范围是什么?

13. 在什么情况下,需要编制合并财务报表?

14. 在财务报表的附注中,应该出现哪些信息的披露?

15. 什么是或有债务? 请举例说明。

16. 证券交易委员会要求提供哪两种年度报告?

17. 证券交易委员会是什么类别的机构? 该委员会的主要使命是什么?

18. 1929 年 10 月的重要性体现在什么地方?

19. 为什么会成立证券交易委员会?

20. 《萨班斯－奥克利法案 2002》的重要性体现在哪里? 该法案的 302 部分、401 部分、404 部分、409 部分和 802 部分的重要性体现在哪里?

21. 什么是 10-K 报告?

22. 注册会计师在审计报告中会给出哪几种意见?

23. 提供给股东的年度报告应该包括哪些内容?

网址:

若想获得更多信息,可访问下列网址。网址变更恕不通知。若你所访问的网址不存在,可使用搜索引擎查找新网址。

1. 美国会计师协会行为准则：www.aicpa.org/about/code/index.html

2. 年度报告——免费下载：www.annualreportservice.com

   www.irin. com/cgi-bin/main.cgi?index=main

   www.reportgallery.com

3. 审计：描述和幻灯片：www.busn.ucok.edu/cknapp/Auditing%20PPT/ch_01/sld005.htm

4. 合并财务报表：http ://insurance.cch.com/rupps/consolidated-financial-statement.htm

   www.dummies.com/WileyCDA/DummiesArticle/id-2840.html

5. 财务报表描述和幻灯片：www.business.gsw.edu/ousa/faculty/jkooti/Finance/Pres/Chapt3/sld001.htm

6. 10-K 格式报告：www.sec.gov/answer s/form10k.htm

7. 年度报告示例：北安普敦集团股份有限公司：www.nhgi.com/MS/MSl/page.php?p=19

8. 《萨班斯 - 奥克利法案 2002》：www.sec.gov/about/laws/soa2002.pdf

9. 证券交易委员会：www.sec.gov

10. 上市公司必须提交给证券交易委员会的文件：www.sec.gov/edgar.shtml

11. 证券交易委员会投资者教育和帮助办公室：www.sec.gov/investor.shtml

练习题

习题 1

依据下列补充信息和工作表数据，编制合并工作表：

（1）会计期间是到年末，20X9/12/31。

（2）母公司名称是 Don-Bess 股份有限公司，子公司名称是 Deb-Mar 股份有限公司。

（3）母公司拥有 Deb-Mar 股份有限公司 100% 的有投票权的股票。不存在优先股。

（4）母公司用现金于 20X9 年以账面价值购买子公司的全部资产和负债。

（5）20X9 年母公司和子公司之间没有交易。

（6）母公司和子公司本年都没有宣布支付股利。

	母公司	子公司	抵消	合并
现金	70000	10000		

应收账款	50000	20000		
存货	30000	15000		
应收子公司账款	10000			
预付费用	3000	1000		
对子公司投资	90000		（1）	（90000）
土地	70000	30000		
厂房	150000	92000		
设备	30000	20000		
应付账款	（10000）	（23000）		
应付母公司账款		（10000）		
应计项目	（8000）	（6000）		
长期负债的				
本期应付部分	（20000）	（12000）		
长期负债（净值）	（60000）	（30000）		
股票发行	（200000）	（50000）	（1）	50000
留存收益 1/1	（95000）	（40000）	（1）	40000
销售收入	（400000）	（100000）		
销售成本	100000	28000		
人力成本	120000	32000		
其他经营费用	40000	10000		
固定费用	28000	12000		
所得税费用	2000	1000		
总计	0	0		

习题 2

使用习题 1 完成的工作表，编制三个合并财务报表：利润表，留存收益表和资产负债表

案 例 分 析

编制给股东的年度报告

ETOC 饭店股份有限公司是一家在大型证券交易所上市的企业，其市值超过 9 亿美元，其普通股股东数量超过 70 万人。该公司财年结束于 12 月 31 日。4 月份，在财年结束后，公司的首席执行官和首席财务官共同编制提供给股东的年度报告，以及提供给证券交易委员会的 10-K 报告。首席执行官和首席财务官也在为下周与注册会计师事务所会面做准备。

首席执行官和首席财务官做出下列决策：

- 提供给股东的年度报告中不要有彩色照片，因为有照片的印刷费太贵；
- 把 10-K 报告插入年度报告中，用来代替一套单独的财务报表；
- 年度报表中不要任何图表，因为有图表的制作费太高。

关于公司财务报告和内部控制系统的审阅情况如下：

- 财务报表符合一般公认会计原则的要求，所有重要表述都包含在内；
- 公司设置了内部控制体系和流程，但这一系统不足以判定是否有违规事件发生，然而，首席执行官和首席财务官非常自信，认为本年没有欺诈或违规事件。

本财年即将结束时，ETOC 饭店股份有限公司完成其首次并购，通过购买 YAR 股份有限公司（饭店用品销售企业）90% 的普通股兼并了该公司。首席执行官倾向于不在 ETOC 饭店股份有限公司年度报告中涉及 YAR 股份有限公司的财务数据，因为持有该公司股票还不足一年。就这一点而言，首席财务官意见与首席执行官一致。

要 求

基于这些信息，参考《萨班斯－奥克利法案 2002》和证券交易委员会要求（如果适用的话），完成对 ETOC 饭店股份有限公司年报的评论。

特别注意：

1. 分析并评论首席执行官和首席财务官的 3 个决策。

2. 依据公司的财务报表和内部控制系统，判断审计师对年度报告的审计意见会是哪种类型，即审计师会给出无保留意见、保留意见、否定意见还是无法表示意见？解释为什么其他类型的意见不适合本例中的年度报告。

3. 判断首席财务官是否应该将 YAR 股份有限公司的财务数据纳入 ETOC 饭店股份有限公司的年度报告中。请解释这样做的原因。

4. 分析并评论其他需要进一步考虑的问题。

第13章

概　要

责任会计

费用的作用方式

变动费用

　　变动费用预算的策略

固定费用

半可变费用

　　高低点法

　　回归分析

保本点

边际贡献

目标利润

销量增加和价格上涨的影响

附录　回归分析

学习目标

1. 定义责任会计，解释责任会计如何影响经理角色和责任。

2. 解释并对变动费用、固定费用和半可变费用进行预算。

3. 计算保本点、边际贡献和目标利润的方法。

4. 描述价格上涨对成本的影响。

13

费用预算

饭店财务管理要不断制定决策、运用策略实现企业最终目标，即使所有者财富最大化。成功的管理者综合运用技术、顾客服务理念、人力资源和财务管理来实现这一目标。预测销售收入和预算费用是实现企业未来成功的重要步骤。

本章集中讨论费用预算，将回答下列问题：

1. 数量对变动费用、半可变费用和固定费用的作用方式有何影响？
2. 有关这些作用方式的知识如何应用在费用预算中？
3. 什么是高低点法？
4. 什么是回归分析？
5. 费用的作用方式如何应用在保本点和利润目标分析中？
6. 什么是边际贡献？
7. 数量增加和价格上涨如何影响成本？

责任会计

成本是商业经营的所有费用。成本包括人力成本、销售成本、原材料成本以及许多其他因饭店经营产生的费用。

饭店行业使用责任会计的概念。在这一概念中，只有经理能够控制的成本才计入该经理管理的部门中。经理有责任和相应的权力来控制部门费用。

一些经理认为，降低成本是增加利润的方法。削减成本是预算的基本方式，是成本管理中不太复杂的解决方案。当任何更进一步的成本压缩会导致顾客服务质量、产品质量或数量显著下降时，削减成本都是不切实际的。质量或数量的大幅下滑会引起顾客不满、销量下降、甚至经营失败。

当今的饭店经理应该对财务领域有足够了解，从而制定出企业和顾客能够共赢的最佳赢利决策。

费用的作用方式

"作用方式"一词是指费用如何随着销量的变化而变化。一部分费用随销量的增加而增加，另一部分费用不受销量影响。出租率、客房出售量、顾客接待量和销售收入是销量的计量方式。一般说来，任何费用都可以依据其与销量的作用关系被归入变动费用、半可变费用和固定费用中的一类。

一个用来确定成本的重要公式如下所示：

总成本（TC）= 变动成本（VC）+ 固定成本（FC）

$$TC = VC + FC$$

如果知道这个公式中的两项，可以很容易计算出另一个未知项，如下：

$$TC = VC + FC$$

$$VC = TC - FC$$

$$FC = TC - VC$$

变动费用

变动费用是唯一与销量有直接关系的费用，如图 13-1 所示。销量每增加一个单位，变动费用也同样增加一单位的成本。换种说法，变动成本是企业的追加成本或边际成本，即每多生产一单位产品所增加的成本。这种关联被称为线性关系。

图 13-1 变动费用的图形展示

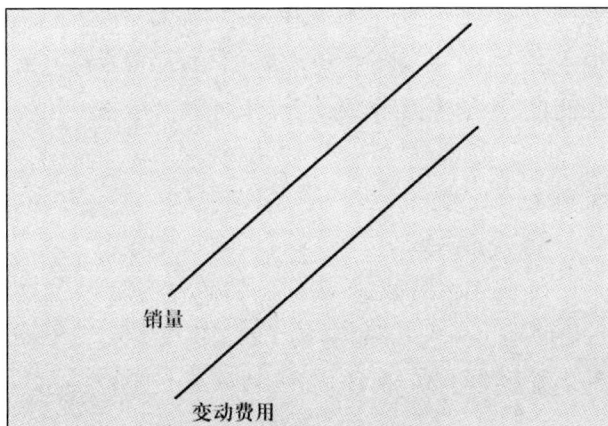

销量

变动费用

变动费用的作用方式以及其与销量的关系如下所示。

销量	销售额（美元）	变动成本（美元）	占销售额百分比
0	0 美元	0 美元	—
1	10	3	30%
2	20	6	30%
10	100	30	30%
50	500	150	30%

每单位产品的销售收入是 10 美元，相应产生 3 美元的变动费用。注意，虽然变动费用总量在发生变化，但是变动费用占销售额百分比是不变的。同样需要注意的是，没有销量时，是没有变动费用的。

饭店业中典型的变动费用包括食品、酒水或其他原材料成本。

预算并不是一门精确的科学。菜单变化、季节性购买成本的变化都影响着最佳计划。就像饭店经理使用预算，他们能得到更好的效果。经理们了解到，费用不可能总是能够非常清晰地被划分为变动费用、半可变费用或固定费用。很多时候，对费用的分类需要专业判断。在这一方面，客用品和其他用品也常被归入变动费用中。

一些批判性观点认为：批量购买可被用于改变变动费用与销量间的关系。对这一观点的反驳在于：线性关系的基础是相关范围。即，线性关系是基于常规经营产生的。企业总是依据其销量进行批量购买的。不必要的购买增量会导致资金被滥用，甚至可能使资金不见踪影，以及导致资金使用上的错误决策。任何相关范围的重大变化都需要重新分析来决定变化后的关系。

变动费用预算的策略

变动费用预算较为容易，因为变动费用占销售额的比例不变。如果在某一销售额水平下，食品成本占 34%，那么在任何水平下，食品成本都占销售额的 34%。如果菜单价格不发生变化，这一固定比例也会保持不变（价格变化产生的影响将稍后讨论）。

假设利润表如下所示：

净食品销售收入	100000 美元
食品销售成本	34000 美元

食品成本所占比例是 34%，用 34000 美元的销售成本除以 100000 美元的销售收入计算得出。如果管理者预测下一期食品销售收入是 125000 美元，那么下一期食品

成本计算如下:

125000 美元	食品销售收入
× 34%	食品成本所占比例
42500 美元	食品成本预算

食品成本预算为 42500 美元。由于食品成本是变动费用,在相关范围内,这一比例可以被用于任何销量。

固定费用

固定费用有时被不严密地定义为:无论销量怎样变化,都保持不变的费用。更严格精确的定义应该是:固定费用是不受销量变化影响的费用。固定费用与销量之间的关系如图 13-2 所示。当销量每增加一个或多个单位时,固定费用不受影响。

图 13-2 固定费用的图形展示

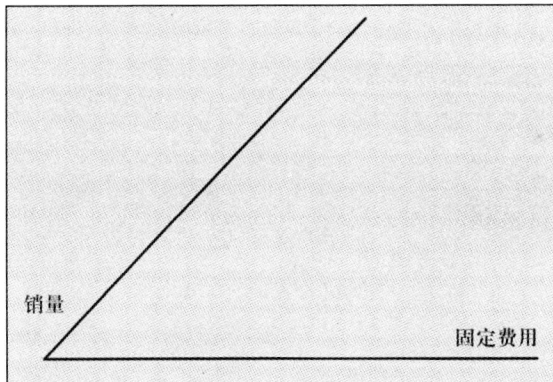

销量

固定费用

固定费用的作用方式以及其与销量的关系如下所示。

销量	销售额(美元)	固定费用(美元)	占销售额百分比
0	0 美元	50 美元	—
1	10	50	500%
2	20	50	250%
10	100	50	50%
50	500	50	10%

饭店业中，属于固定费用的有折旧、摊销、租金、利息、财产税和保险。与变动费用不同，即使没有销量，固定费用仍然存在。但是，当销量增加时，固定费用却保持不变。

预算固定费用很容易，因为固定费用额相对稳定。如果日均固定费用是 50 美元，那么无论销量是多少，固定费用都是 50 美元。不能使用固定费用占销售额百分比进行预算，因为固定费用和销量之间没有线性关系。

当饭店扩大或改变其经营的相关范围时，固定费用需要重新分析。

半可变费用

半可变费用由两部分构成：一部分是变动部分，另一部分是固定部分。与变动费用或固定费用不同，半可变费用与销量之间的关系无法预计。如图 13-3 所示，半可变费用的形式像一系列阶梯。如果销量增加一个单位或多个单位，无法用数量或百分比来描述半可变费用与销量间的关系。半可变费用包括工资及其相关费用，以及其他不属于变动费用或固定费用的费用。

工资这种半可变费用与销量间的作用方式如下所示。工资及其相关费用与食品成本一样，被视为饭店业中所占比例最大的经营费用。

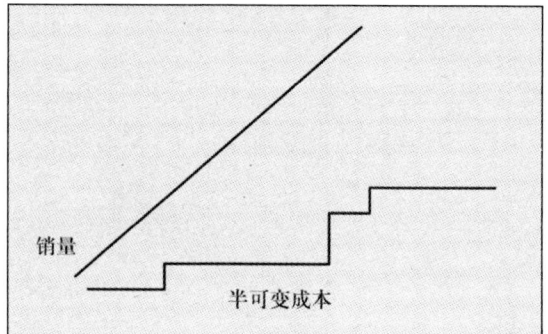

图 13-3 半可变费用的图形展示

与工资相关的费用是员工相关成本，如额外福利、工资税、员工餐。不考虑销售量级，半可变费用与销量间没有固定的百分比关系或数量关系。

销量	销售额（美元）	半可变费用（美元）	占销售额百分比
0	0 美元	20 美元	—
1	10	20	200%
2	20	30	150%
10	100	60	60%
50	500	100	20%

除非将半可变费用分离为变动部分和固定部分，否则很难准确预计半可变费用。由于变动费用有可预测的占销售额百分比，固定费用有可预测的金额，分离半可变成本才能对其做出精确预算。

有两种方法可以将半可变成本分离为变动部分和固定部分，一种是高低点法，另一种是回归分析法。

高低点法

高低点法也叫作最大最小法，是将半可变费用分离为变动部分和固定部分的较快的、容易的方法。

下边列出的历史数据将用于展示该方法如何运用。由于便携式计算器计算能力有限，本部分专门选择了较小的数字。另外，使用该方法通常需要过去 12 个月的数据，但是为了便于计算，我们使用 5 个月的数据。

月份	客房销量	半可变费用
1	160	75 美元
2	140	65
3	150	60
4	220	90
5	180	85

第一步：建立如下工作表：

	费用	销量
最高销量月份		
最低销量月份		

第二步：填写高销量和低销量：

	费用	销量
最高销量月份		220
最低销量月份		140

第三步：填写与销量相对应的半可变费用：

	费用	销量
最高销量月份	90 美元	220
最低销量月份	65	140

第四步：利用减法得出最高和最低之间的差别：

	费用	销量
最高销量月份	90 美元	220
最低销量月份	65	140
差别	25 美元	80

第五步: 用费用差别除以销量差别, 得到每单位销量的变动费用:

$$\frac{费用差别}{销量差别} = \frac{25}{80} = 0.3125 \text{ 变动费用} / 单位销量$$

第六步: 使用总成本公式计算半可变费用中的变动部分和固定部分: TC = VC + FC。回忆一下, 当我们知道该公式中两项的值, 我们可以计算出另一项。我们知道总成本。变动成本可以用销量乘以每单位销量的变动费用计算得出。本步骤中, 使用最高销量或最低销量都可以, 得出的结果是一样的。

$$VC = 220 \times 0.3125 \text{ 美元}$$
$$= 69 \text{ 美元}$$
$$TC - VC = FC$$
$$90 - 69 = 21 \text{ 美元}$$

对结果的解释: 最高销量月份, 固定成本是 21 美元。由于固定成本不受销量的影响, 所以可以说任何月份的固定成本都是 21 美元。因此, 在本例中, 半可变费用中的固定部分是每月 21 美元, 或每年 252 美元。

在本例中, 高低点法计算出每间客房的变动费用是 0.3125 美元, 全年的固定费用是 252 美元。如果营销部门预测下一年度客房销量为 3000 间, 那么对下一年度半可变费用的预算如下:

$$TC = VC + FC$$
$$= (3000 \times 0.3125 \text{ 美元}) + 252 \text{ 美元}$$
$$= 1190 \text{ 美元}$$

这一特定半可变费用的年度预算额是 1190 美元。

高低点法使用两个数值: 本期的最高销量和最低销量。如果月与月之间销量波动很大, 对固定费用的预计结果可能不如需要的那么准确。高低点法非常有用的原因在于其简单易行。但是, 对于重要的半可变费用, 更适合使用严谨的方法进行预计, 如回归分析。

回归分析

回归分析法，也称作最小二乘法，是一种比高低点法更精确的方法，因为其关联了期限内所有数据，而不是只使用两个点的数据。

回归分析的人工计算（本章附录中展示）非常冗长复杂。这一缺陷很容易被使用计算机电子制表软件所克服。当录入所有数据（销量和费用）后，软件可以很快地计算出半可变费用中的固定部分和变动部分。使用者无须记住任何公式，也不用完成冗长的数学计算。使用软件分析几类半可变费用时，可以节省大量时间，因为所录入的销量数据，可以被应用在每一类半可变费用的分析中。

建立计算的实际过程可能因软件而异，但它们其实非常相似。下面的讨论是基于微软电子表格软件（Excel）的。

计算半可变费用的固定部分 第一步是准备用计算机处理的电子表格，如下：

• 建立两列，一列标记为 X，另一列标记为 Y；

• 将销量数据填入 X 列（称为自变量）。将半可变费用填入 Y 列。图 13-4 是已经完成的工作表；

• 点击 fx（屏幕上方的"插入函数"按钮）；

• 在选择类别中选定"统计"，然后在选择函数中选择"求线性回归拟合线方程的截距"（Intercept）。之后点击确定；

• 在函数参数对话框中，输出 Y 和 X 的单元格范围。依照图 13-4 所示，Y 的范围是 C2:C6，X 的范围是 B2:B6。

图 13-4　回归分析电子表格

	A	B	C	D	E	F
1	月份	销量（X）	半可变费用（Y）			
2	1	160	75			
3	2	140	65			
4	3	150	60			
5	4	220	90			
6	5	180	85			

解释：

列：用字母标记，从 A 到 Z。Z 之后的列用两个字母标记。

行：用数字标记，从 1 开始。

单元格：填入数据或信息。每一个单元格的位置是由其所在列和行共同标记的。本例中，160 这一销量数字所在的单元格被记为 B2 单元格；220 这一销量数字所在的单元格被记为 B5 单元格。

单元格范围：指的是一系列数据。格式是：第一个单元格，冒号，最后一个单元格。本例中，对全部销量数据进行计算时，单元格范围是 B2: B6。

输入单元格范围后，软件会自动计算并显示结果。本例中，结果是 13.375，四舍五入为 13。这一结果意味着每个月的固定费用是 13 美元，全年是 156 美元。

计算半可变费用的单位变动费用　上面输入电子表格 X 列和 Y 列的数据会再次被使用，无须重新输入。

再一次使用"插入函数"按钮。步骤是一样的，除了本次在选择函数中选择"返回经过给定数据点的线性回归拟合线方程的斜率"（Slope），而不是选择"求线性回归拟合线方程的截距"（Intercept）。再次输入一样的单元格范围。使用图 13-4 中的数据时，单位变动费用是 0.3625 美元。

根据回归分析结果预测费用　在刚才的例子中，这一半可变费用的组成部分如下所示：

年固定费用：156 美元

变动费率：0.3625 美元（每单位销量）

如果营销部门预计下一年度客房销量为 3000 间，对下一年度这一半可变费用的预算如下：

$$
\begin{aligned}
TC &= VC+FC \\
&= （3000 \times 0.3625 \text{ 美元}）+156 \text{ 美元} \\
&= 1244 \text{ 美元}
\end{aligned}
$$

这一特定半可变费用的年度预算额是 1244 美元。

与其他统计学方法一样，回归分析只能提供估计结果。实际情况可能比计算结果多，也可能少。另外，任何预测方法都需要使用者探明费用和销量之间确实存在关系。

然而，为了得到实现客观的目标，没有替代品可以取代仔细的分析和完善的方法。回归分析是一种可行的方法，因为其关联了大量数据，其计算结果也被多年的使用证明是可靠的。

保本点

保本点是指没有税前利润或亏损时的销售额，即饭店不赚不赔。为 0 的利润或亏损，并不是保本点。下面的例子指出了差异：

销售收入	100000 美元	←保本点
变动成本	70000 美元	
边际贡献	30000 美元	
固定费用	30000 美元	
利润（亏损）	0 美元	←保本

保本点的计算需要将所有费用列示在工作表中，并将这些费用分为变动费用或固定费用，如图 13-5 所示。这一分析工作可借助过去一年的财务数据或当前年度的预算来开展。半可变费用需要分离成为变动部分和固定部分，可以使用的方法包括高低点法、回归分析和专业判断。当所有费用都被分类后，汇总为变动费用总额和固定费用总额。变动费用率是用变动成本总额除以销售总额计算得到的。

图 13-5　费用分类表

预计销售收入		200000 美元			单位：美元
费用预算	类型	总费用	变动费用	固定费用	备注
已售食品成本	变动费用	61000	61000		
工资及相关费用	半可变费用	58000	36000	22000	回归分析
客用品	变动费用	3000	3000		
营业用品	变动费用	8000	8000		
公用事业	半可变费用	9000	7000	2000	
其他变动费用	变动费用	10000	10000		高低点法在实际操
其他固定费用	固定费用	12000		12000	作中，所有费用都
其他半可变费用	半可变费用	7000	5000	2000	是被单独列示的
总费用	半可变费用	168000	130000	38000	
税前利润		32000			

$$变动费用率 = \frac{变动费用总额}{总销售额} = \frac{180000}{200000} = 65\%$$

完成工作表后，可以将数据带入保本点计算公式。保本点（销售量）计算公式如下所示：

$$保本点 = \frac{固定费用}{100 - 变动费用率}$$

可简要记为：

$$BEP = \frac{FC}{100\% - VC\%}$$

将图 13-5 中的数据带入保本点计算公式，可得：

$$\mathrm{BEP} = \frac{38000}{100\% - 65\%} = 108571 \text{ 美元}$$

由保本点计算公式计算得到，当图表 5 中示例的公司销售收入为 108571 美元时，该公司不赔不赚。计算得到的保本点可由下列过程得到验证：

销售收入	108571 美元	←保本点
变动成本（108571 美元 65%）	70571 美元	
边际贡献	38000 美元	
固定费用（在任何销量水平下都是 38000 美元）	38000 美元	
税前利润	0 美元	←保本

通常，会对变动费用率、计算得到的保本点销售收入，以及所有涉及金钱的计算结果进行四舍五入处理，只保留整数部分。这么做的目的是压缩数据，避免人们认为所有公式的计算结果都具有精确性。这些公式的计算结果是估测的、非常有用的数据，但不是十分精准的预计。

边际贡献

边际贡献是用于补偿固定费用或产生利润的销售收入。其计算是通过销售收入减去变动费用得到的。

销售收入	XXX 美元
变动费用	（XXX）
边际贡献	XXX
固定费用	（XXX）
税前利润	XXX 美元

目标利润

饭店经营不会以保本为目标，应使用能够解决以下问题的管理工具：想实现某一特定利润目标时的销售收入应该是多少？利润规划是任何一家成功企业的首要目标。对利润进行规划可以借助修正后的保本点计算公式来完成，如下：

$$销售收入 = \frac{固定费用 + 目标利润额}{100\% - 变动费用率}$$

假设一家公司的税前目标利润额是 40000 美元。采用图 13-5 中所提供的数据，计算结果如下：

$$销售收入 = \frac{38000 + 40000}{100\% - 65\%} = 222857 \text{ 美元}$$

计算结果显示，当销售收入是 222857 美元时，可以实现 40000 美元的目标利润。这一结论的验证如下：

销售收入	222857 美元	←销售收入点
变动成本（222857 美元 65%）	144857	
边际贡献	78000	
固定费用（在任何销量水平下都是 38000 美元）	38000	
税前利润	40000 美元	←目标利润

销量增加和价格上涨的影响

面对销量增加和价格上涨的情况，本章指出成本管理的原理是：任何销售收入的增加都来源于销量的上涨。不考虑销售数量，变动费用率保持不变。如果销售收入的增加来源于价格上涨，情况又会怎样呢？

菜单中产品价格的变化，不会影响变动费用、半可变费用和固定费用。然而，价格变化却会影响销售收入和变动费用率。为了证明这一点，举例如下：

	1 单位产品
菜单价格	10.00 美元
食品成本	3.50 美元
食品成本率	35%

菜单价格上升了 0.75 美元改变了食品成本率，如下所示：

	1 单位产品
菜单价格	10.75 美元
食品成本	3.50 美元
食品成本率	32.6%（3.5 美元 ÷10.75 美元）

单位产品价格上涨导致食品成本率下降，但单位食品成本金额不发生变化。提高菜单价格是在不影响质量或数量条件下，降低食品成本率的一种管理技术。

菜单价格变化后，需要重新计算变动费用总额和半可变费用与销售收入之间的比例关系。由于固定费用与销售量之间的关系是固定费用不变，所以固定费用不受影响。

主要术语

作用方式（action trait）：描述销量变化如何影响费用的术语。一些费用随着销量增加而增加，然而另一些费用不随销量变化而变化。

保本点（breakeven point）：企业不赔不赚时的销售水平。

边际贡献（contribution margin）：用于补偿固定费用或产生利润的销售收入。其计算是通过销售收入减去变动费用得到。

固定费用（fixed expenses）：不受销量变化影响的费用，例如折旧、摊销、租金、利息、财产税。

高低点法（high-low method）：一种简单地将半可变费用分离为其变动部分和固定部分的方法，也称为最大最小法。

回归分析法（regression analysis method）：一种将半可变费用分离为其变动部分和固定部分的方法。回归分析法是一种比高低点法更精确的方法，因为其关联了期限内所有数据，而不是只使用两个点的数据，也称为最小二乘法。

相关范围（relevant range）：公司的正常经营范围，依据销售量使用相匹配的资源。

半可变费用（semi-variable expenses）：由变动部分和固定部分组成的费用。半可变费用不与销售量直接相关，例如工资及其相关费用。

变动费用（variable expenses）：与产品销量有直接线性关系的费用。

复习题

1. 责任会计的定义是什么？
2. 费用的3种作用方式分别是什么？有没有一种费用可以呈现3种作用方式？变动费用、固定费用、半可变费用的作用方式分别是什么？
3. 总成本的计算公式是什么？

4．餐厅的变动费用中，哪些是主要的变动费用？

5．饭店业的 6 种固定费用是什么？

6．餐厅的半可变费用中，哪些是主要的半可变费用？

7．哪两种方法可以用来确定半可变费用中的固定部分？

8．保本点的定义是什么？

9．边际贡献的定义是什么？

10．什么是税前利润？

网址：

若想获得更多信息，可访问下列网址。网址变更恕不通知。若你所访问的网址不存在，可使用搜索引擎查找新网址。

1. 小企业预测和预算建议：www.score .org/5_tips_s_cs_5 .html

   www.score .org/5_tips_bp_4.html

   www.score.org/pdf/12%20Month%20Sales%20Forecastl.pdf

2. 预算幻灯片演示：www.aaasc.org/membership/documents/FRIA9amTritinger

   AAAHC2006Budgeting101.ppt

3. 固定费用和变动费用：www.small-business-dictionary.org/default.asp?term=VARIABLE+COST

   www.entrepreneur.com/encyclopedia/term/82266.html

   http://business.enotes.com/small-business-encyclopedia/fixed-variable-expenses

4. 保本点：www.accountingcoach. com/online-accounting-course/01Xpg01.html

   http://connection.cwru.edu/mbac424Boreakeven/BreakEven.html

   www.businesstown.com/accounting/projections-breakeven.asp

5. 高低点法：www.accd.edu/sac/slac/ppointshows/acct/high_low.htm

6. 回归分析：http://en.wikipedia.org/wiki/Regression_analysis

   http://elsa.berkeley.edu/sst/regression.html

练习题

习题 1

如果销售收入是 200000 美元，食品费用是 65000 美元，计算食品费用率。

习题 2

如果预计销售收入是 200000 美元，食品费用率是 34%，预算食品费用。

习题 3

当销售收入是 100000 美元时，租金费用是 1000 美元。预算当销售收入是 200000 美元时的租金费用。

习题 4

使用下列数据，预算当销售收入是 200000 美元时的工资费用：

历史销售水平：100000 美元

历史半可变费用：30000 美元（总半可变费用 30000= 变动部分 25000+ 固定部分 5000）

习题 5

使用高低点法，计算以下半可变费用每月和每年的固定部分：

月份	客房销量	工资费用（美元）
1	175	100
2	125	80
3	128	79
4	200	120
5	150	90

计算每单位产品变动费用时保留 4 位小数。计算最终结果时保留整数。

习题 6

使用习题 5 中的数据，用回归分析法计算半可变费用中，每月和每年的固定部分，以及每单位产品变动费用。计算固定费用时保留整数。计算每单位产品变动费用时保留 4 位小数。

习题 7

假设某类半可变费用中，每年的固定部分是 58000 美元，每单位产品的变动费用是 4 美元。预算当销量为每年 30000 单位时，这类半可变费用是多少。

习题 8

完成下列工作表，将费用分离为变动部分和固定部分。计算税前利润和变动费用率。

预计销售收入	150000				单位：美元
费用预算	类型	总费用	变动费用	固定费用	备注
已售食品成本	变动费用	45000			

工资及相关费用	半可变费用	42000		固定费用 =7000
客用品	变动费用	2200		
营业用品	变动费用	5100		
公用事业	半可变费用	7000		固定费用 =5000
其他变动费用	变动费用	6200		
其他固定费用	固定费用	9000		
其他半可变费用	半可变费用	7000		固定费用 =2000
总费用		123500		

税前利润: _____

变动费用率 = _____ %

习题 9

使用下列数据，计算保本点，并验证你的计算结果。

固定费用: 140000 美元

变动费用率: 60%

习题 10

使用习题 9 的数据，计算当企业的目标利润是 200000 美元时的销售收入，并验证你的计算结果。

习题 11

使用下列数据，计算销售收入和食品成本:

菜单价格　　　12 美元

（续）

单位食品成本　3.6 美元

服务客数	销售收入	食品成本
1		
10		
50		

习题 12

使用习题 11 的单位食品成本数据，假设菜单价格上涨到 12.75 美元，计算销售收入和食品成本。保留食品成本率到小数点后 3 位。

服务客数	销售收入	食品成本
1		
10		
50		

习题 13

完成下列工作表，并计算保本点。

预计销售收入　200000　　　　　　　　　　　　单位：美元

费用预算	类型	总费用	变动费用	固定费用	备注
已售食品成本		44000			
工资及相关费用		48000			使用高低点法
客用品		3600			
营业用品		5000			
公用事业		9000			固定费用 =6000
其他变动费用		5000			
其他固定费用		6000			

其他半可变费用	7000	固定费用 =4000
总费用	127600	
税前利润	72400	

下列数据供运用高低点法时使用：

月份	销量	费用（美元）
1 月	2100	3000
2 月	2200	3000
3 月	2300	3000
4 月	3000	4000
5 月	3400	5000
6 月	4500	5000
7 月	7000	6000
8 月	4500	5000
9 月	4000	5000
10 月	2400	3000
11 月	2300	3000
12 月	2000	3000
合计		48000

案例分析

费用预算和保本分析

Dotco 餐厅已经经营了两年了，但从未进行过预算，也没有使用过保本分析作为管理工具。公司马上要进入第三年的经营。管理层意识到餐厅没有实现最佳效率和利润水平。

你作为这家餐厅的顾问，管理层向你提供了可供分析的历史经营数据。你使用回归分析计算变动费用率和固定费用。你的计算结果将填入以下预算利润工作表中。

Dotco 有限公司预算利润工作表			单位：美元
年度销售收入预算		400000	500000
费用：			
销售成本	变动费用率 35%		

工资及相关费用	变动费用率 20%，固定部分 12000
营业用品	变动费用率 8%
公用事业	变动费用率 2%，固定部分 5000
租金	固定费用 18000
财产保险	固定费用 3000
折旧	固定费用 12000
其他	变动费用率 10%，固定部分 5000
总费用	
税前利润	
税前利润率（税前利润 ÷ 销售收入）	

要 求

1. 为管理层提供一份报告。

（1）解释所有影响你的咨询和计算内容的假设、局限性和其他信息。

（2）评价预算和保本分析是否精密科学，并解释原因。

（3）为管理层提供建议。

2. 使用 Dotco 有限公司工作表，完成销售收入为 400000 美元和 500000 美元两种水平下的预算。

3. 运用数学计算完成保本分析，确保所实现的销量使企业不赔不赚。

附录

回归分析

回归分析所使用的公式如下:

$$\frac{(\Sigma y)(\Sigma x^2) - (\Sigma x)(\Sigma xy)}{n(\Sigma x^2) - (\Sigma x)^2}$$

公式中的各种符号和字母含义如下:

符号	含义
Σ	求和

Σy	各期费用之和
Σx	各期销量之和
(Σx)2	各期销量之和的平方
(Σx2)	各期销量的平方和
Σxy	各期销量和费用乘积之和
n	期数（月、季度等）

使用任何公式计算都需要将数据带入。相邻的圆括号或符号相乘。例如，（4）（5）=20 或 4（5）=20。当所有数据都被带入后，再完成基本的加、减、乘、除运算。

本章高低点法使用的 5 个月数据在这里继续用来展示如何应用回归分析公式，将一步一步进行解释。最终结果在最后一个步骤后得出。

第一步：将数量数据填入 x 列，费用数据填入 y 列。

	x	y
1	160	75
2	140	65
3	150	60
4	220	90
5	180	85
n=5		

第二步：计算 x 列之和，y 列之和。

	x	y
1	160	75
2	140	65
3	150	60
4	220	90
5	180	85
	850	375
n=5	Σx	Σy

第三步：计算 xy 和 x^2 值。针对每个月数据，将 x 列数据与 y 列数据相乘，得到 xy。针对每个月数据，将 x 列数据与 x 列数据相乘，得到 x^2。

	x	y	xy	x2
1	160	75	12000	25600
2	140	65	9100	19600
3	150	60	9000	22500
4	220	90	19800	48400
5	180	85	15300	32400
	850	375		
n=5	Σx	Σy		

第四步: 计算 xy 列之和, x2 列之和。

	x	y	xy	x2
1	160	75	12000	25600
2	140	65	9100	19600
3	150	60	9000	22500
4	220	90	19800	48400
5	180	85	15300	32400
	850	375	65200	148500
n=5	Σx	Σy	Σxy	$\Sigma x2$

第五步: 使用回归分析公式。将数据带入公式, 完成数学计算。

$$固定费用 = \frac{(\Sigma y)(\Sigma x^2) - (\Sigma x)(\Sigma xy)}{n(\Sigma x^2) - (\Sigma x)^2}$$

$$= \frac{(375)(148500) - (850)(65200)}{5(148500) - (850)^2} = 13.375 \approx 13$$

对结果的解释: 这一半可变费用的固定部分是每月 13 美元, 全年 156 美元。

第 14 章

概　要

收入组成

销售预测法

移动平均法

百分比法

统计模型

客房销售额统计模型

食品销售额统计模型

酒水销售额统计模型

平均房价

边际贡献

销售组合

本量利分析

预测销售额

预测销售量

所得税问题

没有财务报表的预测

学习目标

1. 在饭店业中定义并应用需求弹性这一概念。

2. 识别销售额的组成部分，并描述其中一个要素的变化会如何影响收入。

3. 使用移动平均法和百分比法进行销售额预测。

4. 描述并使用可用于预测客房、食品和酒水销售额的几种统计模型。

5. 使用本量利分析法预测销售额和销售量。

14

销售预测

在计划并实现饭店财务发展过程中，精确的销售预测是非常重要的组成部分。当预测变动费用和半可变费用时，销售量是主要影响因素。销售预测比费用预算更加困难，因为销售额不受管理者控制。季节、竞争、偏好变化、经济情况，以及其他因素共同影响着消费者对饭店产品和服务的需求。

处于成熟阶段的饭店企业与处于启动阶段或扩张阶段的饭店相比，在销售预测方面，有明显的优势。全面发展的饭店有一系列历史记录，可以成为预测过程中的可靠基础。

在一些案例中，餐饮住宿企业会受到需求价格弹性的影响，需求量对价格变动的反应很敏感。很小的价格变动会引起较大的需求量变动，被称为弹性需求，通常在快餐业和经济型饭店业中更为显著。价格变化不会引发较大的需求量变动，被称为无弹性需求，通常出现在度假饭店、豪华饭店和高级餐厅行业。竞争、广告、声誉，以及其他因素会影响需求弹性。每一家饭店都应该确定需求价格弹性是不是影响其销售量的因素。

本章将回答下列问题：

1. 什么是收入的组成部分？

2. 哪一种方式会产生更多利润，价格上涨还是销售量增加？

3. 预测销售量时有哪些方法可供选择？

4. 餐饮住宿业使用什么预测模型？

5. 为什么预测酒水销售量时会面临预测食品和客房时不存在的问题？

6. 在没有任何销售数据时，平均房价是如何计算出来的？

7. 什么是哈伯特公式？

8. 边际贡献和销售组合的含义是什么？

9. 本量利分析如何应用在销售额和销售量预测过程中？

收入组成

销售额由两部分组成，销售量和价格。销售量和价格之间潜在的相互关系由下面的例子证明：

如果价格上涨，且对销售量没有影响，销售额增加。例如：

	之前	之后
销售量	1000	1000
菜单价格	5.00 美元	5.25 美元
销售额	5000 美元	5250 美元

尽管价格下降，销售量增加时，销售额也会增长。例如：

	之前	之后
销售量	1000	1100
菜单价格	5.00 美元	4.80 美元
销售额	5000 美元	5280 美元

然而，价格上涨后，销售额仍然有可能下降，因为销售量在下降。例如：

	之前	之后
销售量	1000	900
菜单价格	5.00 美元	5.25 美元
销售额	5000 美元	4725 美元

同样，价格下降后，即使销售量增加，销售额仍可以下降。例如：

	之前	之后
销售量	1000	1050
菜单价格	5.00 美元	4.60 美元
销售额	5000 美元	4830 美元

这些例子展示了一些隐藏在基本的营销问题背后的原理：产品价格需要变化吗？如果需要，应该怎样变化？价格上涨会带来利润增加吗？价格下降能带来足够的销售量增加，从而抵消所增加的成本，实现利润增长吗？成功的饭店经营通过仔细分析市场情况、竞争和价格弹性，来回答这些问题。

有意思的是，无论价格还是销售量以给定的比例增长时，销售额以同样的比例增加。例如：

	之前	之后 价格增加 5%	之后 销售量增加 5%
菜单价格	5.00 美元	5.25 美元	5.00 美元
销售量	1000	1000	1050
销售额	5000 美元	5250 美元	5250 美元

这两种情况是一样的吗？假设销售额是相同的，哪一种变化会产生更多的利润？要回答这一问题，需要回忆起增量式的变动费用。分析如下所示：

	之前	5% 销售量 增加	5% 价格 增加
销售额	200000 美元	210000 美元	210000 美元
变动费用	120000（60%）	126000（60%）	120000（57%）
边际贡献	80000	84000	90000
固定费用	60000	60000	60000
税前利润	20000 美元	24000 美元	30000 美元

销售量增加导致变动费用增加，因为额外增加的产品销售产生额外费用。然而，价格上涨并不影响变动费用，因为销售数量没有变化（需要注意的是：价格上涨降低了变动费用占销售额的比例）。很明显，价格上涨给定的百分比比销售量增加同样比例所产生的利润要多。

销售预测法

预测销售时，有很多方法可供选择，从十分简单的到非常复杂的。无论选择哪种方法，选择的依据都是其是否能够得出精确的预测结果而非其复杂程度。

一些预测技术可以用于预测任何时间段，可以是对一天、一个月，或一般不超过一个经营年度的时段进行预测。

预测涉及的是未来情况，因此总是存在不确定性。在预测过程中，专业判断和经验起到很重要的作用。

本章将会讨论下列预测方法：

- 移动平均法；
- 百分比法；
- 统计模型；
- 本量利分析。

移动平均法

移动平均法更适合短期预测，而不是长期预测。移动平均数公式如下所示：

$$\frac{基期数量之和}{期数}$$

例如，假设一家饭店选择了 4 周作为其移动平均数的基期。每当新一周的数据产生了，则将其加入总量，并将最旧一期的数据删去。

下面的例子说明了如何以 4 周为基期、使用移动平均法计算一个餐厅的经营接待量。第一个基期是第 1 周到第 4 周。

1 ~ 4 周	顾客接待量
1	750
2	760
3	740
4	800
总量	3050

预测第 5 周的顾客接待量计算过程如下：

$$\frac{基期数量之和}{期数} = \frac{3050}{4} = 763（第 5 周顾客接待量预估值）$$

使用移动平均法预估出即将到来的第 5 周的顾客接待量是 763 人。

假设第 5 周实际顾客接待量是 780 人。经理用实际接待量更新了基期数据，即将第 1 周的数据删除，将第 5 周的数据加入。

1 ~ 4 周	顾客接待量
2	760
3	740
4	800
5	780
总量	3050

预测的第 6 周数据计算如下：

$$\frac{基期数量之和}{期数} = \frac{3080}{4} = 770（第 6 周顾客接待量预估值）$$

以 4 周为基期的移动平均法计算过程中，每过完 1 周，就将 4 周中最旧一周的数据删除，添加最新一周的数据。

饭店经营过程中，可以使用任何数量的周次数据作为其基期。基期中包含越多周次的数据，越有助于消除随机数据的影响。但是，使用过多周次的数据，就需要完成冗长乏味的数据记录和计算工作。

移动平均法不适合用于波动性很大的经营业务。需要特别注意季节性偏差和由某次特殊事件导致的接待量增加情况。

百分比法

百分比法是使用起来最简单的方法，并且可以得到精确的结果。这种方法通常用于年度估计。百分比可以应用在销售量、价格或销售额的所有组成部分的估计中。

这一方法使用一个基期数值，并通过期望增长百分比使其增加。例如，如果去年的销售额是 900000 美元，预计销售额增长 10%，则下一年度销售额预计为 990000 美元。

销售量增加或价格上涨导致的销售额变化不一定需要与公司正常的业务年度一致。假设下面例子中的公司经营年度与正常日历一致，并计划在 3 月份的时候将菜单价格提高 10%。该公司的经营旺季开始于 5 月，管理层预期从 5 月开始到年底，销售量将会有 20% 的增加。预测前 6 个月的销售额计算如下所示：

	去年销售额（美元）	计划价格上涨	预期销售量增加	预测销售额（美元）	
1 月	50000			50000	
2 月	60000			60000	
3 月	70000	10%		77000	70000 110%
4 月	100000	10%		110000	100000 110%
5 月	150000	10%	20%	198000	150000 110% 120%
6 月	200000	10%	20%	264000	200000 110% 120%

该年其余部分的预测与之前的预测方法一致，直到完成全部 12 个月的销售额估计。

统计模型

统计模型可以被用来预测每天的销售额，也可以预测任何时段直至为期一年的销售额。用在预测模型中的数据可以是去年的数据，或是要预测一种新业务时，可以使用综合了行业平均值和已知因素（如房价或菜单价格）的数据。

客房销售额统计模型

用于计算客房销售额的统计模型公式如下所示：

客房数量 × 出租率 × 平均房价 × 营业天数

用此模型对可提供 200 间客房的饭店 4 月份的销售额预测如下，该饭店客房 4 月份出租率是 60%，平均房价是 50 美元：

$200 × 60\% × 50 × 30 = 180000$ 美元

如果计算是按照每段时间或经营波动周期分别进行的，则借助统计模型可以很容易获得精确的计算结果。这些单个的计算结果加在一起就得到了对下一年度销售额的预测。

食品销售额统计模型

用于计算食品销售额的统计模型公式如下所示：

座位数量 × 周转率 × 平均餐费 × 营业天数

使用统计模型进行精确计算时，需要分别计算早餐、午餐和晚餐的收入，因为这些用餐服务的周转率、平均餐费，以及座位数量和营业天数通常不同。

例如，假设一个餐厅早餐可提供餐位 100 位，午餐和晚餐可提供 150 位。周六和周日不提供早餐和午餐。使用其估计的周转率和平均餐费，可预测 3 月份食品销售额如下所示：

	座位数量	×	周转率	×	平均餐费	×	营业天数	
早餐	100	×	4.0	×	4 美元	×	23	= 36800 美元
午餐	150	×	2.5	×	8 美元	×	23	= 69000
晚餐	150	×	2.0	×	14 美元	×	31	= 130200
总额								236000 美元

饭店可以使用该统计模型非常容易并精确地对食品销售额做出预测。

酒水销售额统计模型

使用变化后的食品销售额统计模型来预测酒水销售额，可能不能得到精确的结果。在餐厅使用一个座位的顾客只吃一顿饭，但有可能喝几杯饮料酒水，也可能一杯都不喝。一些顾客更喜欢在酒吧或休闲吧喝一杯。一位有经验的饭店经理可以基于某个场所的历史统计数据开发计算模型。

经理会决定如何使用历史平均值和百分比。酒水销售额对食品销售额百分比是预测销售在餐厅用餐顾客酒水收入的有效工具。日平均销售额是预测酒吧和休息室酒水销售额的有效工具。例如，酒吧、休闲吧每周的酒水销售变化情况相似，是较为常见的现象。因此，用于预测酒水销售额的模型如下所示：

酒水销售收入对食品销售收入百分比 × 食品销售收入 [餐厅酒水销售收入]
+ 可比的日销售收入　　　　　　　　　[酒吧或休闲吧酒水销售收入]
= 酒水销售总收入

假设一家饭馆最近完成了对餐厅历史营业收入的分析，发现酒水销售额相当于食品销售额的 30%。假设该饭馆对其酒吧和休闲吧历史日常销售额分析如下所示：

日期	酒吧 / 休闲吧销售额
星期一	1000 美元
星期二	1200
星期三	1800
星期四	2200
星期五	4000
星期六	3400
星期日	800

基于食品销售额是 5000 美元，以及酒水与食品销售额之间 30% 的比例关系，对周四酒水销售额的预计如下所示：

餐厅：酒水销售收入对食品销售收入百分比 × 食品销售收入 = 30%5000=1500 美元
酒吧 / 休闲吧：周四历史销售额　　　　　　　　　　= 2200 美元
预计周四酒水销售额　　　　　　　　　　　　　　　　3700 美元

平均房价

住宿业向不同类型的顾客（公司、团队、旅游者）提供各种房型的不同价格。

一周中的不同日子、一天中的不同时间，也会影响房价。因此，门市价（主要是饭店的标价）并不代表平均房价。

　　一个有历史经营数据的饭店可以计算出其平均房价（ARR），也叫作每日平均房价（ADR），是用客房销售额除以所销售客房数量计算得出的。例如，一个销售额为 130000 美元的饭店共销售了 2000 间客房，则这一时期内的平均房价计算如下所示：

$$\frac{130000\ 美元}{2000} = 65\ 美元平均房价$$

一个新饭店可以使用预测的销售数据，将公式替换为：

$$\frac{预测客房销售收入}{预测客房销售量}$$

　　通常，平均房价的计算必须在没有取得历史或预测销售额的情况下进行。有两种方法不依赖历史或预测销售数据，分别是加权平均法和赫伯特公式法。

　　加权平均法　平均房价经常被用于制订计划和预测销售。可提供的唯一信息是各种房型的计划售价，例如

房型	数量	房价
单人间	20	50.00 美元
双人间	50	80.00 美元

　　除非单人间和双人间销售的数量一样多，否则通过简单平均 [（50 美元 +80 美元）÷2] 计算得到的平均房价不正确〔译者注：原书中为简单平均（50 美元 +80 美元 ÷2），依据四则混合运算优先乘法除法定律，该计算表述有误；应为（50 美元 +80 美元）÷2〕。应用加权平均法的更加精确的计算过程如下所示：

- 用每种房型的数量乘以其各自房价，得出假设的销售额；
- 计算客房总量，以及假设销售额之和；
- 用假设销售额之和除以客房总量，得到每日平均房价。

使用给出的数据，加权平均法的计算过程如下所示：

房型	数量	房价	假设日销售额
单人间	20	50.00 美元	1000 美元
双人间	50	80.00 美元	4000 美元
总计	70		5000 美元

平均房价 =5000 美元 ÷70=71.43 美元

这一计算过程假定每种类型的客房出租率相同。计算过程使用的出租率是100%，但只要两种房型出租率相同，使用任何比率计算得出的结果都同样是71.43美元。

如果预期的每种房型的出租率不同，为了取得更精确的数据，移动平均法计算过程应被细化。例如：

房型	数量	出租率	客房销售量	房价	假设日销售额
单人间	20	70%	14	50.00 美元	700 美元
双人间	50	80%	40	80.00 美元	3200 美元
总计	70		54		3900 美元

平均房价 =3900 美元 ÷54=72.22 美元

赫伯特公式法　赫伯特公式是不受计划房价或现行房价影响的独立方法。因为这一方法开始于接近利润表低端的税前利润这一行的数据，所以又称为末行向上定价法。接下来，填入各部门的数据，直到计算出实现所制定目标的客房销售额。然后，用计算出的客房销售额除以预计客房销售量，就计算出了可以实现目标利润的理论上的平均房价。

用赫伯特公式计算出的平均房价可能是理想的、不切实际的，因为该公式没有考虑竞争者价格。但是，用这一公式计算出的价格对建设一家新饭店的可行性分析十分有用。

用在赫伯特公式中的数据可以是细化的，也可以是总量。例如，固定费用包括诸如利息、折旧、摊销、财产税、财产保险、租金，可以分别列出金额，也可以在固定费用一行中列出总计金额。二线部门包括诸如行政管理、市场营销、运行和维护，可以分别列出费用，也可以在二线部门一行中列出总费用。本章使用的是用一行列出总量，从而更为简明地展示公式要义。在实践操作中，工作表的有关附表提供了每一行总量的详细组成信息。

使用赫伯特公式基本步骤如下：

第一步，写出能实现投资回报目标的税前利润（未缴纳所得税前的利润）。

第二步，加总固定费用、能源耗费和二线部门费用。

第三步，计算总值：这一总额代表不加任何收入中心所产生的部门利润前，目标税前利润加所有非收入中心产生的费用。

第四步，写出除了客房部外所有收入中心的部门利润。

第五步，从第三步得到的总额中，减去所有收入中心的部门利润之和（步骤4）。

这一新的总值代表税前利润减去除客房部外所有部门的利润。

第六步，加客房部单个部门的成本。

第七步，计算总值：这一新的总值代表客房部为了实现第一步中的目标利润，所要实现的销售额。

第八步，用需要实现的客房部销售额（第七步）除以预计客房销售量，所得到的结果是平均房价。

思考下面的例子。DORO 饭店集团计划修建一家拥有 75 间客房的新饭店，预计出租率为 65.57%，即预测的年销售客房量是 17950 间（365 × 75 × 65.57%）。这一投资预期应该产生的回报是 66138 美元税前利润。使用这些信息和已给出的部门财务数据，完成赫伯特公式的步骤如图 14-1 所示。

图 14-1　DORO 饭店的赫伯特公式

补充数据：

每日可销售客房：	75
预测出租率：	65.57%
预测全年客房销售量：17950（365 × 75 × 65.57%）	
目标利润（税前利润）：66138 美元	

赫伯特公式步骤：

1. 预期税前利润	66138 美元
2. 加：	
固定费用	418891
能源耗费	47312
二线部门费用	293603
3. 总计	825944
4. 减：除了客房部外各收入中心的利润	133683
5. 除客房部外净费用	692261
6. 客房部费用	205239
7. 客房部应实现的销售额	897500
8. 平均房价	50.00 美元

（897500 美元 ÷ 17950 预测客房销量）

图 14-1 中 50.00 美元的平均房价是所有房型的平均。有必要进行进一步计算，从而得出每一种房型的价格。一种简单的方法是将赫伯特公式计算出的结果分配给最低等级的客房，然后根据房间等级的提升增加固定的价格差额。这种方法可以保证现实销售价格不低于赫伯特公式的计算价格。在 DORO 饭店的例子中，单人间的价格将被定为 50 美元。如果双人间与单人间价格差额被定为 15 美元，则双人间的

价格是 65 美元。但这种方式忽视了竞争因素，可能不能实现。

另一种方法更为精确，计算出的不同价格可以在数学上真正实现平均房价是 50 美元。计算步骤如下：

- 计算每天销售的客房数量；
- 计算每天客房销售额；
- 确定双人间的出租率；
- 计算每天销售的双人间数量；
- 计算每天销售的单人间数量；
- 确定不同房型的价格差额；
- 使用如下公式计算单人间价格：

  （总客房销售量 × 单人间价格）＋（双人间销售量 × 价格差额）＝每日客房销售额。

- 双人间价格是单人间价格加上价格差额。

DORO 饭店希望其出售客房中的 60% 是双人间。因为 DORO 饭店有 75 间客房，预计出租率是 65.57%，所以意味着每天有 49 间客房被出售。图 14-2 展示了 DORO 饭店单人间价格和双人间价格的计算。公式计算出的结果是单人间价格为 41.12 美元。这个结果的验证过程如下：

单人间销售额 ＝ 20 × 41.12 美元 ＝ 822.40 美元

双人间销售额 ＝ 29 × 56.12 美元 ＝ 1627.48 美元

总计　　　　　　　　　　　　　　2449.88 美元

平均房价　50 美元 × 49 间客房 ＝ 2450.00 美元

出现微小的差别是四舍五入的缘故。

图 14-2 DORO 饭店单人间价格和双人间价格的计算

补充数据：

平均房价：　　　50.00 美元

每日可销售客房：　75

预测出租率：　　65.57%

房价差：　　　双人间比单人间贵 15 美元

计算单人间价格／双人间价格过程：

1. 75 间客房 ×65.57% 出租率 ＝ 49 间客房每日销售
2. 49 间客房 ×50 美元平均房价 ＝ 2450 美元每日销售额
3. 管理层估计每日销售客房中的 60% 为双人间。
4. 49 间售出客房 ×60% ＝ 29 间双人间出售

（续）

5. 49 间售出客房 - 29 间售出双人间 = 20 间单人间出售	
6. 管理层决定双人间的价格比单人间贵 15 美元。	
7. 总客房销售量 × 单人间价格 + 双人间销售量 × 价格差额 = 每日客房销售额	
49（单人间价格）+ 29（15 美元）= 2450 美元	
49（单人间价格）+ 435 美元 = 2450 美元	
49（单人间价格） = 2450 美元 - 435 美元	
单人间价格 = = 2150	
49	
= 41.12 美元	
8. 单人间价格　　41.12 美元	
房价差　　　　15.00 美元	
双人间价格　　56.12 美	

边际贡献

边际贡献（CM）定义为收入中对固定成本或利润产生贡献的部分。其计算方法是从销售额中减去变动成本。

图 14-3 展示了一个餐厅各部门的边际贡献和整个餐厅的边际贡献。从总边际贡献 33000 美元中减去 12000 美元固定成本，得到 21000 美元的盈余称为税前利润。

边际贡献率是用边际贡献额除以销售额得到的。图 14-3 展示一个餐厅各部门的边际贡献率和整个餐厅的边际贡献率。所有收入中心的 16.5% 的边际贡献率被称为加权平均边际贡献率。

有时食品和酒水两个部分会共享人员和其他成本。这些共享的成本称为联合成本。变动联合成本和半可变联合成本必须恰当地分配给每个部门，从而得到对边际贡献的合理估计。联合成本的分配可以依据各部门占销售总额百分比或其他代表性比例进行。共享的固定成本无须分配，因为计算边际贡献时无须使用这些数据。

图 14-3　边际贡献和销售组合

	食品部门		酒水部门		餐馆	
销售额	180000 美元	100%	20000 美元	100%	200000 美元	100%
变动成本	153000	85%	14000	70%	167000	83.5%
边际贡献	27000 美元	15%	6000 美元	30%	33000 美元	16.5%
固定成本					12000	
税前利润					21000 美元	

（续）

计算边际贡献率：

$$食品部门边际贡献率 = \frac{食品部门边际贡献}{食品部门销售收入} = \frac{27000}{180000} = 15\%$$

$$酒水部门边际贡献率 = \frac{酒水部门边际贡献}{食品部门销售收入} = \frac{6000}{20000} = 30\%$$

$$餐厅边际贡献率 = \frac{总边际贡献}{总销售收入} = \frac{33000}{200000} = 16.5\%$$

计算销售组合：

$$食品部门销售组合 = \frac{食品部门销售额}{总销售额} = \frac{180000}{200000} = 90\%$$

$$酒水部门销售组合 = \frac{酒水部门销售额}{总销售额} = \frac{20000}{200000} = 10\%$$

销售组合

销售组合是各个收入中心销售额占总销售额的比例。其计算方法是用各部门销售额除以企业总销售额。使用图 14-3 的数据，销售组合如下所示：

	销售额	销售组合 %
食品部门	180000 美元	90%
酒水部门	20000 美元	10%
总计	200000 美元	100%

因为每个收入中心的边际贡献不同，所以销售组合在预测和制定利润目标过程中起到重要作用。使用图 14-3，可以得到如下结论：食品部门销售额占总销售额的90%，且每销售 1 美元的食品产生 15 美分的边际贡献。酒水部门销售额仅占总销售额的 10%，但每销售 1 美元的饮料可以产生高得多的边际贡献，贡献率达到 30%。

本量利分析

本量利分析是成本－数量－利润分析的缩略形式。本量利分析法是一种管理工具，联合成本、数量和利润之间的相互关系，用以预测诸如客房和餐厅的销售量或销售额。在实现某一利润目标或其他财务运营目标的销售量预测方面，本量利分析法十分有用。

使用本量利分析时，需要在工作表列出所有成本费用，并将其划入变动成本或固定成本，同时使用高低点法、回归分析或专业判断将半可变成本分离为变动部分和固定部分。当所有成本费用的分类都完成后，分别计算变动成本和固定成本总值。变动成本率用变动成本总值除以总销售额得出。

所有统计和预测模型都是建立在假设基础上的。本量利分析法的基本假设如下：

- 变动成本和销售额的关系保持线性不变；
- 在预测期内，固定成本总值不变；
- 半可变成本可以恰当地被分离为其变动部分和固定部分。

预测销售额

本量利分析法可用于预测饭店业中单一产品或多种产品的销售额。分子由固定费用和任何目标（如出于某一目的的利润目标或任何成本承诺）之和组成。分母由边际贡献率构成。边际贡献率的计算为100%减去变动成本率。使用固定成本和变动成本率预测销售额的公式如下所示：

$$销售额 = \frac{固定成本 + 目标}{100\% - 变动成本率}$$

由于边际贡献是销售额减去变动成本的结果，该公式可被进一步简化如下：

$$销售额 = \frac{固定成本 + 目标}{边际贡献率}$$

两种分母计算出的销售额结果是一致的。

单一产品销售额预测　某饭店单一产品的财务数据如图14-4所示。假设管理层要求所预测的销售额能够实现下列目标：税前利润是40000美元，额外的广告费用是10000美元。销售额预测计算如下：

$$销售额 = \frac{固定成本 + 目标}{100\% - 变动成本率} \text{ 或 } \frac{固定成本 + 目标}{边际贡献率}$$

$$= \frac{38000 + 40000 + 10000}{35\%}$$

$$= 251429 \text{ 美元}$$

图 14-4　某饭店单一产品

利润贡献表		
客房销售额	200000 美元	100%
总变动成本	130000 美元	65%（130000÷200000）
边际贡献	70000 美元	35%（70000÷200000）
总固定成本	38000 美元	
税前利润	32000 美元	

以上结果意味着，想要实现额外增加 10000 美元广告费之后得到 40000 美元利润（税前利润）这一目标，需要完成 251429 美元的销售额。此结论可被证明如下：

销售额	251429 美元	← 预测销售额
变动成本（251429 美元 ×65%）	163429	
额外广告费	10000	← 广告费增加
边际贡献	78000	
固定费用	38000	
税前利润	40000 美元	← 利润目标

多种产品销售额预测　许多饭店销售多种产品和服务。例如，一个饭馆可能销售食品和酒水；一个饭店可能销售客房、食品、酒水以及其他产品或服务。本量利分析公式是一样的。但是，由于分母是多个部门的混合，边际贡献率被称为加权平均边际贡献率，公式如下所示：

$$销售额 = \frac{固定成本 + 目标}{边际贡献率加权}$$

某饭店多种产品的财务数据如图 14-5 所示。假设管理成要求销售额预测能够实现企业保本，其计算公式如下所示：

$$销售额 = \frac{固定成本 + 目标}{边际贡献率加权}$$

$$= \frac{40000 + 0}{62.5\%}$$

$$= 64000 \ 美元$$

图 14-5 某饭店多种产品

	食品部门		酒水部门		饭店	
销售额	90000 美元	100%	30000 美元	100%	120000 美元	100%
变动成本	36000	40%	9000	30%	45000	37.5%
边际贡献	54000 美元	15%	21000 美元	70%	75000 美元	62.5%
固定成本					40000	
税前利润					35000 美元	

销售组合:

食品部门 $= \dfrac{90000}{120000} = 75\%$

酒水部门 $= \dfrac{30000}{120000} = 25\%$

销售额是 64000 美元（保本点）时，可以实现保本（没有利润，没有亏损）。64000 美元是保本点的结论可被证明如下:

销售额:

食品（64000 美元 ×75% 销售组合）　　　　48000 美元

酒水（64000 美元 ×25% 销售组合）　　　　16000

总销售额　　　　64000 美元

变动成本:

食品（40%×48000 美元）　　　　19200

酒水（30%×16000 美元）　　　　4800

总变动成本　　　　24000

边际贡献　　　　40000

固定成本　　　　40000

税前利润　　　　0 美元

预测销售量

用边际贡献率做分母时，本量利分析公式可用于计算销售额。如果我们改用边际贡献本身（即边际贡献额）做分母，该公式可用于预测销售量（客房销售量、顾客接待量），具体如下:

$$销售额 = \frac{固定成本 + 目标}{价格 - 变动成本}$$

对于客房部而言，价格可用平均房价代替；对于餐饮部而言，价格可用平均消费额（平均账单价格）代替。

预测客房销售量 假设某饭店税前利润目标是 40000 美元，并且需要额外支付 10000 美元广告费。如果固定成本是 38000，其平均房价是 60 美元，变动成本是 39 美元（基于变动成本率是 65%）。为实现计划目标所要完成的销售量计算如下：

$$销售额 = \frac{固定成本 + 目标}{价格 - 变动成本} \quad 或 \quad \frac{固定成本 + 目标}{边际贡献}$$

$$= \frac{38000 + 40000 + 10000}{60 - 39}$$

$$= 4190$$

为实现管理层目标，需要销售 4190 间客房。这一结论证明过程如下：

销售额（4190 × 60 美元平均房价）	251400 美元
变动成本（4190 × 39 美元）	163410
额外广告费用	10000
边际贡献	77990
固定成本	38000
税前利润	39990 美元
原始目标	40000 美元

存在 10 美元的差异是因为计算中四舍五入的缘故。

预测食品服务客数 假设一个餐馆制定的目标是实现税前利润 20000 美元。其固定成本是 12000 美元，平均消费额（或平均账单价格）是 10 美元，每单变动成本（比率是 40%）是每单 4 美元。为了实现这一目标，应该取得的预测销售量计算如下：

$$销售额 = \frac{固定成本 + 目标}{价格 - 变动成本} \quad 或 \quad \frac{固定成本 + 目标}{边际贡献}$$

$$= \frac{12000 + 20000}{6}$$

$$= 5333$$

换一种说法，必须出售 5333 份食品产品，才可以实现 20000 美元的税前利润。这一结论的证明过程如下：

销售额（5333 × 10 美元）	53333 美元
变动成本（5333 × 4 美元）	21332
边际贡献	32001

固定成本	12000
税前利润	20001 美元

额外的 1 美元是由于计算中四舍五入的缘故。

所得税问题

迄今为止，销售额和销售量的预测都是基于给定的税前利润完成的。管理层可能会问：如果给定的是净利润，需要实现多少销售额呢？

为了预测实现净利润目标的销售额，本量利分析公式可以加以调整。但是，更为简单的方法是使用以两个步骤为特征先前讨论过的公式。第一步，计算能实现目标净利润的税前利润：

$$税前利润 = \frac{目标净利润}{100\% - 所得税率}$$

接下来将计算得到的税前利润带入原来的本量利分析公式。

以上两步骤流程可用下面的例子证明。假设一个餐馆的利润目标是实现税后利润 16000 美元。其固定成本是 12000 美元，预期所得税率是 20%。其平均账单价格是 10 美元，变动成本是每单 4 美元。为了实现目标利润，应该取得的预测销售量计算如下

步骤 1：计算税前利润

$$税前利润 = \frac{目标净利润}{100\% - 所得税率}$$

$$= \frac{16000}{100\% - 20\%}$$

$$= 20000 \text{ 美元}$$

步骤 2：使用本量利公式

$$销售量 = \frac{固定成本 + 目标}{边际贡献}$$

$$= \frac{12000 + 20000}{6}$$

$$= 5333$$

没有财务报表的预测

直到现在，本章都是在可以容易地获得财务报表的基础上，演示饭店业本量利分析。通常，管理层需要在只有估测的销售组合比例和各个收入中心边际贡献率的基础上，预测销售情况。在这种情况下，整个企业的加权平均边际贡献率并不容易取得。

预测销售额的公式不变，如下所示：

$$销售量 = \frac{固定成本 + 目标}{边际贡献率加权}$$

本量利公式分母使用的多种产品的加权平均边际贡献率是各个部门销售组合比例乘以其各自边际贡献率的和。本量利分析中，一个饭店的加权平均边际贡献率需要计算其多个收入中心的权重，一个完整的本量利分析例证十分冗长。而一个只销售食品和酒水的餐馆，比较容易演示；其本量利公式中分母计算方法如下所示：

（食品销售组合比例 食品边际贡献率）+（酒水销售组合比例 酒水边际贡献率）

图 14-6 说明了在没有财务报表情况下，使用多种产品本量利分析公式的过程。

图 14-6 某餐馆多种产品固定成本、销售组合和边际贡献率

```
餐馆固定成本: 40000 美元
销售组合率:

                    销售额      ÷      总销售额      =     销售组合率
食品部门    =    90000 美元   ÷   120000 美元   =       75%
酒水部门    =    30000 美元   ÷   120000 美元   =       25%
证明                          总  计         =       100%
边际贡献率:
食品部门: 60%
酒水部门: 70%
```

假设餐馆销售食品和酒水。管理层想知道达到保本点的最小销售额是多少。图 14-6 显示，固定成本是 40000 美元，食品部门销售组合率是 75%，边际贡献率是 60%，酒水部门销售组合率是 25%，边际贡献率是 70%。保本点销售额的计算如下所示：

$$销售量 = \frac{固定成本 + 目标}{边际贡献率_{加权}}$$

$$= \frac{固定成本 + 目标}{（食品部门销售组合率 \times 食品部门边际贡献率）+（酒水部门销售组合率 \times 酒水部门边际贡献率）}$$

$$= \frac{40000+0}{(75\% \times 60\%) + (25\% \times 70\%)}$$

$= 64000$ 美元

主要术语

边际贡献（contribution margin）：销售额中用于补偿固定成本或产生利润的部分。用销售额减去变动成本计算得出。

弹性需求（elastic demand）：产品价格变化导致需求量的变化，需求量的变化程度大于价格的变化程度，例如快餐产品、经济型饭店产品。

缺乏弹性需求（inelastic demand）：需求量的变化程度小于价格的变化程度，例如度假产品，奢侈型饭店产品，高级餐饮产品。

联合成本（joint cost）：由食品部门和饮料部门共同承担的人员或其他成本。

需求价格弹性（price elasticity of demand）：衡量需求变化对价格变化的敏感程度。

销售组合（sales mix）：各个收入中心销售额与总销售额的比例关系。用部门销售额除以企业总销售额得出。

复习题

1. 弹性需求的含义是什么？

2. 收入的两个组成部分分别是什么？

3. 不考虑需求弹性，价格上涨5%会比销售量增加5%产生的利润更多吗？为什么？

4. 移动平均法预测销售的公式是什么？

5. 预测客房销售额的统计模型公式是什么？预测食品销售额的统计模型公式是什么？为什么不能用同样的统计方法既预测食品销售额又预测酒水销售额？

6. 如果销售额已知的话，计算平均房价的公式是什么？

7. 使用加权平均法计算平均房价的步骤是怎样的？

8. 从税前利润开始，使用赫伯特公式计算平均房价的基本步骤是什么？

9. 如何计算目标回报率？

10. 如果只知道净利润和所得税率，什么公式可以用于计算税前利润？

11. 什么是边际贡献率？如何计算？

12. 什么是联合成本？

13. 什么是销售组合？如何计算？

14. 本量利分析法是建立在哪些假设条件之上的？

15. 用于预测销售额的本量利分析公式是什么？用于预测客房销售量的本量利分析公式是什么？用于预测食品销售量的本量利分析公式是什么？

16. 如果只知道各个部门的销售组合和边际贡献率，预测销售食品和酒水的多种产品公司的销售额的本量利分析公式的分母是什么？

网址：

若想获得更多信息，可访问下列网址。网址变更恕不通知。若你所访问的网址不存在，可使用搜索引擎查找新网址。

1. 销售预测：http://sbinfocanada.about.com/od/cashflowmgt/a/salesforecast.htm

http://sbinfocanada.about.com[o/a/093169.htm?terms=forecasting+financial+statements

www.cbsc.org/servlet/ContentServer?cid=1102940227898&pagename=OSBW%2FC

BSC_WebPage%2FCBSC_WebPage_Temp&C=CBSC_WebPage

2. 移动平均法：www.marketingprofs.com/Tutorials/Forecast/movingaverage.asp

3. 边际贡献：http://retailindustry.about.com/od/merchandisemanagement/g/contrib_

margin.htm

www.toolkit.cch.com/text/P061520.asp

4. 销售组合：www.restaurantedge.com/index.phtml?catid=1257

www.evtpc.org/tutor/archive/originals/menucountsactivity.doc

5. 本量利分析演示：www.course.com/downloads/newperspectives/officexp/ExceL2002_

tut09_edited.ppt

6. 本量利分析：www.middlecity.com/ch20.shtml

练习题

习题 1

计算下列部门的销售组合比例:

客房部门销售额	850000 美元
食品部门销售额	120000
酒水部门销售额	30000

习题 2

计算下列部门的边际贡献率:

	销售额	变动成本
客房部	850000 美元	127500 美元
餐厅	120000	54000
酒吧和休闲吧	30000	10500

习题 3

如果净利润是 140000 美元,所得税率是 30%,计算税前利润是多少。

习题 4

如果销售量是 20000 单位,价格是 10 美元每单位,变动成本是总收入的 60%,计算边际贡献是多少。

习题 5

使用习题 4 的数据，且销售量增加了 10%，计算边际贡献率是多少。

习题 6

使用习题 4 的数据，且销售价格上涨了 10%，计算边际贡献率是多少。

习题 7

如果食品经营部门使用 5 周的数据作为基期，预测即将到来的第 8 周的销售量。

周次	销售量
1	1020
2	1080
3	1060
4	1100
5	1160
6	1170
7	1160

习题 8

一个饭店的商业日历与自然日历一致。从下一年度 3 月 1 日开始，客房价格上涨 5%。管理层期望从下一年度 4 月 1 日开始，销售量增加 10%。使用百分比法，依据去年的数据，预测下一年度前 6 个月的销售额。

1 月	150000 美元
2 月	200000
3 月	200000
4 月	220000
5 月	240000
6 月	250000

习题 9

现有一家饭店拥有 300 间客房，出租率是 75%，平均房价是 70 美元，使用客房销售额统计模型预测一个月（31 天）的销售额。

习题 10

一个餐厅提供早餐、午餐和晚餐服务，且周六不提供早餐和午餐服务，周日全天不营业。使用食品销售额统计模型，预测该餐厅一个月的销售额，这个月有 30 天，共计 5 个周六、5 个周日。数据如下：

	座位数	周转率	平均消费额
早餐	50	2.0	5.00
午餐	100	1.5	8.00
晚餐	100	1.0	25.00

习题 11

使用下列数据预测周三的酒水销售额：该餐厅只供应晚餐，过去的数据显示，酒水销售额是食品销售额的 30%。过去休闲吧每日酒水销售额如下所示：

星期日	（不营业）

星期一	（不营业）
星期二	4000
星期三	2000
星期四	3000
星期五	6000
星期六	4000

预测周三的食品销售额是 30000 美元。

习题 12

一个饭店的客房销售额是 400000 美元，本月共计销售了 6154 间客房，计算平均房价。

习题 13

使用加权平均法和下列数据，计算平均房价：

	客房量	价格
单人间	33	60 美元
双人间	75	79
套房	18	105

习题 14

使用赫伯特公式法计算 Village 饭店所有客房的平均房价。Village 饭店的所有者期望获得 140424 美元的税前利润。它们预计的客房销售量为 17500 间，部门其他数据估计如下：

固定成本	368869 美元
能源费用	81420
二线部门费用	295189
除客房部外所有收入中心的利润和	109116
客房部成本	264414

习题 15

假设用赫伯特公式估测出的平均房价是 80 美元。使用下列信息，计算单人间价格和双人间价格：

每日销售客房量：280

预计出租率：75%

估计双人间销售量：70%

房价差：双人间价格比单人间价格高 20 美元

习题 16

使用本量利分析法，计算能够实现 420000 美元税前利润的销售额，已知预测信息如下。详细证明你的结论。

	销售额	900000 美元	100%
变动成本	360000	48%	
边际贡献	540000	52%	
固定成本	300000		
税前利润	240000		

习题 17

使用本量利分析法，为只提供单一产品的汽车旅馆计算实现保本时的客房销售额，该旅馆的固定成本是 40000 美元，平均房价是 80 美元，每间客房的变动成本是 30 美元。详细证明你的结论。

习题 18

使用本量利分析法，为只提供单一产品的餐厅计算实现保本时的食品销售数量，该餐厅的固定成本是 16000 美元，平均消费额是 15 美元，每单位产品的变动成本是 7 美元。详细证明你的结论。

习题 19

使用本量利分析法，为只提供单一产品的汽车旅馆计算实现净利润为 156000 美元的客房销售额，该旅馆的固定成本是 180000 美元，平均房价是 50 美元，每间客房的变动成本是 20 美元。该汽车旅馆的所得税率为 35%。详细证明你的结论。

习题 20

使用本量利分析法，为提供多种产品的餐厅计算实现 162000 美元税前利润的销售额，相关信息如下：

	食品部门	酒水部门	总计	
销售额	240000 美元	160000 美元	400000 美元	100%
变动成本	144000	48000	192000	48%

边际贡献	96000	112000	208000	52%
固定成本			150000	
税前利润			58000	

习题 21

使用本量利分析法，为提供多种产品的餐厅计算实现 162000 美元税前利润的销售额，该餐馆的固定成本是 150000 美元，相关信息如下：

	销售组合	边际贡献率
食品部门	60%	40%
酒水部门	40%	70%

案例分析

预测酒水销售额

Signature 餐厅原来使用的预测销售额方法被证明是不可靠的。该餐厅管理者聘用了你作为财务经理，希望你采用更好的方法来准确预测销售额，进而能够据此预测更合理地进行员工排班和存货控制。

你采用的预测酒水销售额的方法是历史平均法和百分比法。需要两个步骤，分别计算餐厅的酒水销售额和休闲吧的酒水销售额。

第一，餐厅酒水销售：你将计算并使用食品／酒水比例关系。你向管理层解释是：通常，餐厅的食品销售额和酒水销售额存在相关关系。

第二，休闲吧酒水销售：你将使用过去一年相应月份的历史日酒水销售数据。你对管理层的解释是：通常，在某个月中，休闲吧的酒水销售情况会以一个星期为周期，每日发生变化。

管理层向你提供的历史销售数据如下：

去年 8 月餐厅销售情况：

	食品销售	酒水销售
午餐	10000 美元	1000 美元
晚餐	20000	4000

去年 8 月休闲吧销售情况：

	酒水销售
星期日	（不营业）
星期一	100 美元
星期二	400
星期三	200
星期四	300
星期五	600
星期六	400

预测餐厅本年 8 月份销售情况：

	食品销售额
午餐	12000 美元
晚餐	24000

本年 8 月份日历：

5 个星期日、5 个星期一、5 个星期二

4 个星期三、4 个星期四、4 个星期五、4 个星期六

要　求

1. 编制展现你计算的预测结果的工作表。为每个步骤标出适当的标题，并展示每步骤的计算过程。

2. 完成用于解释你所使用的方法的优点和局限性的报告。

3. 完成关于预测方法使用分析结论的报告。

第 **15** 章

概 要

预算计划及其编制
 固定成本预算
预算报告
 预算差异
总预算和弹性预算
差异分析
 经理的预算工作表
 分析差异并确定原因
资本预算概要

学习目标

1. 识别各种类型的预算，以及它们在饭店计划与运营中扮演的角色。

2. 描述编制预算中使用的各类信息，以及这些信息的变化是如何依赖于被预算的收入、费用和固定成本的。

3. 完成预算报告，确定预算差异。

4. 区分总预算和弹性预算，能够恰当使用两种预算。

5. 分析收入差异和费用差异，确定产生差异的原因。

15

预算报告和分析

每一个成功经营的饭店都有综合了所有收入中心、支持中心和其他部门各种活动的总计划。这一总计划包括目标设定、人力资源政策、组织层级、实现目标的步骤，以及监测组织的每个组成部分进步的方法。总计划有很多种形式，但它们都包括一个共同的组成成分：预算。用货币表示的收入预测和费用预测构成预算，即饭店的经营目标。总计划也包括不是用货币表示的内容，例如客房销售量、餐饮销售量和工作时间。

如果想制定出有用并且能够实现的以货币为单位的计划，就要求各个层级的管理者都必须加入到预算的编制过程中。一个大型企业可能会有预算委员会，是由预算初始阶段负责确定纲领和部门协调的最高行政官们组成。预算主管，通常是由资深会计师担任，负责监管预算的具体编制过程。会计部门在提供历史数据、其他财务数据，以及协助各部门经理和高层管理者预测收入和费用方面起到重要作用。

没有部门经理参与而强迫他们接受的预算可能会导致对预算控制的反抗。良好的收入预测和费用预测来自于所有高层管理者、部门经理和会计部门的共同努力。发挥这些专业人员各自的专长才能成功地完成预算制定和编制。预算确定后，团队合作对基于总计划的恰当监控和评估过程是十分重要的。

本章将回答下列问题：

1. 编制预算的主要原因有哪些？

2. 什么是零基预算？

3. 什么是经营预算？

4. 如何阅读和解释预算报告？

5. 什么是预算差异？

6. 总预算和弹性预算之间的差别是什么？

7. 导致预算差异的原因有哪些？

8. 如何分析预算差异？

9. 什么是资本预算？

即使预算的编制和监控耗费资金，但所得到的收益超过所花费的成本。预算不仅仅是一种控制支出的方法。如果预算编制是恰当合理的，那么预算就成为了战略规划，规划是管理的主要功能。财务规划在任何饭店企业的成功中都起着重要作用。在预算过程中要求经理们去思考未来、预料未来。于是诸如资产、劳动力等资源可以被分配到最具生产力、产生最多利润的地方去。预算也是一种控制工具，为衡量实际经营成果提供了对比依据。经理们为实际与预算的差异负责。

饭店业使用多种类型的预算。饭店使用资本预算来计划和控制固定资产的购买。饭店使用现金预算来监控现金使用，并依据实际需要制订借款计划。饭店使用经营预算来预测销售收入和成本费用，以便实现预期利润目标。本章主要探讨经营预算。虽然经营预算只是饭店业所需预算中的一种，但它是最常用的和最重要的。大多数人讨论预算时，他们想到的就是预测销售收入和成本费用。经营预算是涉及企业所有收入和成本费用的利润计划。经营预算的最终形式与利润表的格式一样，但是表中的数值是估测的，即所有数值都不是真实存在的。

经营预算预计整年的情况，然后合理地分割为每个月的计划，构成了衡量当月实际经营成果的对比依据。

编制经营预算，首先要预测出每个部门的销售收入和成本费用，且得到预算委员会的认可。之后，会计部门将审阅这些部门计划在数学上的精确性和完整性。审阅完成后，会计部门会将部门预算整合为企业预算。

预算计划及其编制

预算的编制是整个组织共同努力的结果。高层管理者、经理、会计共同为了企业的最大利益而努力。他们使用财务统计数据、财务计算方法，以及专业判断来预测未来的收入和成本费用。经常性召开预算计划会议是为了有效预算和高效利用时间。这些会议的议程包括：

- 回顾过去的经营情况；
- 审阅当前的经营和财务状况；
- 分析本地和本国的经济发展数据；
- 规划未来客房出租率、餐饮销售量，以及其他收入来源。

销售目标预测可以借助的财务工具包括本量利分析、统计模型和百分比法。收入中心成本费用预算会组合使用下列财务方法：

- 研究过去存在的成本费用与销量间的关系；
- 将成本费用分为变动的、半可变的或固定的；
- 使用高低点法或回归分析；
- 分析价格上涨和销量增加的影响。

非收入中心没有产品销售量，因此，它们的成本费用与销售不直接相关。非收入中心通常产生饭店的未分配费用，例如行政管理费用（总经理、会计、数据处理、工资、人力资源）、营销费用、运行保养费用和能源费用。虽然过去的统计结果对编制预算来说很有用，但使用这些数据也有可能导致不知不觉地重复过去的错误。预算二线部门成本费用和能源消耗的一种受欢迎的方式是零基预算，从而使用崭新的开始。零基预算并不是一种方法，而是一种基本原理。零基预算过程要求非收入中心的经理从零开始预算，并证明每一项费用都是正当的。例如，信息系统管理部门的经理必须证明所有的工资、消耗以及其他费用都是经营过程中本部门有必要支出的。这种方式确保了每一项费用都能够产生大于其本身的收益。虽然零基预算耗费时间，但其能够提供巨大的利益：它要求经理们识别低效率行为、人员冗余、重复、非对客服务，并消除这些问题。

固定成本预算

一个饭店的固定成本包括保险费、财产税、租金、利息、折旧和摊销。零基预算不应用于固定成本预算，因为这些成本是由于管理层过去或现在就固定资产购买和相关融资活动的决策而产生的。

保险费、财产税、租金、利息、折旧和摊销不是任何一个部门经理能够控制的。但是，鉴于其来源的原因，固定成本的估算还是比较容易。例如：

- 保险公司会提供保险费用情况；
- 当地政府会告知税率并进行财产估值；
- 租金在租用协议上列示；
- 当年贷款的利息可以人工计算，或借助计算机贷款摊还软件计算；
- 折旧和摊销取决于现在的和计划的固定资产持有情况。其计算可以人工完成，或使用折旧软件。

预算报告

每月的利润表（对收入中心来说）和费用表（对非收入中心来说）会显示实际的财务数据、预算，以及预算量与实际量之间的差异。一个典型的报告格式如下所示：

| | 月份 | | | 年初至今 | |
| 预算额 | 实际发生额 | 差异 | 预算额 | 实际发生额 | 差异 |

每月部分与年初至今部分是分离的。但是，这两个部分可以在一页上。列出预算额和实际发生额，有助于读者比较计划与实际实现情况的差异。

预算差异

差异是指预算量与实际量之间的差别。差异可以被归类为有利的和不利的。有利的差异是实际结果比预算要好；不利的差异是实际结果比预算要差。决定属于有利情况还是不利情况的方法与分析内容是收入项还是费用项有关。如果实际销售收入超过预算销售收入，则销售额差异是有利的。如果实际费用超过预算费用，则费用差异是不利的。图 15-1 展示了有利差异和不利差异。

图 15-1　预算差异

样例1:				
	预算额	实际发生额	差异	
销售收入	50000	55000	5000	有利的
食品成本	15000	17000	2000	不利的
工资	3000	4900	1900	不利的
用品	1500	1300	200	有利的
样例2:				
	预算额	实际发生额	差异	
销售收入	50000	45000	5000	不利的
食品成本	15000	13000	2000	有利的
工资	3000	2500	500	有利的
用品	1500	1700	200	不利的
决定差异的逻辑：				
更多的实际销售收入＝有利的				
更多的实际费用消耗＝不利的				

有利差异和不利差异的表示并没有统一规定。饭店使用不同的术语来反映差异情况。例如，"较好"这一标注可以用于表示有利差异，"较差"这一标注可以用

于表示不利差异。

另一种常用的方法是用正数表示有利差异，用负数（通常用圆括号表示）表示不利差异。图 15-2 展示了使用这种方法的格式。当使用这种格式时，需要牢记"正差异"和"负差异"并不等于实际量"高于"或"低于"预算量这一事实（反之亦然）。也就是说，实际量比预算量要少，单凭这一点，不能确定差异是否是有利的。我们必须同时知道该预算项目属于收入还是费用。

图 15-2　展示预算差异的另一种格式

	预算额	实际发生额	差异 *
销售收入	50000	55000	5000
食品成本	15000	17000	(2000)
工资	3000	4900	(1900)
用品	1500	1300	200

* 正数表示有利差异；负数表示不利差异。

总预算和弹性预算

总预算是饭店企业主要的财务计划工具。各个部门都会制定每年的总预算，之后分解为每个月的预算。整合各部门预算，就构成了整个企业的总预算。

总预算是短期预算，即预算一年或一年内的经营活动。总预算是目标导向的，依据已决定的计划制定。编制总预算时的假设是预先确定了能实现企业预期利润目标的销售量。

对于衡量实现特定利润目标的进展来说，总预算是卓有成效的管理工具。但是，当实际销售量与预计销售量之间的差别很大时，在检测收入中心经营效率方面，总预算并不是一种很有用的财务工具。图 15-3 显示，当实际销量与总预算中的销售目标差异巨大时，可能存在的极端差异类型。（低于预期的销售量可能是由于所处情境导致的，例如不切实际的初始销售目标、没有预见到的竞争、或无法预料的经济衰退。）在本例中，总预算强调最初的销售目标没有实现（或没有被超越），但是从预算中得出的经营效率分析却很荒谬。当实际销量大大低于预算销量时，食品成本和人力成本的差异分析结果都是有利的（由于固定成本不受销量影响，因此没有发生实质性的变化）。

图 15-3　当实际销售额与预算销售额差别巨大时的总预算差异

	预算额	实际发生额	差异 *	（评价）
销售收入	50000	31522	(18478)	不利的
食品成本	15000	9100	(5900)	有利的
工资	13000	8500	(4500)	有利的
用品	1500	850	(650)	有利的

不考虑实际销售额，高层管理者使用总预算衡量管理目标的实现程度（或未实现程度）。总预算是建立在单一水平的销售量基础上去实现所述目标的。由此可见，总预算并非用于反映其他销售量下的费用状况。

当销售量变化很大时，为了弥补总预算作为评价经营效率的管理工具的不足，企业必须使用弹性预算来扩充预算报告内容。弹性预算是在不同销售量水平下的预测。管理者确定一系列可能实现的销售量，然后针对每一种销售量情况做出费用预测。

例如，一个汽车旅馆中的餐厅预测全年中任何一个月的销售额可能是 30000 美元、40000 美元、或 50000 美元、或 60000 美元。依据每种销售情况制定出的弹性预算可以恰当地反映成本费用和经营绩效。图 15-4 展示了针对这些销售情况的一系列月度弹性预算。

图 15-4　汽车旅馆餐厅经营的弹性预算

销售额（净值）	30000 美元	40000 美元	50000 美元	60000 美元
费用预算：				
食品成本	9000	12000	15000	18000
工资及其相关费用	8600	10800	13000	15200
用品	900	1200	1500	1800
瓷器、玻璃器皿和银器	300	300	300	300
清洁合同	500	500	500	500
其他费用	1000	1200	1400	1600
总费用	20300	26000	31700	37400
部门利润	9700 美元	14000 美元	18300 美元	22600 美元
预算数据：				
费用	类型	预算的计算方法		
食品成本	变动成本	销售额的 30%		
工资及其相关费用	半可变成本	2000 美元固定部分 + 销售额的 22%		
用品	变动成本	销售额的 3%		
瓷器、玻璃器皿和银器	固定成本	300 美元		

图15-4中展示的每一个弹性预算范围都是根据变动成本、半可变成本和固定成本的特征确定的。食品成本和用品构成与销售量相关的变动成本，相应地，变动成本率是30%和3%。对工资进行回归分析，说明这种半可变成本包括两个部分：2000美元固定不变的部分，以及占销售额22%的变动部分。瓷器、玻璃器皿、银器被视为固定成本，因为该汽车旅馆在初始购买时将其记为固定资产，成本是其使用年限内的折旧（虽然绝大多数的折旧费用记在饭店的总账中，但是瓷器、玻璃器皿和银器的折旧是个例外，被记在使用它们的部门的账户中）。由于合同服务的特性，合同清洁费被记为固定成本。其他费用被视为半可变成本，在对这部分费用进行估计时，用回归分析法可将这个汽车旅馆的其他费用分为两个部分，占销售总额2%的变动部分，以及400美元的固定部分。

总预算和弹性预算都在预算计划和编制时完成。与总预算不同，在任何一个给定月份，用于预算报告目的的弹性预算都不能确定，直到该月结束、实际销售情况统计出来后，才知道应该用哪一个弹性预算。当实际销售量已经确定，与实际发生额最接近的弹性预算就可以用在预算报告中。

例如，假定上例中汽车旅馆的餐厅当月实际销售额为31522美元。图15-4列出了与实际销售收入最接近的适用的预算销售额是30000美元（图15-4中一系列弹性预算是以销售额增加10000美元为差额建立的。管理层可能会决定缩小一系列弹性预算之间的差额，从而提供能够与实际发生额比较的更精确的成本费用额）。

图15-5展示了使用图15-4中销售额为30000美元的预算完成的预算报告。销售额的有利差异是1522美元，总费用的不利差异是150美元，部门利润的有利差异是1372美元。费用的不利差异是否能够说明费用实际超过了预算尚不清楚。导致这一问题的原因是弹性预算中的销售额很少能够与实际发生额完全一致。通常，单纯比较绝对额的差别并不足以评价绩效。因此，使用百分比进行费用与收入的相关性分析通常也是预算报告中的一个部分。

图 15-5 实际销售额是 31522 美元的弹性预算报告

	预算额	实际发生额	差异 *
销售额	30000 美元	31522 美元	1522 美元
费用预算：			
食品成本	9000	9100	（100）
工资及其相关费用	8600	8500	100
用品	900	850	50
瓷器、玻璃器皿和银器	300	300	0

（续）

	500	500	0
清洁合同	500	500	0
其他费用	1000	1200	（200）
总费用	20300	20450	（150）
部门利润	9700 美元	11072 美元	1372 美元

* 正数表示有利差异；负数表示不利差异。

图 15-6 展示了使用百分比比较的另一种预算报告格式：用预算的费用除以预算的销售收入，用实际发生的费用除以实际产生的销售收入。这一过程将费用转化为与收入相关的形式，并作为绝对额分析的补充。图 15-6 中的百分比反映了虽然实际食品成本高于预算成本，但是通过与销售额对比，会发现事实上食品成本是得到有效控制的。也就是说，食品成本的 100 美元的不利差异有误导作用，因为预算中的食品成本占销售收入比例为 30%，而实际上食品成本仅占 28.9%。

图 15-6 销售收入百分比弹性预算报告

	预算额		实际发生额		差异 **
	数量	%	数量	%	数量
销售额	30000 美元	100.0%	31522 美元	100.0%	1522 美元
费用预算：					
食品成本	9000	30.0%	9100	28.9%	（100）
工资及其相关费用	8600	28.7%	8500	27.0%	100
用品	900	3.0%	850	2.7%	50
瓷器、玻璃器皿和银器	300	1.0%	300	1.0%	0
合同清洁	500	1.7%	500	1.6%	0
其他费用	1000	3.3%	1200	3.8%	（200）
总费用	20300	67.7%	20450	64.9%*	（150）
部门利润	9700 美元	32.3%	11072 美元	35.1%	1372 美元

* 由于第一行数值都四舍五入，所以纵列百分比相加不等于 64%。

** 正数表示有利差异；负数表示不利差异。

固定成本没有绝对额的变化，也会显示占销售收入实际的百分比，这些百分比可能与预算量相等，但当实际销售额超过预算销售额时，这些百分比低于预算量。这种情况只是由除数增大导致分数减小这一数学运算造成的。基于销售量衡量固定费用的使用效率通常是不恰当的，因此，分析固定成本时有必要一直保持警惕。

差异分析

仅仅知道预算差异是有利的还是不利的还不能够为饭店经营的管理和控制提供足够信息。即使是有利差异（或者没有差异）也可能是由隐藏的问题导致的。在为顾客提供符合企业政策所规定等级的服务时，为了使部门管理更加高效、获利性更强，部门经理必须找出差异发生的原因。

经理的预算工作表

只有当编制预算时的支持性数据被保留并能够被系统地检索时，才有可能完成差异分析。例如，只知道月销售额预算是 30000 美元是不够的。在工作表中，列出 30000 美元销售额是由 10 美元平均消费额和 3000 份销售量计算得到的，这是非常重要的。每一类费用预算都必须保留类似的支持性细节。例如，下面的计算过程可以支持 9000 美元的食品成本：

3000 份销量

3 美元平均食品成本（30% 食品成本 × 10 美元平均消费额）

精确的差异分析需要保留丝毫不差的背景数据。经理必须恰当地解释预算差异，从而合理地改进工作。

事实上，可能除了某些固定费用之外，所有预算的销售收入和成本费用最终都会和实际结果有出入。存在差异的原因是没有预算方法或流程能够精确预测未来。有经验的饭店业经理通常能够识别出那些需要被分析的差异，这些差异可能很大，也可能很小。

通常，销售收入的差异来源于价格变化、销量变化，或两者共同变化。价格是产品销售价格，例如平均房价或平均消费额。数量是以产品单位计算的销售量，例如客房量、接待量。

差异分析可能会揭示有利差异并不是完全有利，例如实际销售额的增多来自价格的提升，但也伴随着销量下降。更高的价格赶走了消费者，产生不利的变化趋势。

不利的销售额差异可能是由于顾客接待量的下降，或是由于经济形势导致顾客减少开支。当过多的客房存在故障需要维修时，或是预测过程中使用的平均房价不切实际时，都有可能导致不利的客房销售额差异。

费用差异可能是由于成本变化、数量变化或是两者共同变化导致的。成本是指购买每单位产品的耗费。同样，数量是以产品单位计算的销售量，例如客房量、接待量。

有利的费用差异可能隐藏着未来的问题，例如，差异可能是由于食品成本降低导致的，食品成本降低的原因是购买了低质量的原材料，差异也可能是工资成本低于预期造成的，工资成本较低的原因是人员配备不足。低质量的产品很容易就会被顾客发现。人员配备不足可能导致顾客服务缩水。这些问题对饭店业的成功经营来说是至关重要的，因为不满意的顾客不可能成为回头客。

不利的费用差异可能是由于聘用员工数量过多、超额或支付计划外的加班费，以及供应商价格上涨导致的。寻找到造成差异的原因，有助于管理者采取改进措施。人员冗余或加班问题可能是由于不可靠的员工或不令人满意的监管造成的。额外的供应商成本增加可以通过与其沟通或更换供应商得以解决。

分析差异并确定原因

有几种方法可以用来确定形成差异的原因。简单的过程和复杂的技术分析出的结果一样精确。由于财务管理是结果导向型，因此简单的方法更令人满意。

价格与销售收入差异相关，而成本与费用差异相关。无论在哪个例子中，数量都是销售量，用接待量、客房量或其他单位尺度表示。分析确定销售收入差异和费用差异可以用同样的步骤：只需要替换公式中的成本或价格。

本章建议使用首字母缩写"BADPQ"的方法来帮助你记住差异分析过程。用字母"BADPQ"辅助记忆的含义如下：

- B: 预算（Budget）；
- A: 实际（Actual）；
- D: 差异（Difference/Variance）；
- P: 价格或成本（Price/Cost）；
- Q: 数量（Quantity）。

BADPQ方法在工作表上的格式如下所示：

	价格	数量
预算		
实际		
差异		

下一个步骤是在每个空格中填入数据。

价格列：

填入预算的销售价格（或成本）

填入实际的销售价格（或成本）

从预算价格中减去实际价格（或成本）

数量列：

填入预算的销售量（接待量、客房量）

填入实际的销售量（接待量、客房量）

从预算销售量中减去实际销售量

造成差异的原因确定如下：

价格差异 × 实际数量 = 价格原因

数量差异 × 预算价格 = 数量原因

这两种原因造成的差异之和必须与预算报告中的总差异相等。

注意在计算过程中遵守乘法运算规则，如下所示：

正数 × 正数 = 正的结果（有利的）

正数 × 负数 = 负的结果（不利的）

本章接下来的两个部分将论述这一差异分析过程。

产生销售额差异的原因 假定客房部的月部门预算报告中的一部分如下所示：

月度

	预算额	实际发生额	差异	
销售额	195000 美元	206500 美元	11500 美元	有利的
客用品费用	6000	6195	195	不利的

乍一看，有利的销售额差异似乎意味着不需要对差异进行分析。这个例子将揭示即使是有利差异，也有可能隐藏着需要改进的缺陷。

经理的预算编制工作表和会计部门对当前实际经营情况的统计如图 15-7 所示。接下来，来自经理的预算工作表和会计部门的销售数据被录入（使用 BADPQ 格式），如图 15-8 所示。用预算数据减去实际数据得出差异。差异需要被标注为有利的或不利的，取决于所分析的内容是销售额还是费用。当分析销售额时，使用下列逻辑：

比预算接待的顾客量要多 = 有利的

比预算的销售价格要高 = 有利的

图 15-7　经理的工作表和会计部门的统计结果

来自经理预算工作表的信息:	
销售额预测计算	
平均房价:	65 美元
客房销售量:	3000
预算销售额:	195000 美元
客用品费用预测计算:	300
客房销售量:	3000
每单位产品成本:	2.00 美元
预算客用品费用:	6000 美元
来自会计部门的当月统计数据:	9700 美元
平均房价:	70 美元
客房销售量:	2950（70 美元 × 2950=206500 美元）
单位客用品成本: 2.10 美元（2.10 × 2950=6195 美元）	2.10 美元（2.10 × 2950=6195 美元）

图 15-8　录入用以计算销售额差异的价格和数量

	价格	数量
预算	65 美元平均房价	3000 间客房销量
实际	70	2950
差异	5 美元 有利的	50 不利的

图 15-8 显示了一个混合的结果。5 美元的价格差异是有利的，因为实际平均房价超出了预算。50 间客房的数量差异是不利的，因为实际客房销售量低于预算量。

这些差异被用于解释总差异的价格部分和数量部分。图 15-9 展示了完整的销售额差异分析。由于价格变化产生的差异如下所示：

$$价格原因 = 价格差异 \times 实际数量$$
$$= 5 \text{ 美元} \times 2950$$
$$= 14750 \text{ 美元　有利的}$$

由于数量变化产生的差异如下所示：

$$数量原因 = 数量差异 \times 预算的价格$$
$$=（50）\times 65 \text{ 美元}$$
$$=（3250）\text{ 美元　不利的}$$

导致差异的原因解释如下所示：

由于价格变化导致的有利差异	14750 美元
由于数量变化导致的不利差异	（3250）

净有利差异   11500 美元

11500 美元的有利差异与之前预算报告中显示的销售额差异相等。

图 15-9   完整的销售额差异分析

	价格	数量
预算	65 美元平均房价	3000 间客房销量
实际	70	2950
差异	5 美元 有利的	（50） 不利的

确定产生 11500 美元有利的销售额差异的原因

价格变化产生的差异：   原因

价格差异 × 实际数量 = 14750 美元   有利的价格变化

5 美元   × 2950

数量变化产生的差异： = （3250）   不利的数量变化

数量差异 × 预算价格

（50）   × 65 美元

这些原因导致的总差异   11500 美元 有利的（净值）

证明：预算报告中的差异   11500 美元

产生费用差异的原因 再一次使用上述例子中客房部月度部门预算报告，有可能乍一看，微小的（195 美元）不利的客用品费用差异被巨大的有利的销售额差异抵消了。这个例子再一次强调了：要对预算报告进行恰当的解释，并仔细完成差异分析。

经理的预算编制工作表和会计部门对当前实际经营情况的统计如图 15-7 所示。接下来，来自经理的预算工作表和会计部门的销售数据被录入，如图 15-10 所示（注意用 BDA CQ 格式替换 BAD PQ 格式。这一变化单纯反映成本分析中使用的术语）。用预算数据减去实际数据得出差异，差异需要被标注为有利的或不利的。当分析费用时，使用下列逻辑：

比预算接待的顾客量要多 = 不利的

比预算的每单位购买成本要高 = 不利的

图 15-10   录入用以计算费用差异的成本和数量

	成本	数量
预算	2.00 美元单位成本	3000 间客房销量
实际	2.10	2950
差异	（0.10）美元 不利的	50 有利的

虽然分析销售收入差异时，更多的顾客接待量是有利的，但是顾客接待量增加对费用差异分析的作用是相反的。更多的顾客意味着费用的增加，而分析费用差异时，是不考虑任何销售收入或利润的增长的。

图 15-10 显示了一个混合的结果。0.10 美元的成本差异是不利的，因为实际每单位购买成本超过了预算。50 间客房的数量差异是有利的，因为实际的客房销售量低于预算。（与销售收入差异分析相反，顾客接待量下降对费用差异分析来说是有利的。）

这些差异被用于解释总差异的成本（译者注：原书使用的是 price and quantity components，依据上下文，此处应为 cost and quantity components，因此译为成本部分和数量部分。）部分和数量部分。图 15-11 展示了完整的费用差异分析。由于成本变化产生的差异如下所示：

$$成本原因 = 成本差异 \times 实际数量$$
$$= （0.10）美元 \times 2950$$
$$= （295）美元 \quad 不利的$$

负数乘以正数的结果是负数，被解释为不利的。由于数量变化产生的差异如下所示：

$$数量原因 = 数量差异 \times 预算的成本$$
$$= （50）\times 2 美元$$
$$= 100 美元 \quad 有利的$$

导致差异的原因解释如下所示：

由于成本变化导致的不利差异	（295）美元
由于数量变化导致的有利差异	100 美元
净不利差异	（195）美元

195 美元的不利差异与之前预算报告中显示的客用品费用差异相等。

图 15-11 完整的费用差异分析

	成本	数量
预算	2.00 美元单位成本	3000 间客房销量
实际	2.10	2950
差异	（0.10）美元 不利的	50 有利的

确定产生 195 美元不利的费用差异的原因

成本变化产生的差异：原因

成本差异 × 实际数量 = （295）美元 不利的成本变化

（0.10）美元 × 2950 = 100 有利的数量变化

数量变化产生的差异：

数量差异 × 预算价格

50 × 2 美元

这些原因导致的总差异 （195）美元 不利的（净值）

证明：预算报告中的差异

资本预算概要

本章中的预算讨论是基于收入预算和费用预算展开的。然而，饭店业同样需要对购买固定资产进行预测。与资产负债表相关的资本预算强调的是远期规划。通常，资本预算是以固定资产为导向的；固定资产的购买需要得到管理层的计划和认同，因为这些资产成本巨大，并涉及融资需要。

在资本预算过程中，经理们需要提交他们目前的和未来的资产需求清单。接下来，高层管理者完成下列事项的长期规划：

• 现有资产的替换；

• 额外的新资产需要；

• 现有设施规模的扩大；

• 为未来发展购入土地；

• 兼并其他企业。

管理层考虑后决定资产购买的优先顺序。能够为企业带来更高回报的资产（或兼并）获得更高的优先级别。之后编制完成资本预算，并将控制未来的资产购买。

对资本预算更详细的介绍超出了本章范围。

主要术语

BADPQ：预算（Budget）、实际（Actual）、差异（Difference）、价格或成本（Price/Cost）和数量（Quantity）的首字母缩写，用于帮助记住产生销售收入差异和费用差异的原因。

资本预算（capital budget）：用于规划和控制主要资产购买的预算。

现金预算（cash budget）：用于监测现金、规划现金借入（有必要时）的预算。

弹性预算（flexible budget）：一个组织预计在任何给定月份，在不同销售量水平下做出的预算，是总预算的补充。

总预算（master budget）：汇总各个独立部门预算的预算，将整个企业视为一个整体编制的预算。总预算是企业主要的财务计划工具。

经营预算（operations budget）：用于预计销售收入和成本费用从而实现目标利

润的预算。经营预算是包含一个企业所有收入和费用的利润计划。当编制完成时，除了表中的数据是估测结果之外，其形式与利润表一致。

估测结果（pro forma）：是估计而非实际发生的结果。

差异（variance）：预算量与实际量之间的差别；可以是有利的，或是不利的。

零基预算（zero-base budgeting ZBB）：一种预算的基本原理（而非方法），要求非收入中心的经理从零开始做预算，并证明每一项费用都是正当的。

复习题

1. 用于完成销售收入预测的财务方法是什么？

2. 用于预计收入中心的费用的财务方法是什么？

3. 什么是零基预算？

4. 证明每一项费用都是正当的是指什么？

5. 饭店有哪6种固定费用？

6. 什么是经营预算？

7. 估测结果这一术语的含义是什么？

8. 月度预算报告的典型格式是怎样的？

9. 什么是预算差异？

10. 什么是有利差异？

11. 什么是有利的销售收入差异？

12. 什么是不利的费用差异？

13. 什么是总预算？

14. 编制总预算的主要假设是什么？

15. 什么是弹性预算？

16. 哪两个原因导致销售收入差异的产生？

17. 哪两个原因导致费用差异的产生？

18. 什么公式可以计算出由于价格变化产生的总销售收入差异？

19. 什么公式可以计算出由于数量变化产生的总销售收入差异？

20. 什么公式可以计算出由于成本变化产生的总费用差异？

21. 什么公式可以计算出由于数量变化产生的总费用差异？

22. 什么是资本预算？

网址：

若想获得更多信息，可访问下列网址。网址变更恕不通知。若你所访问的网址不存在，可使用搜索引擎查找新网址。

1. 预算：www.baranskyvaccaro.com/budget.html

2. 小企业预测和预算贴士：www.sba.gov/library/pubs/fm-8.txt

3. 预算幻灯片展示：www.aaasc.org/membership/documents/FRIA9amTritingerAAA HC2006Budgeting101.ppt

4. 零基预算：www.investopedia.com/terms/z/zbb.asp

www.caltax.org/ZeroBase.pdf

www.mackinac.org/article.aspx?ID=5928

5. 固定预算和变动预算：www.e-tba.com/flexible-budgeting.htm

6. 资本预算及其方法：www.netmba.com/finance/capitaVoudgeting/

www.studyfinance.com/lessons/capbudget/index.mv?page=01

www.studyfinance.com/lessons/capbudget/index.mv?page=09

www.studyfinance.com/lessons/capbudget/index.mv?page=10

练习题

习题 1

确定差异量并指出是有利的还是不利的。

	预算额	实际发生额
销售额	100000 美元	90000 美元

习题 2

确定差异量并指出是有利的还是不利的。

	预算额	实际发生额
食品销售成本	35000 美元	38000 美元

习题 3

确定差异量并指出是有利的还是不利的。

	预算额	实际发生额
利息收入	1000 美元	1200 美元

习题 4

通过下面的部分预算报告，确认哪些预算差异是有利的:

	差异
食品销售收入	10000 美元
酒水销售收入	（200）
食品销售成本	100
用品成本	（500）

习题 5

确定产生下列差异的原因:

	预算额	实际发生额	差异	
食品销售收入	18000 美元	18700 美元	700 美元	有利的

来自经理的预算工作表的信息:

销售收入预测的计算:

| 平均消费额: | 9 美元 |
| 服务客数: | 2000 |

来自会计部门的当月统计报告:

| 平均消费额: | 8.50 美元 |
| 服务客数: | 2200 |

习题 6

确定产生下列差异的原因:

	预算额	实际发生额	差异	
食品销售收入	35000 美元	38400 美元	3400 美元	有利的

来自经理的预算工作表的信息:

销售收入预测的计算:

| 平均消费额: | 7 美元 |
| 服务客数: | 5000 |

来自会计部门的当月统计报告:

| 平均消费额: | 8 美元 |
| 服务客数: | 4800 |

习题 7

确定产生下列差异的原因:

	预算额	实际发生额	差异	
食品销售收入	48000 美元	38000 美元	(10000) 美元	不利的

来自经理的预算工作表的信息:

销售收入预测的计算:

平均消费额:	12 美元
服务客数:	4000

来自会计部门的当月统计报告:

平均消费额:	10 美元
服务客数:	3800

习题 8

确定产生下列差异的原因:

	预算额	实际发生额	差异	
食品成本	7000 美元	7480 美元	（480）美元	不利的

来自经理的预算工作表的信息:

服务客数:	2000
平均食品成本:	3.50 美元

来自会计部门的当月统计报告:

服务客数:	2200
平均食品成本:	3.40 美元

习题 9

确定产生下列差异的原因:

	预算额	实际发生额	差异	
食品成本	20000 美元	22356 美元	（2356）美元	不利的

来自经理的预算工作表的信息:

服务客数:	5000
平均食品成本:	4.00 美元

来自会计部门的当月统计报告:

服务客数:	4860
平均食品成本:	4.60 美元

习题 10

确定产生下列差异的原因:

	预算额	实际发生额	差异	
食品销售收入	36000 美元	44450 美元	8450 美元	有利的

来自经理的预算工作表的信息: 销售量为 6000 份。来自会计部门的当月统计报告: 平均消费额是 7 美元。

习题 11

确定产生下列差异的原因:

	预算额	实际发生额	差异	
食品成本	16800 美元	15600 美元	1200 美元	有利的

来自经理的预算工作表的信息:

平均消费额:	12 美元
服务客数:	4000
食品成本百分比:	35%

来自会计部门的当月统计报告:

服务客数:	3900
平均食品成本:	4.00 美元

习题 12

依据下列预算报告,计算各项成本费用占销售收入的百分比。结果保留一位小数。

	预算额		实际发生额	
	数量	%	数量	%
销售额	50000 美元		55000 美元	
费用:				
食品成本	16000		18150	
工资及其相关费用	15000		15950	
用品	800		935	
瓷器、玻璃器皿和银器	200		200	
清洁合同	500		500	
其他费用	1000		1280	
总费用	33500		37015	
部门利润	16500 美元		17985 美元	

习题 13

依据下列信息编制弹性预算:

食品销售额:	100000 美元
食品成本:	38% 变动成本

工资及相关费用：	4000 美元 固定成本，25% 变动成本
用品：	8% 变动成本
瓷器、玻璃器皿和银器：	400 美元 固定成本
清洁合同：	600 美元 固定成本
其他费用：	2000 美元 固定成本，12% 变动成本

列出销售收入和每一项费用，并计算费用总和和部门利润。

习题 14

依据下列信息，编制一系列弹性预算：

食品销售额：	100000 美元
食品成本：	38% 变动成本
工资及相关费用：	4000 美元 固定成本，25% 变动成本
用品：	8% 变动成本
瓷器、玻璃器皿和银器：	400 美元 固定成本
清洁合同	600 美元 固定成本
其他费用：	2000 美元 固定成本，12% 变动成本

（1）这一系列弹性预算的销售收入之间的差额是 10000 美元，销售收入开始于 100000 美元，结束于 140000 美元。

（2）列出销售收入，费用，并计算费用总额和部门利润。

（3）为每一销售收入等级计算部门利润占销售收入百分比。结果保留一位小数。

习题 15

使用电子制表软件完成习题 13。

案例分析

启动预算编制：一个管理者的评论

Rogers 饭店是一个大型企业的子公司。这家饭店过去 5 年的利润已降至最低水平。该企业总部近期更换了饭店的总经理、营销总监和主计长。新管理层的专业能力在业界享有很高声誉。

饭店新的管理层发现：该饭店从未开展过任何预测或预算工作，于是他们决定编制管理预算。决定销售收入和成本费用的依据是实现令总公司满意的利润水平。

为了实现该利润目标，新的管理层编制管理预算方法如下所示：

• 营销总监预测所有收入中心的销售收入，并得到总经理的认可；

• 主计长编制每个收入中心的费用预算，并得到总经理的认可；

• 各个非收入中心的经理编制其各自的费用预算，管理层指导他们使用零基预算完成部门预算的编制工作，之后这些预算得到总经理的认可；

• 主计长编制饭店固定成本预算，并得到总经理认可。

收入中心和非收入中心的经理们，集体性的对管理层的预算编制方法提出猛烈抨击，并在预算过程中消极抵抗。

新的总经理、营销总监和主计长高度关切各个部门经理的不满，因为这些经理们都是能够认真完成本职工作的合格的职业经理人。

要 求

你被 Rogers 饭店聘请来审查预算计划和编制过程，以及其他任何对预算管理来说十分关键的重要事项。你的报告至少应该包括下列内容：

• 对实施总预算过程中，管理层值得称赞的行为和失策的行为加以识别和评论；

• 对预算体系的计划和编制的解释；

• 对部门经理反馈的分析；

• 对管理层的建议；

• 本报告的局限性；

• 未涉及的问题。

第 16 章

概　要

淡季分析

　数量分析

　质量因素

收购企业

　质量因素

　竞业禁止协议

　使用出售者的财务报表

　出售企业的法定组织形式

　卖主的薪酬与买主的需求

　家族运营式企业

　融资对利润和现金流的影响

　选择一个企业来购买

购买特许经营权

租赁

　租赁房地产

　租赁汽车

资本预算

　平均回报率

　回收期法

学习目标

1. 了解决定季节性饭店在淡季是否维持营业的依据。

2. 描述在制定企业收购决策时需要核查的多种因素。

3. 识别购买特许经营权的优缺点。

4. 解释"租赁房地产"这一术语，并描述如何在变动租约和固定租约中做出选择。

5. 解释"租赁汽车"这一术语，并确定何时这些租赁是恰当的。

6. 阐述资本预算的目的，演示两种简单的资本预算方法。

16

财务决策

计划是一项非常重要的管理职能。在竞争激烈的商业环境中，饭店业职业经理人必须掌握用以制定运营和财务决策的知识和经验。一个成功的饭店由赢利能力衡量，经理绩效的评价则用其管理的部门对整个饭店利润的贡献情况来衡量。伴随着相应的补贴和报酬，为了成为高层管理者的经理们一直以增加所有者财富为财务决策制定的基础。

财务决策与未来相关，并与可选择的行动方案关联。制定财务决策必须同时考虑数量因素和质量因素。数量因素可以用货币计量。客用品费用降低了 500 美元属于数量因素。由于质量因素不能被测量其精确程度，所以质量因素不能用货币计量。包括，使用任何确定的预测方法对商誉的效益进行量化等行为实际都是一种估测。虽然质量因素不能被精确测量，但它们在决策制定过程中起着重要作用。

本章主要基于数量因素使用注重实效的方法进行财务决策制定。虽然关注的焦点是数量因素，但也应牢牢记住质量因素确实会影响决策。

本章将回答下列问题：

1. 在淡季时，饭店应该结束经营还是继续营业？

2. 在完成企业兼并这一冒险行为时，应该审查哪些数量因素？

3. 在使用卖主的财务报表时，存在哪些风险？

4. 在商业并购时，购买普通股和购买资产之间有什么区别？

5. 当所有权发生转变时，卖主的薪酬和买主的需求对利润预测有什么影响？

6. 当考虑购买家族运营式饭店时，有哪些关键问题需要特别关注？

7. 在商业并购中，融资的影响是什么？

8. 在多种选择中，哪类企业是最值得购买的？

9. 购买特许经营权有什么优点和缺点？

10. 在租用不动产时，哪些因素需要被审核？

11. 在进行"购买还是租用汽车"决策时，要考虑什么因素？

12. 在资本预算过程中，哪些方法可以被用来制定决策？

淡季分析

在数量分析中，财务管理工具的有用性是由利润贡献表体现的，如图 16-1 所示。使用该图首先要求所有的成本费用被分为变动成本、固定成本和半可变成本。下一步骤是成本分析，即确定所有变动成本，包括半可变成本中的变动部分；确定所有固定成本，包括半可变成本中的固定部分；计算变动成本率。成本分析中使用的数据可以是历史记录或是对未来的预测。成本分析示例如图 16-2 所示。

图 16-1　利润贡献表

销售收入	200000 美元
变动成本	130000
边际贡献	70000
固定成本	38000
税前利润	32000 美元
利润贡献表通常使用如下缩写形式：	
销售收入	200000 美元
VC	130000
CM	70000
FC	38000
IBIT	32000 美元

图 16-2　确定变动成本和固定成本的成本分析

预计销售收入	200000				单位: 美元
费用预算	类型	总费用	变动费用	固定费用	备注
已售食品成本	变动费用	61000	61000		
工资及相关	半可变费用	58000	36000	22000	回归分析
客用品	变动费用	3000	3000		
营业用品	变动费用	8000	8000		
公用设施	半可变费用	9000	7000	2000	高低点法
其他变动费用	变动费用	10000	10000		
其他固定费用	固定费用	12000		12000	在实际操作中，
其他半可变费用	半可变费用	7000	5000	2000	所有费用都是被
总费用	半可变费用	168000	130000	38000	单独列示的
税前利润		32000			

$$\text{变动费用率} = \frac{VC}{\text{销售收入}} = \frac{130000 \text{ 美元}}{200000 \text{ 美元}} = 65\%$$

对于许多度假饭店和与旅游业相关的接待设施经营单位来说，淡季时结束经营是一种惯例。很多时候，这些企业在淡季关门歇业主要源于其惯常的季节性经营行为。利润贡献表有助于饭店决定是否要在淡季停业（从数量视角分析）。

数量分析

图 16-3 的第一列显示了 Autry 度假饭店的历史数据。总经理必须决定是继续保持一年 12 个月的经营，还是在淡季时关门歇业。

收集过去的经营数据之后，下一步骤是将这 12 个月的数据分离为旺季情况和淡季情况。会计部门可以很快完成这些工作。重新回到图 16-3，可以看到有 9 个月的旺季和 3 个月的淡季。该表显示了 220000 美元的旺季利润和 20000 美元的淡季亏损，一年的净利润是 200000 美元。

图 16-3　Autry 度假饭店：旺季数据和淡季数据

	去年 （12 个月）	旺季 （9 个月）	淡季 （3 个月）	单位：美元 备注
销售收入	1100000	1000000	100000	
变动成本	660000	600000	60000	60%
边际贡献	440000	400000	40000	
固定成本	240000	180000	60000	见脚注
税前利润	200000	220000	(20000)	

脚注：
240000 美元固定成本÷12=20000 美元 均等分配至每个月
旺季=20000 美元×9 个月=180000 美元 固定成本
淡季=20000 美元×3 个月=60000 美元 固定成本
12 个月=240000 美元 固定成本

如果 Autry 度假饭店在 3 个月的淡季中暂停营业，消除 20000 美元的亏损，那么能实现全年 220000 美元的利润吗？

如图 16-4 所示，答案是否定的。事实上，Autry 度假村的利润将降至 160000 美元。淡季时维持经营，并产生 20000 美元的亏损，是如何增加利润的呢？答案集中在固定成本上，无论销售水平如何，甚至当度假饭店关门歇业时，固定成本都是存在的。淡季经营的价值在于边际贡献。通过观察可以发现：虽然淡季时存在营业亏损，但仍然产生了 40000 美元的边际贡献；边际贡献补偿了固定成本（之后，即所有固定成本都被补偿了，产生营业利润）。

图 16-4　如果 Autry 度假饭店淡季暂停营业的预计利润表

	12 个月	备注
销售收入	1000000 美元	销售额是 9 个月产生的
变动成本	600000	60%

（续）

	12 个月	备注
边际贡献	400000	
固定成本	240000	240000 美元每年
税前利润	160000 美元	

在本例中，固定成本是 60000 美元（淡季），边际贡献补偿了其中的 40000 美元。如果 Autry 度假饭店淡季时不营业，固定成本就需要被更短的营业时间分摊。Autry 度假饭店淡季时的边际贡献的重要性体现在：

经营 12 个月产生的净利润	200000 美元
如果淡季停业损失的边际贡献	40000
只营业 9 个月的利润	160000 美元

在制定"淡季时是维持运营还是歇业"的决策中，Autry 度假饭店的例子并不复杂。当度假饭店在淡季暂停营业时，有一些变动成本和固定成本可能发生改变。但是，如果想要完成极其精确的量化分析，财务决策制定过程就会变得非常漫长。毫无瑕疵的分析将耗费大量金钱和时间，而最终却只是得到相似的结论。实用主义者提倡使用那些在现实商业世界中简便易行的财务决策模型，从而高效地制定商业决策。

质量因素

在最终决策过程中，决策模型不能评估质量因素，因为这些个人的和孤立的因素内化在决策中。虽然如此，有许多质量因素对于完成开放式或封闭式决策来说是非常重要的。

例如，社区关系非常重要。如果企业仅在旺季时赚取利润，而不为当地居民提供全年的服务，就有可能遭到抵制。与维持营业的当地竞争对手相比，商誉会受到重大危害。同样，可能需要考虑到当地的政治因素。

就员工问题来说，在淡季时歇业可能在重新开业时会让员工感到士气受挫，以及不一定能够聘请到符合要求的人员。歇业还可能意味着需要不断培训和再培训。另一方面，饭店所有者或者经理每周工作 60 ~ 80 小时，会感到这段时间压力很大，进而需要更长的带薪休假。

当质量因素与数量因素一致时，决策是直截了当的。当它们指向不同的方向时，就需要对它们一项一项地加以权衡，从而制订出最佳行动方案。

收购企业

企业家和大型公司的高层管理者有时会面对一个共同的财务决策问题：应该收购哪一家企业？虽然本章不能提供全面涵盖收购过程中所有重要数量因素和质量因素的分析，但本章提供了一个有用的引导。

质量因素

再次说明，质量因素在决策模型中无法量化评价。但是，企业收购必然会产生一些问题，例如：

- 顾客对新的所有者反应如何？
- 重要的核心人物会继续留在新企业中吗？
- 资产和设备的运行情况怎么样？
- 这家企业过去被出售了多少次？
- 最近的竞争状况有变化吗？
- 未来会有新的强大的竞争对手吗？
- 如果资产是租用的，是短期租用吗？是不是已经到期需要续约？租约中是否还有不合理的价格调整条款？
- 如果是特许经营企业，特许经营权容易转换吗？特许经营期限是否已经到期了？

许多权威人士建议购买者询问出售者：你为什么要卖掉这家企业？该问题的答案必须仔细评估，因为没有出售者会坦诚回答说："我出售这家企业是由于未来的经营前景堪忧。"

竞业禁止协议

在企业收购的谈判阶段，购买者希望确保出售者将来不会继续经营同类企业。竞业禁止协议是出售者签订的保证规定期限内、在一定的地理范围中不经营同类企业的协定。在某些情况下，出售者可能要求购买者为该协议额外支付费用。为竞业禁止协议支付的费用被视为购买无形资产的费用，需要在未来的 15 年中摊销，而不考虑该协议的实际使用年限（按美国税收法规第 197 条强制执行）。

使用出售者的财务报表

一位有远见的企业购买者必须研究目标企业的财务记录，从而掌握相关财务信息。由注册会计师事务所审计的财务报表中的财务信息的公允性是可信的。但是，由于企业所有者和管理者认为审计并非必要且十分昂贵，所以绝大多数小企业的财务报表从未经过审计。潜在的购买者必须查明所有财务数据的真实性之后，才能信任这些信息。例如，购买者可以通过研究所得税纳税申报单的副本来确认出售者的财务数据。

一些小企业的出售者可能会宣称出于逃税目的，企业的利润是人为降低的，所有者通过做假账非法盗用销售收入。逃税是真的还是假的？首先，需要注意的是：逃税是非法的。其次，企业管理不当，使用假造的财务报表显示较低的历史利润这一经营结果可能成为未来融资的阻碍。你能够在多大程度上相信所有者的人品、记录，以及报表？也许这并不是值得你关注和冒险投资的企业。

假设财务记录的真实性已经得到证实，下一步就是预计企业未来的利润。过去的所有者和未来的新所有者的财务需要是分离的、有区别的，意识到这一点很重要。当使用出售者财务报表预测利润时，有远见的购买者必须提出一些关键问题，包括：

- 买主从卖主那里购买普通股还是资产？
- 卖主拿的薪酬能否反映卖主的个人需求？
- 这是一个家族经营式的企业吗？
- 融资会怎样影响利润和现金流？

出售企业的法定组织形式

出售企业的法定组织形式在谈判中发挥重要作用。饭店业中最常见的两种企业法定组织形式是独资企业（由一个人所有的无限责任公司）和有限公司。出于个人责任考虑，大多数饭店都是股份有限公司（有限公司）

如果所出售的企业是独资企业，买主用协商价格买下的是企业资产。企业的法定组织形式是不能被购买的。虽然买主可以保留原公司的名字，但必须开始经营一个全新的企业，这个企业可以是任何一种法定组织形式，如独资企业或有限公司。

相反，股份有限公司的所有者（股东）拥有企业，但企业拥有其自身的资产。

当购买独资企业时，买主必须使用《资产法》（本章稍后讨论）来解释所取得的资产。当购买股份有限公司时，买主可以在两种收购方法中选择：

- 只从股份有限公司购买资产，不购买其法定组织形式。在这种情况下，使用资产法。
- 从股东（所有者）手中购买普通股。

如果通过购买股东手中的公司股票收购现有股份有限公司，所购买的是该企业的法定组织形式，买主成为该公司的新股东。虽然所有权发生了变更，但股份有限公司的会计记录无须发生改变。当从卖主手中购买普通股时，这笔交易仅仅意味着企业控制权（股权）的变化。股份有限公司继续维持经营，保持其法定组织形式。一些会计和法律问题如下所示：

- 簿记记录仍然属于股份有限公司，不受所有权变化的影响；
- 现有资产的折旧不受影响，因为这些资产仍然是以其初始购买成本进行累计折旧的（但是，所有竞业禁止协议都需要按照新资产进行折旧）；
- 记录中的负债仍然属于该企业；
- 该企业将对所有未知的债务负债。（买卖双方协议中应该包括针对此类意外事件的条款，承担卖主的法律责任）。

由于购买普通股意味着企业收购，现有资产的折旧不受影响。但是，收购可能会产生新资产，如竞业禁止协议。例如，假设目标企业账簿中的资产如下所示：

	成本	累计折旧
土地	200000 美元	
建筑物	500000	175000 美元
家具和设备	100000 美元	30000

该公司股票售价为 1500000。此外，卖主因竞业禁止协议增加售价 40000 美元。

在股票被购买的条件下，恰当的折旧和摊销余额计算如下：

土地	0 美元	
建筑物	325000	（500000 美元 – 175000 美元）
家具和设备	70000	（100000 美元 – 30000 美元）
竞业禁止协议	40000	
剩余的折旧和摊销	435000 美元	

土地是不需要折旧的资产。建筑物、家具和设备剩余的折旧额是用购买成本减去累计折旧（先前时段产生的折旧）得到的。竞业禁止协议是新的无形资产，必须在未来 15 年中得到摊销。1500000 美元是用于购买公司股票的资金，不需要折旧；

在账面价值中，有现存的资产和负债，以及股票。

购买普通股可能会给买主带来不利的税赋问题，因为购买价格是不能被折旧的，所支付的价格代表着股票的成本，在纽约证券交易所购买股票是同样的。结果就是，这一成本只能通过出售股票收回。

折旧是非现金费用，具有减税作用，因此减少了企业的税务负担。通过购买卖主的股票收购企业，通常意味着买主为收购支付了一笔不能计入资产的额外费用（失去了折旧的能力）。很多时候，当买卖协议是通过股票收购而非资产购买完成时，卖主会制定一个较低的收购价格促进销售。

《资产法》：当目标收购公司是独资企业时，或购买的是股份有限公司的资产而非其普通股时，使用该法。新购买的资产之后转化为买主的成本，在其使用年限中完成折旧。买主可以为其新企业选择任意一种公司组织形式。

目标公司账簿中的资产取得成本和累计折旧与买主无关。卖主继续保留预售企业的会计记录，买主将建立新的会计记录。

为了恰当地对资产进行折旧，买主应该取得资产的公平市价。这一公平市价将成为折旧的基础。另外，商誉和竞业禁止协议成为新的无形资产，在未来 15 年中摊销。从根本上说，商誉是所支付的资产价格高于公平市价的部分。

例如，某公司的下列资产售价为 1500000 美元。此外，卖主因竞业禁止协议增加售价 40000 美元。资产的市场估价如下所示：

	公平市价
土地	300000 美元
建筑物	600000
家具和设备	200000
总计	1100000 美元

在资产被购买的条件下，恰当的折旧和摊销金额计算如下：

土地	0 美元
建筑物	600000
家具和设备	200000
竞业禁止协议	40000
商誉	400000
总计待折旧和摊销金额	1240000 美元

土地是不需要折旧的资产。建筑物、家具和设备是依照其取得成本，即公平市价，计算折旧的。竞业禁止协议是新的无形资产。在这笔交易中，因为很明显购买的是资产，所以 1500000 美元均得到折旧。商誉是另一种无形资产，产生这一资产的原因是购买价格 1500000 美元比资产的公平市价 1100000 美元超出了 400000 美元。

此外，如果这笔交易包括为取得企业名称或商标所支付的额外成本，这些新的资产也要得到摊销。

图 16-5 展示了当买主购买企业资产时的理论比较结果。该表的唯一目的是分析折旧变化的作用。卖主去年的利润表被用于预测下一年的经营情况。在本例中，由于折旧的变化，20000 美元的利润转变为 10000 美元的亏损。这种情况并不是个别现象，因为卖主通常在多年前以较低价格购买了资产：由于卖主多年拥有该企业，资产已经差不多完全被折旧了。

图 16-5　通过购买资产收购企业：折旧的影响

	卖主（a）	买主（b）
销售收入	400000 美元	400000 美元
销售成本	120000	120000
毛利	280000 美元	280000 美元
运营费用：		
工资及相关费用	150000	150000
折旧	10000	40000（c）
其他费用	100000	100000
总费用	260000	290000
税前利润	20000 美元	（10000 美元）

（a）去年的数据，也代表典型的经营年度情况。

（b）使用调整后的卖主的销售收入和费用预测买主第一年的经营情况。

（c）建筑物和设备依据卖主的成本在预计的使用年限中折旧；购买土地的价格必须另外记录，因为饭店业中不对土地进行折旧。

卖主的薪酬与买主的需求

理想的情况是当企业支付给卖主足够的薪酬时，买主无须考虑其个人的基本需要和生活方式。在这种情况下，买主可以下调工资成本，从而为偿还已取得的融资提供缓冲。

但是，卖主取得的薪酬可能无法让买主满意。如果卖主的薪酬受到企业支付能力的限制，买主可能无法采取补救措施，因为企业的利润可能不能提供足够的现金流用以支付其所要求的薪酬。

家族运营式企业

购买家族运营式企业需要仔细审查其人员配置和工资支付情况。丈夫和妻子同时经营一家企业，但只有其中一人领取薪酬，是一种很常见的现象。此外，他们的子女可能为企业提供服务，但只得到个人的零用钱。除非买主可以复制这种免费或低工资的劳务服务，否则卖主财务报表中的工资费用必须被调整。

图 16-6 显示了当买主的工资支付需要比卖主要多时，以及当买主无须为家族运营式企业付出或只需要付出很低成本的服务支付费用时，工资成本是如何影响企业利润的。需要注意的是，家族运营式企业去年的利润是 48000 美元。当所有权发生转变，调整工资支付情况后，企业现在的情况是亏损 42000 美元。

图 16-6 所有权变更：当购买家族运营式企业时工资的影响

	卖主（a）	买主（b）
销售收入	500000 美元	500000 美元
销售成本	150000	150000
毛利	350000 美元	350000 美元
工资及相关费用：		
所有者工资	40000	60000（新所有者的要求）
配偶和子女	0	55000（替换免费的家庭成员劳务）
员工工资	50000	50000
员工福利（c）	18000	33000（已支付工资的 20%）
其他费用	194000	194000
总费用	302000	392000
税前利润	48000 美元	（42000 美元）

(a) 去年的数据，也代表典型的经营年度情况。
(b) 使用调整后的卖主的销售收入和费用预测买主第一年的经营情况。
(c) 员工福利包括工资税和保险。

融资对利润和现金流的影响

任何企业所有权的变更常常意味着企业利息费用和现金流量的改变。卖主可能完全拥有企业，没有负债，或者可能最初购买所需的融资仅剩较小的贷款余额，这是新的买主无法与之相比较的。很少有买主和卖主的融资数量相同的情况。因此，买主必须调整卖主财务报表中的利息费用。

许多需要每月偿还的贷款包括下列两个部分：

• 偿还（分摊）贷款余额的部分，贷款余额也叫作本金；

• 尚未归还余额部分的利息。

通常，在较早还贷的年份中，每月偿还金额的大部分都是在支付贷款利息。图 16-7 显示了利息率为 12%、还款期为 10 年、负债总额为 200000 美元的每月分摊还款计划。需要注意的是：直到还款中期，借款人才开始归还贷款的本金部分。整个还款期的利息总额是 144324.61 美元，相对所借款项 200000 美元来说是非常巨额的。

买主在预测饭店企业未来的成功时，需要记住两个要点：

• 利息费用降低了企业的利润水平，也影响着现金流量；
• 归还贷款本金的部分，并不出现在利润表中，与之对应的是，买主在考察企业的现金流量表时必须考虑到这一问题。

图 16-7　贷款分摊计划

	总归还额	利息	本金	余额
总量: 200000 美元　　期限: 120 个月				利率: 12%
每月归还额（119）: 2869.47 美元			最后归还额（120）: 2857.68 美元	
				200000.00 美元
第 1 年	34433.64 美元	23406.58 美元	11027.06 美元	188972.94
第 2 年	34433.64	22008.08	12425.56	176547.38
第 3 年	34433.64	20432.20	14001.44	162545.94
第 4 年	34433.64	18656.47	15777.17	146768.77
第 5 年	34433.64	16655.53	17778.11	128990.66
第 6 年	34433.64	14400.82	20032.82	108957.84
第 7 年	34433.64	11860.16	22573.48	86384.36
第 8 年	34433.64	8997.27	25436.37	60947.99
第 9 年	34433.64	5771.30	28662.34	32285.65
第 10 年	34433.64	2136.20	32285.65	0
总计	344324.61 美元	144324.61 美元	200000.00 美元	

备注:
使用人工计算分摊表和不同的计算机分摊机软件计算，会导致图中计算出的周期性还款量在小数点后存在差异。

图 16-8 显示了利息率为 12%、还款期为 10 年、数量为 200000 美元的融资额对企业利润产生的影响。当卖主的利润是 20000 美元时，卖主在经营的第一年会有 3407 美元的亏损。亏损也影响现金流，买主需要偿还 11027 美元的贷款本金，这部分没有在利润表中显示出来。

选择一个企业来购买

一个有远见的买主在收购企业时，会花费很多时间来做出正确选择。有远见的

图 16-8 所有权变更：融资对利润的影响

	卖主（a）	买主（b）
销售收入	400000 美元	400000 美元
销售成本	120000	120000
毛利	280000 美元	280000 美元
工资及相关费用：		
所有者工资	60000	60000
员工工资	65000	65000
员工福利	25000	25000
利息费用	0	23407
折旧费用	10000	10000 (c)
其他费用	100000	100000
总费用	260000	283407
税前利润	20000 美元	（3407 美元）

备注：
虽然利润表包含贷款的利息部分，但其不包括贷款的本金部分。第一年需要现金支付的、所偿还的本金是 11027 美元。
（a）去年的数据，也代表典型的经营年度情况。
（b）使用调整后的卖主的销售收入和费用预测买主第一年的经营情况。
（c）买主从卖主那里买了普通股。如果只购买资产，折旧会发生变化。

买主会在将选择范围缩小到也许是两家最有前途的企业前，访问许多家企业。下面的案例描述了从两家餐厅中选择一家购买的审核过程。但是，同样的原理可以应用于在任何数量的选项中做出决策。

这个案例用于强调决策制定中的数量方法。由于这个原因，这两家餐厅被设计为具有同样的特征，从而减少由于质量因素引发的争论或混淆。它们的地理位置具有同样的吸引力。两者的商誉、设施和设备情况是相似的。两家餐厅的目标顾客市场是一样的。两者的销售额和利润一样，如图 16-9 所示。去年，两家餐厅的销售额都是 800000 美元，利润都是 90000 美元。餐馆收购价格也相同；唯一的差异是变动成本和固定成本的组成不同。假设目前经营情况中的成本结构能够预示未来趋势。

图 16-9 两家餐厅的比较

去年的经营结果：	X 餐厅	Y 餐厅
销售收入	800000 美元	800000 美元
变动成本	440000（55%）	320000（40%）
边际贡献	360000 美元	480000 美元
固定成本	270000	390000
税前利润	90000 美元	90000 美元
假设销售额增长 10%：	X 餐厅	Y 餐厅
销售收入	880000 美元	880000 美元
变动成本	484000（55%）	352000（40%）
边际贡献	396000 美元	528000 美元

（续）

固定成本	270000	390000
税前利润	126000 美元	138000 美元
假设销售额下降10%:		
	X 餐厅	Y 餐厅
销售收入	720000 美元	720000 美元
变动成本	396000（55%）	288000（40%）
边际贡献	324000 美元	432000 美元
固定成本	270000	390000
税前利润	54000 美元	42000 美元
应该购买哪一家餐厅?		

图 16-9 还显示了如果销售额增加 10%，会得到怎样的经营结果。变动成本率和固定成本额不会随着销量的变化而改变。可以发现：当销售额增加时，Y 餐厅的税前利润高于 X 餐馆。X 餐厅利润较低是由于其变动成本率较高，在新的销售水平下产生较多的变动成本。

更进一步，图 16-9 显示了如果销售额降低 10%，会得到怎样的经营结果。这次，X 餐厅的税前利润高于 Y 餐厅。在销售额下降时，Y 餐厅利润较低是由于其固定成本较高。

当其他无形因素相同时，最终的选择取决于投资者个人的特质。让我们使用去年的数据作为比较的基础：当销售额增长时，Y 餐厅是更好的选择；当销售额下降时，X 餐厅是更好的选择。

激进的企业家会偏好选择 Y 餐厅，因为这一选择意味着更多的赢利潜力。

购买特许经营权

特许经营是一种市场营销权利，被授权可以使用知名服务或产品的名称、商标和销售体系。授予特许者通过签订合同（特许经营协议）将这一权利授予特许经营人。

获取特许经营权通常需要支付最初的一次性费用。一旦开始经营，特许经营人就要支付特许使用费、固定的周期性费用，或是两者的结合。特许使用费通常以销售收入为基础。饭店特许经营协议可以规定特许经营费由两部分组成，分别是以客房量为基础的固定费用，以及基于销售收入计算的特许使用费。

特许经营通常指授权一个地点。一些授予特许者出售的特许经营权可能包括很大的地域范围，允许特许经营人在这个特定地理区域成为授予特许者。

购买特许经营权为特许经营人提供了如下利益：

- 一个成功的、著名的名称可以非常容易地被消费者识别、认可；
- 提供诸如选址、建造、市场调查、商业建议、培训等技术性服务；
- 融资优势，直接的（由授予特许者提供）或间接的，因为授予特许者的声誉使外部的筹资机构和债权人更为信任企业；
- 全国的和地域性的广告，广告费用或是名义上的、或是已经包含在特许使用费中，特许经营协议可能会详细说明特许经营人需要为全国的和地域性的广告付出一定成本，并支付当地广告费；
- 进入全国计算机预订系统。

另一方面，购买特许经营权给特许经营人带来的问题如下所示：

- 从长远来看，购买特许经营权最初的成本和持续的特许使用费可能成为无法接受的成本；
- 授予特许者强制执行的经营标准可能会使企业失去不被特许经营允许的自由；
- 特许经营协议中要求购买的产品可能出现不合理的涨价。

购买特许经营权的主要原因是获得能够被立即识别的名称和完善的经营体系。与购买单体饭店的风险相比，这些特征极大地降低了特许经营人的业务风险。选择特许经营权需要仔细审查特许经营协议和其要求、权利，以及特定的时间阶段。同样，一位有远见的特许经营人可以从与现有特许经营人的对话中，取得有价值的信息。

租 赁

租赁协议是书面合同，称为租约。使用者是承租人，而业主（所有者）是出租人。签订租赁协议后，租约给予承租人使用财产或设备的权利，承租人避免了取得所有权的现金支出。

租赁的会计记录方法有两种，一种是记为经营性租赁，另一种是记为融资租赁。简单来说，经营性租赁是租赁协议，而融资租赁是一种通过租用购买资产的方法。融资租赁被视为资产购买，本章不讨论这一内容。

租赁房地产

一个成功经营的饭店企业位于租用的物业中并不是罕见现象。当这个企业被出售时，租用的地点通常被转给买主。房地产租赁也会发生在企业被收购时；买主可能仅出售企业却保留房地产的所有权，因此在出售他的企业后成为出租人。

作出购买或租赁的决策通常无法选择；而是受制于环境约束得到购买或是租用的决策结果。例如，一个非常好的地段的房地产所有者可能会拒绝任何购买其物业的出价，但是会通过出租使物业得到使用。或者可出售的房地产太贵、买主无法取得融资，都会使买主作出不购买的决策。

签订租约 许多出租人都要求承租人签两次租约：第一次是以公司法人名义，使该公司对租约负责；第二次是以个人名义，使承租人个人对租约负责。

签订租约之前，房地产租赁协议中的条款必须被仔细审核，因为租约是具有法律效力的合约。有远见的承租人会审核租约中的期限和租金，以及其他主要问题，具体包括：

- 保险和维修保养的责任；
- 出租人的保险和物业税价格自动调整条款；
- 承租人转让（分租）租赁协议的约定；
- 改造的限制；
- 承租人改造（租赁物改良）的界定，合约到期后是否改良将成为出租人的财产；
- 续订权；
- 终止条款。

出租人可能提供多种选择：变动租约、固定租约、或两种类型特征混合的租约。恰当地从这些类型中做出选择对饭店企业的赢利能力有重要意义。

选择变动或固定房地产租约 固定租约的特征是约定期限内租金不变。变动租约也会约定期限，但租金是以百分比形式出现的，通常是承租人销售额的百分比。

由于出租人的保险和物业税价格会自动调整，所有租约中都可能包含租金调整条款来补偿这些增长。

如果需要在固定租约和变动租约中做出选择，承租人应该在决策制定过程中计算无差异点来协助选择。无差异点是固定租约租金和变动租约租金相等时的销售收入。无差异点的计算公式如下所示：

$$无差异点销售收入 = \frac{固定租约成本}{变动租约租金占收入百分比}$$

假设出租人提供的选择是：每月固定租金 4000 美元，或者每月变动租金为月销售收入的 5%。无差异点的计算如下所示：

$$无差异点销售收入 = \frac{4000\ 美元}{5\%} = 80000\ 美元$$

当销售收入是 80000 美元时，选择哪种类型的租约都可以。固定租约的租金是 4000 元，销售收入是 80000 美元时，变动租约的租金也是 4000 美元（80000×5%）。基于这一分析，如果预期每月销售收入会超过 80000 美元，应该选择固定租约；如果销售收入低于 80000 美元，可以选择变动租约支付更少的租金。

租赁汽车

租赁汽车是为一段时间的汽车使用权支付费用。租赁正如你要购买汽车一样，也涉及商讨汽车的购买价格。但是，你不是购买者；相应的是，租赁公司从经销商那里购买汽车。经销商作为租赁公司的代理人形式出现，通常是汽车制造商的子公司。一旦签订了租赁合同，租赁关系发生在承租人和租赁公司之间，而非汽车经销商。

即使汽车是租赁的，也需要承担一些与拥有汽车一样的责任。承租人必须每月支付相关费用，包括执照费、责任和财产保险、财产税和保养费。修理费通常在制造商的担保范围内。

保险空白 如果租用的汽车被盗窃或损毁了，承租人对出租人拥有的资产残值和保险赔付之间的差异（空白）负责。保险空白通常用于在此类事件中保护承租人。在购买融资中，通常无法提供空白保护。

潜在的结束合约费用 在租期结束时，汽车被归还给租赁公司，通常是在经销商那里完成的，虽然没必要在最初提车的经销商那里归还。承租人可能要依照租赁协议中商定的价格购买这辆汽车。如果承租人不购买汽车，则可能需要为额外使用的里程或磨损支付费用。

租赁或购买决策 在租赁或购买决策中，严格的数字运算和大量的实例可能无法得出关键性的结论，因为结果很少具有毋庸置疑的说服力。租赁的优点和缺点很难量化。应该从短期视角和长期视角对租赁加以分析。

短期来看，租赁的成本和购买的成本差不多。在租赁中，从根本上说，你支付了租赁期内的汽车折旧费用。

从长远分析，租赁的成本通常高于购买的成本。如果购买者在偿还完贷款之后的几年中，继续持有车辆，则成本被分摊到更长的时期中。如果目标是获得长期的财务利益，而不是常常取得常常驾驶更新、更好车辆的话，购买是最佳选择。

租赁的优点如下所示：

- 降低最初的现金支出：但是有时，有一些租赁要求最初支付的取得费用与购买下来的费用差不多；
- 延迟支付营业税：在购买中，营业税到期应全额支付，但在租赁协议中，营业税通常基于每月租金额计算，并在整个租赁期中都列为应付税款；
- 降低每月支付额：每月租金通常大大低于每月需要偿还的贷款，就豪华轿车来说，每月的差异就能达到数百美元；
- 更低的修理费用：租用的汽车通常是在制造商保修期内的新车或新车型；
- 更多车辆、更频繁更换：由于初始现金支出较低和租期原因，承租人可以选择更好的车型、或更贵的车辆，租约到期时，承租人还可以再租用一辆新车；
- 没有出售旧车的麻烦：当租约到期时，承租人只需简单地将车辆归还给经销商即可。

租赁的缺点如下所示：

- 没有所有权：租约通常会提供在租约到期后，可以预先确定的价格购买车辆的选项，即使租赁公司拥有车辆，如果在租约到期时，预先确立的购买价格高于其市场价值，出租人通常会允许承租人或其他具有资格的经销商议价；
- 里程费用：有代表性的租约中，年行驶里程在 2 ~ 2.5 万千米时，不用付罚金，超出的里程必须支付巨额费用，如果需要行驶更多里程，必须在最初签订租赁合同时就进行磋商；
- 过度磨损费：在租约到期时，租赁公司要求归还的车辆必须符合租约中要求的车况，例如，如果有任何凹痕、破损的玻璃，或其他严重损伤，承租人都必须支付过度磨损费；
- 提前终止罚金：通常，提前终止协议会产生罚金、处置费用，以及车辆所有剩余折旧减去其残值的费用，实质上，提前终止并不可行，其费用通常大致等于未付的租金。

租赁术语 租赁过程中使用各种各样的术语，其中一些术语的含义如下所示：

- 取得成本：租赁的服务费，该费用可能包括保险空白，没有取得成本的租约可

能将这部分费用放在资产成本中了;

- 资产成本: 协商后的车辆价格, 因为可以与销售价格相提并论, 所以数量较大;
- 资产成本缩减: 预付订金, 折价交易, 经销商促销和生产商促销;
- 净资产成本: 资产成本减去资产成本缩减;
- 租期: 通常用月份表述, 大多数的租期是 24 个月、36 个月或 48 个月;
- 残值: 租期结束时车辆的价值, 残值越高, 每月支付的租金越低;
- 款项系数或租赁系数: 租赁公司收取的"利息"费用, 与购买融资相似, 这一利息费用比较起来并不容易, 因为其形式为 24 的十进制形式的倒数, 将款项系数转化为年利息率 (百分比) 时, 用 2400 乘以款项系数, 如, 款项系数是 0.00333, 转化为年利率就是 7.9992% (0.00333 × 2400)。

计算每月租金 承租人无须忙于错综复杂的每月租金的计算; 租金多少由经销商提供, 并写在租赁协议中。因为需要包括很多变量, 每月租金额的计算十分复杂。月租金费用由折旧费用、融资费用 (款项系数)、营业税及其他涉及的变量共同组成。精确的计算月租金费用的过程因租赁公司而异。图 16-10 展示了计算月租金费用的一种方法。其过程如下所示:

步骤	描述
1.	录入资产成本
2.	录入资产成本缩减
3.	(1-2) = 净资产成本
4.	录入残值
5.	(3-4) ÷ 租期 = 折旧费用
6.	(C+4) × 款项系数 = 财务费用
7.	5 + 6 = 不含营业税的月租金
8.	录入营业税
9.	7 + 8 = 每月租金

图 16-10 每月租金的计算

租赁数据: 36 个月租期, 款项系数 0.003333

步骤	描述		费用
1.	资产成本	27000 美元	
2.	资产成本缩减	5000	
3.	净资产成本	22000 美元	
4.	残值	16000 美元	

（续）

5.	(3-4)	= 6000 ÷ 36 =	166.67 美元折旧费用
6.	(3+4)	= 38000 × 0.003333	126.65 财务费用
7.	5 + 6		293.32 美元合计
8.	营业税 6%		17.60 美元
9.	每月租金		310.92 美元

资料来源：以上过程由汽车租赁指南中的公式演化而来，www.leaseguide. com，1997 艾伯特 D. 赫恩。

封闭式租赁和开放式租赁 有两种汽车租赁的形式：封闭式和开放式。封闭式租赁通常用于消费者租赁，有时也叫作"跳楼价"租赁。如果车辆价值低于合同中的残值，损失者是租赁公司而不是承租人。但是，如果车辆价值高于合同中的残值，承租人可以约定价格购买该车辆。

商业租赁合同中通常使用开放式租赁。但是，这种类型同样可以用于消费者租赁。在这种情况下，承租人承担市场价值风险，而不是租赁公司承担。如果车辆市场价值低于合同中的残值，承租人必须支付这一差异。

资本预算

资本预算是为获取土地、建筑物、家具、设备，以及其他长期资产所做的规划。除了规划企业收购和扩大当前设施规模外，饭店业管理层通常被各个部门关于追加家具、车辆、设备的采购，或替换它们的要求所淹没。

所有企业的现金量或融资能力都是有限的；因此，资产购买必须排列出优先级别。通常按照以下 3 个因素顺序进行考虑，完成对这些要求的分级：

- 政府的要求；
- 设施质量和客户服务；
- 财务汇报。

依据《职业安全与卫生条例》，政府要求强制安装安全设备和保护性装置。联邦政府、州政府和当地政府还有就残疾人可进入性、吸烟、食品加工和其他健康标准的规范。符合这些规范的要求需要大量费用，财务回报不在决策过程的考虑范围中。

设施的质量和客户服务必须得到保证，饭店才能获得回头客和新顾客。替换诸如磨损了的瓷器、歪斜的桌椅这类物品的耗费，不能用财务回报来衡量。

在强制性和基本开销确定了之后，其余的资产购买需要财务评估，并依据其对利润的贡献排序，或是依据其产生的现金流量证明这一开销是有正当理由的。这一排序是通过使用资本预算决策工具完成的。

衡量资产购买需求的财务回报，通常需要下列信息：

- 初始成本（现金流出）；
- 折旧（税金减除额，非现金流出）；
- 年运行费用（现金流出）；
- 收入或节约额（现金流入）。

之后，将这些信息用在资本预算方法中，用以评估项目的财务回报。两种简单的方法是平均回报率法和回收期法。虽然这两种方法忽视了货币时间价值，但它们使用起来快速简便。更复杂的方法（净现值法和内部收益率法）考虑了货币时间价值，但十分复杂耗时，而且需要使用现值系数表。一般来说，饭店业经理无须使用这些方法，而是由会计部门完成计算。

平均回报率

平均回报率法测量的是每年净回报（减去折旧和所得税之后的净值）与平均投资额的比值。计算公式是：

$$平均回报率 = \frac{每年净回报}{（投资额 + 残值）÷ 2}$$

每年净回报可以是每年节约额、每年现金流量，或每年净利润（减去折旧和所得税之后的净值）。投资额是初始购买成本。残值是资产在使用寿命结束时的剩余价值。求初始购买成本和新资产预计残值之和后，除以 2，得到平均投资额。

使用图 16-11 的数据，例子中的平均回报率计算如下：

$$平均回报率 = \frac{3080\ 美元}{（30000\ 美元 + 0\ 美元）÷ 2} = 20.5\%$$

图 16-11 投资新洗碗机的提案

新洗碗机数据：	
购买和安装费用	30000 美元
使用寿命结束时残值	0
预计使用年限	5 年
折旧方法	直线折旧法
年折旧额	6000 美元（30000 美元 ÷ 5 年）

（续）

旧洗碗机数据:		
完全折旧		
没有残值		
	每年费用	
旧洗碗机	新洗碗机	
工资及相关费用	27600 美元	20000 美元
电费	4000	3000
消耗品	800	600
维修费	2000	400
折旧	0	6000
合计	34400 美元	30000 美元
每年税前节约额	4400 美元（34400 美元 -30000 美元）	
所得税 @30%	1320（4400 美元 ×30%）	
每年税后净节约额	3080 美元	

最小平均回报率通常用于判断一个投资项目在与其他投资项目竞争时是否应被保留下来。最终幸存下来的项目是由下列因素共同决定的:

- 初始现金支出和融资需要;
- 对企业的急迫程度;
- 项目风险;
- 财务回报。

回收期法

回收期法衡量的是一个项目能够收回初始投资（赚到足以支付购买费用的钱款）估计年限。计算公式是:

$$回收期 = \frac{购买成本}{每年净回报 + 每年折旧额}$$

购买成本包括运输成本、安装成本、营业税，以及实现资产可供使用目标的其他所有花费。折旧是非现金支出费用，要加回到每年净回报中。因此，分母表述的是每年现金流量。

使用图 16-11 的数据，该例子的回收期计算如下:

$$回收期 = \frac{30000 \text{ 美元}}{3080 \text{ 美元} + 6000 \text{ 美元}} = 3.3 \text{ 年}$$

预先确定的可接受的最长回收期，通常用于确定一个项目在与其他项目的竞争中是否保留。保留下来的项目最终是由先前在平均回报率法中已列出的因素共同决定的。

主要术语

融资租赁（capital lease）：一个长期融资协议，承认承租人现在或未来拥有所租用财产的所有权。

竞业禁止协议（covenant not to compete）：出售者签订的保证规定期限内、在一定的地理范围中不经营同类企业的协定。

固定租约（fixed lease）：以特定时间段内租金固定为特征的租约。

特许经营（franchise）：规定特许经营人开展业务、销售产品或服务必须与授予特许者要求的方法和流程一致的协议。特许经营可以包含在特定地域范围内出售产品或服务、开展某项业务的专有权。

无差异点（indifference point）：固定租约租金和变动租约租金相等时的销售收入。

租约（lease）：出租人授权给承租人使用财产或设备的合同。

承租人（lessee）：依照租约，使用租来的财产或设备的个人或企业。

出租人（lessor）：出租财产或设备给承租人的个人或企业。

经营性租赁（operating lease）：与租赁协议相似，承租人不拥有所租用财产现在或未来的所有权。

变动租约（variable lease）：约定特定时间期限的租约，租金是以百分比形式出现的，通常是承租人销售额的百分比。

复习题

1. 在财务决策中，数量因素与质量因素的差别是什么？

2. 利润贡献表的缩略形式是怎样的？

3. 在决定淡季时是继续经营还是关门歇业时，需要考虑哪些质量因素？

4. 在淡季分析中，最重要的数量因素是什么？

5. 当搜寻可收购的企业时，需要仔细考虑的质量因素有哪些？

6. 什么是竞业禁止协议？

7. 使用小企业卖主的财务报表时，最大的问题是什么？

8. 在预测卖主的企业的潜在赢利能力时，买主需要考虑哪些关键问题？

9. 当购买有限公司的普通股时，买主需要考虑到哪些会计和法律因素？

10. 当使用资产法收购企业时，资产应记的折旧是多少？

11. 当核对家族运营式企业记录的真实性时，买主需要考虑的最重要的一个因素是什么？

12. 偿还贷款的两个组成部分是什么？哪一个不出现在利润表中？

13. 下列术语的定义是什么：特许经营、授予特许者、特许经营人？

14. 称为特许经营人的好处和问题有哪些？

15. 下列术语的定义是什么：租约、出租人、承租人？

16. 当承租人考虑是签订固定租约还是变动租约时，需要计算的无差异点是什么？应该如何计算？

17. 下列术语的定义是什么：资产成本、资产成本缩减、净资产成本？

18. 租用车辆的优点和缺点是什么？

19. 开放式汽车租赁和封闭式汽车租赁的主要差别是什么？

20. 什么是资本预算？

21. 使用在资本预算的财务评估过程中的两种最普及、最简单的评估方法是什么？它们各自的计算过程是怎样的？

网址：

若想获得更多信息，可访问下列网址。网址变更恕不通知。若你所访问的网址不存在，可使用搜索引擎查找新网址。

1. 成本／收益分析：www.mindtools .co m/pages/article/newTED_08.htm

2. 决策树：www.mindtools.com/dectree.html

3. 竞业禁止协议：http://business-law.freeadvice.com/trade_regulation/covenant_not.htm

4. 利用贷款收购：www.valuebasedman agement.net/methods_leveraged_buy-out.html

5. 企业合并：http://home.att.net/~s-prasad/GW.htm

http://cpaclass.com/gaap/gaap-us-101.htm

http://cpaclass.com/gaap/sfas/gaap-sfas-142.htm

6. 特许经营：http://money.howstuffworks.com/franchising.htm

7. 租赁：http://pages.stern.nyu.edu/~adamodar/New_Home_Page/AccPrimer/lease.htm

www.restaurantreport.com/departments/ac_lease2.html

8. 平均回报率：http://teachmefinance.com/Financial_Terms/average_rate_of_return.html

www.bized.ac.uk/virtual/bank/business/finance/investment/theories2.htm

9. 回收期法：www.toolkit.cch.com/text/P06_6510.asp

www.itssimple.biz/biz_tools/text/P06_6510.html

10. 资本预算和方法：www.netmba.com/finance/capital/budgeting/

www.studyfinance.com/lessons/capbudget/index.mv?page=01

www.studyfinance.com/lessons/capbudget/index.mv?page=09

www.studyfinance.com/lessons/capbudget/index.mv?page=10

练习题

习题 1

为 Mamtain View 度假饭店完成旺季 / 淡季分析。从你的分析中总结出结论。

	去年（12 个月）	旺季（9 个月）	淡季（3 个月）	如果歇业（针对淡季）
销售收入	900000 美元	800000 美元	美元	美元
变动成本	585000			
边际贡献	315000			
固定成本	180000			
税前利润	135000	美元	美元	美元

习题 2

你为收购企业分析两家饭店的情况。完成下列情况分析表，从你的分析中总结出结论。

	去年的数据		如果销售收入增长 10%		如果销售收入下降 10%	
	A	B	A	B	A	B
销售收入	500000 美元	500000 美元	美元	美元	美元	美元
变动成本	200000	300000				
边际贡献	300000	200000				
固定成本	200000	100000				
税前利润	100000 美元	100000 美元	美元	美元	美元	美元

习题 3

以下内容是你考虑收购的股份有限公司的资产负债表的一部分。

	成本	累计折旧
土地	200000 美元	
建筑物	500000	400000 美元
家具和设备	150000	100000

折旧过程中没有残值，所有成本都可以被折旧。卖主要求以 1200000 美元的价格出售普通股。另外，卖主要求为竞业禁止协议支付 75000 美元。如果你要购买该公司的股票，计算可接受的折旧和摊销年限。

习题 4

以下内容是你考虑收购的股份有限公司的资产负债表的一部分。

	成本	累计折旧
土地	200000 美元	
建筑物	500000	400000 美元
家具和设备	150000	100000

折旧过程中没有残值，所有成本都可以被折旧。卖主要求以 300000 美元的价格出售土地资产，以 900000 美元的价格出售其他资产。另外，卖主要求为竞业禁止协议支付 75000 美元。如果你要使用资产法收购该公司，计算可接受的折旧和摊销年限。

习题 5

房东给你提供的租约是：每月固定租金 6000 美元，或是变动租金为销售收入的

8%。计算无差异点，并提出你的结论。

习题 6

经销商提供的汽车租赁报价的款项系数是 0.004545。将该款项系数转化为年利息率。

习题 7

依据下列数据，计算每月要支付的租金：

资产成本：30000 美元

取得成本：2000 美元（不包括预付保证金）

残值：13000 美元

租期：48 个月

款项系数：0.002917

营业税：5%

习题 8

使用习题 7 的信息。经协商，你将资产成本降到 28000 美元，残值升到 14000 美元。计算每月要支付的租金。

习题 9

目标收购企业购买条件如下所示：

土地	50000 美元
建筑物	180000
设备	80000
商标	100000
竞业禁止协议	20000

这家企业是一个独资企业，其利润表如下所示：

销售收入	1200000 美元
销售成本	360000
毛利	840000
工资及相关费用	420000
折旧	5000
所有其他费用	150000
税前利润	265000 美元

由于独资企业所有者从公司中提取资金不计为工资费用，所以该公司所有者每年从企业提取 70000 美元并没有反映在工资费用中。你将会将新公司的组织形式定为有限公司。你的工资需要为 50000 美元一年。相关的税金和福利是工资的 20%。对于所购买的资产，你的会计师采用的是如下的直线折旧法，资产没有残值：

建筑物	30 年
设备	10 年
商标	25 年
竞业禁止协议	5 年

如果你购买了这家公司，忽略开办成本和所得税，编制一张年利润表。假定销售收入和所有其他相关成本的关系不变。

习题 10

依据下列信息，计算平均回报率。平均回报率计算结果以保留一位小数的百分数形式出现。该公司的所得税是 40%。

新销售终端系统

购买成本和安装费	56000 美元
使用期结束后的残值	0
使用年限	7 年
折旧方法	直线折旧法

年运行费用：

工资及相关费用	35000 美元
电费	5700
用品费用	2000
修理费	300

旧销售终端系统
完全折旧，没有残值

年运行费用：

工资及相关费用	45000 美元
电费	7500
用品费用	2500
修理费	2000

习题 11

依据习题 10 给出的信息，计算回收期（结果保留 1 位小数）。

案例分析

企业收购—— 一位企业家的努力

你的企业家梦想将会实现。经过对众多投资机会的研究，你选择了一家位于黄金地段的非常有吸引力的饭店。它被其唯一的所有者经营管理，有很长时间的成功经营记录。你的会计师审核了该企业的财务报表，并认为这些报表符合一般公认会计原则。另外，在可以作为分析的基础之前，这些报表不需要实质性的调整。

饭店的土地和建筑物都是租用另一家单位的。你与房东协商购买这些设施，但没有成功。因为这家饭店的地理位置和成功经营记录，你勉强接受了现在的租用现状。

你投资了 65000 美元作为启动资金，建立新的企业。作为唯一的股东，你自己持有票面价值为 1 美元的普通股 10000 股。你的公司签发的第一张支票，是给你的律师 2000 美元，用来支付法律服务和注册费用。

购买该饭店及其资产耗费 200000 美元。资产的公平市价如下所示：

- 家具和设备　　　　　80000 美元
- 商标　　　　　　　　40000
- 竞业禁止协议　　　　20000

卖主提供的融资条件是先支付 40000 美元头期款；剩余的 160000 美元可以在未来 15 年支付，利率是 12%。

该饭店去年的利润表如下所示：

销售收入		300000 美元
销售成本		84000
毛利		216000
工资		
所有者	60000 美元	
员工	40000	
工资税和福利	20000	
工资和相关费用合计		120000
租金		30000
其他运营费用（不包括折旧）		30000
总费用		180000
折旧前、税前利润		36000 美元

卖主没有广告费支出，因为该饭店的销售依赖的是其良好的声誉。过去几年中，该饭店没有利息费用，因为所有贷款都被还清了。

基于你对市场的分析，营销策略可以使该饭店在未来的第 1 年销售收入增加 10%，第二年增加 5%。你已经决定实施一个计划中的广告方案，第 1 年成本是 10000 美元，第二年成本是 5000 美元。营销方案是通过增加食物分量和提升客户服务来吸引新的消费者、留住老顾客。

营销策略会增加食品成本和员工工资。由于每份食物的分量增加了，食品成本将会占到销售收入的 30%。你的预算是第 1 年 5% 的员工工资，第 2 年再提高 5%；这种工资水平可以留住称职的员工，吸引高素质的新员工。为了抵消员工工资的增长，你决定将自己的个人薪酬定为第 1 年 50000 美元，第 2 年增长 5%。

你确定企业将会产生下列费用：

• 工资税和福利将占工资总额的 20%；
• 未来两年，每年租金仍为 30000 美元；
• 其他运营费用第 1 年会增加 5000 美元；其后，每年会增长 2%。

你的会计师告知你欠卖主年利率为 12% 的 160000 美元的应付票据，每月包括本金和利息共计需要支付 2000 美元。第 1 年支付的利息部分是 19000 美元，第 2 年是 18000 美元。

要 求

1. 解释你为什么选择了股份有限公司这一企业组织形式。通过分析股份有限公司这一企业组织形式的优缺点来支撑你的解释。
2. 描述你作为买方接管租用的设施的首要必备的质量因素。
3. 为你拥有饭店后的第 1 年和第 2 年编制预测的利润表。
   • 忽略折旧和摊销费用；
   • 将所有录入利润表的数据四舍五入至百位数。
4. 编制一张规范的资产负债表，包括签给律师的支票。

第17章

概　要

现金，现金流和利润

现金管理

　　获取现金管理数据

　　现金预算示例

现金管理工具

　　现金浮动

　　邮箱收取汇款系统

　　管理富余资金

误导性的现金流计算

　EBITDA

　自由现金流

学习目标

1. 定义现金、现金流和现金流分析，解释现金和利润之间的关系。

2. 阐述现金管理的目的和作用，能够准确并有效使用"现金管理"这一术语。

3. 使用恰当的数据和方法，编制分别适用于短期和长期的现金预算。

4. 解释浮动管理、邮箱收取汇款系统和流动账户等现金管理工具的使用方法。

5. 描述两种流行的现金流速算法，并证明为什么它们是具有误导性的。

17

现金管理和计划编制

大型公司通常拥有首席财务官和会计部门，来完成现金管理和计划编制工作。但是有很多饭店企业家支付不起聘请专门会计师，或是昂贵的专业会计服务的费用。如果想要在激烈的饭店竞争环境中取得成功，这些企业家必须自己完成现金管理和计划编制工作。

在企业建立和经营中的每一个阶段，现金管理都十分重要。经理们经常会忽视对现金的管理，因为他们一心关注着利润、烹饪需求、前厅部工作、客户服务，以及许多其他饭店业经营的需要。一些饭店业的经理会觉得只要现金收入大于现金支出，就是安全的。不幸的是，这种想法会使企业暴露在未知的现金流需求中，这种需求会严重影响饭店经营，甚至可能威胁企业的生存。很多赢利能力很好的饭店（根据它们的利润表可知）都因为现金流问题破产倒闭。

一个企业可以在没有赢利的情况下维持一段时间的经营，但是企业在没有现金的情况下，无法维持其日常经营需要。现金是任何企业的生命线。员工、供应商、房东和债权人都需要按时支付。支付记录不好，会导致日后申请和获取贷款时成本的剧增（因为贷方会索要高额利息来控制其风险），或贷款无法取得。

本章将回答下列问题：

1. 什么是现金？

2. 什么是现金流？

3. 什么是现金流分析？

4. 什么是现金管理？现金管理可以带来什么好处？

5. 现金管理数据如何取得？

6. 如何开展现金流分析？

7. 企业应该怎样明智地使用其过量的现金？

现金，现金流和利润

现金是企业存放在银行中的可用资金。现金不包括存货、应收账款和财产。虽然存货和应收账款在企业正常运营中会转化为现金，但在这一过程中，新的存货和新的应收账款取代了原有的存货和应收账款；因此，它们一直处于占用现金的状态。财产——企业所需要的，如土地、建筑物、设备等必不可少的固定资产——通常不会被出售，因为日常经营中需要使用它们。

在资产负债表中，现金是流动资产，由若干不同流动性水平的资产组成，或是具有易于转化为现金能力的资产。例如，流动资产中的现金可能包括零用金、银行存款工资账户、常规支票账户、无利息收入账户、活期存款、短期现金投资（即可以随时赎回的、或是从购买日算起到期日在 90 日内的投资）。富余的现金可以进行多种形式的投资；但是，一些富余的现金必须存放在流动性强的账户中，以备企业需要时可以取用（本章稍后会讨论用富余的现金进行投资）。

依据企业类型的不同，周转中的现金需求量差异较大；信用期限长、有大量存货或是昂贵存货的企业，需要更多的周转资金。

现金流是资金流入或流出企业的运动。图 17-1 呈现了现金流入和现金流出的示例。如果流入企业的资金（现金流入）超过流出企业的资金（现金流出），其结果

图 17-1　现金流入和现金流出示例

现金流入示例：	现金流出示例：
1. 来自经营活动的现金收入	1. 经营活动的现金支出
• 顾客的现金销售收入；	• 支付工资和福利；
• 应收账款收回的现金。	• 支付税金、租金、保险；
2. 来自融资的现金收入	• 支付运营费用。
• 现金借入；	2. 融资活动的现金支出
• 发行股票；	• 偿还贷款；
• 发行债券。	• 支付股利。
3. 来自投资的现金收入	3. 投资活动的现金支出
• 出售财产或设备；	• 购买财产或设备；
• 出售短期投资（有价证券）。	• 购买短期投资（有价证券）。

称为正现金流。如果流出企业的资金超过流入企业的资金，其结果称为负现金流。现金流入和流出的循环决定了企业的偿债能力，即企业偿付其所有负债并维持经营的能力。

监测现金流是经理们和企业家们的主要工作。在现金预算阶段，现金管理涉及正确计划以避免出现负现金流。当账单即将到期，解决现金流问题对于企业和债权人双方来说都是一种烦恼。

负现金流意味着企业需要借入资金或增加所有者权益。企业可以从银行或从期望该企业维持经营的供应商那里借款。供应商也有可能予以配合，包括增大该企业的信用额度或延长该企业应付账款的到期时间

正现金流，虽然是有益的，但也需要分析。如果银行中的现金大大超出企业经营所必需的资金量，管理层需要考虑进行投资或扩大生产规模。

现金流分析是出于"维持企业所需要的足够现金量"这一目的，对现金流入和流出的循环进行的研究。这一工作涉及核查影响现金流的各个要素，如应收账款、存货、银行存款、销售收入和费用。

认识到利润和现金流不是一回事是很重要的。利润表中的利润量与现金余额没有直接关系。几个原因说明事实确实如此：

- 利润表的编制以权责发生制为基础，意味着收入和费用在其产生时就得到记录，不考虑支付是何时发生以及是否发生，赊销或信用卡交易可能仍是应收账款，费用可能还尚未支付；
- 偿还贷款本金部分的资金不被记入利润表；
- 支付预付产品的费用不被记入利润表：例如，保险政策可能要求预先全额支付未来12个月的保费，这一支付款项被记为临时性流动资产（在资产负债表中记为预付保险费），然后平均分摊到未来12个月的每月的费用中去；
- 某些费用，如折旧和摊销，是影响利润但不影响现金量的非现金费用。

企业需要利润和正现金流。但是，其他组合也可能会出现。企业获利的同时现金流可能为负，或者为另一个极端——现金流为正时发生亏损。从长远来看，持续的利润是企业生存所必需的。但是，如果利润不能产生正现金流，取得利润的价值几乎就不存在了。企业花费的是现金而不是利润。

非正式的会计报表是为了现金管理而存在的。资产负债表显示的是过去给定日期的现金状况，不能预测未来的现金余额或需求。利润表显示的是过去的信息，但忽略了现金，因为收入和费用是以权责发生制为基础加以记录的。现金流量表确实

是现金导向的财务报表，但仍是历史数据的记录，因为现金流量表是基于资产负债表和利润表编制的，无法反映未来的现金余额和需求。由于现金管理不能依赖标准的现金管理财务报表，每个企业都应该设计和使用有效满足管理需要的报表。

现金管理

在和银行及债权人打交道时，恰当掌握现金管理术语是非常重要的。图 17-2 显示了一些现金管理核心术语的定义。

图 17-2　现金管理术语

- 持票人：可转让票据的持有者。
- 已兑现支票：金融机构已经用现金支付的、被提取的支票。支票的背面盖有支付日期、支票已经由账户持有人支付字样。
- 兑付支票：已兑付支票的另一种说法。
- 商业票据：由公司或银行发行的无担保票据。到期日通常是 2 ~ 270 天；可以在次级市场交易。
- 活期存款：可以依据需要随时提取资金的账户（无须提前通知）。支票账户和大多数储蓄账户都属于活期存款。
- 短期投资：变现快速且容易的投资。
- 流动性：用于衡量资产多快可以转化为现金；流动性越强，转化为现金越快。
- 金融市场：债务证券交易市场，包括商业票据、存单、短期国库券，到期日是一年或一年以内，常常是 30 天或更少。一般来说，是安全、高流动性投资。
- 可转让票据：可转让的单据，承诺在未来某日或依据需要支付给持票者一笔资金。支票、短期国库券、期票都是可转让票据。
- 初级市场：新发行证券的交易市场，如股票、债务证券、商业票据。发行者可以将证券出售给投资人，也可以使用银行或投资经纪人为其代理。
- 回报：投资的利息率。
- 风险：失去部分或全部投资的可能性。货币市场基金没有风险，持有短期国库券直到其到期日没有风险。
- 次级市场：投资者可以从其他投资者（而不是发行者）那里购买证券的市场。这些证

（续）

> 券是在其最初发行之后进行交易的。银行和投资经纪人是买方/卖方的代理人。次级市场也叫作二级市场。
>
> - 短期国库券：美国政府发行的可转让债务，到期日通常是一年或一年以内，一部分债券到期日仅距发行日13周。从短期国库券中所获利息无须缴纳国家政府和当地政府的所得税。短期国库券可以在次级市场上交易，也叫作美国国债。
> - 风险投资：投资给极具发展潜力的新企业或小企业的基金名称。风险投资者期望获得这些企业的有表决权股份，也会为这些企业提供管理和技术方面的专家意见。

现金管理是监测和控制现金，从而满足企业需求的过程。现金管理的主要目标是为企业的现金流编制计划，从而能够随时满足企业的现金需求；次要目标是用闲置现金进行投资（当前经营所不需要的富余现金），从而获得最大回报。

现金管理的价值在于：

- 支付到期账单；
- 有利用购货折扣的能力；
- 有利用特殊采购的能力；
- 恰当计划设备的升级、替换和扩张；
- 满足季节性周期变化和特殊事件的存货需求；
- 良好的信用记录。

现金管理过程从现金预算开始，现金预算是对未来某一时期或一连串时期的总体计划。现金预算由预计的现金余额组成，该余额是用预计的现金流入和现金流出计算出的。

获取现金管理数据

当收集用于预计现金流的信息时，从运营预算开始是非常有用的。需要注意的是，运营预算是基于权责发生制编制的，现金流的预计仅处理现金收入和现金支出。在现金流预测过程中，不考虑运营预算中的非现金费用，如折旧和摊销。

由于下列原因，通常需要对运营预算做出调整：

- 销售不一定100%属于现金销售（或银行信用卡销售）；
- 购买可能可以延期支付；
- 偿还贷款的本金部分不出现在运营预算或利润表中，但需要现金支付；
- 记在资产负债表中的预付费用（保险费和财产税）注销（转化）为费用，出现在每个月的运营预算中，但很可能每年只需要支付一次。

必须完成对会计记录和管理计划的研究，从而确定下列事项：

- 销售收入中预计的现金收入或现金等价物收入比例；
- 应收账款回款期：例如，90% 的应收账款在销售后的 1 个月内得到回收，其余的 10% 将在销售后的 2 个月内得到回收；
- 来自银行贷款的现金流入；
- 通过出售固定资产或有价证券的现金流入；
- 计划中的扩大生产经营规模或固定资产购买；
- 还款计划中本金和利息的偿还情况；
- 股利支付。

有两种方法可以用于编制现金预算，一种是净利润调整法，另一种是现金收支法。

净利润调整法是用于长期计划的现金预算方式。由于这种方法始于利润表的净利润，并依据非现金费用和部分资产和负债的变动情况完成调整，所以净利润调整法是间接法。净利润调整法中的两个主要部分是现金来源和现金使用。

使用净利润调整法编制现金预算的逻辑基础与编制现金流量表（间接法）的逻辑基础一样。简要地说，如应收账款、存货等资产账户余额的增加被视为现金的使用，因为这些增加需要支出现金。应付账款余额的增加也增加了现金，因为赊购使企业获得了存货。

学习净利润调整法的简单方式是研究显示了的每一行记录增减情况的综合分析表。图 17-3 提供了某年综合分析表的范例（如果需要，可以用于预计未来几年现金流的工作表）。开始于年初现金余额，接下来列出从预算利润表中得到的净利润（出售固定资产的赢利或亏损需要从净利润中排除）。调整净利润时，如折旧、摊销等非现金费用应该被加回。这些项目的总和构成了现金使用前的可供应现金总量。从总量中，减去列出的现金使用项目，得到预计的年末现金余额。之后，从余额中减去起到安全缓冲作用的最小现金需求量，就得到了本年的现金过剩量或现金短缺量。

图 17-3 现金预算——净利润调整法

年初现金余额	_____美元
加上现金来源：	
净利润	美元
调整后的净利润：	

（续）

加折旧

加摊销

其他现金来源：

    银行贷款实收款项

    出售投资

    出售固定资产

    出售公司股票

    出售库藏股

    应收账款减少额

    存货减少额

    预付费用减少额

现金来源总计　　　　　　　　———

可供应的现金总量　　　　　　　　　　———

减去现金使用

    长期负债减少

    购买投资

    购买固定资产

    购买库藏股

    支付股利

    应收账款增加额

    存货增加额

    预付费用增加额

现金使用总计　　　　　　　　———

预计年末现金余额

最低现金需求量

现金过剩量或现金短缺量　　　　———美元

十分普及的现金收支法非常适用于短期现金预测和计划。这种方法理解和使用起来相对简单，因为其显示的是每个项目的现金流入和现金流出预测。使用这种方法，更多的时间需要花在收集编制精确的现金预算所需的信息方面，而不是花在编制过程本身。一旦完成收集工作，依照下列基本逻辑将信息录入工作表中：

期初现金余额＋现金收入－现金支出＝期末现金余额

新计算出来的期末现金余额将转化成为下个月（下一时段）的期初现金余额。

饭店经理或企业家（他们都不是会计师）的典型需求可以被现金收支法所满足。这种方法作为一种管理工具，阅读、解释和使用起来更为简便。因为这一方法特别适合非会计专业的饭店管理人员使用，下面的示例使用了这一方法。

现金预算示例

本示例着眼于现金预算编制的每一个步骤。步骤次序如下：

- 收集初始信息；

- 编制预算利润表；

- 完成现金流分析。

收集初始信息　编制现金预算之前，必须收集的初始信息如下所示：

- 给定月份的现金销售收入百分比和应收账款销售收入百分比，以及应收账款回款天数，这一信息可以从历史数据中推导出来（新企业需要完成预计）；

- 给定月份的现金购买百分比和应付账款购买百分比，以及应付账款的延期支付天数，这一信息可以从历史数据中推导出来（再次说明，新企业需要完成该信息的预测），如果存货量不发生大幅度波动的话，销售成本可以用来代表存货购买额；

- 当月产生并且需要支付的费用，如工资被认为是本月发生、本月支付；

- 上个月的销售收入和采购费用，若要编制 5 月、6 月和 7 月的现金预算，需要掌握 4 月份的销售收入和采购费用，从而计算出实际发生在 5 月份的现金收入和费用部分；

- 预付费用（一种流动资产）给每个月的费用分配情况，如一年的保险费是12000 美元，规定在 2 月份支付，利润表中显示每月的费用是 1000 美元，但除了在 2 月份时，这 1000 美元费用都属于非现金费用，它产生了 12000 美元的现金支出；

- 资产购买的管理计划；

- 贷款偿还计划中的归还本金部分的安排；

- 编制现金预算时的本期初始现金余额；

- 编制现金预算时的本期预算利润表。

示例的现金预算将被准备用于 5 月、6 月和 7 月。假设信息如下：

- 每个月销售收入中的70%都是在当月收回的，剩下的30%是应收账款，在下个月收回；
- 每个月采购（销售成本）的40%都是在当月支付的，剩下的60%是应付账款，在下个月付款；
- 4月份的销售收入是：130000美元；
- 4月份的采购是：40000美元；
- 保险费12000美元，在2月份全部支付，然后记入每月费用；
- 抵押贷款需要每月偿还，本金部分是2000美元；
- 4月30日的现金余额是20000美元；
- 没有计划中的资产购买。

编制预算利润表 需要使用的预算利润表如图17-4所示，该表是依据第一步骤中收集到的初始信息编制的。

完成现金流量分析 图17-4显示的预算利润表的备注栏列出的信息提醒我们可以忽视财产保险费用，因为这笔费用已经在2月份支付了，因此只需要在2月份考虑。备注栏还提醒我们折旧是非现金费用，不出现在现金预算中。

- 4月份的总销售收入是130000美元，这些收入中，70%是4月份的现金收入，剩下的30%，即39000美元，是应收账款，将在5月份收回；
- 4月份用于采购的总费用是40000美元，这些费用中，40%要在4月份支付，剩下的60%，即24000美元，是应付账款，将在5月份支付；
- 工资及相关费用、营销费用、管理费用、消耗品和保养费用、能源费用，以及利息费用需要在其发生月份支付。

图17-4 5～7月的预算利润表

	5月	6月	7月	备注
销售收入	150000	180000	200000	收回 =70%/30%
销售成本	45000	55000	60000	支付 =40%/60%
毛利	105000	125000	140000	
工资及相关费用	50000	56000	65000	本月发生，本月支付
营销费用	5000	6000	8000	本月发生，本月支付
行政管理费	15000	17000	19000	本月发生，本月支付
用品、保养费用	17000	18000	19000	本月发生，本月支付
公用事业费	6000	7000	8000	本月发生，本月支付
财产保险费	1000	1000	1000	2月支付12000美元

（续）

利息	5000	5000	5000	*本月发生，本月支付*
折旧	2000	2000	2000	*非现金费用*
营运费用总额	101000	112000	127000	
利润	4000	13000	13000	

现在，收集到的信息可用于编制 5 月、6 月、7 月的现金预算。预算编制结果见图 17-5。编制预算所使用的逻辑如下所示：

- 初始现金余额是 20000 美元;

- 4 月份销售收入：

  4 月份收回（70% × 130000 美元）= 91000 美元

  应收账款（30% × 130000 美元）=39000 美元（5 月份收回）

  130000 美元

- 5 月份销售收入：

  5 月份收回（70% × 150000 美元）= 105000 美元

  应收账款（30% × 150000 美元）= 45000 美元（6 月份收回）

  150000 美元

- 6 月份销售收入：

  6 月份收回（70% × 180000 美元）= 126000 美元

  应收账款（30% × 180000 美元）= 54000 美元（7 月份收回）

  180000 美元

- 7 月份销售收入：

  7 月份收回（70% × 200000 美元）= 140000 美元

  应收账款（30% × 200000 美元）= 60000 美元（8 月份收回）

  200000 美元

- 4 月份采购费用：

  4 月份支付（40% × 40000 美元）= 16000 美元

  应付账款（60% × 40000 美元）=24000 美元（5 月份支付）

  40000 美元

- 5 月份采购费用：

  5 月份支付（40% × 45000 美元）= 18000 美元

  应付账款（60% × 45000 美元）=27000 美元（6 月份支付）

  45000 美元

- 6 月份采购费用：

  6 月份支付（40% × 55000 美元）= 22000 美元

  应付账款（60% × 55000 美元）= 33000 美元（7 月份支付）

  55000 美元

- 7 月份采购费用：

  7 月份支付（40% × 60000 美元）= 24000 美元

  应付账款（60% × 60000 美元）= 36000 美元（8 月份支付）

  60000 美元

- 工资及相关费用、营销费用、行政管理费用、用品和保养费用、能源费用，以及利息费用需要在其发生月份支付；

- 忽略保险费用，因为保险费用是预付费用，被分配到每个月中；只需要在保险到期时的 2 月份考虑保险费用；

- 忽略折旧，因为折旧是非现金费用；

- 期末现金余额 = 初始现金余额 + 总现金收入 − 总现金支出；

- 期末现金余额转化为下个月的初始现金余额；也就是说，5 月份的期末现金余额 22000 美元也是 6 月份的初始现金余额。

图 17-5 5～7 月的现金流

	5月	6月	7月	备注
初始现金余额	20000	22000	33000	上个月的期末余额
现金收入：				
5 月收回 4 月销售收入的 30%	39000			4 月销售收入 = 130000 美元
5 月销售收入 70%/30%	105000	45000		5 月销售收入 = 150000 美元
6 月销售收入 70%/30%		126000	54000	6 月销售收入 = 180000 美元
7 月销售收入 70%/30%			140000	7 月销售收入 = 200000 美元
现金收入总计	144000	171000	194000	
现金支出：				
4 月采购支出 40%/60%	24000			4 月采购支出 = 40000 美元
5 月采购支出 40%/60%	18000	27000		5 月采购支出 = 45000 美元
6 月采购支出 40%/60%		22000	33000	6 月采购支出 = 55000 美元
7 月采购支出 40%/60%			24000	7 月采购支出 = 60000 美元
工资及相关费用	50000	56000	65000	
营销费用	5000	6000	8000	
行政管理费	15000	17000	19000	
用品和保养费用	17000	18000	19000	
公用事业费	6000	7000	8000	

（续）

负债利息	5000	5000	5000
负债本金	2000	2000	2000
现金支出总额	142000	160000	183000
期末现金余额	22000	33000	44000

　　编制现金预算需要考虑组织和数据分析。如果能够正确地完成初始工作，汇总现金流量的各个组成成分不会很困难。

现金管理工具

　　现金管理不仅仅涉及监测现金流，还能确保满足日常经营活动对资金的需求。只考虑经营利润的企业所有者，失去了其他能够使企业的机会最大化的方法。企业拥有者的回报可以通过加速现金回收和对闲置资金适当投资得以提升。很明显，现金是既有助于企业获利，又能够使所有者财富最大化的重要资产。

　　无论商业往来账户规模的大小，许多银行都为其提供复杂的现金管理服务。

　　银行积极地推进一系列全面的服务，有助于减少为加速现金流动和最优化闲置资金回报所付出的时间和精力。银行与其业务客户共同工作，来帮助他们就富余资金取得更好的回报。通过提供这一服务，银行建立了其与业务客户之间的良好关系，进而有助于留住其客户的支票账户和投资账款，并满足其放贷需要。

现金浮动

　　浮动这一术语在会计学中是指支票处理过程中的时间滞差。现金浮动是指支票签发和银行实际兑付支票之间的时间间隔。企业经理可以分析内部账户记录中的可提取现金和企业银行账户实际上的可提取现金，用以测量现金浮动。现金浮动产生的原因是：

　　• 支票显示的资金已经在内部账户中减去，但银行还没有兑付；

　　• 支票存入银行和银行时间完成支票结算过程后确定可提取现金之间有时间间隔。

　　例如，假设一张支票已经签发并邮寄。签发的支票会被立即记入企业内部账户，并减少现金余额。但是，实际上这笔资金，直到该支票被接收、由接收人去银行承兑、银行完成支票结算过程之后，才从支票签发企业的银行账户中减去。这种类型的浮动称为支付期限浮动或支出期限浮动。

回收期限浮动是指企业将支票存入银行与银行实际收到这笔资金并能够提供给该企业使用之间的时间间隔。例如，假设企业收到了一张支票，记入其内部账户，增加了现金余额，并将支票存入其开户行。虽然会计记录中显示资金已经被存入，但是直到银行完成了支票结算过程，这笔资金才可以提供给企业使用。

净浮动是回收期限浮动和支付期限浮动之间的差额。一些对处理资金问题非常有经验的人士可以"玩转浮动"，从而取得最大回报。为了使现金浮动的收益最大，饭店必须审查 3 个方面的情况：邮递浮动、处理浮动和结算浮动。邮递浮动是寄送的支票从其发出地到抵达目的地过程中，停留在邮政系统中的时间。处理浮动是收到支票的企业处理支票并将其存入银行的时间。结算浮动是银行与支票签发行（支付行）一同处理饭店存入的支票导致的时间滞差。公共假日以及其他原因导致的银行休业都会影响净浮动。

邮箱收取汇款系统

取决于企业的规模和赊欠率，许多银行会协助饭店及时收回现金。普遍使用的加速现金回收的方法是邮箱收取汇款系统。在这一系统中，客户将他们支付的款项寄给饭店的开户行，即款项可以及时转化为存款。银行准备好列示存款的清单，并将其发给饭店，饭店就可以依据清单更新其应收账款记录。

提供给客户的邮寄地址并不透露他们的款项是寄给银行的。

管理富余资金

富余的资金不能长时间放置在支票账户中，因为饭店的支票账户是没有利息收入的。饭店支票账户中的富余资金可以很容易地转化为现金等价物，或者在需要时被替换。有两个常见账户被建立起来，用于管理富余资金，它们是零余额账户和流动账户。

零余额账户是银行为饭店客户保留的余额为零的支票账户，资金可以在支票账户和主要投资账户之间自动转账。当账户存款超过结算支票所需资金时，富余的资金会立刻用于投资政府争取或货币市场基金。相反，当结算支票所需资金超过账户余额时，银行会出售饭店客户的证券或减持货币市场基金，来填补这一缺口。零余额账户可以最大限度地减少无息账户中的富余资金。

流动账户关联饭店的支票账户和一个投资账户，通常是货币市场信托基金。流动账户是为了规避政府关于禁止银行为商业支票账户支付利息这一规定而开发出来的。流动账户是一种银行账户，银行在每个经营日结束时，自动将超出目标数量的资金转入投资账户。换句话说，银行把支票账户中的富余资金"扫入"计息投资账户中去，例如货币市场基金。过去，大型企业被禁止使用流动账户。但是，现在银行为快速发展的小企业和创业市场提供流动账户。

误导性的现金流计算

许多债权人、投资银行家、财务分析师，以及其他需要对饭店的财务表现加以评估的人员使用速算法来计算现金流量。这些方法通常具有局限性，因为它们不能涉及：

- 营运资本所需现金；
- 债务偿还；
- 资本支出。

使用速算法的一部分问题在于：虽然它们能有效评估赢利能力，但是使用它们来计算现金流量是冒险的、有误导性的。这是因为赢利能力和现金流量存在重大差别。

EBITDA

EBITDA 是扣除利息（Interest）、所得税（income Taxes）、折旧（Depreciation）和摊销（Amortization）前的利润（Earning）这一含义的首字母缩写。这一缩写有时也记为 EBITIDA，是指扣除所得税（Income Taxes）、利息（Interest）、折旧（Depreciation）和摊销（Amortization）前的利润（Earning）。EBITDA 的计算方法是从利润表中取得净利润这一数据，然后加上为了计算净利润而减掉的所得税、利息、折旧和摊销。

EBITDA 最初形成于 20 世纪 80 年代的融资收购狂潮时期，作为一种速算法用于测量企业偿还其债务的能力；目前，EBITDA 仍然很流行，常常被引用，并用在投资和融资循环中。一些书籍和金融分析师推荐 EBITDA 作为一种确定现金流的速算法，是基于折旧和摊销属于非现金费用这一事实；但是，关于"EBITDA 代表现金流"的假设是不对的，EBITDA 不是现金流。

EBITDA 忽视了融资决策和会计准则的影响。从本质上说，EBITDA 没有计算出真正的现金流，因为它的计算忽视了资产负债表。特别是，EBITDA 没有将债务偿还和资本支出纳入考量之中。

对于类似饭店和餐厅这样的通过融资取得财产和设备的资产密集型营业单位来说，偿还债务的本金部分有实质性影响。快速发展的企业和新创企业同样需要大量负债或现金开支。资本支出是饭店用于购买资产或完成资产升级换代，这种行为会使饭店在未来超过一年的时间当中收益。因为资本支出是巨额的，这笔费用将在资产的使用年限中分摊。这就要求饭店在债务还完之前完成不间断的分期付款。

EBITDA 的另一个与现金流有关的缺点是：计算现金流所依赖的信息来自以权责发生制为基础编制的财务报表，而不是以现金收付制为基础。对客户的赊销、对供应商的赊购、预付费用和出售资产都会使现金流的计算结果出现问题。

EBITDA 在评估获利潜力时很有用处，但是在计算现金流过程中具有极大的误导性。

自由现金流

自由现金流是另一种衡量财务表现的方法，有时用于计算由饭店经营产生的现金流。自由现金流是衡量饭店业务扩张能力、收购其他饭店能力、偿债能力和支付股利给其股东能力的重要工具。

自由现金流的一种简单且流行的计算方法是，从来自经营活动的现金流中减去资本支出。但事实上，这只是计算自由现金流的一种方法。问题在于，自由现金流没有统一的定义，可以用很多种方法进行计算。多种计算方法导致的问题是无法实现一致性和可比性。由于使用的计算方法不同，同样的数据可能计算出不同的自由现金流量。在现金管理中，很明显这不是一个具有一致性和可靠性的方法。

《国际会计准则》第七条推荐自由现金流应该被视为"来自经营活动的现金量减去为了维持企业目前生产能力的资本支出量"。界定资本支出有很多种标准，自由现金流计算中还忽视了股利支付和长期负债的偿还。

主要术语

现金预算（cash budget）：由预计的现金余额组成的预算，是通过预计的现金流入和现金流出得到的。也称为现金流分析。

现金浮动（cash float）：通过分析饭店内部账户和实际银行账户可供应的资金量，测量出的时间间隔。

现金流（cash flow）：饭店资金流入和流出的运动。

现金流分析（cash flow analysis）：基于保证饭店经营所需现金量充足供应的目的，对现金流入和流出这一循环的研究。

现金管理（cash management）：管理资金的过程，从而满足饭店需求。

支付期限浮动（disbursement float）：支票已经签发并记录在饭店会计账户中的时间，与该支票被寄送、由接收人去银行承兑、银行完成结算过程后，该支票所示金额实际从饭店的银行账户中减去的时间之间的间隔。

EBITDA：扣除利息（Interest）、所得税（Taxes）、折旧（Depreciation）和摊销（Amortization）前的利润（Earning）这一含义的首字母缩写。

流动性（liquidity）：一种资产的特征，可以毫无困难地转化为现金。

邮箱收取汇款系统（lockbox system）：饭店客户将他们支付的款项寄给饭店的开户行，款项可以及时转化为存款的系统。客户不知道邮寄地址是饭店的开户行。

负现金流（negative cash flow）：现金流出超过现金流入的情况。

净浮动（net float）：回收期限浮动和支付期限浮动之间的差额。

支出期限浮动（payment float）：见支付期限浮动。

正现金流（positive cash flow）：现金流入超过现金流出的情况。

偿债能力（solvency）：偿还所有负债并保持饭店经营的能力。

流动账户（sweep account）：银行从该账户中将超出目标数量的资金"扫入"计息账户中去。

零余额账户（zero balance account, ZBA）：余额为零的支票账户，资金可以在支票账户和主要投资账户之间自动转账。

复习题

1. 为什么应收账款和存货在日常经营中可以转化为现金，但却不能被视为现金等价物？

2. 什么是现金流？

3. 什么是正现金流和负现金流？

4. 什么是偿债能力？

5. 什么是现金流分析？其主要目的是什么？

6. 为什么利润表、资产负债表和现金流量表不能呈现预计现金流分析？

7. 什么是现金管理？其主要目的是什么？

8. 为什么利润和现金增加之间有差别？

9. 下列术语的定义是什么：流动性、短期国库券、风险投资、活期存款、金融市场？

10. 现金管理的好处有哪些？

11. 常见的两种非现金费用是什么？

12. 编制现金预算的常用方法是什么？这种方法适合编制长期预算还是短期预算？

13. 什么是现金浮动？它是如何产生的？

14. 什么是支付期限浮动、回收期限浮动、净浮动？

15. 什么是邮箱收取汇款系统？

16. 什么是零余额账户？它有什么好处？

17. 什么是流动账户？

18. 什么是EBITDA？如何计算？

19. 为什么EBITDA或自由现金流不能精确地呈现现金流？

网址：

若想获得更多信息，可访问下列网址。网址变更恕不通知。若你所访问的网址不存在，可使用搜索引擎查找新网址。

1. 净利润调整法：www.hftp.org/members/bottomline/backissues/1999/june-july/cash_budget.htm//

2. 现金流分析定义和描述：http://sbinfocanada.about.com/cs/management/g/cashflowanal.htm

3. 现金流，理解和控制：http://www.sba.gov/library/pubs/fm-4.pdf

4. 现金管理基础：www.inc.com/guides/start_biz/20675.html

5. EBITDA：http://beginnersinvest.about.com/cs/investinglessons/l/blles4ebitda.htm

6. 流动账户：www.investopedia.com/terms/s/sweepaccount.asp

7. 短期国库券：www.treasurydirect.gov/indiv/products/prod_tbills_glance.htm

www.savingsbonds.gov/indiv/research/indepth/tbills/res_tbill.htm

8. 零余额账户：www.investopedia.com/terms/z/zba.asp

练习题

习题 1

当月初始现金余额是 50000 美元。当月现金流入量为 140000 美元，现金流出量为 160000 美元。计算本月现金流，指出是正现金流还是负现金流。

习题 2

依据下列信息，计算现金流入和现金流出：

现金销售收入	120000 美元
应收账款回收额	50000
取得银行贷款	80000
支付工资和费用	120000
偿还贷款	70000
预付购买新车的定金	20000
折旧	5000

习题 3

一个饭店预计销售收入如下：

4 月份	200000 美元
5 月份	250000
6 月份	220000

历史记录分析表明，60% 的销售收入是现金收入。应收账款销售收入回收情况如下：35% 在销售之后的 1 个月收回，5% 在销售之后的第 2 个月收回。计算 6 月份的现金流入。

习题 4

一个小企业业主必须预测下个月的现金情况。依据下列信息，计算下个月预计的现金余额：

初始现金余额	8000 美元
预计现金销售收入	9000
预计赊销收入	3000
预计现金购买支出	2000
预计赊购支出	3000
预计其他所有现金支付费用	12000

习题 5

你正在分析某个月的销售收入和现金收入。依据每月现金销售收入和应收账款销售收入回收情况，确定两者百分比。分类为：现金销售收入百分比、销售后第 1 个月百分比、销售后第 2 个月百分比，等等。该月信息如下所示：

销售收入：200000 美元

日记账中应收账款增加：70000 美元

应收账款账龄分析：

30 天：50000 美元

60 天：14000

90 天：6000

习题 6

依据下列简化利润表，计算 EBITDA：

销售收入	1000000 美元
销售成本	300000
工资及相关费用	320000
其他运营费用	100000
利息费用	40000
折旧	10000
摊销	2000
所得税	45000
净利润	183000

习题 7

编制 10 月份的现金流分析，依据下列信息计算 10 月末的应付账款：

• 销售收入为现金或银行信用卡应收账款。

• 购买时，20% 的费用本月支付，80% 的费用下个月支付。

• 所有其他费用都在发生时支付。

• 8 月 31 日的现金余额是 12000 美元。

经营报表

	8月（实际）	9月（预计）	10月（预计）
销售收入	80000	90000	100000
食品成本	26000	30000	32000
运营费用	48000	57000	64000
折旧	1000	1000	1000
租金	4000	4000	4000
利润（亏损）	1000	（2000）	（1000）

习题 8

依据下列信息，计算净浮动，并评论其效用：

• 签发支票，从账户中减去，但没有结算：25000 美元；

• 存入账户，但还不能使用：20000 美元。

习题 9

依据下列信息，完成 4 月、5 月和 6 月的现金流分析：

• 估计销售收入中 30% 是现金，剩余部分回收情况如下：60% 在销售后的第 1 个月收回，10% 在销售后的第 2 个月收回；

• 购买的花费 70% 在当月支付，30% 在下个月支付；

• 所有其他费用都在发生时支付；

• 购买设备的贷款每月要偿还 2000 美元本金；

• 3 月 31 日的现金余额是 16000 美元；

• 3 月份的销售收入是 40000 美元；

• 3 月份采购的花费是 15000 美元。

预计经营报表

	4 月	5 月	6 月
销售收入	60000	53000	74000
食品成本	20000	16000	22000
运营费用	35000	28000	42000
利息	1000	1000	1000
折旧	3000	3000	3000
租金	4000	4000	4000
利润（亏损）	（3000）	1000	2000

习题 10

历史数据如下:

年销售收入   780000 美元

平均每月应收账款   13000

计算过去的现金销售收入和赊销收入所占比例。

案 例 分 析

预算利润表和现金流分析

一个新餐厅的所有者聘请你来帮助他完成财务计划和现金管理。下周，这个餐馆就准备开门营业。该所有者提供了下列初始信息:

- 餐厅经营的支票账户初始余额是 10000 美元;
- 饭店开业的第一个月的第一天，需要支付 6000 美元的保险费，这是一年的保险费。

所有者提供了对最初两个月经营的估计，如下所示:

销售收入: 第 1 个月 40000 美元，第 2 个月 60000 美元

销售成本: 35%

工资成本: 30%

工资相关费用（工资税、福利）: 工资的 25%

用品: 销售收入的 5%

广告费: 每月 600 美元

折旧: 每月 1000 美元

租金: 每月 3000 美元

其他费用: 销售收入的 12%

基于行业研究和其个人的估计，该所有者提供了下列统计信息:

- 销售收入中 80% 是现金收入，20% 是应收账款;在销售过后的第 1 个月，能够收回应收账款;
- 销售成本就是采购花费: 采购花费中 90% 是应付账款，10% 是现金采购;应付账款在采购后的第 1 个月支付;

• 所有其他费用都在发生时支付。

开始经营的第 2 个月，需要购买一辆运货卡车。这辆车售价 25000 美元，需要先支付 4000 美元定金。偿还贷款将始于经营的第 3 个月开始。

要 求

1. 为最初两个月各编制一张预算利润表。

2. 完成最初两个月这一时段的现金流分析。

3. 计算在第 2 个月末时，应收账款和应付账款的余额各是多少。

4. 为该所有者解释现金流的可靠性，以及未来现金管理中应注意的问题。

第 18 章

概　要

存货计价的重要性

毛利法

存货计价方法

存货计价法中的个别计价法

　　永续盘存个别计价法

　　周期盘存个别计价法

存货计价法中的先入先出法

　　永续盘存先入先出法

　　周期盘存先入先出法

存货计价法中的后入先出法

　　永续盘存后入先出法

　　周期盘存后入先出法

存货计价法中的加权平均法

　　永续盘存加权平均法

　　周期盘存加权平均法

成本分配方法的比较

后入先出法分析

学习目标

1. 解释不精确的存货记录如何影响财务报表。

2. 解释用于估算存货水平的毛利法。

3. 解释存货的会计基础，依据强调产品流还是成本流，区分存货计价方法。

4. 描述存货计价法中的个别计价法。

5. 解释存货计价法中的先入先出法，以及其与个别计价法的差别。

6. 描述存货计价法中的后入先出法，并将其与先入先出法进行比较。

7. 描述存货计价法中的加权平均法，以及其与之前所介绍的方法之间的差别。

8. 就销售成本和期末存货而言，比较存货计价法中的 3 种成本流方法。

9. 总结后入先出法的优点和缺点。

18

存货会计

饭店业经营需要持有服务于销售的商品存货和供应运营的用品。商品存货包括食品、饮料和其他主要是销售给顾客的产品。供应运营的消耗品包括清洁用品、办公用品、客用品，以及其他饭店日常运营消耗的物品。虽然本章集中讨论商品存货，但其中许多概念也可以应用于消耗品存货。

存货影响着饭店组织中许多地方的决策制定过程。例如，不仅餐饮部关注食品存货，营销部门也关心广告中的特定食品促销供应量是否充足。会计部门监控与融资、储存、保险、当地存货税收相关的食品存货成本。

存货会计同时影响资产负债表和利润表。会计期末时，剩余的存货部分出现在资产负债表的流动资产部分；该会计期间使用的存货部分作为销售成本，出现在利润表中。商品销售过程中，计算期末剩余存货价值和销售成本是非常重要的工作。虽然存货盘点代价昂贵、耗费时间，但是，这一过程对确定财务报表中报告的存货量的精确性是十分必要的。

本章讨论与存货会计相关的基本概念，并回答下列问题：

1. 存货误差如何影响报告期利润？
2. 毛利法如何使用在期末存货量估测中？
3. 产品流和成本流之间的区别是什么？
4. 不同存货计价法的选择是如何影响资产负债表和利润表的？
5. 存货计价法中"后入先出"法有什么优点和缺点？

本章的目的在于阐述存货计价的概念，以及存货计价对财务报表的影响。本章解释了在两个会计期间中，存货误差的累积性影响，以及抵消作用。本章说明了在无法完成存货盘点但必须编制财务报表时，用毛利法估测期末存货的计算过程。

本章讨论了 4 种存货计价方法：个别计价法、先入先出法、后入先出法和加权平均法。本章从永续法和周期法视角，讨论了这些存货计价方法。本章最后部分比较了每种方法对资产负债表和利润表的影响，特别是深入分析了后入先出法。

存货计价的重要性

一些饭店选择采用永续盘存体系，因此可以保持所有存货的长期记录。在这一体系中，购买存货时被记入存货账户。在销售阶段，存货的发放构成成本，借记销售成本账户，贷记恰当的存货账户。如果一个饭店采用永续盘存体系，总分类账中的存货账户能够反映会计期末时持有的存货。但是，一个饭店如果对所有存货都使用永续盘存卡，会耗费太多的资金和时间。

如果饭店不使用永续盘存体系，会计部门必须使用周期盘存法来计算财务记录中的存货。使用周期盘存法时，存货的取得被记入购买账户。因为没有销售成本账户，在销售阶段，不需要记录销售成本。由于存货的发放不是由仓库管理员记录的，所以无法得到用于会计核算的信息。存货账户只需要在会计期末时，使用存货盘点或估测法，将记录更新为最新信息。

当然，饭店可以使用两种记录体系的结合。永续盘存法常用于那些单位成本非常高的存货。单位成本较低的存货不需要持续记录，可以使用周期盘存法完成会计核算。本章其余部分将着重讨论周期盘存法。

存货价值的计量是资产负债表中错误的来源之一。当存货记录不精确时，不仅影响资产负债表中的存货价值，也会影响总流动资产和总资产的计算。

不精确的存货记录还会影响利润表。期末存货价值是计算销售成本的基本因素之一，通常使用的公式如下所示：

销售成本 = 期初存货 + 采购 − 期末存货

为了完成这个计算，饭店必须在会计期末时使用存货盘点或估测法，计算出剩余存货价值。没有计算出精确的存货价值不仅影响利润表中的销售成本，而且还使利润表中的净利润失真。净利润的误差最终会影响到资产负债表中的权益部分。

因为上一个会计期期末的存货价值是下一个会计期期初的存货价值，所以，期末存货价值核算的误差最少会影响两个会计期间。当研究毛利计算中存货价值的影响时，这一点能被更好地理解。

销售毛利的计算是从当期销售额中减去销售成本。毛利必须足够大，才能支付工资和其他费用。如果从毛利中减去这些费用还有余额，剩余的部分就是经营利润；如果毛利不足以补偿这些费用，差额部分就是经营亏损。图18-1展示了两个销售期间毛利的计算。需要注意的是，第1期的期末存货就是第2期的期初存货。

图 18－1 毛利报表示例

	第1期	第2期
销售收入	100000 美元	90000 美元
销售成本：		
期初存货	20000	30000
采购	42000	26000
可提供存货成本	62000	56000
期末存货	30000	22000
销售成本	32000 美元	34000 美元
毛利	68000 美元	56000 美元

现在假设第 1 期报告的期末存货价值是错误的。期末存货价值应该是 27000 美元，而不是现在显示的 30000 美元。图 18-2 展示了修正这一错误后，第 1 期和第 2 期销售毛利的计算。需要注意的是，修改后的期末存货也是第 2 期的期初存货。

图 18-2 使用正确的存货价值计算毛利

	第1期	第2期
销售收入	100000 美元	90000 美元
销售成本：		
期初存货	20000	27000
采购	42000	26000
可供应存货成本	62000	56000
期末存货	27000	22000
销售成本	35000 美元	31000 美元
毛利	65000 美元	59000 美元

存货价值计算错误对毛利的影响分析如下所示：

	毛利		
	报告值	应该报告值	差额
第 1 期	68000 美元	65000 美元	＋3000
第 2 期	56000	59000	-3000
总计	124000 美元	124000 美元	0

毛利是利润表中的一部分，从毛利中减去营业费用、固定费用和企业所得税，就得到了净利润。因此，毛利额变化同样体现在净利润中。由于第 1 期期末存货计算的错误，第 1 期报告的净利润将被多报 3000 美元；而第 2 期报告的净利润将被少

报 3000 美元。

假设没有其他错误，累计影响将会自动修正；把这两期的差额相加时，两个错误相互抵消了。虽然每一期各自的毛利是有误差的，但是两期毛利总和都是 124000 美元，与存货价值修正无关。

毛利法

如果使用周期盘存法计算存货价值，财务记录不像使用永续盘存法那样可以随时提供存货价值信息。使用周期盘存法，期末存货仍然是计算毛利不可或缺的一部分。因此，编制财务报表就需要在会计期末时得到存货价值。

税法和一般公认会计原则要求最少每一个经营年度要进行一次存货盘点。作为存货控制措施的一部分，饭店业会更频繁地进行存货盘点，从而掌握存货损坏、品质和丢失情况。酒水和其他诱人的存货每周都要进行盘点。廉价的存货盘点频率较低。

如果要编制财务报表时，还没有进行存货盘点，就需要进行估测。一种可接受的估测方法叫作毛利法。毛利法也用于估测由于火灾、盗窃或其他意外事故造成的存货损失。

毛利法使用一个毛利占销售额百分比的预价值。这一百分比是用毛利除以净销售额得出的，通常是使用前一期的财务报表中的数据计算得出。期末存货估测的准确性取决于毛利百分比计算的准确性。毛利百分比代表着所有销售存货的平均水平。

销售组合影响毛利百分比。因此，销售组合会影响这种方法的可靠性。如果财务报表中的毛利百分比是 65%，这意味着销售组合产生的平均毛利百分比是 65%。如果销售组合中的产品缺乏相对标准的价格涨幅，或是组合发生变化，这种方法的准确性就会受到影响。食品和饮料的毛利百分比需要分别计算，这两部分存货价值的估测过程应该分别完成。

毛利法建立在若干基本假设和估测的基础上。该方法假定周期盘存体系中，财务记录可以提供下列信息：

- 当期销售额；
- 上一期期末存货价值；
- 当期购买存货价值。

通过分析上一期的财务报表可以确定毛利百分比，还可以回溯计算出销售成本百分比这一数值，即销售成本占净销售额的百分比。由于净销售额是净收入分析或费用分析的基础，也叫公分母，所以净销售额占比 100%。这一过程可被证明如下：

	如果	那么
销售额（净值）	= 100%	100%
销售成本	= - ?	-40%
毛利	= 60%	60%

使用销售成本百分比，销售成本额就可以被估算出来。净销售额乘以销售成本百分比等于估算的销售成本额。销售成本额的计算转而可以用于计算期末存货。

图 18-3 展示了毛利法的计算步骤。该图显示了估算期末存货价值的基本步骤。

假设饭店的会计记录提供了如下信息：

图 18-3　毛利法计算步骤

销售额（净值）	已知	100%
销售成本：		
初始存货	已知	
+ 当期采购	已知	
可供应存货成本	加法	
- 期末存货	(C)	
销售成本	(B)	(A)
毛利	(D)	已知

(A) 销售成本 % = 100% − 毛利 %
(B) 销售成本 = 销售成本 % × 净销售额
(C) 期末存货 = 可供应存货成本 − 销售成本
(D) 证明：1. 毛利 = 净销售收入 − 销售成本
　　　　　2. 毛利 = 毛利 % × 净销售额
　　　　　3. 1 和 2 计算出的结果必须一致。

当期销售额	50000 美元
上一期期末存货	8000
当期采购	14000
估计的毛利百分比	60%

基于以上信息，图 18-4 展示了当期期末存货估算价值 2000 美元是如何被计算出来的。通过比较用两种不同方法确定的毛利值，这一计算过程得到验证。

图 18-4　用毛利法估算存货价值

销售额（净值）	50000 美元	100%
销售成本：		

（续）

```
初始存货              8000
+ 当期采购           14000
可供应存货成本       22000
- 期末存货           2000（C）
销售成本             20000 美元（B）    40%（A）
毛利                 30000 美元（D）    60%

（A）销售成本 % = 100% - 毛利 %
      销售成本 % = 100% - 60% = 40%
（B）销售成本 = 销售成本 % × 净销售额
      销售成本 = 40% × 50000 美元 = 20000 美元
（C）期末存货 = 可供应存货成本 □ 销售成本
   期末存货 = 22000 美元 □ 20000 美元 = 2000 美元
（D）证明：1. 毛利 = 净销售收入 - 销售成本
                  50000 美元 - 20000 美元 = 30000 美元
            2. 毛利 = 毛利 % × 净销售额
                  60% × 50000 美元 = 30000 美元
      3.1 和 2 计算出的结果一致。
```

存货计价方法

存货的主要会计基础是成本。成本必须包括运输费用，除非这些费用被认为是不重要的。在这种情况下，存货成本简化的理由是出于会计系统的便利性和经济性考虑。购买折扣不被记入销售成本或存货。依据饭店业统一会计制度，购买折扣被记为收入。

单位存货的成本，特别是生产和其他食品存货，经常发生或多或少的变化。生产价格可能会每周发生改变。一类产品在某次购买时是一个价格，下次购买时，可以变为另外一个价格。价格波动的影响引发与存货计价相关的一些重要问题：

- 现有存货的成本是多少？
- 存货的计价需要反映它们实际取得时的成本吗？
- 存货的计价需要反映它们最新的购买成本吗？

要回答这些问题，必须掌握关于发放存货成本计算和存货计价的多种方法。

存货计价方法之间一个重要的差别就是这种方法强调的是实际产品的流动（产品流）还是成本流动（成本流）。本章讨论的 4 种存货计价方法中，只有个别计价法强调实际产品的流动，以及与产品对应的成本。先入先出法、后入先出法和加权平均法都强调成本流动。

当讨论 4 种方法中的任何一种时，存货计价流程都解释了其在永续盘存法和周期盘存法中的应用。使用永续盘存法，必须掌握用来记录存货发放和余额的持续不间断的记录卡片。周期盘存法需要完成存货盘点，或确定会计期末时存货价值的估算过程。

这些存货计价法的示例都将使用同一基本案例信息。我们假设 3 月份的交易信息如下：

日期	存货交易
3 / 1	购买 10 单位存货，每单位成本 1.00 美元
3 / 2	购买 5 单位存货，每单位成本 1.02 美元
3 / 3	购买 5 单位存货，每单位成本 1.05 美元
3 / 6	发放 3 单位存货
3 / 10	发放 11 单位存货

这些交易都围绕初始存货余额为 0 的新存货开展。

存货计价法中的个别计价法

个别计价法使用每单位存货的实际购买成本作为存货计价的基础。使用这一方法，必须识别仓库中的所有存货各自的实际购买成本。因此，个别计价法强调的是产品流，而非成本流。这种方法的支持者认为实际购买价格是计算销售成本和期末存货价值最好的计量标准。

良好的存货管理要求最旧的产品是最先被发放出去的。换句话说，先进入仓库的产品应该被先发放出去。这种基本假设是存货计价时先入先出法的基础。如果仓库管理员总是将最旧的存货最先发出，那么个别计价法与先入先出法的计算结果一致。

将个别计价法应用在存货计价中有两种方式：永续盘存个别计价法或是周期盘存个别计价法。

永续盘存个别计价法

依据刚才描述的存货管理流程，永续盘存个别计价法与先入先出法的计算结果一样。因此，可以将永续盘存卡用在永续盘存先入先出法中（图 18-5），来解释使用永续盘存个别计价法的计算结果。

图 18-5 先入先出法永续盘存卡

日期	参考	购买			发放			库存余额		
		数量	单位成本	合计	数量	单位成本	合计	数量	单位成本	总计
3 / 1		10	1.00	10.00				10	1.00	10.00
3 / 2		5	1.02	5.10				10	1.00	
								5	1.02	15.10
3 / 3		5	1.05	5.25				10	1.00	
								5	1.02	20.35
								5	1.05	
3 / 6					3	1.00	3.00	7	1.00	
								5	1.02	17.35
								5	1.05	
3 / 10					7	1.00	7.00			
					4	1.02	4.08	1	1.02	
					—		—			6.27
					11		11.08	5	1.05	
合计		20		20.35	14		14.08	6		6.27

需要注意的是，三次购买存货（3月1日、2日和3日）中的每一次，都在存货卡的购买和库存余额两个部分中被记录。在购买部分，需要记录购买数量、单位成本和成本总额（购买量乘以单位成本）。在库存余额部分，购买数量和单位成本都在持续的基础上完成记录，每完成一次购买，总库存余额就完成一次更新。这种记录购买的基本形式应用在除了加权平均法之外的所有存货计价方法中，本章稍后将对其进行讨论。

个别计价法、先入先出法和后入先出法的差别在于存货发放成本的计算。个别计价法使用每一批存货的实际取得成本。当发出存货时，记录成本就是每一个存货取得时的成本。如果同样的存货在采购时成本不同，就必须分别为现有存货计算成本。发出成本不同的同种存货时，成本必须被分别计算，或先计算出平均成本后再计算总成本。

3月6日，仓库管理员从库房发出3单位存货。最先采购的存货（3月1日采购）被最早发出。这些存货购买时的单位成本是1.00美元。以该价格采购的存货现有10单位，从中减去发出的3单位。库存余额减少了3.00美元。

3月10日，仓库管理员发出11单位存货。这11单位存货中，有7单位的单位采购成本是1.00美元，4单位的单位采购成本是1.02美元。对库存余额进行相应的调整来反映发放情况，现有库存中，有1单位存货的单位采购成本是1.02美元，5

单位存货的单位采购成本是 1.05 美元。库存余额部分显示，期末库存总成本是 6.27 美元。

永续盘存卡中期末余额在数学上的精确性可以被下列过程验证：从当期可供应存货价值（期初存货＋存货采购）中减去当期发出存货价值。过程如下：

	数量	成本
期初存货	0	0 美元
当期采购	20	20.35
可供应存货	20	20.35
存货发放（销售成本）	− 14	− 14.08
期末存货	6	6.27 美元

当存货不是按顺序发放时，永续盘存个别计价法与永续盘存先入先出法在发出存货计价问题上是有差异的。在这种情况下，使用永续盘存个别计价法时，存货取得成本是计价的基础。

周期盘存个别计价法

使用周期盘存个别计价法不需要持续填写永续盘存卡，但仍然需要识别存货的实际购买成本。使用这种方法，存货计价的依据是会计期末库存存货的取得成本。因此，永续盘存个别计价法和周期盘存个别计价法都将记录的成本流和实际产品流相互对应。

然而，作为一种周期法，周期盘存个别计价法节约了人力成本；发放存货时无须计价，也不用持续填写存货记录卡。当采购存货时，借记进采购账户。在销售阶段，不用记录存货发放。但是，会计期末时，必须进行存货盘点。

使用个别计价法时，存货盘点必须清点每一种采购价格下的现有库存产品数量，之后由清点出的个别数量计算出总量。之前例子中的存货，通过盘点可以得到下列结果：

存货盘点	标记价格	期末存货价值
1	1.02 美元	1.02 美元
5	1.05	5.25
总计		6.27 美元

针对每种类型的存货，都要完成这一过程。当完成所有存货的清点和计价工作后，财务报告中的期末存货价值就可以计算出来。

　　两种个别计价法都强调产品流，以及与其对应的成本。但是，使用个别计价法必须特别注意细节，因为所有存货都必须按照其取得时的成本计价。

　　如果对于饭店来说，使用个别计价法不现实或不可行的话，就有必要选择成本流方法。需要考虑的是按照最近取得存货的成本（先入先出法）、还是最先取得存货的成本（后入先出法）、抑或是平均成本（加权平均法），计算期末存货价值。

存货计价法中的先入先出法

　　像之前阐述的，好的库房管理方法要求库存按照其采购入库的顺序被使用。从产品流视角，这意味着先进入库房的产品应该先从库房发放出去。存货处理也可以从成本流出发。如果产品是先入先出的，那么其产生的成本也是先入先出的。

　　"FIFO"（first-in, first-out）是先入先出的英文单词首字母缩写。这种方法不考虑产品流，而是聚焦在存货成本流入和流出的顺序。最先产生的存货成本将记为最先发出的存货成本。因此，先入先出法产生的结果与实际产品流相似，但不需要像个别计价法那样专门匹配发出的存货和其实际取得时的成本。

　　先入先出法的支持者认为，成本流应该与产品流基本平行。由于先流入的产品成本（最早的）被记为先流出的产品成本，销售成本与实际购买成本密切相关。

　　将先入先出法应用在存货计价中有两种方式：永续盘存先入先出法或是周期盘存先入先出法。

永续盘存先入先出法

　　图 18-5 是永续盘存先入先出法中永续盘存卡的示例。与之前记录一样的存货交易是这张卡上采购和发放的基础。购买记录与之前描述永续盘存个别计价法时的一样。

　　核算发出成本时，库存余额部分中最先购买的存货的成本先转化为发出成本。最先发放的 3 单位存货的成本是最先采购的单位价格为 1.00 美元的存货。第二次发放的 11 单位存货中，有 7 单位存货仍然是以 1.00 美元购买的，4 单位存货是第二批次购买的单位价格是 1.02 美元的存货。

　　库存余额部分反映了成本计算过程。在第一次发放存货后，最先购买的单位成本是 1.00 美元的存货数量减少了 3 单位。第二次发放存货后，所有单位成本是 1.00 美元的存货都被发放出去了，第二次采购的单位成本是 1.02 美元的存货剩下 1 单位。

所有最近采购的单位成本是 1.05 美元的 5 单位存货都在库存余额中。

每当所要发出的存货总量超出库存余额中能够提供的最先采购的存货数量时，所发放存货成本的计算是用现在剩余的最先采购的存货成本加上次先采购的存货成本。不断重复这一过程，直到所发出的所有存货的成本都被计算出来。

永续盘存卡中期末余额在数学上的精确性，可以用之前在描述永续盘存个别计价法时使用的流程验证。

周期盘存先入先出法

为了利用先入先出法成本流特征，饭店不需要持续填写永续盘存卡。使用之前解释过的永续盘存先入先出法，最先购买的存货被最先发放出去。这一过程使得最近采购的存货成为现有库存。周期盘存先入先出法使用最近购买存货的成本计算期末余额。

为了理解上述过程，思考之前的存货采购交易：

日期	存货交易
3 / 1	以每单位 1.00 美元的价格购买 10 单位存货
3 / 2	以每单位 1.02 美元的价格购买 5 单位存货
3 / 3	以每单位 1.05 美元的价格购买 5 单位存货

对这类存货的盘点工作确定会计期末时，库存为 6 单位。这 6 单位期末存货将按照最近购入存货的价格进行成本核算。最近（3 月 3 日）购入的 5 单位存货，单位成本是 1.05 美元。剩余的 1 单位存货需要按照 3 月 2 日购入的存货成本计价，每单位是 1.02 美元。期末存货值计算如下：

$$5 \text{ 单位 } \times 1.05 \text{ 美元} = 5.25 \text{ 美元}$$
$$5 \text{ 单位 } \times 1.02 \text{ 美元} = 1.02 \text{ 美元}$$
$$期末存货总计 \qquad = 6.27 \text{ 美元}$$

周期盘存先入先出法的计算结果与永续盘存先入先出法一样。

存货计价法中的后入先出法

"LIFO" 是后入先出（last-in, first-out）英文单词的首字母缩写。该方法假定最后被采购的存货最先被发放出去。与先入先出法一样，后入先出法聚焦于成本流，而非产品流。与先入先出法不同的是，后入先出法将最后采购的存货成本视为所发出的存货的成本。

后入先出法的支持者认为：销售成本应该反映当前的存货更替成本。由于使用最后（最近）采购的存货的成本作为所发出存货的成本，与先入先出法相比，销售成本更加贴近存货的更替成本。

将后入先出法应用在存货计价中有两种方式：永续盘存后入先出法或是周期盘存后入先出法。

永续盘存后入先出法

图 18-6 是永续盘存后入先出法中永续盘存卡的示例。存货采购的记录与之前永续盘存法中描述的一致。但是，在所发出的存货的成本核算方面，后入先出法有很大不同。发出的存货成本是按照最后（最近）取得的存货的成本计算的，而不是最先取得的存货的成本。

图 18-6 后入先出法永续盘存卡

日期	参考	购买			发放			库存余额		
		数量	单位成本	合计	数量	单位成本	合计	数量	单位成本	总计
3/1		10	1.00	10.00				10	1.00	10.00
3/2		5	1.02	5.10				10	1.00	15.10
								5	1.02	
3/3		5	1.05	5.25				10	1.00	
								5	1.02	20.35
								5	1.05	
3/6					3	1.05	3.15	10	1.00	
								5	1.02	17.20
								2	1.05	
3/10					2	1.05	2.10			
					5	1.02	5.10			
					4	1.00	4.00	6	1.00	6.00
					11		11.20			
合计		20		20.35	14		14.35	6	1.00	6.00

需要注意的是：最先发出的 3 单位存货是按照最近购买存货的单位成本 1.05 美元计价的。之后发出的 11 单位存货的计价，有 2 单位是按照最近购买存货的单位成本 1.05 美元计价的，5 单位是按照之前一次的存货采购单位成本 1.02 美元计价的，4

单位是按照最初采购存货的单位成本 1.00 美元计价的。

库存余额部分反映了这一计价过程。第一次发放存货之后，最近一次购买的单位成本是 1.05 美元的存货减少了 3 单位。第二次发放存货之后，所有单位成本是 1.05 美元和 1.02 美元(最近一次和之前一次购买存货的单位成本)的存货都被发放出去了。剩余存货的单位成本是 1.00 美元（最初购买时的单位成本）。

每当所要发出的存货总量超出库存余额中能够提供的最近采购的存货数量时，所发放存货成本的计算是用现在剩余的最近采购的存货成本加上此前一次采购的存货成本。不断重复这一过程，直到所发出的所有存货的成本都被计算出来。

永续盘存卡中期末余额在数学上的精确性，可以用之前在描述永续盘存个别计价法时使用的流程进行验证。

周期盘存后入先出法

利用后入先出法成本流特征，饭店仍然不需要使用永续盘存卡。使用之前解释过的永续盘存后入先出法，最后购买的存货被最先发放出去。这一过程使得最先采购的存货成本成为现有库存成本。

由于最先采购的存货成本是现有库存成本，期末存货价值可以以此为计价基础。期末存货计价先计算初始存货价值，之后使用所购买的存货成本为期末存货计价，直到完成所有期末库存的计价。

回归之前的存货采购交易:

日期	存货交易
3 / 1	以每单位 1.00 美元的价格购买 10 单位存货
3 / 2	以每单位 1.02 美元的价格购买 5 单位存货
3 / 3	以每单位 1.05 美元的价格购买 5 单位存货

对这类存货的盘点工作确定会计期末时，库存为 6 单位。这 6 单位期末存货将按照最早购入存货的价格进行成本核算。最早（3 月 1 日）购入的 10 单位存货，单位成本是 1.00 美元。这次购买的存货量足够为期末存货的 6 单位完成计价。期末存货价值为 6.00 美元（6 单位 × 1.00 美元 = 6.00 美元）

需要指出的是: 使用周期盘存后入先出法计算出的期末存货价值，与使用永续盘存后入先出法计算出的数值可能会存在差异。如果期末存货低于期初存货，使用周期盘存后入先出法计价并不现实。这个问题最好留作高级会计学讨论的问题。

存货计价法中的加权平均法

与先入先出法和后入先出法一样，加权平均法聚焦于成本流，而不是产品流。与先入先出法和后入先出法的不同之处在于，加权平均法使用平均单位成本进行存货计价。销售成本（发出）和期末存货价值都使用加权平均后的单位成本计算。

将加权平均法应用在存货计价中有两种方式：永续盘存加权平均法或是周期盘存加权平均法。

永续盘存加权平均法

加权平均法的基本假设是发出的存货是按照平均单位成本计价的，使用每种价格存货的单位数量进行加权平均。由于每一次购买存货后，都会计算新的平均值，有时加权平均法也被称为移动平均法。

只在存货采购之后计算新的平均值，是假定存货发放不会影响之前购买存货的成本。如果每次发出存货后也计算平均值，除了由于四舍五入产生的微小差异外，平均成本是不会发生变化的（有一些加权平均法的使用者在每次存货交易后都计算新的平均成本，用以解决所有四舍五入导致的差异。出于我们的目的，只需要在购买存货交易之后计算新的平均值）。

图 18-7 是永续盘存加权平均法中永续盘存卡的示例。与之前记录一样的存货交易是这张卡上采购和发放的基础。由于这是一种新的存货，最初购买（3月1日）就被记为其实际取得成本，每单位产品 1.00 美元。但是，在第二次采购（3月2日）之后，库存存货是由不同采购价格不同的产品组成的。因此，需要计算新的加权平均成本，如下所示：

$$加权平均 = \frac{现货存货的总成本}{存货单位总量}$$

在 3 月 3 日第三次购买之后，需要再次计算加权平均值。

图 18-7 加权平均法永续盘存卡

日期	参考	购买			发放			库存余额		
		数量	单位成本	合计	数量	单位成本	合计	数量	单位成本	总计
3 / 1		10	1.00	10.00				10	10.00	1.00

（续）

3 / 2	5	1.02	5.10			15	15.10	1.007
3 / 3	5	1.05	5.25			20	20.35	1.018
3 / 6				3	1.018	3.05	17	17.30	
3 / 10				11	1.018	11.20	6	6.10	
合计	20		20.35	14		14.25	6	6.10	

这一加权平均单位成本是对所发出的存货进行计价的基础。可以注意到，最初发放的 3 单位存货计价时的成本是加权平均单位成本 1.018 美元。第二次发出的 11 单位存货计价时的成本也是加权平均单位成本 1.018 美元。如果在这两次存货发放工作之后，又购买了新的存货，则需要计算新的加权平均单位成本。

在会计期末，永续盘存卡显示库存为 6 单位存货。库存余额显示期末存货价值为 6.10 美元。永续盘存卡中期末余额在数学上的精确性，可以用之前在描述永续盘存个别计价法时使用的流程进行验证。

周期盘存加权平均法

在永续盘存记录过程中，加权平均是移动平均，因为每次购买存货之后，都要重新计算加权平均单位成本。但是，在周期盘存体系中，加权平均值计算的是当期所有可供应产品的平均单位成本。因此，周期盘存加权平均法的计算结果与永续盘存加权平均法的计算结果会有细微的差异。

使用周期盘存加权平均法时，计算加权平均单位成本的公式与之前介绍的一样。但是，与每次购买之后重新计算平均值不同，加权平均值只在会计期末时计算一次。会计期末时，计算加权平均单位成本和存货计价的流程可被汇总如下：

第一，列出期初存货和当期购买存货数量，确定存货总量和总成本。

第二，使用存货总量和总成本，用之前讨论的公式计算出加权平均单位成本。

第三，用期末存货数量乘以加权平均单位成本得到期末存货价值。

例如，假设使用周期盘存加权平均法完成存货计价，当月存货交易情况如下：

日期	存货交易
3 / 1	以每单位 1.00 美元的价格购买 10 单位存货
3 / 2	以每单位 1.02 美元的价格购买 5 单位存货
3 / 3	以每单位 1.05 美元的价格购买 5 单位存货

在本例中，没有初始存货。存货采购成本和总成本如下所示：

	单位成本	数量	成本
3 / 1 采购	1.00 美元	10	10.00 美元
3 / 2 采购	1.02	5	5.10
3 / 3 采购	1.05	5	5.25
总计		20	20.35 美元

使用当期可供应的存货总量和这些存货的总成本，加权平均单位成本计算如下：

$$加权平均 = \frac{现货存货的总成本}{存货单位总量}$$

$$加权平均额 = \frac{20.35 \, 美元}{20 \, 单位} = 1.0175 \, 美元$$

在对这种存货完成盘点工作之后，确定会计期末库存量是 6 单位。期末存货价值计算如下：

期末存货 = 单位数 × 加权平均额

期末存货 = 6 单位 × 1.0175 美元 = 6.11 美元

成本分配方法的比较

在之前讨论的每一种成本流方法中，使用永续盘存或周期盘存会计方法，计算出的结果是相似的。因此，之后的内容将比较该问题中不同的永续盘存法计算结果的差异。该比较将指出不同方法对资产负债表和利润表的影响情况。

之前的例子仅使用一种存货来说明存货计价方法。资产负债表中的期末存货是对所有种类的库存存货完成计价的结果。为了简便起见，我们的讨论仍然限定在一种存货。这一限定也使用在销售成本的比较中。

不同的成本流方法将会使出现在资产负债表中的期末存货价值不同。已给出的我们的基本案例涉及产品价格上涨，3 种成本流方法计算出的期末存货价值如下所示：

	期末存货
先入先出法	6.27 美元
后入先出法	6.00

加权平均法　　　　　　　　6.10

在一段产品价格上涨的时间中，先入先出法计算得到的资产负债表中期末存货价值最高。使用先入先出法，最近采购的存货成本构成期末存货价值，因为发出的存货是按照最先采购的成本计价的。后入先出法计算得到的资产负债表中期末存货价值最低，因为最先采购的存货成本构成期末存货价值。加权平均法计算出的期末存货价值在使用先入先出法和后入先出法计算出的价值之间，正如任何方法中使用平均值时所预料的那样。

不同的成本流方法将会使出现在利润表中的销售成本不同。基于之前案例，先入先出法、后入先出法和加权平均法计算出的销售成本如下所示：

	销售成本
先入先出法	14.08 美元
后入先出法	14.35
加权平均法	14.25

在产品价格上涨的一段时间中，使用后入先出法计算得到的销售成本最高。使用后入先出法时，最近采购的存货的成本是计算存货发出成本的基础。使用先入先出法计算得到的销售成本最低，因为最早采购的存货的成本是计算存货发出成本的基础。加权平均法计算出的销售成本再一次居于使用先入先出法和后入先出法计算出的数值之间。

后入先出法分析

与先入先出法或个别计价法不同，后入先出法假设成本流与典型的库房管理流程不协调。如果实物产品流动与成本流动的匹配性是选择存货计价方法的重要标准的话，那么后入先出法不是令人满意的选择。

另外，如果关注的重点在于销售成本与市价的密切关联的话，后入先出法是一种更好的选择。因为后入先出法将计算出更高的销售成本（假设存货价格上涨），所以这种方法有一定的避税效果。

通常，饭店使用一种会计方法编制财务报告，使用另一种会计方法进行税务申报。例如，一个饭店可能会在一般公认会计原则的规范下选择直线折旧法，而在税务申报时选择双倍递减余额折旧法。但是，《联邦所得税法》规定，如果出于避税目的选择了后入先出法，那么在编制财务报告时，也必须使用后入先出法。一旦一家饭店选择使用后入先出法进行税务申报，这家饭店如果要更改计价方法的话，必须得到美国国税局的许可。通常，在变换过程中会产生纳税义务。

与其他存货计价方法相比，后入先出法的主要优点总结如下：

- 后入先出法能更好地衡量利润：因为使用最新的价格计算发出存货的成本，所以销售成本更能够密切地反映市价；
- 后入先出法有避税效果：销售成本越高，所要缴纳的所得税越低，进而节约了现金，饭店可以使用这些节约出来的资金扩大生产、或偿还负债和利息费用。

使用后入先出法的缺点通常不太明显；有时，当采用后入先出法的饭店发现这种方法的缺陷时已经太晚了。与其他存货计价方法相比，后入先出法的主要缺点总结如下：

- 后入先出法计算出的利润较低。投资人和股东通常是以饭店的利润为依据完成投资决策的；
- 后入先出法计算出的资产负债表中存货价值较低，因而在存货价格上涨期间，流动资产、营运资本和流动比率都被低估了，这些财务信息都会被投资人、股东和银行仔细分析；
- 后入先出法能够带来的避税效果不能得到保证：在某些情况下，后入先出法可能会导致额外的税赋负担；
- 对于饭店业来说，使用后入先出法操作性不强，因为食品和酒水存货的周转很快：与制造业企业持有的存货相比，饭店业企业的存货水平永远不会很高，使用后入先出法得到的收益可能无法超过付出的成本。

由于采用后入先出法会产生额外的成本和潜在问题，如果要选择该方法为存货计价方法的话，饭店必须进行认真详尽的审查。

主要术语

先入先出法（first-in, first-out FIFO）：一种存货计价方法，假定先购买的存货成本是先发出的存货的成本。结果是期末存货价值由最近购买的存货成本组成，销售成本由最早购买的存货成本构成。

毛利法（gross profit method）：估算期末存货价值的方法，是基于"毛利百分比相对保持稳定"这一假设。

存货计价（inventory valuation）：与存货的市场价值不相关，但与其购买成本相关的存货成本计算方法，如先入先出法、后入先出法、或加权平均法。

后入先出法（last-in, first-out LIFO）：一种存货计价方法，假定最近购买的存货成本是先发出的存货的成本。结果是期末存货价值由最先购买的存货成本组成，销售成本由最近购买的存货成本构成。

个别计价法（specific identification approach）：一种存货计价方法，识别每一单位购买和发出的存货的实际成本来完成存货计价。

加权平均法（weighted average approach）：使用每单位存货的平均成本完成存货计价的方法。每单位存货平均成本是用可供应产品的总成本（库存存货成本）除以可供应产品数量（库存量）得出的。

复习题

1. 下列哪一种会计记账方法需要记录食品存货的取得？
   （1）周期盘存会计记账法
   （2）永续盘存会计记账法

2. 期末存货价值的误差会影响几个月度会计期？为什么销售成本和毛利会受到期末存货价值误差的影响？

3. 下列方法的成本流假设是什么？
   （1）先入先出法
   （2）后入先出法
   （3）加权平均法

4. 在存货价格上涨期间计算发出存货成本时，哪种方法得出的期末存货价值最高？

5. 在存货价格上涨期间计算发出存货成本时，哪种方法得出的销售成本最高？

6. 后入先出法有哪些优点和缺点？

网址：

若想获得更多信息，可访问下列网址。网址变更恕不通知。若你所访问的网址不存在，可使用搜索引擎查找新网址。

1. 酒水成本和存货调节：www.restaurantreport. com/features/ft_bevcost.html

2. 餐馆接收、储存、发出存货：http://web1.msue.msu.edu/imp/modtd/33300004.html

3. 厨房存货：http://findarticles.com/p/articles/mi_m3190/is_49_32/ai_53382095

4. 周期盘存法 / 永续盘存法：http://retailindustry. about.com/library/terms/p/old_periodicinv.htm
http://abcfinance.nase.org/abcInventory.asp

5. 永续盘存单模板下载：www.restaurantowner.com/public/535.cfm

6. 毛利法：www.accd.edu/sac/slac/ppointshows/acct/gross_profit_method%20.htm

7. 存货控制：您的菜单成本是多少？：www.computrition.com/Releases/Pub_3_24_00.html

8. 存货计价法对净利润的影响：www.investopedia.com/articles/02/060502.asp

9. 先入先出法、后入先出法、平均成本法：www.wisegeek.com/what-is-lifo-and-fifo.htm
www.investopedia.com/articles/02/060502.asp

10. 后入先出法：美国国税局的不满：www.toolkit.cch.com/advice/113-99askalice.asp

练习题

习题 1

一个饭店采用周期盘存法。检查了财务报表之后，报告了下列有关毛利的信息：

	9 月	10 月	年初至 10 月
销售额	150000 美元	130000 美元	1200000 美元
销售成本：			
期初存货	18000	17000	15000
当期采购	46000	42000	400000
可提供存货成本	64000	59000	415000
期末存货	17000	13000	13000
销售成本	47000	46000	402000
毛利	103000 美元	84000 美元	798000 美元

现在发现，9 月 30 日的期末存货应该是 14000 美元。在这些时段中，毛利应该被更正为多少？

习题 2

虽然已经到了编制月度财务报表的时候，但是管理层决定不在月末开展存货盘点工作，因为月中已经完成了几次审计工作。管理层决定将使用毛利法来为编制财务报表估算期末存货。使用该方法，依据下列信息，估算4月30日的期末存货。

食品存货，3 月 31 日	4000 美元
食品销售，4 月份	31000
食品采购，4 月份	12000
估测毛利百分比	64%

习题 3

4 月份购买新品种存货情况如下所示：

4 / 1　　以每单位 5.00 美元的价格购买 15 单位存货

4 / 10　　以每单位 5.20 美元的价格购买 10 单位存货

4 / 20　　以每单位 5.25 美元的价格购买 8 单位存货

由于该饭店使用的是周期盘存体系，没有记录永续盘存卡，存货发放情况也是未知的。4 月 30 日盘点期末存货时，还有 5 单位库存。使用下列存货计价法，计算期末存货价值（结果保留两位小数）：

（1）周期盘存先入先出法

（2）周期盘存后入先出法

（3）周期盘存加权平均法（计算加权平均单位成本时，保留 4 位小数）

案 例 分 析

存货管理和盗窃威慑

Saturn 餐饮集团拥有多家大型餐厅，这些餐厅有丰富的食品和酒水库存；所有餐厅都使用永续盘存记录体系。所有餐厅的销售成本和获利水平都符合集团标准。所有的餐厅都安装了先进的销售终端系统，包括收入和菜单成本管理软件，以及存货控制软件。销售终端系统可以将来自厨房的、包括具体食品的顾客账单，与现金收银位置相互匹配。该系统被证实是可靠和精确的。

最近，集团公司在没有通知各个餐厅经理的情况下，对各个餐厅进行存货盘点审计。一个餐厅被发现，其账面存货和实际存货有巨大差异。食品实际存货比账面数量少 5000 美元（按成本计算）。

要 求

1. 解释这家餐厅如何在存货短缺了 5000 美元的情况下，使其销售成本和利润水平还能达到集团公司标准的。

2. 如果会计记录显示下列信息，解释发现 5000 美元存货短缺之前和之后对毛利的影响：

> 销售收入： 100000 美元
>
> 期初存货： 15000 美元
>
> 存货采购： 28000 美元
>
> 账面期末存货： 18000 美元

3. 针对公司总部如何在每个餐厅采用简单、经济的审计流程以便快速发现此类短缺问题提出建议。

4. 列出一些公司管理中可以采取的、有效保护企业财产免遭内部人员窃取的措施。

第19章

概　要

可行性研究

　可行性研究格式

分配服务部门费用和固定费用

　分配的依据

公允价值会计

　公允价值计量

　折算调整

　公允价值会计的局限性

复利终值

复利现值

年金的复利终值和复利现值

学习目标

1. 描述可行性研究的目的和典型内容。

2. 识别待分配营业费用和固定费用，使用多种方法将这些费用分配到1个或多个部门中去。

3. 区分历史成本和公允价值会计，解释为什么这一区别变得日益重要。

4. 界定公允价值，描述财务会计标准委员会的级次公允价值计量。

5. 确定什么时候需要计算复利终值和复利现值，能够完成计算过程。

6. 将复利终值和复利现值的概念应用在年金中，能够完成计算过程。

19

综合议题

为外部使用者（股东、债权人、政府部门）提供处理过的信息的会计学分支是财务会计。为经营管理人员制定决策过程而提供基本信息的会计学分支是管理会计。财务会计为外部使用者提供的信息通常以财务报表形式出现。管理会计为内部使用者提供的信息通常以报告和内部财务报表形式出现。

在财务会计和管理会计中，若干重要但不相关的议题将在本书最后这一章进行简单讨论。本章将回答下列问题：

1. 什么是可行性研究？可行性研究包括哪些内容？

2. 使用什么方法可以将服务部门的费用和固定费用分配进收入中心，从而符合责任会计的概念？

3. 什么是公允价值会计？

4. 什么是复利终值？在一次性付清的投资中如何计算复利值？

5. 什么是现值？在一次性付清的投资中如何计算现值？

6. 什么是普通年金复利终值？什么是期初年金复利终值？应该如何计算？

7. 什么是普通年金现值？什么是期初年金现值？应该如何计算？

可行性研究

可行性研究是在项目开始之前，为了确定该项目成功的可能性所开展的前期研究。可行性研究包括财务信息、统计数据、结论和建议，可以采用多种格式。一些可行性研究属于综合性研究，如调查新饭店的选址和房屋建筑问题；其他一些非综合性可行性研究探讨扩大现有设施的潜在可能性。可行性研究使用现在的数据预测未来，可能会得出积极的或消极的结论。积极的结论并不一定能保证财务上的成功，因为可行性研究完成的是假设和估计，不能预料到突发性因素。但是，不考虑这些局限性，拥有研究结果和对未来的预计远远好于没有它们，因为投资一家新饭店、或是扩大现有经营规模都意味着巨大的投资金额。

可行性研究能够提供有价值的结论，需要许多专家的共同努力，包括：会计师、律师、房地产开发商、饭店咨询公司、管理者。通常，一位代表着饭店咨询公司的业内专家必须加入到可行性研究的准备过程中来，并与所需其他专家相互协作。所选择的饭店咨询公司必须在市场营销、饭店经营和财务管理方面具有丰富的知识和经验。

可行性研究不仅提供关于项目获利能力和吸引力的结论，还应该包括：

• 成为规划人员和建筑师的指南；

• 为获得融资提供帮助；

• 成为取得特许经营权、租赁、管理、或其他先决条件谈判的可行的工具；

• 成为编制运营和营销计划的指南；

• 成为编制资本预算和运营预算的指南。

可行性研究格式

与针对餐馆的可行性研究相比，针对饭店完成的可行性研究内容更加丰富。但是，关于可行性研究格式的广义的讨论是合理的；读者可以针对某一特定行业投资挑选出关键信息。通常，可行性研究包括下列部分：

• 建议书；

• 前言；

• 市场区域描述；

• 地区和选址评估；

• 竞争分析；

• 需求分析；

• 设施和服务建议；

• 预算利润表。

建议书 顾问提供给客户的建议信清晰地界定了业务约定范围。建议信包括报告程序、顾问提供的报告类型，咨询费用和付款时间表。在客户同意并签署该建议书之前，不开展可行性研究。

前言 可行性研究报告的前言部分包括下列内容：

• 提送函；

• 目录；

• 概况；

• 结论。

提送函描述了研究的目标、说明研究结论的有效性和局限性。目录列出了报告的每一个部分。概况介绍了研究的范围和方法。结论汇总了就市场可行性、设施、服务、财务表现和其他相关因素的研究发现和专家结论。

市场区域描述 本部分描述了诸如地理、人口统计、经济指标等市场特征、调查了人口、收入水平、就业、零售业、商业／工业、旅游业和交通运输业的情况。研究还讨论了这些指标未来的发展趋势和当地经济的多样性。最后，专家提供了对该市场区域经济实力的见解。

地区和选址评估 有一条著名的箴言是这样说的：饭店成功经营的三项重要法则是选址、选址、还是选址。成功的选址对饭店吸引目标市场顾客非常重要，选址必须与其目标细分市场相互匹配。可行性研究的这个部分应该分析：

• 地理位置、可进入性和可见性；

• 地点配适性；

• 分区、许可和建筑规范；

• 结论。

地理位置和可进入性讨论必须查明该地点在地图上的位置；描述该位置的物理边界和地貌特征；讨论公共汽车、铁路和出租车服务；解释该地点与诸如游乐园、剧院、博物馆、度假地以及其他娱乐场所等客源产生地之间的关系。最后，必须指明出入该地点的难易程度。选址与拟建饭店的配适性必须得到审核，包括对噪声、交通、以及其他潜在干扰因素的评析。咨询师可能只能提供关于分区、许可和建筑规范的概括性信息。更为详细的信息需要法律专家和房地产专家的介入。该部分的结论应该包括一些不确定性，因为未来较长时间的地理位置特征、道路、高速公路和政府部门规定的变化不能够被预知。

竞争分析 这部分是指描述现在和潜在的竞争情况。竞争分析列出现在的所有竞争对手，提供关于他们的选址、规模（餐饮接待量或客房量）、价格、营业时间、服务类型、设施、所属管理集团和声誉方面的信息。在一张地图上标出所有竞争者，能够快速形象地提供他们与本项目的地理距离。这部分还描述了所有已知的潜在竞争者，提醒读者关注可能存在的问题。

需求分析 在任何一种可行性研究中，需求分析都是非常重要的部分。这部分的目标是估算销售收入。其他部分的研究是需求量预测的基础。如果用于估算销售收入的数据是有问题的，那么最终的可行性分析报告也是有问题的，因为估算销售成本和运营费用的基础就是销售收入。这部分调查了现存竞争对手的成功经营情况、商务部门的统计数据、当地政府和州政府的税收数据（如果能够获取）、行业报告，以及其他饭店业产品需求产生情况。对于饭店来说，这部分应该估计客房需求量、价格敏感性；以及顾客对健身俱乐部、计算机网络、商务服务、会议室和其他产品与服务的需求情况。

设施和服务建议　本部分需要提供能够令在需求分析部分所研究的目标市场满意的设施和服务建议。如果饭店没有加入特许经营或连锁饭店集团，建筑师就要依据预期的出租率完成饭店建筑、接待能力；以及饭店设施的类型和规模的设计。

预算利润表　预算利润表的格式必须符合应用于饭店业（饭店或单体餐厅）的统一会计制度的要求。利润表通常涉及未来几年，很多时候是 5 年。在可行性研究中，可以接受利润表的最后一行是税前利润。通货膨胀因素应用在长期规划中，因为通货膨胀会影响房价、菜单定价和费用。利润表应当包含：对预测的基础的描述；可能影响预测的变量；以及预测的局限性。

分配服务部门费用和固定费用

依据《住宿业统一会计制度》（第 9 版和第 10 版）的要求，汇总利润表（第 9 版）和汇总营业利润表（第 10 版）将待分配营业费用和固定费用放在收入中心收入和费用之后，可以发现：这种方法没有削减各个收入中心的利润，而是将服务中心费用和固定费用从总利润中减去。

虽然这种方法有它自己的优点（毕竟这是推荐的格式），但是管理者们想知道如果将服务部分费用和固定费用分配到各个收入中心之后，这些部门的经营结果是怎样的。所有收入中心都会出现利润下降现象，甚至很有可能一些利润中心会出现亏损，而不是赢利。

将服务部门费用分配到利润部门是责任会计的延伸。例如，即使收入中心的经理们不能直接控制营销部门的费用，但是收入中心确实从营销部门获得了好处，所以应该分别承担相应的营销费用。

分配的依据

为了完成公平合理的费用分配，必须有一定依据。有几种可以用于费用分配的依据。

在某些情况下，分配是没有意义的。如果服务中心的所有费用或固定费用可以被直接追踪到某个收入中心，那么这个收入中心就需要承担 100% 的待分配费用。例如，如果为存放客房部的家具和设备支付了 28500 美元的租金，那么客房部就应该承担所有租金费用。但是，在大多数情况下，不止一个收入中心获得了来自服务中心或固定费用的好处。在这些情况下，服务中心费用和固定费用必须分配给所有接受了好处的收入中心。例如，行政管理费用必须分配给所有得到了好处的收入中心。

直接法通常用于分配服务中心费用和固定费用。使用这种方法，每一个服务中心的费用和固定费用按照一定依据分配给若干收入中心，依据包括：

- 工资百分比；
- 建筑面积百分比；
- 总收入百分比；
- 用于公平分配费用的某一依据的百分比。

假设管理层决定行政管理费用依照各部门收入占总收入的百分比分配；当期的行政管理部门费用是 164181 美元；管理层决定只将该服务中心的费用分配给客房部、餐饮部和其他运营部门；这些部门收入总和是 1485070 美元，各部门收入见下表。总收入是下一步骤的除数，可以计算出各部门收入占总收入的百分比。计算出的百分比结果用来分配行政管理费用。下表展示了这个例子：

	销售收入	百分比	行政管理费用分配
客房部	897500 美元	60.4%	99165 美元
餐饮部	524570	35.3	57956
其他运营部门	63000	4.3	7060
合计	1485070 美元	100.0%	164181 美元

需要注意的是：所有计算出的百分比之和必须等于 100%；如果不等于 100%（由于四舍五入的原因），其中某一数值必须进行增加或减少的调整，通常调整不超过 0.1 或 0.2 个百分点。在本例中，计算出的其他运营部门百分比被迫从 4.2% 调整为 4.3%。同样，分配后的费用之和应该等于总费用。由于四舍五入，每个部门分配到的费用加在一起可能不等于总费用；此时，就要对某一数值进行增加或减少的调整，通常调整不超过 1 美元或 2 美元。

继续完成对每一个服务部门的费用和固定费用的分配计算，得到如图 19-1 所示的完整的利润表。

图 19-1 加权平均法永续盘存卡

	客房部	餐饮部	电信部门	其他运营部门	其他利润	合计
各部门利润	692261	87377	(27623)	12646	61283	825944
减服务中心费用分配：						
行政管理费用	99165	57956		7060		164181
营销费用						
资产运营						
公用事业成本						
固定费用前利润	XXX	XXX	XXX	XXX	XXX	485029
减固定费用分配：						
租金						
财产税						
保险费						
利息费用						
折旧						
税前利润	XXX	XXX	XXX	XXX	XXX	66138

注意：以上是一个示例，并未录入所有数据。

直接法仅仅描述了一种非常流行的、简单的服务中心费用和固定费用分配方法。另外两种方法是阶段法和公式法。

使用阶段法时，一个服务部门的待分配费用不仅分配给收入中心，也分配给其他从这项费用中获益的服务部门。首先选择一个服务部门的费用进行分配，之后计算出新的总额，再选择第二个服务部门的费用进行分配，直到所有服务部门的费用都得到分配。与直接法一样，必须在分配这些费用之前，选择诸如建筑面积百分比、工资百分比等公平的分配依据。

使用公式法时，每个部门的费用分配是同时进行的，费用将分配给所有收益部门，这一过程通常是用计算机完成的。

公允价值会计

依据一般公认会计原则，传统上要求在编制财务报表时，土地、建筑物、设备和其他资产应该按照其实际成本计价。这种对固定资产的会计处理方法一直存在争议，因为该方法无法反映资产的公允价值或市场价值。例如，多年前购买楼房的成本是 100 万美元，现在该楼房的成本就应该记为 100 万美元，即使其实际价值或公允价值已经大大高于购买成本。

使用公允价值会计记录资产（和负债）的理由之一就是记录实际成本的财务报表不能向投资人、债权人，以及财务报表的其他阅读者提供与之相关的现值信息。另一个理由是，如果购买时间不同，实际成本不能实现公司和资产之间的比较。例如，如果一位投资人分析两家不同的饭店企业，这两家饭店资产负债表中的土地和建筑物价格很有可能不具备可比性；因此，比较这两家饭店任何以资产为基础的财务比率都是没有意义的。

财务会计标准委员会最近宣布公允价值是相关的计量属性，并允许（或是在某些必要的情况中）饭店选择使用公允价值。

《财务会计委员会公告第 157 号》对 2007 年 11 月 15 日之后开始的财务年度发布的财务报表，以及这些财务年度的中期报告有效。这一公告界定了公允价值，提供了按照一般公认会计原则使用公允价值计价的依据，包括披露公允价值计量信息。依据一般公认会计原则，公允价值的会计定义既包括资产又包括负债。

发布第 157 号公告的原因是公允价值有很多种定义，在一般公认会计原则中，应用这些定义的指导很有限；定义的差异导致矛盾出现。

资产的公允价值被定义为资产在自愿交易的买卖双方当前交易中的价格，而不是在清算业务中的价格。负债的公允价值是债务在自愿交易双方当前交易中的结算价值，而不是在清算业务中的价值。如果可以提供，在活跃市场中的报价是公允价值的最佳佐证，应该用作计价的基础。如果不能提供市场报价或是无法获得可观察的价格，那么就需要使用最有价值的信息或方法对公允价值进行估测。

使用公允价值的标准定义和测算基础可以提高公允价值计量的一致性和可比性。披露公允价值可以为财务报表的阅读者提供下列信息：

- 如何使用公允价值去计量资产和负债的；
- 使用该计量方法的投入；
- 采用该计量方法对当期收益（或净资产的变化）的影响。

国际会计准则理事会更倾向于采用公允价值会计计量资产。随着国际财务报告准则被引入世界各地，包括欧盟所有的上市公司，在财务报表中采用公允价值逐渐成为一种标准。

公允价值计量

《财务会计委员会公告第 157 号》指出交易价格是在买卖双方在主要市场或最

有利市场上的有序交易价格。这类交易可能包括资产出售或债务转移。因此，关注的焦点是出售资产所得，或是转移债务所得（脱手价格）。公允价值不是实际购买资产或承担债务的价格（入账价格）。

公允价值是基于市场的计量方法。第 157 号公告建立了公允价值级次，分为 1 级、2 级和 3 级，用作在计量公允价值时使用的市场基础假定。对这一渐进式级次的描述如下：

1 级 最好的计量方法是参考同类资产或负债在活跃市场上的报价。1 级强调确定以下两点：

- 从报告主体立场考虑资产或负债的主要市场（如果不行的话，考虑最有利市场）；
- 在资产或负债计价时，报告主体能否从该市场取得价格信息。

2 级 如果无法取得 1 级中的市场报价，直接或间接的观察价格可以应用在资产或负债计价中。该价格应该是：活跃市场中相似资产或负债的报价；非活跃市场中相同或相似资产或负债的报价；以及其他可观察市场证实的报价。

3 级 如果不能取得 1 级和 2 级的数据，企业可以使用无法观察到的数据为资产或负债计价，至少该价格反映了报告主体本身对资产 / 负债市场价格的估计，以及对风险的预计。非观察价格的确定应该依据可获得的最有利信息，可以包括报告主体自身的数据。

不以市场为基础的公允价值是主观的，其依据管理层用于确定公允价值的估计、假设和测量方法。但是，主观性需要并不阻碍公允价值会计的使用，因为历史成本计价依据既缺乏可比性，又缺乏实效性。

折算调整

从历史成本转化为公允价值会计会对财务报表产生巨大的潜在影响。折算时必须完成相应调整。在历史成本和公允价值之间调整，恰当的会计处理引自《财务会计标准委员会第 157 号公告》：折算调整是在这一报表最初应用当日，计算那些金融工具的账面价值与公允价值之间的差异。折算调整应该被视为在该报表最初应用的财务年度中，对留存收益期初余额（或是财务状况报表中的权益或净资产的其他适当组成部分）的累积效应调整。

公允价值会计的局限性

虽然公允价值能够比历史成本计价提供更有价值的信息，但是，公允价值报告会使财务报表更容易受到主观决策和假设的影响。例如：

- 可靠性和计量：对于一些资产和负债来说，不存在活跃市场；在这些情况中，对其公允价值的估计主观性较强，很容易使估价缺乏可靠性；如果管理层在无法获得市场价格时，必须很大程度上依靠判断力确定市场价值，可靠性就成为一个问题。
- 管理层偏见：由于估价过程主要依靠管理层的判断，特别是在级别 3 的估计过程中，管理层偏见（故意的或是非故意的）会对公允价值计量产生负面影响，导致利润和权益的失实报告。

复利终值

复利终值是本金和复利利息之和。复利利息既包括本金的利息，也包括之前每一期累积的利息。复利利息与单利利息不同，单利利息只按照本金的百分比计算利息，忽略利息的利息。在复利利息计算中，本金和之前各期的利息和构成下一期计算利息的新的基数。复利次数越多，复利终值越大。如果没有特殊说明，一般认为年复利一次。

计算复利终值的目的是确定目前投资额的终值。

金融机构每年支付一次以上的利息很常见，因此，所申明的年利率需要转化为有效的周期利率，用以计算特定时期的利息。计算公式如下：

$$某时期利息率 = \frac{年利息率}{某年计息期数}$$

例如，一项投资每年回报率是 8%，年计息 4 次，即 12 个月中每季度计息一次，年利率 8% 除以 4 个季度，每季度利率 2%。

使用这个例子，如果年初投资 1000 美元（且本年不追加任何投资），第一年价值增长情况如下所示：

	本金	所获利息	复利终值
第 1 季度	1000.00 美元	20.00 美元	1020.00 美元
第 2 季度	1020.00	20.40	1040.40
第 3 季度	1040.40	20.81	1061.21
第 4 季度	1061.21	21.22	1082.43

当你计划的项目持续时间是好几年时，复利终值计算冗长而耗时，容易出错。好在可以使用复利终值系数表，这极大地简化了复利终值的计算。复利终值系数表可以计算任何数量的期数和利率。图 19-2 是第一期期初单一投资的复利终值系数表示例，需要注意的是，不同的利率显示在表的第一行，不同期数显示在表左侧第一列。图中某一利率列与特定期数行交叉处的数据，就是计算期末复利终值的复利终值系数。

再次使用投资额为 1000 美元、年利率为 8%、每季度复利 1 次的例子，计算过程如下：

- 周期利率是 2%；
- 期数是 4；
- 利率 2% 所在列与期数 4 所在行交叉处的系数是 1.0824；
- 1000.00 美元 × 1.0824 = 10824.40 美元。

该数值与手工计算结果相比存在 3 美分的差异，因为图 19-2 中的数值只保留 4 位小数。同一系数如果更精确的话，可以保留 7 位小数，为 1.0824322，这就解释了 3 美分的差异。

之前的例子为期 1 年，但是复利终值系数表可以非常容易地用于预测为期多年的投资。使用同样的例子，但将投资期变为 5 年，计算过程如下：

- 周期利率仍然是 2%；
- 期数是 20（每年 4 期 × 5 年）；
- 利率 2% 所在列与期数 20 所在行交叉处的系数是 1.4859；
- 1000.00 美元 × 1.4859 = 1485.90 美元。

复利现值

复利现值是未来已知金额在现在时点的价值。复利现值从本质上来说与复利终值相反，复利终值是我们知道投资额，并想确定投资额将来的价值。就复利现值来说，我们知道未来的价值或应得价值，通过这一价值计算出现再应该投资多少才能在未来得到已知金额。复利现值的计算通常用于确定为了将来能够实现某一特定目标，在现在需要投入多少。

与复利终值的计算一样，当已知投资回报率时，使用复利现值系数表可以迅速、容易地计算出为了实现未来期末目标现在所需投入的资金量。期初单一投资的复利

图19-2 单一现金流复利终值系数表

$FV_{n,k} = (1+k)^n$

期数	1%	2%	3%	4%	5%	6%	7%	8%	9%	10%	12%	14%	15%	16%	18%	20%	22%	24%	26%	28%	30%	35%
1	1.0100	1.0200	1.0300	1.0400	1.0500	1.0600	1.0700	1.0800	1.0900	1.1000	1.1200	1.1400	1.1500	1.1600	1.1800	1.2000	1.2200	1.2400	1.2600	1.2800	1.3000	1.3500
2	1.0201	1.0404	1.0609	1.0816	1.1025	1.1236	1.1449	1.1664	1.1881	1.2100	1.2544	1.2996	1.3225	1.3456	1.3924	1.4400	1.4884	1.5376	1.5876	1.6384	1.6900	1.8225
3	1.0303	1.0612	1.0927	1.1249	1.1576	1.1910	1.2250	1.2597	1.2950	1.3310	1.4049	1.4815	1.5209	1.5609	1.6430	1.7280	1.8158	1.9066	2.0004	2.0972	2.1970	2.4604
4	1.0406	1.0824	1.1255	1.1699	1.2155	1.2625	1.3108	1.3605	1.4116	1.4641	1.5735	1.6890	1.7490	1.8106	1.9388	2.0736	2.2153	2.3642	2.5205	2.6844	2.8561	3.3215
5	1.0510	1.1041	1.1593	1.2167	1.2763	1.3382	1.4026	1.4693	1.5386	1.6105	1.7623	1.9254	2.0114	2.1003	2.2878	2.4883	2.7027	2.9316	3.1758	3.4360	3.7129	4.4840
6	1.0615	1.1262	1.1941	1.2653	1.3401	1.4185	1.5007	1.5869	1.6771	1.7716	1.9738	2.1950	2.3131	2.4364	2.6996	2.9860	3.2973	3.6352	4.0015	4.3980	4.8268	6.0534
7	1.0721	1.1487	1.2299	1.3159	1.4071	1.5036	1.6058	1.7138	1.8280	1.9487	2.2107	2.5023	2.6600	2.8262	3.1855	3.5832	4.0227	4.5077	5.0419	5.6295	6.2749	8.1722
8	1.0829	1.1717	1.2668	1.3686	1.4775	1.5938	1.7182	1.8509	1.9926	2.1436	2.4760	2.8526	3.0590	3.2784	3.7589	4.2998	4.9077	5.5895	6.3528	7.2058	8.1573	11.032
9	1.0937	1.1951	1.3048	1.4233	1.5513	1.6895	1.8385	1.9990	2.1719	2.3579	2.7731	3.2519	3.5179	3.8030	4.4355	5.1598	5.9874	6.9310	8.0045	9.2234	10.604	14.894
10	1.1046	1.2190	1.3439	1.4802	1.6289	1.7908	1.9672	2.1589	2.3674	2.5937	3.1058	3.7072	4.0456	4.4114	5.2338	6.1917	7.3046	8.5944	10.086	11.806	13.786	20.107
11	1.1157	1.2434	1.3842	1.5395	1.7103	1.8983	2.1049	2.3316	2.5804	2.8531	3.4785	4.2262	4.6524	5.1173	6.1759	7.4301	8.9117	10.657	12.708	15.112	17.922	27.144
12	1.1268	1.2682	1.4258	1.6010	1.7959	2.0122	2.2522	2.5182	2.8127	3.1384	3.8960	4.8179	5.3503	5.9360	7.2876	8.9161	10.872	13.215	16.012	19.343	23.298	36.644
13	1.1381	1.2936	1.4685	1.6651	1.8856	2.1329	2.4098	2.7196	3.0658	3.4523	4.3635	5.4924	6.1528	6.8858	8.5994	10.699	13.264	16.386	20.175	24.759	30.288	49.470
14	1.1495	1.3195	1.5126	1.7317	1.9799	2.2609	2.5785	2.9372	3.3417	3.7975	4.8871	6.2613	7.0757	7.9875	10.147	12.839	16.182	20.319	25.421	31.691	39.374	66.784
15	1.1610	1.3459	1.5580	1.8009	2.0789	2.3966	2.7590	3.1722	3.6425	4.1772	5.4736	7.1379	8.1371	9.2655	11.974	15.407	19.742	25.196	32.030	40.565	51.186	90.158
16	1.1726	1.3728	1.6047	1.8730	2.1829	2.5404	2.9522	3.4259	3.9703	4.5950	6.1304	8.1372	9.3576	10.748	14.129	18.488	24.086	31.243	40.358	51.923	66.542	121.71
17	1.1843	1.4002	1.6528	1.9479	2.2920	2.6928	3.1588	3.7000	4.3276	5.0545	6.8660	9.2765	10.761	12.468	16.672	21.186	29.384	38.741	50.851	66.461	86.504	164.31
18	1.1961	1.4282	1.7024	2.0258	2.4066	2.8543	3.3799	3.9960	4.7171	5.5599	7.6900	10.575	12.375	14.463	19.673	25.623	35.849	48.039	64.072	85.071	112.46	221.82
19	1.2081	1.4568	1.7535	2.1068	2.5270	3.0256	3.6165	4.3157	5.1417	6.1159	8.6128	12.056	14.232	16.777	23.214	31.948	43.736	59.568	80.731	108.89	146.19	299.46
20	1.2202	1.4859	1.8061	2.1911	2.6533	3.2071	3.8697	4.6610	5.6044	6.7275	9.6463	13.743	16.367	19.461	27.393	38.338	53.358	73.864	101.72	139.38	190.05	404.27
21	1.2324	1.5157	1.8603	2.2788	2.7860	3.3996	4.1406	5.0338	6.1088	7.4002	10.804	15.668	18.822	22.574	32.324	46.005	65.096	91.592	128.17	178.41	247.06	545.77
22	1.2447	1.5460	1.9161	2.3699	2.9253	3.6035	4.4304	5.4365	6.6586	8.1403	12.100	17.861	21.645	26.186	38.142	55.206	79.418	113.57	161.49	228.36	321.18	736.79
23	1.2572	1.5769	1.9736	2.4647	3.0715	3.8197	4.7405	5.8715	7.2579	8.9543	13.552	20.362	24.891	30.376	45.008	66.247	96.889	140.83	203.48	292.30	417.54	994.66
24	1.2697	1.6084	2.0328	2.5633	3.2251	4.0489	5.0724	6.3412	7.9111	9.8497	15.179	23.212	28.625	35.236	53.109	79.497	118.21	174.63	256.39	374.14	542.80	1342.80
25	1.2824	1.6406	2.0938	2.6658	3.3864	4.2919	5.4274	6.8485	8.6231	10.835	17.000	26.462	32.919	40.874	62.669	95.396	144.21	216.54	323.05	478.90	705.64	1812.78
26	1.2953	1.6734	2.1566	2.7725	3.5557	4.5494	5.8074	7.3964	9.3992	11.918	19.040	30.167	37.857	47.414	73.949	114.48	175.94	268.51	407.04	613.00	917.33	2447.25
27	1.3082	1.7069	2.2213	2.8834	3.7335	4.8223	6.2139	7.9881	10.245	13.110	21.325	34.390	43.535	55.000	87.260	137.37	214.64	332.95	512.87	784.64	1192.5	3303.78
28	1.3213	1.7410	2.2879	2.9987	3.9201	5.1117	6.6488	8.6271	11.167	14.421	23.884	39.204	50.066	63.800	102.97	164.84	261.86	412.86	646.21	1004.3	1550.3	4460.11
29	1.3345	1.7758	2.3566	3.1187	4.1161	5.4184	7.1143	9.3173	12.172	15.863	26.750	44.693	57.575	74.009	121.50	197.81	319.47	511.95	814.23	1285.6	2015.4	6021.15
30	1.3478	1.8114	2.4273	3.2434	4.3219	5.7435	7.6123	10.063	13.268	17.449	29.960	50.950	66.212	85.850	143.37	237.38	389.76	634.82	1025.9	1645.5	2620.0	8128.55
40	1.4889	2.2080	3.2620	4.8010	7.0400	10.286	14.974	21.725	31.409	45.259	93.051	188.88	267.86	378.72	750.38	1469.8	2847.0	5455.9	10347.	19427.	36118.9	*
50	1.6446	2.6916	4.3839	7.1067	11.467	18.420	29.457	46.902	74.358	117.39	289.00	700.23	1083.7	1670.7	3927.4	9100.4	20797.	46890.	*	*	*	*
60	1.8167	3.2810	5.8916	10.520	18.679	32.988	57.946	101.26	176.03	304.48	897.60	2595.9	4384.0	7370.2	20555.	56348.	*	*	*	*	*	*

*$FV_{n,k} > 99{,}999$

图 19-3　单一现金流复利现值系数表

$$PV_{n,k} = 1/(1+k)^n$$

期数	1%	2%	3%	4%	5%	6%	7%	8%	9%	10%	12%	14%	15%	16%	18%	20%	22%	24%	26%	28%	30%	35%
1	.9901	.9804	.9709	.9615	.9524	.9434	.9346	.9259	.9174	.9091	.8929	.8772	.8696	.8621	.8475	.8333	.8197	.8065	.7937	.7813	.7692	.7407
2	.9803	.9612	.9426	.9246	.9070	.8900	.8734	.8573	.8417	.8264	.7972	.7695	.7561	.7432	.7182	.6944	.6719	.6504	.6299	.6104	.5917	.5487
3	.9706	.9423	.9151	.8890	.8638	.8396	.8163	.7938	.7722	.7513	.7118	.6750	.6575	.6407	.6086	.5787	.5507	.5245	.4999	.4768	.4552	.4064
4	.9610	.9238	.8885	.8548	.8227	.7921	.7629	.7350	.7084	.6830	.6355	.5921	.5718	.5523	.5158	.4823	.4514	.4230	.3968	.3725	.3501	.3011
5	.9515	.9057	.8626	.8219	.7835	.7473	.7130	.6806	.6499	.6209	.5674	.5194	.4972	.4761	.4371	.4019	.3700	.3411	.3149	.2910	.2693	.2230
6	.9420	.8880	.8375	.7903	.7462	.7050	.6663	.6302	.5963	.5645	.5066	.4556	.4323	.4104	.3704	.3349	.3033	.2751	.2499	.2274	.2072	.1652
7	.9327	.8706	.8131	.7599	.7107	.6651	.6227	.5835	.5470	.5132	.4523	.3996	.3759	.3538	.3139	.2791	.2486	.2218	.1983	.1776	.1594	.1224
8	.9235	.8535	.7894	.7307	.6768	.6274	.5820	.5403	.5019	.4665	.4039	.3506	.3269	.3050	.2660	.2326	.2038	.1789	.1574	.1388	.1226	.0906
9	.9143	.8368	.7664	.7026	.6446	.5919	.5439	.5002	.4604	.4241	.3606	.3075	.2843	.2630	.2255	.1938	.1670	.1443	.1249	.1084	.0943	.0671
10	.9053	.8203	.7441	.6756	.6139	.5584	.5083	.4632	.4224	.3855	.3220	.2697	.2472	.2267	.1911	.1615	.1369	.1164	.0992	.0847	.0725	.0497
11	.8963	.8043	.7224	.6496	.5847	.5268	.4751	.4289	.3875	.3505	.2875	.2366	.2149	.1954	.1619	.1346	.1122	.0938	.0787	.0662	.0558	.0368
12	.8874	.7885	.7014	.6246	.5568	.4970	.4440	.3971	.3555	.3186	.2567	.2076	.1869	.1685	.1372	.1122	.0920	.0757	.0625	.0517	.0429	.0273
13	.8787	.7730	.6810	.6006	.5303	.4688	.4150	.3677	.3262	.2897	.2292	.1821	.1625	.1452	.1163	.0935	.0754	.0610	.0496	.0404	.0330	.0202
14	.8700	.7579	.6611	.5775	.5051	.4423	.3878	.3405	.2992	.2633	.2046	.1597	.1413	.1252	.0985	.0779	.0618	.0492	.0393	.0316	.0254	.0150
15	.8613	.7430	.6419	.5553	.4810	.4173	.3624	.3152	.2745	.2394	.1827	.1401	.1229	.1079	.0835	.0649	.0507	.0397	.0312	.0247	.0195	.0111
16	.8528	.7284	.6232	.5339	.4581	.3936	.3387	.2919	.2519	.2176	.1631	.1229	.1069	.0930	.0708	.0541	.0415	.0320	.0248	.0193	.0150	.0082
17	.8444	.7142	.6050	.5134	.4363	.3714	.3166	.2703	.2311	.1978	.1456	.1078	.0929	.0802	.0600	.0451	.0340	.0258	.0197	.0150	.0116	.0061
18	.8360	.7002	.5874	.4936	.4155	.3503	.2959	.2502	.2120	.1799	.1300	.0946	.0808	.0691	.0508	.0376	.0279	.0208	.0156	.0118	.0089	.0045
19	.8277	.6864	.5703	.4746	.3957	.3305	.2765	.2317	.1945	.1635	.1161	.0829	.0703	.0596	.0431	.0313	.0229	.0168	.0124	.0092	.0068	.0033
20	.8195	.6730	.5537	.4564	.3769	.3118	.2584	.2145	.1784	.1486	.1037	.0728	.0611	.0514	.0365	.0261	.0187	.0135	.0098	.0072	.0053	.0025
21	.8114	.6598	.5375	.4388	.3589	.2942	.2415	.1987	.1637	.1351	.0926	.0638	.0531	.0443	.0309	.0217	.0154	.0109	.0078	.0056	.0040	.0018
22	.8034	.6468	.5219	.4220	.3418	.2775	.2257	.1839	.1502	.1228	.0826	.0560	.0462	.0382	.0262	.0181	.0126	.0088	.0062	.0044	.0031	.0014
23	.7954	.6342	.5067	.4057	.3256	.2618	.2109	.1703	.1378	.1117	.0738	.0491	.0402	.0329	.0222	.0151	.0103	.0071	.0049	.0034	.0024	.0010
24	.7876	.6217	.4919	.3901	.3101	.2470	.1971	.1577	.1264	.1015	.0659	.0431	.0349	.0284	.0188	.0126	.0085	.0057	.0039	.0027	.0018	.0007
25	.7798	.6095	.4776	.3751	.2953	.2330	.1842	.1460	.1160	.0923	.0588	.0378	.0304	.0245	.0160	.0105	.0069	.0046	.0031	.0021	.0014	.0006
26	.7720	.5976	.4637	.3607	.2812	.2198	.1722	.1352	.1064	.0839	.0525	.0331	.0264	.0211	.0135	.0087	.0057	.0037	.0025	.0016	.0011	.0004
27	.7644	.5859	.4502	.3468	.2678	.2074	.1609	.1252	.0976	.0763	.0469	.0291	.0230	.0182	.0115	.0073	.0047	.0030	.0019	.0013	.0008	.0003
28	.7568	.5744	.4371	.3335	.2551	.1956	.1504	.1159	.0895	.0693	.0419	.0255	.0200	.0157	.0097	.0061	.0038	.0024	.0015	.0010	.0006	.0002
29	.7493	.5631	.4243	.3207	.2429	.1846	.1406	.1073	.0822	.0630	.0374	.0224	.0174	.0135	.0082	.0051	.0031	.0020	.0012	.0008	.0005	.0002
30	.7419	.5521	.4120	.3083	.2314	.1741	.1314	.0994	.0754	.0573	.0334	.0196	.0151	.0116	.0070	.0042	.0026	.0016	.0010	.0006	.0004	.0001
35	.7059	.5000	.3554	.2534	.1813	.1301	.0937	.0676	.0490	.0356	.0189	.0102	.0075	.0055	.0030	.0017	.0009	.0005	.0003	.0002	.0001	*
40	.6717	.4529	.3066	.2083	.1420	.0972	.0668	.0460	.0318	.0221	.0107	.0053	.0037	.0026	.0013	.0007	.0004	.0002	.0001	.0001	.0001	*
45	.6391	.4102	.2644	.1712	.1113	.0727	.0476	.0313	.0207	.0137	.0061	.0027	.0019	.0013	.0006	.0003	.0002	.0001	.0001	*	*	*
50	.6080	.3715	.2281	.1407	.0872	.0543	.0339	.0213	.0134	.0085	.0035	.0014	.0009	.0006	.0003	.0001	.0001	*	*	*	*	*
55	.5785	.3365	.1968	.1157	.0683	.0406	.0242	.0145	.0087	.0053	.0020	.0007	.0005	.0003	.0001	.0001	*	*	*	*	*	*
60	.5504	.3048	.1697	.0951	.0535	.0303	.0173	.0099	.0057	.0033	.0011	.0004	.0002	.0001	.0001	*	*	*	*	*	*	*

*Rounds to zero

现值系数表示例如图 19-3 所示。

假设目标是在第 5 年年末时得到 2000 美元，投资年回报率是 8%，一个季度复利一次。计算复利现值的过程如下所示：

- 周期利率是 2%；
- 期数是 20（每年 4 期 × 5 年）；
- 利率 2% 所在列与期数 20 所在行交叉处的系数是 0.6730；
- 目标 2000 美元 × 0.6730 = 1346 美元。

按照假设条件，如果现在投资 1346 美元，在第 5 年年末时将实现预期目标 2000 美元。

年金的复利终值和复利现值

在讨论复利终值和复利现值时，投资一直是在期初进行一次性全额支付。在实际投资过程中，通常是在一段时间中完成一系列投资。另一个极端是：人们也可以在一段时间中，收到一系列款项。就年金而言，需要各种类型的计算。

年金是有限时段内相同量的一系列现金流动。普通年金是一系列期末进行的投资。时段可能是由月、季度或年组成。期初年金是一系列期初进行的投资。需要注意的是：普通年金和期初年金唯一的差别在于每期进行投资的时间不同。对两种类型的年金来说，计算一系列投资的复利终值是很有意义的。

另外，你可能想去计算普通年金的复利现值。这一计算可以确定现在必须投资多少才能在未来规定的年份中得到已知的回报。

计算以上两种数值都可以通过手工方式完成，或是借助特定的复利现值或复利终值系数表完成。手工计算非常冗长耗时，容易出错。出于实用的目的，我们高度推荐使用系数表。可以购买小册子形式的系数表，也可以从网络上获取。我们讨论的焦点是如何使用系数表。

普通年金计算的目的是得出一系列投资的复利终值。就普通年金来说，一系列投资都是每期期末支付的。假设每年末投资 1000 美元，持续 5 年，年利率为 6%。使用如图 19-4 所示的普通年金复利终值系数表，计算复利终值如下所示：

- 每期利率是 6%；
- 期数是 5（每年 1 期 × 5 年）；

图 19—4 年金复利终值系数

$$FVA_{n,k} = \frac{(1+k)^n - 1}{k}$$

期数	1%	2%	3%	4%	5%	6%	7%	8%	9%	10%	12%	14%	15%	16%	18%	20%	22%	24%	26%	28%	30%	35%
1	1.0000	1.0000	1.0000	1.0000	1.0000	1.0000	1.0000	1.0000	1.0000	1.0000	1.0000	1.0000	1.0000	1.0000	1.0000	1.0000	1.0000	1.0000	1.0000	1.0000	1.0000	1.0000
2	2.0100	2.0200	2.0300	2.0400	2.0500	2.0600	2.0700	2.0800	2.0900	2.1000	2.1200	2.1400	2.1500	2.1600	2.1800	2.2000	2.2200	2.2400	2.2600	2.2800	2.3000	2.3500
3	3.0301	3.0604	3.0909	3.1216	3.1525	3.1836	3.2149	3.2464	3.2781	3.3100	3.3744	3.4396	3.4725	3.5056	3.5724	3.6400	3.7084	3.7776	3.8476	3.9184	3.9900	4.1725
4	4.0604	4.1216	4.1836	4.2465	4.3101	4.3746	4.4399	4.5061	4.5731	4.6410	4.7793	4.9211	4.9934	5.0665	5.2154	5.3680	5.5242	5.6842	5.8480	6.0156	6.1870	6.6329
5	5.1010	5.2040	5.3091	5.4163	5.5256	5.6371	5.7507	5.8666	5.9847	6.1051	6.3528	6.6101	6.7424	6.8771	7.1542	7.4416	7.7396	8.0484	8.3684	8.6999	9.0431	9.9544
6	6.1520	6.3081	6.4684	6.6330	6.8019	6.9753	7.1533	7.3359	7.5233	7.7156	8.1152	8.5355	8.7537	8.9775	9.4420	9.9299	10.442	10.980	11.544	12.136	12.756	14.438
7	7.2135	7.4343	7.6625	7.8983	8.1420	8.3938	8.6540	8.9228	9.2004	9.4872	10.089	10.730	11.067	11.414	12.142	12.916	13.740	14.615	15.546	16.534	17.583	20.492
8	8.2857	8.5830	8.8923	9.2142	9.5491	9.8975	10.260	10.637	11.028	11.436	12.300	13.233	13.727	14.240	15.327	16.499	17.762	19.123	20.588	22.163	23.858	28.664
9	9.3685	9.7546	10.159	10.583	11.027	11.491	11.978	12.488	13.021	13.579	14.776	16.085	16.786	17.519	19.086	20.799	22.670	24.712	26.940	29.369	32.015	39.696
10	10.462	10.950	11.464	12.006	12.578	13.181	13.816	14.487	15.193	15.937	17.549	19.337	20.304	21.321	23.521	25.959	28.657	31.643	34.945	38.593	42.619	54.590
11	11.567	12.169	12.808	13.486	14.207	14.972	15.784	16.645	17.560	18.531	20.655	23.045	24.349	25.733	28.755	32.150	35.962	40.238	45.031	50.398	56.405	74.697
12	12.683	13.412	14.192	15.026	15.917	16.870	17.888	18.977	20.141	21.384	24.133	27.271	29.002	30.850	34.931	39.581	44.874	50.895	57.739	65.510	74.327	101.84
13	13.809	14.680	15.618	16.627	17.713	18.882	20.141	21.495	22.953	24.523	28.029	32.089	34.352	36.786	42.219	48.497	55.746	64.110	73.751	84.853	97.625	138.48
14	14.947	15.974	17.086	18.292	19.599	21.015	22.550	24.215	26.019	27.975	32.393	37.581	40.505	43.672	50.818	59.196	69.010	80.496	93.926	109.61	127.91	187.95
15	16.097	17.293	18.599	20.024	21.579	23.276	25.129	27.152	29.361	31.772	37.280	43.842	47.580	51.660	60.965	72.035	85.192	100.82	119.35	141.30	167.29	254.74
16	17.258	18.639	20.157	21.825	23.657	25.673	27.888	30.324	33.003	35.950	42.753	50.980	55.717	60.925	72.939	87.442	104.93	126.01	151.38	181.87	218.47	344.90
17	18.430	20.012	21.762	23.698	25.840	28.213	30.840	33.750	36.974	40.545	48.884	59.118	65.075	71.673	87.068	105.93	129.02	157.25	191.73	233.79	285.01	466.61
18	19.615	21.412	23.414	25.645	28.132	30.906	33.999	37.450	41.301	45.599	55.750	68.394	75.836	84.141	103.74	128.12	158.40	195.99	242.59	300.25	371.52	630.92
19	20.811	22.841	25.117	27.671	30.539	33.760	37.379	41.446	46.018	51.159	63.440	78.969	88.212	98.603	123.41	154.74	194.25	244.03	306.66	385.32	483.97	852.75
20	22.019	24.297	26.870	29.778	33.066	36.786	40.995	45.762	51.160	57.275	72.052	91.025	102.44	115.38	146.63	186.69	237.99	303.60	387.39	494.21	630.17	1152.2
21	23.239	25.783	28.676	31.969	35.719	39.993	44.865	50.423	56.765	64.002	81.699	104.77	118.81	134.84	174.02	225.03	291.35	377.46	489.11	633.59	820.22	1556.5
22	24.472	27.299	30.537	34.248	38.505	43.392	49.006	55.457	62.873	71.403	92.503	120.44	137.63	157.41	206.34	271.03	356.44	469.06	617.28	812.00	1067.2	2102.3
23	25.716	28.845	32.453	36.618	41.430	46.996	53.436	60.893	69.532	79.543	104.60	138.30	159.28	183.60	244.49	326.24	435.86	582.63	778.77	1040.4	1388.5	2839.0
24	26.973	30.422	34.426	39.083	44.502	50.816	58.177	66.765	76.790	88.497	118.16	158.66	184.17	213.98	289.49	392.48	532.75	723.46	982.25	1332.7	1806.0	3833.7
25	28.243	32.030	36.459	41.646	47.727	54.865	63.249	73.106	84.701	98.347	133.33	181.87	212.79	249.21	342.60	471.98	650.96	898.09	1238.6	1706.8	2348.8	5176.5
26	29.526	33.671	38.553	44.312	51.113	59.156	68.676	79.954	93.324	109.18	150.33	208.33	245.71	290.09	405.27	567.38	795.17	1114.6	1561.7	2185.7	3054.4	6989.3
27	30.821	35.344	40.710	47.084	54.669	63.706	74.484	87.351	102.72	121.10	169.37	238.50	283.57	337.50	479.22	681.85	971.10	1383.1	1968.7	2798.7	3971.8	9436.5
28	32.129	37.051	42.931	49.968	58.403	68.528	80.698	95.339	112.97	134.21	190.70	272.89	327.10	392.50	566.48	819.22	1185.7	1716.1	2481.6	3583.3	5164.3	12740.
29	33.450	38.792	45.219	52.966	62.323	73.640	87.347	104.14	124.14	148.63	214.58	312.09	377.17	456.30	669.45	984.07	1447.6	2129.0	3127.8	4587.7	6714.6	17200.
30	34.785	40.568	47.575	56.085	66.439	79.058	94.461	113.28	136.31	164.49	241.33	356.79	434.75	530.31	790.95	1181.9	1767.1	2640.9	3942.0	5873.2	8730.0	23222.
40	48.886	60.402	75.401	95.026	120.80	154.76	199.64	259.06	337.88	442.59	767.09	1342.0	1779.1	2360.8	4163.2	7343.9	12937.	22729.	39793.	69377.	*	*
50	64.463	84.579	112.80	152.67	209.35	290.34	406.53	573.77	815.08	1163.9	2400.0	4994.5	7217.7	10436.	21813.	45497.	94525.	*	*	*	*	*
60	81.670	114.05	163.05	237.99	353.58	533.13	813.52	1253.2	1944.8	3034.8	7471.6	18535.	29220.	46058.	*	*	*	*	*	*	*	*

*$FVA_{n,k} > 99{,}999$

- 利率 6% 所在列与期数 5 所在行交叉处的系数是 5.6371;
- 1000.00 美元 ×5.6371= 5637.10 美元。

每年期末投资 1000 美元，共投资 5 年，年回报率是 6%，第 5 年年末将得到 5637.10 美元。

期初年金复利终值计算的目的与普通年金计算一样。主要区别在于，一系列投资支付的时间。期初年金的特征是一系列投资都是每期期初支付的（与普通年金每期期末支付不同）。计算复利终值的系数表仍然如图 19-4 所示。但是，由于投资是在期初进行的，总期数要加 1。

使用同一例子，每年投资 1000 美元，但是在 5 年中都是年初支付，年回报率是 6%，计算过程如下所示：

- 每期利率是 6%;
- 期数是 6（每年 1 期 ×5 年 + 1 转化为期初投资）;
- 利率 6% 所在列与期数 6 所在行交叉处的系数是 6.9753;
- 1000.00 美元 ×6.9753= 6975.30 美元。

投资主体每年年初投资 1000 美元，投资持续 5 年，年投资回报率是 6%，第 5 年年末可以得到 6975.30 美元。

以年金形式投资支付一系列现金流，也需要掌握复利现值计算。普通年金复利现值计算确定现在（当前）需要投资多少，才能在未来规定的年份中得到规定的现金流入。图 19-5 显示了年金复利现值系数。确定在回报率是 6% 的条件下，现在需要投资多少，才能在未来的 5 年中每年得到 1000 美元，计算过程如下所示：

- 每期利率是 6%;
- 期数是 5（每年 1 期 ×5 年）;
- 利率 6% 所在列与期数 5 所在行交叉处的系数是 4.2124;
- 1000.00 美元 ×4.2124= 4212.40 美元。

如果年利率是 6%，现在必须投资 4212.40 美元，才能在未来 5 年中，每年得到 1000 美元。

图 19-5 年金复利现值系数表

$$PVA_{n,k} = \dfrac{1 - \dfrac{1}{(1+k)^n}}{k}$$

期数	1%	2%	3%	4%	5%	6%	7%	8%	9%	10%	12%	14%	15%	16%	18%	20%	22%	24%	26%	28%	30%	35%
1	0.9901	0.9804	0.9709	0.9615	0.9524	0.9434	0.9346	0.9259	0.9174	0.9091	0.8929	0.8772	0.8696	0.8621	0.8475	0.8333	0.8197	0.8065	0.7937	0.7813	0.7692	0.7407
2	1.9704	1.9416	1.9135	1.8861	1.8594	1.8334	1.8080	1.7833	1.7591	1.7355	1.6901	1.6467	1.6257	1.6052	1.5656	1.5278	1.4915	1.4568	1.4235	1.3916	1.3609	1.2894
3	2.9410	2.8839	2.8286	2.7751	2.7232	2.6730	2.6243	2.5771	2.5313	2.4869	2.4018	2.3216	2.2832	2.2459	2.1743	2.1065	2.0422	1.9813	1.9234	1.8684	1.8161	1.6959
4	3.9020	3.8077	3.7171	3.6299	3.5460	3.4651	3.3872	3.3121	3.2397	3.1699	3.0373	2.9137	2.8550	2.7982	2.6901	2.5887	2.4936	2.4043	2.3202	2.2410	2.1662	1.9969
5	4.8534	4.7135	4.5797	4.4518	4.3295	4.2124	4.1002	3.9927	3.8897	3.7908	3.6048	3.4331	3.3522	3.2743	3.1272	2.9906	2.8636	2.7454	2.6351	2.5320	2.4356	2.2200
6	5.7955	5.6014	5.4172	5.2421	5.0757	4.9173	4.7665	4.6229	4.4859	4.3553	4.1114	3.8887	3.7845	3.6847	3.4976	3.3255	3.1669	3.0205	2.8850	2.7594	2.6427	2.3852
7	6.7282	6.4720	6.2303	6.0021	5.7864	5.5824	5.3893	5.2064	5.0330	4.8684	4.5638	4.2883	4.1604	4.0386	3.8115	3.6046	3.4155	3.2423	3.0833	2.9370	2.8021	2.5075
8	7.6517	7.3255	7.0197	6.7327	6.4632	6.2098	5.9713	5.7466	5.5348	5.3349	4.9676	4.6389	4.4873	4.3436	4.0776	3.8372	3.6193	3.4212	3.2407	3.0758	2.9247	2.5982
9	8.5660	8.1622	7.7861	7.4353	7.1078	6.8017	6.5152	6.2469	5.9952	5.7590	5.3282	4.9464	4.7716	4.6065	4.3030	4.0310	3.7863	3.5655	3.3657	3.1842	3.0190	2.6653
10	9.4713	8.9826	8.5302	8.1109	7.7217	7.3601	7.0236	6.7101	6.4177	6.1446	5.6502	5.2161	5.0188	4.8332	4.4941	4.1925	3.9232	3.6819	3.4648	3.2689	3.0915	2.7150
11	10.3676	9.7868	9.2526	8.7605	8.3064	7.8869	7.4987	7.1390	6.8052	6.4951	5.9377	5.4527	5.2337	5.0286	4.6560	4.3271	4.0354	3.7757	3.5435	3.3351	3.1473	2.7519
12	11.2551	10.5753	9.9540	9.3851	8.8633	8.3838	7.9427	7.5361	7.1607	6.8137	6.1944	5.6603	5.4206	5.1971	4.7932	4.4392	4.1274	3.8514	3.6059	3.3868	3.1903	2.7792
13	12.1337	11.3484	10.6350	9.9856	9.3936	8.8527	8.3577	7.9038	7.4869	7.1034	6.4235	5.8424	5.5831	5.3423	4.9095	4.5327	4.2028	3.9124	3.6555	3.4272	3.2233	2.7994
14	13.0037	12.1062	11.2961	10.5631	9.8986	9.2950	8.7455	8.2442	7.7862	7.3667	6.6282	6.0021	5.7245	5.4675	5.0081	4.6106	4.2646	3.9616	3.6949	3.4587	3.2487	2.8144
15	13.8651	12.8493	11.9379	11.1184	10.3797	9.7122	9.1079	8.5595	8.0607	7.6061	6.8109	6.1422	5.8474	5.5755	5.0916	4.6755	4.3152	4.0013	3.7261	3.4834	3.2682	2.8255
16	14.7179	13.5777	12.5611	11.6523	10.8378	10.1059	9.4466	8.8514	8.3126	7.8237	6.9740	6.2651	5.9542	5.6685	5.1624	4.7296	4.3567	4.0333	3.7509	3.5026	3.2832	2.8337
17	15.5623	14.2919	13.1661	12.1657	11.2741	10.4773	9.7632	9.1216	8.5436	8.0216	7.1196	6.3729	6.0472	5.7487	5.2223	4.7746	4.3908	4.0591	3.7705	3.5177	3.2948	2.8398
18	16.3983	14.9920	13.7535	12.6593	11.6896	10.8276	10.0591	9.3719	8.7556	8.2014	7.2497	6.4674	6.1280	5.8178	5.2732	4.8122	4.4187	4.0799	3.7861	3.5294	3.3037	2.8443
19	17.2260	15.6785	14.3238	13.1339	12.0853	11.1581	10.3356	9.6036	8.9501	8.3649	7.3658	6.5504	6.1982	5.8775	5.3162	4.8435	4.4415	4.0967	3.7985	3.5386	3.3105	2.8476
20	18.0456	16.3514	14.8775	13.5903	12.4622	11.4699	10.5940	9.8181	9.1285	8.5136	7.4694	6.6231	6.2593	5.9288	5.3527	4.8696	4.4603	4.1103	3.8083	3.5458	3.3158	2.8501
21	18.8570	17.0112	15.4150	14.0292	12.8212	11.7641	10.8355	10.0168	9.2922	8.6487	7.5620	6.6870	6.3125	5.9731	5.3837	4.8913	4.4756	4.1212	3.8161	3.5514	3.3198	2.8519
22	19.6604	17.6580	15.9369	14.4511	13.1630	12.0416	11.0612	10.2007	9.4424	8.7715	7.6446	6.7429	6.3587	6.0113	5.4099	4.9094	4.4882	4.1300	3.8223	3.5558	3.3230	2.8533
23	20.4558	18.2922	16.4436	14.8568	13.4886	12.3034	11.2722	10.3711	9.5802	8.8832	7.7184	6.7921	6.3988	6.0442	5.4321	4.9245	4.4985	4.1371	3.8273	3.5592	3.3254	2.8543
24	21.2434	18.9139	16.9355	15.2470	13.7986	12.5504	11.4693	10.5288	9.7066	8.9847	7.7843	6.8351	6.4338	6.0726	5.4509	4.9371	4.5070	4.1428	3.8312	3.5619	3.3272	2.8550
25	22.0232	19.5235	17.4131	15.6221	14.0939	12.7834	11.6536	10.6748	9.8226	9.0770	7.8431	6.8729	6.4641	6.0971	5.4669	4.9476	4.5139	4.1474	3.8342	3.5640	3.3286	2.8556
26	22.7952	20.1210	17.8768	15.9828	14.3752	13.0032	11.8258	10.8100	9.9290	9.1609	7.8957	6.9061	6.4906	6.1182	5.4804	4.9563	4.5196	4.1511	3.8367	3.5656	3.3297	2.8560
27	23.5596	20.7069	18.3270	16.3296	14.6430	13.2105	11.9867	10.9352	10.0266	9.2372	7.9426	6.9352	6.5135	6.1364	5.4919	4.9636	4.5243	4.1542	3.8387	3.5669	3.3305	2.8563
28	24.3164	21.2813	18.7641	16.6631	14.8981	13.4062	12.1371	11.0511	10.1161	9.3066	7.9844	6.9607	6.5335	6.1520	5.5016	4.9697	4.5281	4.1566	3.8402	3.5679	3.3312	2.8565
29	25.0658	21.8444	19.1885	16.9837	15.1411	13.5907	12.2777	11.1584	10.1983	9.3696	8.0218	6.9830	6.5509	6.1656	5.5098	4.9747	4.5312	4.1585	3.8414	3.5687	3.3317	2.8567
30	25.8077	22.3965	19.6004	17.2920	15.3725	13.7648	12.4090	11.2578	10.2737	9.4269	8.0552	7.0027	6.5660	6.1772	5.5168	4.9789	4.5338	4.1601	3.8424	3.5693	3.3321	2.8568
35	29.4086	24.9986	21.4872	18.6646	16.3742	14.4982	12.9477	11.6546	10.5668	9.6442	8.1755	7.0700	6.6166	6.2153	5.5386	4.9915	4.5411	4.1644	3.8450	3.5708	3.3330	2.8571
40	32.8347	27.3555	23.1148	19.7928	17.1591	15.0463	13.3317	11.9246	10.7574	9.7791	8.2438	7.1050	6.6418	6.2335	5.5482	4.9966	4.5439	4.1659	3.8458	3.5712	3.3332	2.8571
45	36.0945	29.4902	24.5187	20.7200	17.7741	15.4558	13.6055	12.1084	10.8812	9.8628	8.2825	7.1232	6.6543	6.2421	5.5523	4.9986	4.5449	4.1664	3.8460	3.5714	3.3333	2.8571
50	39.1961	31.4236	25.7298	21.4822	18.2559	15.7619	13.8007	12.2335	10.9617	9.9148	8.3045	7.1327	6.6605	6.2463	5.5541	4.9995	4.5452	4.1666	3.8461	3.5714	3.3333	2.8571
55	42.1472	33.1748	26.7744	22.1086	18.6335	15.9905	13.9399	12.3186	11.0140	9.9471	8.3170	7.1376	6.6636	6.2482	5.5549	4.9998	4.5454	4.1666	3.8461	3.5714	3.3333	2.8571
60	44.9550	34.7609	27.6756	22.6235	18.9293	16.1614	14.0392	12.3766	11.0480	9.9672	8.3240	7.1401	6.6651	6.2492	5.5553	4.9999	4.5454	4.1667	3.8462	3.5714	3.3333	2.8571

参考资料

1. 雷蒙德·科特，《商业数学概念》（P.A.R. 股份有限公司，1987）。

2.《理解可行性分析实用手册》（兰辛，米奇：美国饭店旅馆协会教育研究所，1985）。

3.《住宿业统一会计制度》，第9版（兰辛，米奇：美国饭店旅馆协会教育研究所，1996）。

4.《住宿业统一会计制度》，第10版（兰辛，米奇：美国饭店旅馆协会教育研究所，2006）。

5. 官方声明第157号公告：www.fasb.org/pdf/fas157.pdf

6. 第157号公告概要：www.fasb.org/st/summary/stsum157.shtml

www.nysscpa.org/cpajournal/2006/406/essentials/p37.htm

主要术语

期末年金（annuity due）：在每期期初进行的一系列投资。

复利终值（compound value）：复利终值是一次性总付投资中本金和复利利息之和。

复利利息（compound interest）：既包括本金的利息，也包括之前每一期累积的利息的利息。

公允价值会计（fair value accounting）：资产价值由自愿交易双方买卖的当前交易价格，而不是业务清算时的价格决定；债务价值由自愿交易双方结算时的当前交易价格，而不是业务清算时的价格决定。

可行性研究（feasibility study）：在项目开始之前进行的确定项目成功可能性的研究。

普通年金（ordinary annuity）：在每期期末进行的一系列投资。

复利现值（present value）：等于或能够增长为未来已知值的现在的资金价值；为了实现未来特定目标现在需要一次性总付的投资。

复习题

1. 什么是可行性研究?

2. 可行性研究中包括哪些部分?

3. 饭店管理层为什么要把服务中心的费用分配给收入中心?

4. 使用直接法时,分配服务中心费用的依据是什么?

5. 公允价值会计的定义是什么?

6. 为了实现公用价值计价,1级、2级和3级分别使用什么价格?

7. 复利利息的定义是什么?

8. 计算复利终值的目的是什么?

9. 计算复利现值的目的是什么?

10. 计算普通年金复利终值的目的是什么?

11. 计算期初年金复利终值的目的是什么?

12. 计算普通年金复利现值的目的是什么?

练习题

习题 1

两个收入中心销售收入如下所示:

客房部　　　　600000 美元

餐饮部　　　　200000

营销部的费用是 24000 美元,要分配给每个收入中心。计算分给客房部和餐饮部的费用分别是多少?

习题 2

一项投资的年回报率是 6%;每半年复利一次。计算如果现在投资了 5000 美元,10 年之后,这项投资的价值是多少?

习题 3

如果投资年回报率是 4%，每季度复利一次，计算如果想在 6 年后得到 5000 美元，现在需要一次性投资多少钱？

习题 4

每年年末都会投资 5000 美元，这项投资的年回报率是 5%。计算第 15 年年末时，这项投资的价值是多少？

习题 5

每年年初都会投资 5000 美元，这项投资的年回报率是 5%。计算第 15 年年末时，这项投资的价值是多少？

习题 6

如果投资年回报率是 4%，想在未来 10 年每年得到 2000 美元，计算现在需要投资多少钱？

译后记

伴随着最后一章校稿工作的结束，历时一学期的翻译工作终于可以告一段落了！其实本书的第 4 版（中文第一版）就是本人翻译的，所以对本次的重译开始也没觉得有多困难，就痛快地接受了这个任务。但是没有想到，这一版的变化如此之大，章节也由 12 章增加到 19 章，且内容和结构与上一版有很大不同，相当于重新翻译。现在想来真是一段难过的经历！

不过虽然很辛苦，但也很开心。毕竟这本书是美国饭店业协会教育学院组织编写的系列培训教材之一，在国际上的影响力很大。通读全书，感觉新版的最大特点是更加突出管理会计服务于饭店内部管理的功能，从报表的介绍到信息的搜集，从数据的分析到会计处理等，无不体现了内部管理的需要；另一个特点是密切联系饭店业发展实践，大部分章节后面都提供了案例研究，还有相关网址信息供阅读者进一步研究学习。

全书的翻译分工是这样的：前 10 章由徐虹负责，后 9 章由刘宇青负责。在翻译过程中，李秋云和李凤莲参与了部分章节的初译工作，在此特表示感谢。周静波对全书进行了排版校对工作，在此特地表示感谢。最后，我对全书进行了统审和校对。由于时间和译者水平有限，译文中难免有错误之处，恩请读者批评指正。

本书的翻译出版得到了中国旅游出版社领导和编辑李冉冉女士的大力支持，在此深表感谢。我相信，凭着作者深厚的理论功底和丰富的实践经验，将使本书极具阅读价值。本书的翻译过程，也是我们一个很好的学习过程。希望本书的出版能够对我国饭店业管理会计水平的提高提供借鉴和帮助。

译者

2014 年 8 月 1 日　于南开园

项目统筹：付　蓉
责任编辑：李冉冉
责任印制：冯冬青
版式设计：何　杰

图书在版编目 (CIP) 数据

饭店业管理会计 / （美）科特著；徐虹译 . — 2 版
. -- 北京 ：中国旅游出版社，2015.1
书名原文：Accounting for hospitality managers
ISBN 978-7-5032-5112-2

Ⅰ . ①饭… Ⅱ . ①科… ②徐… Ⅲ . ①饭店－商业会
计－管理会计－教材 Ⅳ . ① F719.2
中国版本图书馆 CIP 数据核字 (2014) 第 270596 号

北京市版权局著作权合同登记号：01-2013-5277

书　　名：饭店业管理会计（中文第二版）

作　　者：Raymond Cote
译　　者：徐虹
出版发行：中国旅游出版社
　　　　　（北京建国门内大街甲 9 号　　邮编：100005）
　　　　　http://www.cttp.net.cn　E-mail:cttp@cnta.gov.cn
　　　　　发行部电话：010-85166503
经　　销：全国各地新华书店
印　　刷：河北省三河市灵山红旗印刷厂
版　　次：2015 年 1 月第 2 版　　2015 年 1 月第 1 次印刷
开　　本：720 毫米 ×970 毫米　　1/16
印　　张：35.75
字　　数：629 千
定　　价：128.00 元
I S B N　978-7-5032-5112-2